Oldenbourgs Steuerfachbücher

Steuerrecht für Handwerksbetriebe

Leitfaden für das mittelständische Unternehmen

Von
Professor
Dr. H. Dieter Dickmeiß
Steuerberater

und
Professor
Dr. Eginhard Werner
Steuerberater

4., völlig überarbeitete Auflage

R. Oldenbourg Verlag München Wien

Die Deutsche Bibliothek - CIP-Einheitsaufnahme

Dickmeiß, Heinz Dieter:
Steuerrecht für Handwerksbetriebe : Leitfaden für das mittelständische Unternehmen / von H. Dieter Dickmeiß und Eginhard Werner. – 4., völlig überarb. Aufl. – München ; Wien : Oldenbourg, 1999
(Oldenbourgs Steuerfachbücher)
ISBN 3-486-24668-2

Rosenheimer Straße 145, D-81671 München
Telefon: (089) 45051-0, Internet: http://www.oldenbourg.de

Gedruckt auf säure- und chlorfreiem Papier
Gesamtherstellung: Druckhaus „Thomas Müntzer“ GmbH, Bad Langensalza

ISBN 3-486-24668-2

Inhaltsverzeichnis

Vorwort zur 4. Auflage

Seit der dritten Auflage haben Gesetzgebung, Finanzverwaltung und Steuerrechtsprechung soviel Neues „produziert", daß eine Neuauflage dringend erforderlich wurde. Das Buch ist nunmehr auf dem Rechtsstand vom Jahresende 1998.

Da in der Zwischenzeit das Vermögensteuergesetz nicht mehr angewandt wird und die Gewerbekapitalsteuer abgeschafft wurde, ist insbesondere die reformierte Erbschaft-/Schenkungsteuer ins Bewußtsein gerückt. Dem trägt die Neuauflage Rechnung. Ebenso wird der geänderten Förderung der neuen Bundesländer ein besonderes Kapitel gewidmet.

Obwohl sich eine weitere Reform des Steuerrechts – insbesondere des Einkommensteuerrechts - ankündigt, halten wir es für sinnvoll, das Buch in der jetzigen Form zu veröffentlichen. Denn zum einen werden die Hauptadressaten – mittelständische Unternehmer – den Rechtszustand bis 1998 noch einige Jahre für ihre Veranlagungen präsent haben müssen, und zum anderen scheint sicher, daß das geplante Steuerreformvorhaben – etwas irreführend Steuerentlastungsgesetz 1999/2000/2002 genannt – nur in sachlich veränderter und zeitlich verzögerter Form die parlamentarischen Hürden nehmen wird.

In einem gesonderten Kapitel wird das zuletzt angesprochene Reformgesetz in Grundzügen behandelt, wobei die bislang absehbaren unternehmenssteuerlichen Änderungen im Vordergrund stehen.

An der Grundkonzeption des Buches haben wir nichts verändert, da sie sich offensichtlich bewährt hat.

Wir danken Herrn Dipl.-Betriebswirt Martin Brinkmann für die EDV-technische und grafische Unterstützung.

Für weitere kritische Anmerkungen sind wir jederzeit dankbar.

Bielefeld

H.-Dieter Dickmeiß

Eginhard Werner

Vorwort zur 1. Auflage

Das deutsche Steuerrecht, zumal das Unternehmenssteuerrecht, ist äußerst kompliziert. Frühere und aktuelle Steuerreformen haben an diesem Befund nichts geändert, obwohl das Postulat der Steuervereinfachung regelmäßig zu den erklärten Reformzielen gehörte.

Vor diesem Hintergrund tun sich für den mittelständischen Unternehmer Abgründe auf. Einerseits werden zahlreiche unternehmerische Entscheidungen durch das Steuerrecht und seine harschen Liquiditätsentzugswirkungen maßgeblich beeinflußt, so daß ein gründliches steuerliches Basiswissen nottut. Andererseits fehlen ihm in aller Regel die sachlichen und zeitlichen Voraussetzungen, sich in der Flut von Steuergesetzen und Verwaltungsanweisungen, Rechtsprechungsergebnissen und fachliterarischen Äußerungen zurechtzufinden. Auch steht der Unternehmensleitung im Gegensatz zu größeren Unternehmungen keine Fachabteilung helfend zur Seite.

Angesichts der kurz umrissenen Ausgangslage ist der mittelständische Unternehmer bei den zahlreichen Kontakten mit der Finanzverwaltung auf seinen steuerlichen Berater angewiesen. Das besondere Anliegen dieses Buches besteht deshalb darin, ihn für den Dialog mit dem Steuerberater und die Auseinandersetzung mit der Finanzverwaltung gesprächsfähig zu machen und ihm auf diese Weise die nötige Sicherheit zu verleihen.

Bei der Durchführung des Vorhabens habe ich mich von meinen langjährigen Lehr- und Beratungserfahrungen mit Handwerksmeistern leiten lassen, die in den vom Zentralverband des Deutschen Handwerks getragenen Akademien für Unternehmensführung im Handwerk zu „Betriebswirten des Handwerks“ ausgebildet werden.

Im sachlichen Kontext kam es darauf an, die Grundstrukturen der für den mittelständischen Unternehmer wesentlichen Steuerarten und des besonders wichtigen Bilanzsteuerrechts herauszuarbeiten, um hierauf aufbauend den Fächer steuerökonomischer Gestaltungsmöglichkeiten auszubreiten.

Die didaktisch-methodische Aufbereitung des Stoffes erfolgte zwangsläufig zielgruppenorientiert und läßt sich kennzeichnen durch

- die Beschränkung auf die wesentlichen Steuerarten,
- eine in den Grenzen der vorgegebenen steuerlichen Terminologie möglichst verständliche Sprache,
- den Rückgriff auf zahlreiche Schaubilder, kleinere und umfangreichere zu sammenfassende Beispiele,
- Textziffernverweise, die die Zusammenhänge aufhellen sollen,
- den bewußten Verzicht auf den problematisierenden „Literaturapparat“. In die sem Zusammenhang wird der Leser auf das Literaturverzeichnis verwiesen. Auf die Integration der gesetzlichen Grundlagen in den Text habe ich jedoch nicht verzichtet. Ohne das Mit- und Nachlesen der originalen Gesetzestexte würde jegliches Steuerstudium uneffektiv bleiben.

Für Anregungen und Kritik bin ich jederzeit dankbar.

H.-D. Dickmeiß

Abkürzungsverzeichnis

Abschn.	Abschnitt
Afa	Absetzung für Abnutzung
AfaA	Absetzung für außergewöhnliche technische und wirtschaftliche Abnutzung
AG	Aktiengesellschaft
AO	Abgabenordnung
AStG	Außensteuergesetz
BauG	Baugesetzbuch
BauNVO	Baunutzungsverordnung
BerlinFG	Berlinförderungsgesetz
BewG	Bewertungsgesetz
BFH	Bundesfinanzhof
BGB	Bürgerliches Gesetzbuch
BMF	Bundesminister der Finanzen
BpO	Betriebsprüfungsordnung
BStBl	Bundessteuerblatt
EA	Einkunftsart
ErbStG	Erbschaftsteuergesetz
EStDV	Einkommensteuer-Durchführungsverordnung
EStG	Einkommensteuergesetz
EStR	Einkommensteuer-Richtlinien
EStH	Einkommensteuer-Hinweise
FG	Finanzgericht
FördG	Fördergebietsgesetz
FGO	Finanzgerichtsordnung
GbR	Gesellschaft bürgerlichen Rechts
GewStG	Gewerbesteuergesetz
GewStR	Gewerbesteuer-Richtlinien
ggf.	gegebenenfalls
GKG	Gerichtskostengesetz
GmbH	Gesellschaft mit beschränkter Haftung
GoB	Grundsätze ordnungsmäßiger Buchführung
HGB	Handelsgesetzbuch
i.a.	im allgemeinen
i.d.R.	in der Regel
i.V. mit	in Verbindung mit
i.w.	im wesentlichen
KG	Kommanditgesellschaft
KGaA	Kommanditgesellschaft auf Aktien
KStG	Körperschaftsteuergesetz

KStR	Körperschaftsteuer-Richtlinien
LStDV	Lohnsteuer-Durchführungsverordnung
LStR	Lohnsteuer-Richtlinien
OHG	Offene Handelsgesellschaft
p.a.	pro anno (jährlich)
RAP	Rechnungsabgrenzungsposten
UmwStG	Umwandlungsteuergesetz
UStDV	Umsatzsteuer-Durchführungsverordnung
UStG	Umsatzsteuergesetz
UStR	Umsatzsteuer-Richtlinien
VermBG	Vermögensbildungsgesetz
VZ	Veranlagungszeitraum
WEG	Wohnungseigentumsgesetz
WoBauFördG	Wohnungsbauförderungsgesetz
WoBauG	Wohnungsbaugesetz
z.Zt.	zur Zeit

Kapitel I:
Grundlagen

A. Kurzdarstellung des Steuersystems

I. Steuervielfalt und "System"

1 In der Bundesrepublik Deutschland gibt es - je nach Aufgliederung und Zählweise - dreißig bis fünfzig verschiedene Steuerarten, die in ihrer fiskalischen Bedeutung für den Staat, dem Schwierigkeitsgrad in der Ermittlung der Bemessungsgrundlagen, dem Verwaltungsaufwand ihrer Erhebung usw. äußerst unterschiedlich sind.

Diese historisch gewachsene Steuervielfalt als ein Steuersystem zu bezeichnen, ist geradezu euphorisch; denn ein durchgängiges Ordnungsprinzip für die einzelnen "Systemelemente" ist nicht erkennbar.

Nicht zuletzt wegen dieses fehlenden Systemdenkens wird das Steuerrecht von Jahr zu Jahr unübersichtlicher. Um dennoch einen gewissen Überblick über das Nebeneinander der verschiedenen Steuerarten unter gleichzeitiger Betonung der Unternehmenssteuern zu ermöglichen, sei auf eine Einteilung zurückgegriffen, die die **ökonomischen Wirkungsweisen** der Besteuerung in den Vordergrund stellt.

2 **Schaubild 1** enthält alle für die Unternehmensbesteuerung wesentlichen Steuerarten. Fügt man ergänzend das **Bewertungsgesetz**, das insbesondere Vorschriften zu den wichtigen Steuern auf die Unternehmensmittel (Erbschaftsteuer, Schenkungsteuer, Grundsteuer, Grunderwersteuer) enthält, sowie die **Abgabenordnung** mit ihren Nebengesetzen, welche u.a. das Besteuerungsverfahren regelt, hinzu, so ist der Kreis geschlossen.

II. Die für den Handwerksbetrieb wesentlichen Steuerarten

3 Aus der soeben aufgezeigten verwirrenden Vielfalt werden wir als für den Handwerksbetrieb relevant einige wenige Steuern für die folgende Darstellung auswählen. Entscheidend für die Auswahl sind die folgenden Bestimmungsgrößen:

1. die Höhe der steuerlichen **Belastung**, da sie als gegenleistungsloser Liquiditätsentzug unmittelbare Auswirkungen auf die betriebliche Finanzwirtschaft und die Rentabilität hat,
2. die dem Steuerpflichtigen zugestandenen **Gestaltungsmöglichkeiten** der periodischen Besteuerungsgrundlagen. Hier steht im Vordergrund die Frage, ob und wie der Steuerpflichtige die Höhe seiner jährlichen Steuerzahlungen beeinflussen kann,
3. die **periodische**, i.d.R. jährliche Wiederkehr der jeweiligen Steuerart.

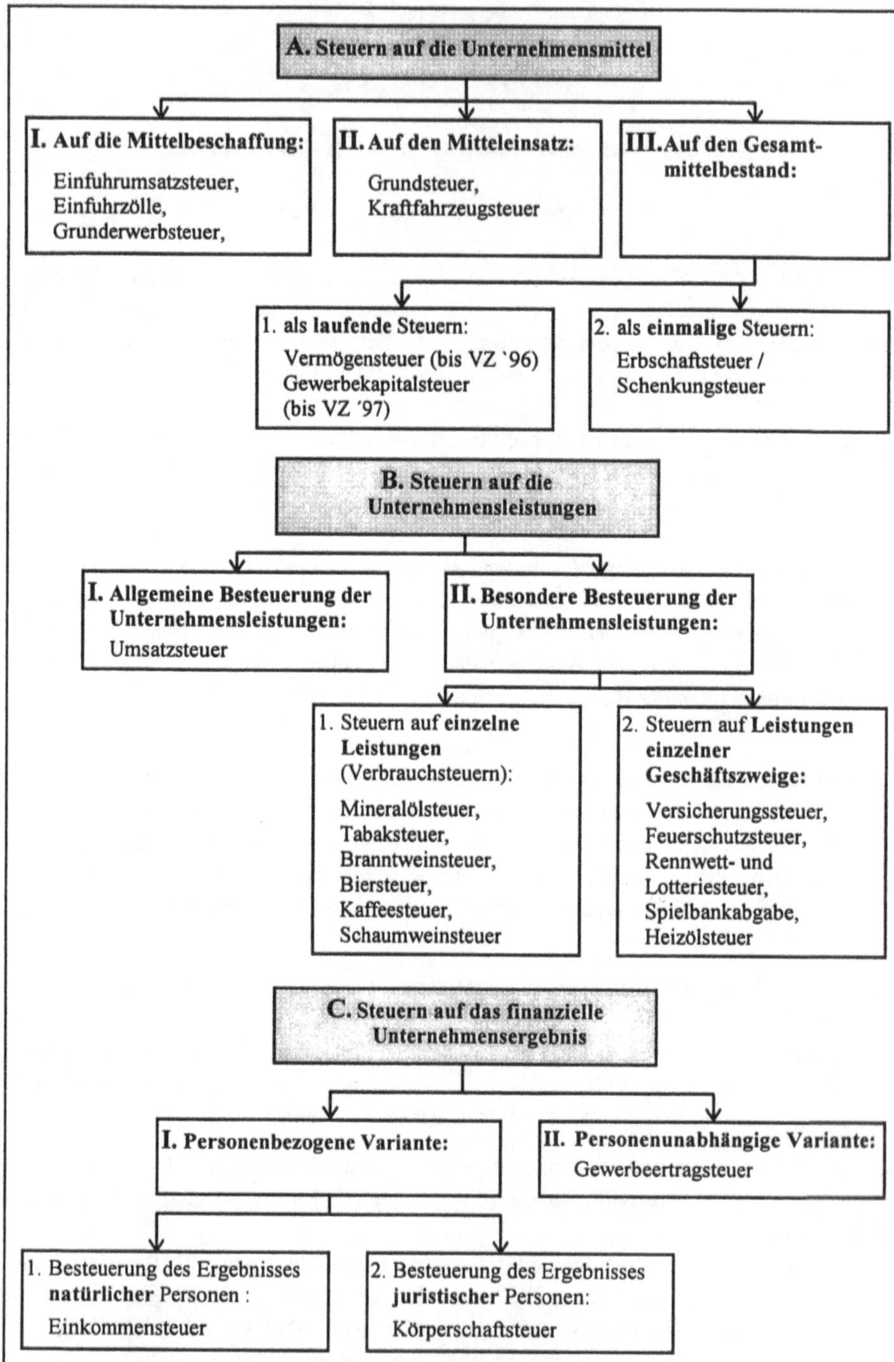

Schaubild 1: Einteilung der wesentlichen Steuerarten in der Bundesrepublik Deutschland unter dem Aspekt der Unternehmensbesteuerung

Was die **Belastungswirkungen** betrifft, so sind die Steuern auf das finanzielle Ergebnis, also die Einkommensteuer bzw. Körperschaftsteuer und die Gewerbeertragsteuer, von überragender Bedeutung. **Schaubild 2** zeigt dies.

Unternehmen / Steuerbelastung	Einzelunternehmen, Gesellschafter einer Personengesellschaft	Körperschaften (insbesondere AG und GmbH)	
		Nichtausschüttung	Vollausschüttung
Gewinn vor Steuern	100	100	100
– Gewerbeertragsteuer[1]	12,7	13,44	13,44
– Einkommensteuer[2]	41,0		
bzw. Körperschaftsteuer[3]		38,95	25,97
Gesamtbelastung mit Ergebnissteuern	53,7	52,39	39,41

1 Hebesatz 400%; Hinzurechnungen und Kürzungen gleichen sich aus (**Schaubild 31**); angenommener Gewinn vor Steuern bei Einzelunternehmen/Personengesellschaften 200.000 DM und bei Körperschaften 248.000 DM

2 angesetzt ist der Höchststeuersatz für gewerbliche Einkünfte von 47%

3 Tarif bei Nichtausschüttung 45%, bei Vollausschüttung 30% (**Tz 115**)

Schaubild 2: Belastung mit Ergebnissteuern

Wegen der stark vereinfachten Annahmen, die der Belastungsrechnung im **Schaubild 2** zugrundeliegen, wird für gutverdienende Unternehmen eher ein zu günstiges Bild gezeichnet. Belastungen von rd. 60% des Gewinns vor Steuern sind in der betrieblichen Praxis keine Seltenheit. Es muß jedoch darauf hingewiesen werden, daß die tatsächliche Belastung, welche eine Steuer verursacht, sich immer als Produkt aus dem Steuertarif - meist prozentualer Steuersatz - und der Steuerbemessungsgrundlage errechnet. Von der Ermittlung und steuergünstigen Gestaltung der Bemessungsgrundlagen handeln weite Teile dieser Schrift.

Neben der Höhe der Steuerbelastung sprechen auch die **Gestaltungsmöglichkeiten**, die dem Steuerpflichtigen im Rahmen der steuerbilanziellen Ermittlung der Besteuerungsgrundlagen zur Verfügung stehen, für eine bevorzugte Darstellung der Ergebnissteuern. Die wenigstens überblickhafte Kenntnis des Gestaltungsrahmens gibt dem Handwerksunternehmer die nötige Sicherheit in der Auseinandersetzung mit der Finanzverwaltung einerseits und im Gespräch mit seinem steuerlichen Berater andererseits.

Insbesondere die Einkommensteuer wird hierbei im Vordergrund stehen, da sie Basissteuer für die Körperschaftsteuer und die Gewerbeertragsteuer ist (siehe **Tz 115 ff.; 138 ff.**).

6 Die dritte Bestimmungsgröße (**jährliche Wiederkehr**) zielt außer auf die Ergebnissteuern u.a. noch auf die Umsatzsteuer. Eine Belastungswirkung soll nach der Vorstellung des Gesetzgebers bei der Umsatzsteuer gar nicht eintreten - jedoch sind Unternehmer durch Aufzeichnungs-, Erklärungs-, Vorauszahlungs- und sonstige Pflichten ständig mit der Umsatzsteuer konfrontiert.

Lediglich für die Erbschaftsteuer und Grunderwerbsteuer wurde davon abgewichen, nur periodisch wiederkehrende Steuern zu behandeln.

B. Die Rechtsquellen der Besteuerung

7 Da das Zahlen von Steuern einen erheblichen Eingriff in die Einkommens- und Vermögenssphäre bedeutet, gilt der Grundsatz: **Keine Steuern ohne Gesetz.** Daneben gibt es jedoch noch weitere Quellen zur Fixierung der Besteuerungsgrundlagen.

Während die am Besteuerungsverfahren beteiligten Finanzbeamten, Steuerberater und Richter detaillierte Kenntnisse der Rechtsquellen und ihrer Zusammenhänge benötigen, genügt für den Handwerksunternehmer ein Überblick, wie ihn **Schaubild 3** ermöglicht.

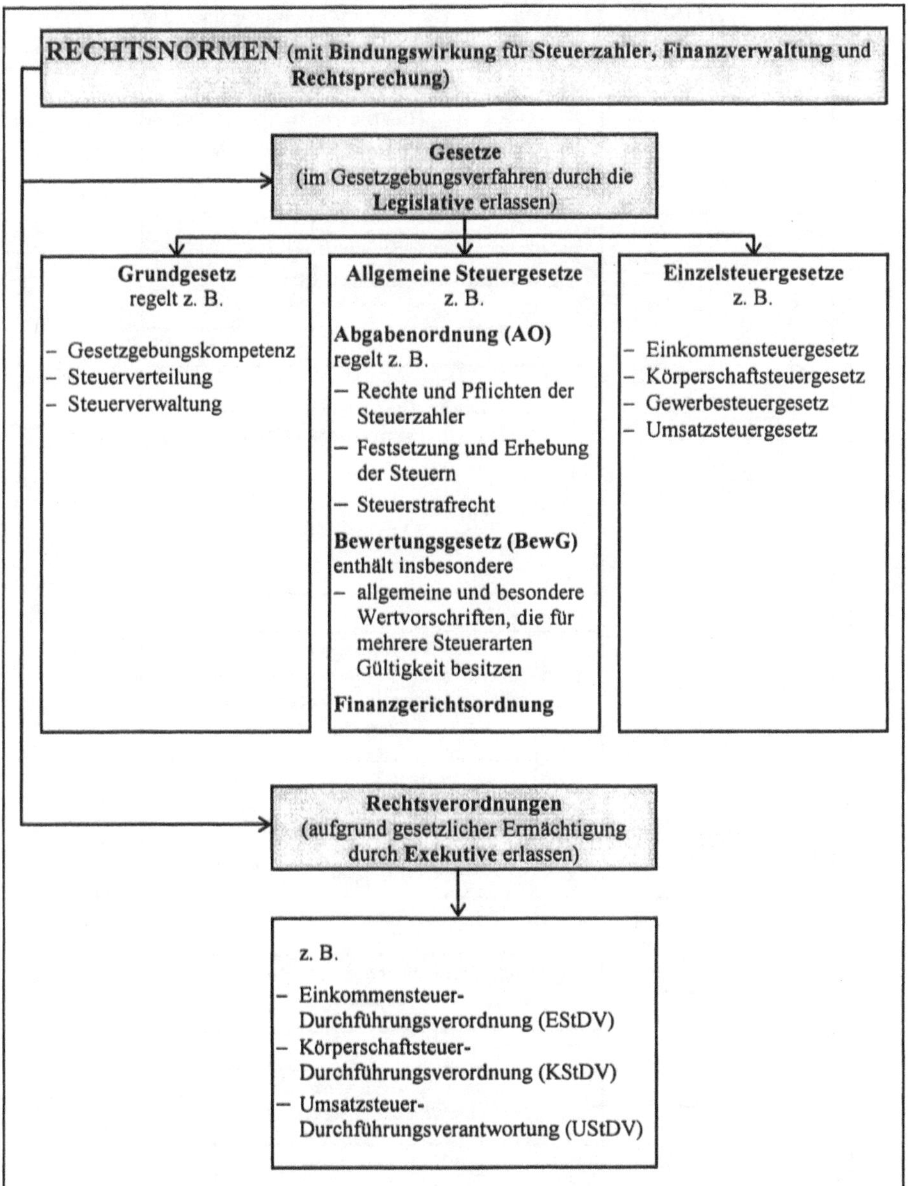

Schaubild 3: Die wesentlichen Rechtsquellen der Besteuerung

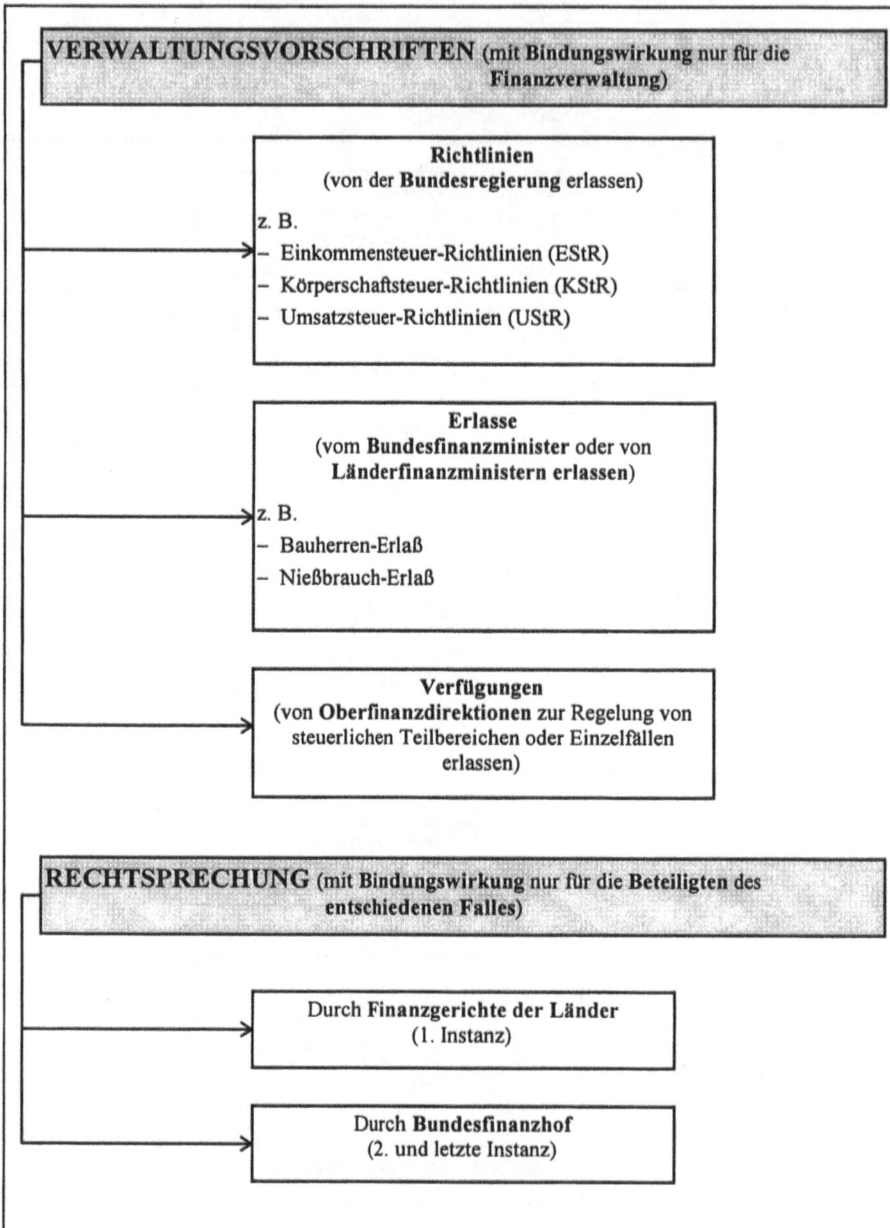

Schaubild 3: (Fortsetzung)

Kapitel II:
Darstellung der für den Handwerksbetrieb wesentlichen Steuerarten

A. Die Einkommensteuer

I. Überblick

1. Grundschema

8 Die Einkommensteuer betrifft alle **natürlichen Personen**, also z.B. die als Einzelunternehmer oder als Gesellschafter einer Personengesellschaft tätigen Angehörigen eines handwerklichen Berufes ebenso wie die dort abhängig Beschäftigten.

Bei Wohnsitz (§ 8 AO) oder gewöhnlichem Aufenthalt (§ 9 AO) in der Bundesrepublik Deutschland ist die Steuerpflicht **unbeschränkt**, d.h. sie bezieht sich auf alle Einkünfte ohne Rücksicht darauf, wo in der Welt und in welcher Höhe sie entstanden sind (§ 1 (1) EStG).

Beispiel:

Der griechische Schneidermeister Panaidis mit Wohnsitz in Köln betreibt dort eine Schneider-Reparaturwerkstatt.

Panaidis ist in der Bundesrepublik Deutschland unbeschränkt steuerpflichtig; seine Staatsangehörigkeit spielt keine Rolle.

Eine natürliche Person ohne Wohnsitz oder gewöhnlichen Aufenthalt in der Bundesrepublik Deutschland trifft die **beschränkte** Steuerpflicht mit lediglich bestimmten inländischen Einkünften (§ 1 (4) EStG i.V. mit § 49 EStG), wenn bestimmte Anknüpfungspunkte im Inland realisiert werden.

9 Der **sachliche** Umfang der Einkommensteuerpflicht wird im wesentlichen durch drei Phasen bestimmt, die auf dem Wege bis zur Bemessungsgrundlage (= zu versteuerndes Einkommen) durchlaufen werden. **Schaubild 4** zeigt ein zwar vereinfachtes, jedoch alles Grundsätzliche enthaltende Schema der Einkommensteuerermittlung, welches den nachstehenden Erläuterungen zugrundeliegt.

10 Die Einkommensteuer ist eine **Jahressteuer**. Dabei beziehen sich die Grundlagen für ihre Festsetzung immer auf ein Kalenderjahr. Mit seiner Einkommensteuer**erklärung** trägt der Steuerpflichtige im Rahmen seiner Mitwirkungspflichten wesentlich zu seiner durch das zuständige Finanzamt erfolgenden **Veranlagung** selbst bei.

Ermittlungsphase	Ermittlungsgrundlage		
1. Phase: Ermittlung der **Einkünfte**	**vorrangige** Einkunftsarten	1. Einkünfte aus Land- und Forstwirtschaft § 13 EStG (EA 1) 2. Einkünfte aus Gewerbebetrieb § 15 EStG (EA 2) 3. Einkünfte aus selbständiger Arbeit § 18 EStG (EA 3)	**Gewinn-**einkunftsarten
	nachrangige Einkunftsarten	4. Einkünfte aus nichtselbständiger Arbeit § 19 EStG (EA 4) 5. Einkünfte aus Kapitalvermögen § 20 EStG (EA 5) 6. Einkünfte aus Vermietung und Verpachtung § 21 EStG (EA 6) 7. Sonstige Einkünfte § 22 EStG (EA 7)	**Überschuß-**einkunftsarten
		Summe der Einkünfte – Altersentlastungsbetrag (§ 24a EStG)	
		Gesamtbetrag der Einkünfte (§ 2 (3) EStG)	
2. Phase: Ermittlung des **Einkommens**		– Sonderausgaben (§§ 10, 10b, 10c EStG) – außergewöhnliche Belastungen (§§ 33 - 33c EStG) – Steuerbegünstigungen (§§ 10e - 10i EStG) – Verlustabzug (§ 10d EStG)	
		Einkommen (§ 2 (4) EStG)	
3. Phase: Ermittlung des zu **versteuernden Einkommens**		– Kinderfreibetrag (§ 31 i.V.m. § 32 (6) EStG) – Haushaltsfreibetrag (§ 32 (7) EStG) – Härteausgleich (§ 46 (3) EStG, § 46 (5) EStG i.V.m. § 70 EStDV	
		Zu versteuerndes Einkommen (§ 2 (5) EStG)	
zugrundeliegende Vermögensart	**Ermittlungsmethode**		
Betriebsvermögen	Gewinneinkünfte (EA 1-3): Betriebseinnahmen (Erträge) – Betriebsausgaben (Aufwendungen) = **Gewinn** (Verlust)		
ertragbringendes **Privatvermögen**	Überschußeinkünfte (EA 4 - 7): Einnahmen – Werbungskosten (Ausgaben) = **Überschuß** der Einnahmen über die Werbungskosten (Verlust)		

Schaubild 4: Vereinfachtes Schema zur Einkommensteuerermittlung

11 Es gibt zwei Veranlagungsarten mit unterschiedlichen Folgen für die Höhe der tariflichen Einkommensteuer (**Schaubild 5**).

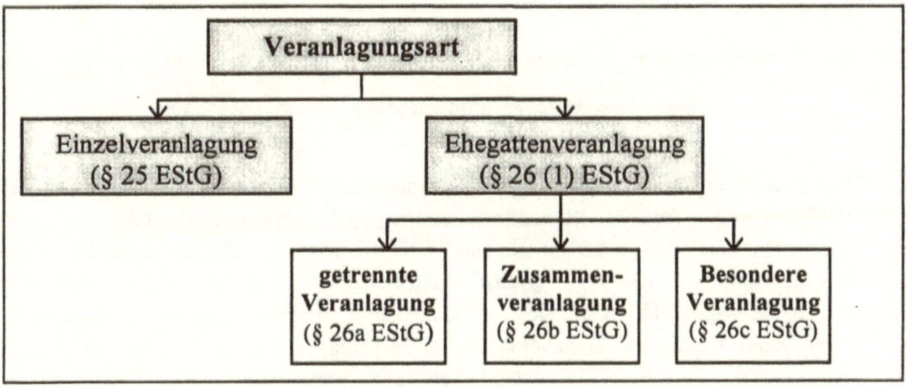

Schaubild 5: Einkommensteuerliche Veranlagungsarten

Der Grundsatz der **Veranlagung** wird in zwei wesentlichen Fällen durch den Grundsatz des **Quellenabzugs** ergänzt. Die Einkünfte aus nichtselbständiger Arbeit (**Tz 38 ff.**) und die Einkünfte aus Kapitalvermögen (**Tz 46 ff.**) werden durch den **Lohnsteuerabzug** und den **Kapitalertragsteuerabzug** bereits an der Quelle der Einkunftsentstehung erfaßt. Beide Steuerarten sind unselbständige Teile der sie einschließenden Einkommensteuer.

2. Erste Phase: Ermittlung der Einkünfte

12 Die im Rahmen der sieben Einkunftsarten anfallenden Einkünfte - und nur diese - gehen in den Gesamtbetrag der Einkünfte ein. **Einmalige Vermögensanfälle** wie z.B. Auszahlungen von Lebensversicherungssummen (Kapitalrückzahlungen), Schenkungen und Erbschaften, Lotteriegewinne, außerordentliche Einnahmen aus Schadensersatzleistungen sind gar **nicht** erst **steuerbar**. Ebenso sind Aktivitäten, bei denen Einnahmeüberschüsse auf Dauer nicht wahrscheinlich sind - z.B. ein privat genutzter Bauernhof, Rennställe, künstlerische Freizeitbetätigung u.a. - als Einkünfte aus **Liebhaberei** einkommensteuerlich unbeachtlich.

Von den nicht steuerbaren sind die - in der Wirkung für den Steuerpflichtigen allerdings gleichartigen - **steuerfreien** Einkünfte zu unterscheiden. Sie unterfallen sehr wohl einer der sieben Einkunftsarten, werden jedoch aufgrund ausdrücklicher gesetzlicher Normen ausgeklammert. So enthält z. B. § 3 EStG in wenig systematischer Abfolge insgesamt 69 verschiedene Freistellungen (die weggefallenen bzw. aufgehobenen Ziffern müssen abgezogen werden).

Die Festlegung einer **Rangordnung** der Einkunftsarten im Sinne einer Handlungsanweisung ist erforderlich, weil ein Sachverhalt unter mehr als eine Einkunftsart fallen kann.

Insoweit gehen die Gewinneinkunftsarten den Überschußeinkunftsarten vor (Subsidiaritätsprinzip), da ein und derselbe Sachverhalt nicht zweimal erfaßt werden soll.

Beispiel:

Ein Handwerksmeister hält in seinem Betriebsvermögen Aktien, aus denen ihm Dividenden zufließen.

Es liegen Einkünfte aus Gewerbebetrieb, nicht solche aus Kapitalvermögen vor.

13 Die **Ermittlungsmethodik** der Einkünfte wird dadurch charakterisiert, daß Einkünfte als Differenzgrößen zwischen Einnahmen/Erträgen und Ausgaben/Aufwendungen jeder Einkunftsart **Nettobeträge** darstellen. Die Differenzrechnung der **Gewinneinkunftsarten** - Betriebseinnahmen (Erträge) - Betriebsausgaben (Aufwendungen) = Gewinn (Verlust) - ordnet die betrieblich veranlaßten Einnahmen und Ausgaben dem Veranlagungsjahr nach ihrer **wirtschaftlichen Zugehörigkeit** zu. Demgegenüber kommt es bei den **Überschußeinkunftsarten** auf den tatsächlichen **Zu-** und **Abfluß** an.

Beispiel:

Ein Automobilhändler hat im Rahmen seines Betriebes einem Großkunden im Jahr 01 ein Darlehen gegeben; die auf 01 entfallenden Zinsen zahlt der Kunde erst in 02. Die Zinserträge sind in der Bilanz des Automobilhändlers im Jahr 01 - da diesem Veranlagungsjahr wirtschaftlich zugehörig - zu verbuchen und zu versteuern.

Handelte es sich um ein privat gegebenes Darlehen, so würden die Darlehenszinsen erst im Zuflußjahr 02 erfaßt.

14 Auch wenn die Einkommensteuer auf die Einkünfte aus zugrundeliegendem Vermögen und nicht auf das Vermögen selbst abzielt, so ist die Basisvermögensart nicht unwichtig.

So gehen in die Gewinnermittlung als laufende Einkünfte auch die mit dem Betriebsvermögen **realisierten Wertänderungen** ein. Realisierte Wertänderungen am ertragbringenden Privatvermögen sind hingegen grundsätzlich unbeachtlich.

Beispiel:

Ein Bäckermeister hat im Jahr 01 ein Grundstück für 100.000 DM erworben, das als Betriebsgrundstück in seiner Bilanz ausgewiesen ist. Im Jahr 05 verkauft er das Grundstück für 200.000 DM. Die Wertänderung am ruhenden Betriebsvermögen von 100.000 DM ist Bestandteil des Gewinns im Jahr 05.

Wäre das Grundstück nicht Betriebs-, sondern ertragbringendes Privatvermögen, so bliebe die Wertsteigerung im Rahmen der Überschußeinkünfte (Einkünfte aus Vermietung und Verpachtung) unbeachtet und würde die Steuerbemessungsgrundlage nicht erhöhen.

15 Die Addition der Einkünfte, die positiv und negativ sein können, ergibt die **Summe der Einkünfte**. Liegen die Voraussetzungen für den Abzug des Altersentlastungsbetrags (§ 24a EStG) nicht vor, so entspricht die Summe der Einkünfte dem **Gesamtbetrag der Einkünfte** (§ 2 (3) EStG).

Beispiel:

Ein 66-jähriger Anstreichermeister hat im Jahr 01 folgende Einkünfte:

Gewinn aus seinem Gewerbebetrieb	80.000 DM
Überschuß bei den Kapitaleinkünften	2.000 DM
Verlust bei den Einkünften aus Vermietung und Verpachtung	12.000 DM

Die Summe der Einkünfte beträgt 70.000 DM. Nach Abzug des Altersentlastungsbetrags (3.720 DM) resultiert der Gesamtbetrag der Einkünfte mit 66.280 DM.

3. Zweite Phase: Ermittlung des Einkommens

16 Die zweite Ermittlungsphase soll den Zwischenwert "Gesamtbetrag der Einkünfte" auf die persönliche Leistungsfähigkeit des Steuerpflichtigen einjustieren. Aus diesem Grunde werden Ausgaben aus dem Privatbereich, die also nicht mit Einnahmen aus den sieben Einkunftsarten im Zusammenhang stehen und deshalb (wegen § 12 EStG) eigentlich nicht abzugsfähig wären, trotzdem ausnahmsweise als **Sonderausgaben** bzw. **sonderausgabenähnliche Steuerbegünstigungen** oder **außergewöhnliche Belastungen** zum Abzug zugelassen. Der grundsätzliche Zusammenhang ergibt sich aus **Schaubild 6**.

Die Sonderausgaben sind im Gesetz erschöpfend aufgezählt und kommen in betragsmäßig **unbeschränkt** abzugsfähiger (private Renten und dauernde Lasten, Kirchensteuer, Steuerberatungskosten, bestimmte Steuerzinsen) und nur **beschränkt** abzuziehender Weise vor (Beiträge zu Kranken-, Unfall-, Haftpflicht- und Lebensversicherungen im Sinne von Personenversicherungen, Unterhaltsleistungen an den geschiedenen oder getrennt lebenden Ehegatten, Berufs- und Weiterbildungsaufwendungen, Aufwendungen für hauswirtschaftliche Beschäftigungsverhältnisse, Aufwendungen für den Besuch allgemeinbildender Ergänzungsschulen, Spenden zur Förderung mildtätiger, kirchlicher, religiöser, wissenschaftlicher, staatspolitischer und besonderer kultureller Zwecke).

17 Die Abzugsfähigkeit **sonderausgabenähnlicher Zahlungen** betrifft die Grundförderung eigengenutzten bzw. unentgeltlich zu Wohnzwecken überlassenen Wohnraums (§§ 10e, 10h, 10i EStG; siehe **Tz 74 ff.**), die Begünstigung von zu eigenen Wohnzwecken genutzten Baudenkmälern und Gebäuden in Sanierungs- und städtischen Entwicklungsgebieten (§ 10f EStG) sowie die Begünstigung bestimmter schutzwürdiger Kulturgüter (§ 10g EStG).

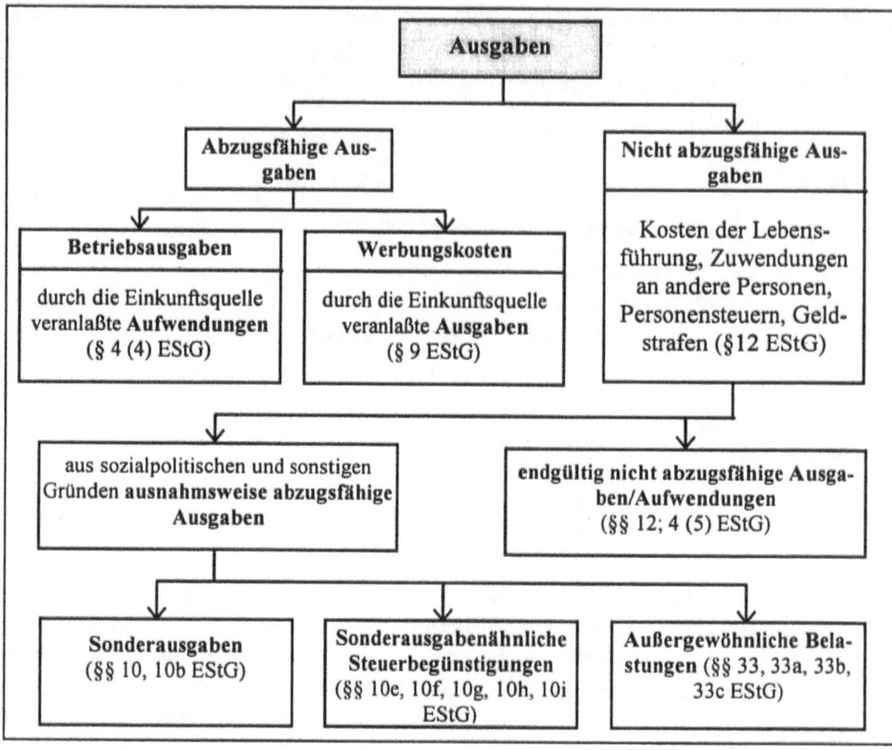

Schaubild 6: Steuerliche Abzugsfähigkeit von Ausgaben

18 Eine noch weitergehende Individualisierung gestattet der Katalog der **außergewöhnlichen Belastungen** (§§ 33, 33a; 33b, 33c EStG).

Hierbei handelt es sich um besonders belastende Aufwendungen, die der Mehrzahl der nach Einkommen, Vermögen und Familienstand vergleichbaren Steuerpflichtigen nicht erwachsen. Ihr Abzug ist entweder nur unter Berücksichtigung einer dem Steuerpflichtigen zugemuteten Eigenbeteiligung an den Aufwendungen möglich (z. B. § 33 EStG) oder er ist betragsmäßig für besonders normierte Fälle begrenzt (z. B. § 33a EStG) bzw. pauschaliert (z. B. § 33b EStG); **Schaubild 9** zeigt diesen Zusammenhang.

19 Der **Verlustabzug** gehört zwar, was seine Stellung betrifft, zur Einkommensermittlung, weil er wie Sonderausgaben und außergewöhnliche Belastungen vom Gesamtbetrag der Einkünfte abgezogen wird. Inhaltlich hat er jedoch - anders als die Sonderausgaben und außergewöhnlichen Belastungen - mit Privataufwendungen nichts zu tun. Wegen seiner besonderen betrieblichen Bedeutung wird er in einem gesonderten Kapitel behandelt (**Tz 540 ff.**).

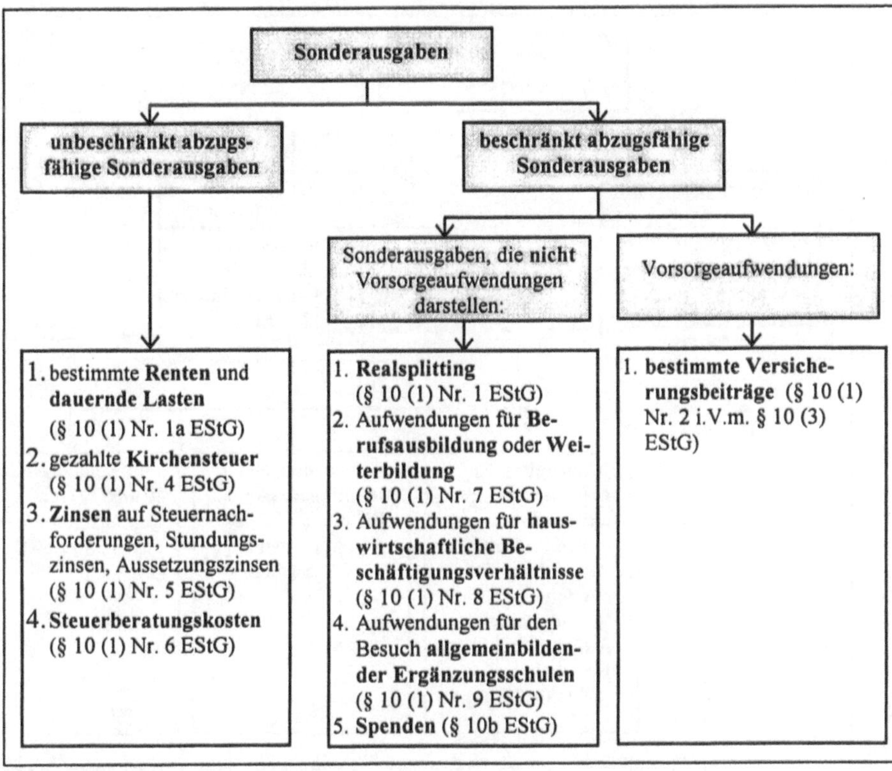

Schaubild 7: Darstellung der Sonderausgaben nach ihrer Abzugsfähigkeit

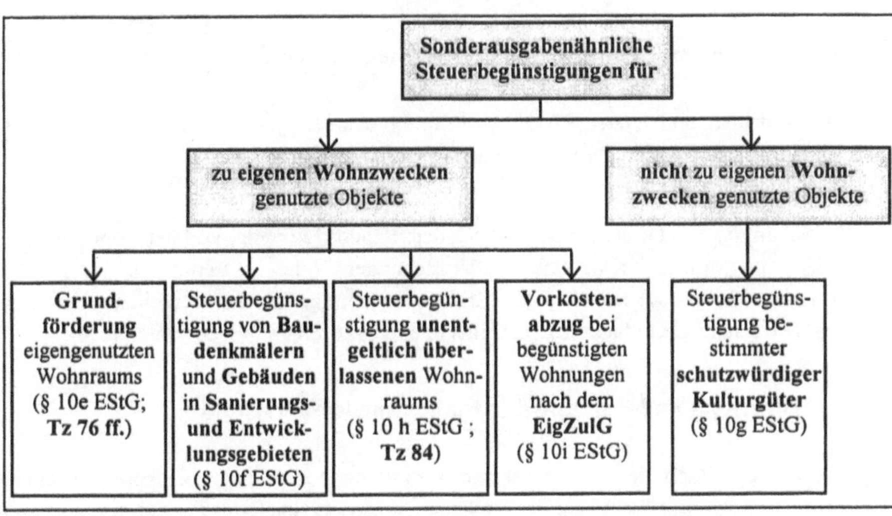

Schaubild 8: Sonderausgabenähnliche Steuerbegünstigungen

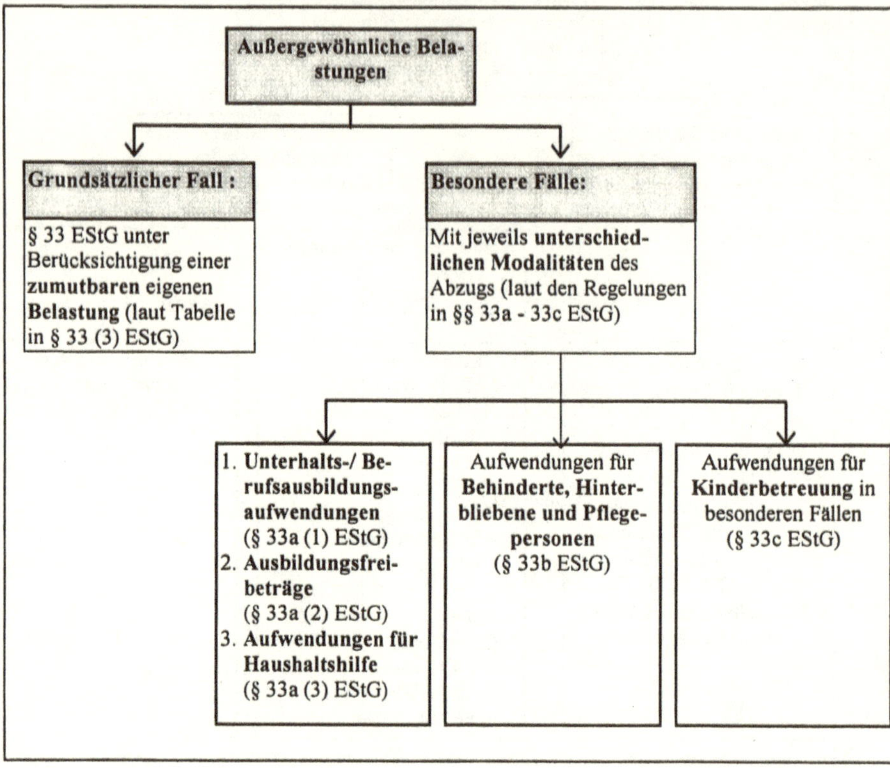

Schaubild 9: Darstellung der außergewöhnlichen Belastungen nach ihrer Abzugsfähigkeit

4. Dritte Phase: Ermittlung des zu versteuernden Einkommens

20 In der dritten und letzten Phase wird die Berücksichtigung der persönlichen Leistungsfähigkeit für bestimmte Personenkreise weiter akzentuiert.

In Abhängigkeit von der Anzahl der Kinder (Kinderfreibetrag) und der Führung des Haushalts mit einem Kind als Alleinstehender oder getrennt lebender Ehegatte (Haushaltsfreibetrag) enthält § 32 EStG Abzugsbeträge, die das steuerliche Einkommen in die Bemessungsgrundlage "**zu versteuerndes Einkommen**" transformieren.

5. Ermittlung und Zahlung der Einkommensteuerschuld

21 Die auf der Basis des zu versteuernden Einkommens gesuchte Einkommensteuerschuld ergibt sich durch Anwendung des Einkommensteuer**tarifs**. Zwei Tarifarten gilt es zu unterscheiden: den **Grundtarif** (§ 32a (1) EStG) und den **Splittingtarif** (§ 32a (5) EStG). Sie sind den Veranlagungsarten wie folgt zugeordnet (**Schaubild 10**):

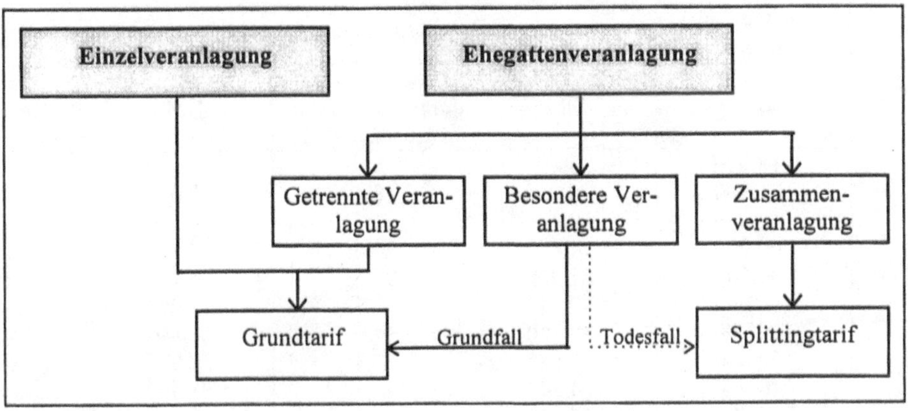

Schaubild 10: Veranlagungsarten und Einkommensteuertarif

Der **Grundtarif** enthält eine steuerfreie Zone (Grundfreibetrag 1998: 12.365 DM bei Einzel- und getrennter Veranlagung, 24.731 DM bei Zusammenveranlagung). Die erste linear-progressive Zone beginnt oberhalb des Grundfreibetrags mit einem Eingangssteuersatz von 25,9% und endet bei einem zu versteuernden Einkommen von 58.643 DM/117.287 DM. Die zweite linear-progressive Zone beginnt bei einem zu versteuernden Einkommen von 58.644 DM/117.288 DM und endet bei einem zu versteuernden Einkommen von DM 120.041 DM/240.083 DM. Ab einem zu versteuernden Einkommen von 120.042 DM/240.084 DM verläuft der Grenzsteuersatz wieder konstant (Spitzensteuersatz). Bei darüber liegenden zu versteuernden Einkommen nähert sich der Durchschnittssteuersatz dem Spitzensteuersatz, ohne ihn je zu erreichen.

Der **Splittingtarif** basiert zunächst auf der Halbierung (Splitting) des zu versteuernden Einkommens der Ehegatten, nachfolgend der Errechnung des Steuerbetrags nach dem Grundtarif und schließlich seiner Verdoppelung. Dieser Tarif führt i.d.R. zu günstigeren Ergebnissen, weil er bei unterschiedlich hohen zu versteuernden Einkommen der Ehegatten die Progressionskurve glättet. **Schaubild 11** erhellt diesen Zusammenhang. Der Vergleich der Steuerbeträge zeigt die bei gleichem zu versteuernden Einkommen sich ergebende Entlastungswirkung des Splittingtarifs.

22 Die **tarifliche Einkommensteuerschuld** entspricht, wenn nicht noch besondere Ermäßigungen (siehe hierzu R 4 EStR) in Frage kommen, der für das Veranlagungsjahr **festzusetzenden Einkommensteuerschuld** (§ 2 (6) EStG).

Mit letzterer werden die vierteljährlich zu leistenden Einkommensteuer**vorauszahlungen** (jeweils am 10. März, 10. Juni, 10. September, 10. Dezember eines Jahres) und gegebenenfalls die durch Quellenabzug erhobene Einkommensteuer (z.B. Kapitalertragsteuer; siehe **Tz 11**) sowie die anrechenbare Körperschaftsteuer (siehe **Tz 115; 135**) verrechnet (§ 36 (2) EStG).

zu versteuerndes Einkommen	Einkommensteuerbelastung nach dem vorgesehenen Tarif 1998			
	Grundtabelle		**Splittingtabelle**	
DM	DM	durchschnittlicher Steuersatz (%)	DM	durchschnittlicher Steuersatz (%)
18.000	1.497	8,3	0	0
36.000	6.635	18,4	2.994	8,3
48.000	10.389	21,7	6.290	13,1
60.000	14.423	24,0	9.714	16,2
80.000	21.976	27,5	15.714	19,7
100.000	30.742	30,8	22.080	22,1
120.000	40.750	34,0	28.846	24,0
150.000	56.635	37,8	39.926	26,6
240.000	104.344	43,5	81.500	34,0
300.000	136.141	45,4	113.269	37,8
400.000	189.145	47,3	166.274	41,6
500.000	242.150	48,4	219.278	43,9

Schaubild 11: Einkommensteuerbelastung nach dem Grund- und Splittingtarif

Nach Anrechnung dieser Beträge auf die Jahresschuld resultiert entweder ein vom Finanzamt zu erstattendes **Guthaben** oder eine **Abschlußzahlung**, die der Steuerpflichtige innerhalb eines Monats nach Bekanntgabe des Steuerbescheids zu entrichten hat (§ 36 (4) EStG).

6. Tarifbegrenzung für gewerbliche Einkünfte

23 Ab dem Veranlagungszeitraum 1994 werden die gewerblichen Einkünfte mit **maximal 47%** Einkommensteuer belastet. Die **Tarifbegrenzung für gewerbliche Einkünfte (§ 32c EStG)** auf 47% wird als das Kernstück des StandOG angesehen. Die Kappung der Grenzsteuerbelastung soll der Tatsache Rechnung tragen, daß Gewerbetreibende mit ihren Gewinnen neben der Einkommensteuer einer Sonderbelastung mit Gewerbeertragsteuer unterliegen. Insbesondere bei Zusammentreffen eines hohen Einkommensteuersatzes mit der Gewerbesteuerbelastung wird die Gesamtbelastung allgemein als drückend und insbesondere investitionshemmend empfunden.

Da ausschließlich solche gewerblichen Einkünfte, die auch der Gewerbesteuer unterliegen, von der Begrenzung des Steuersatzes profitieren sollen, werden die **begünstigten** gewerblichen Einkünfte dem Grunde nach wie folgt ermittelt (§ 32c (2) EStG):

Der Gewerbesteuer unterliegende Gewinne nach § 7 oder § 8 Nr. 4 GewStG

./. gewerbesteuerliche Kürzungsbeträge nach §§ 9 Nr. 1 Sätze 2, 3; Nrn. 2a, 3, 5, 7, 8 GewStG

./. gewerbesteuerliche Kürzungsbeträge nach § 9 Nr. 2 GewStG, soweit sie auf Anteile am Gewinn einer ausländischen Betriebstätte entfallen

./. Gewinne mit einer Steuerermäßigung nach § 34 EStG

= begünstigte Einkünfte aus Gewerbebetrieb

Die aus der Tarifbegrenzung abzuleitende Höhe der Begünstigung wird mit Hilfe des Abzugs eines **Entlastungsbetrages** für die begünstigten gewerblichen Einkünfte von der nach dem unveränderten Einkommensteuertarif ermittelten Einkommensteuer festgestellt. Dabei tritt die Tarifbegünstigung nur für diejenigen Einkünfte ein, deren Anteil am zu versteuernden Einkommen mindestens DM 100.224 (Grundtabelle) bzw. 200.448 (Splittingtabelle) beträgt. Erst ab einem solchen zu versteuernden Einkommen übersteigt die Grenzsteuerbelastung den Satz von 47%.

24 Der **Entlastungsbetrag** errechnet sich wie folgt:

a) Zunächst wird für den begünstigten gewerblichen Anteil am zu versteuernden Einkommen die tarifliche Einkommensteuer gemäß § 32a EStG ermittelt. Dieser Anteil bemißt sich nach dem Verhältnis der begünstigten gewerblichen Einkünfte zur Summe der Einkünfte (§ 32c (3) EStG).

b) Hiervon abgezogen wird die tarifliche Einkommensteuer für den begünstigten gewerblichen Anteil bei Beschränkung des Grenzsteuersatzes auf 47%. Rechnerisch sind zwei Schritte zu unterscheiden:

   Bis DM 100.224 (Grundtabelle) bzw. 200.448 (Splittingtabelle) gilt die Steuerbelastung nach dem unveränderten Einkommensteuertarif gemäß § 32a EStG. Die darüber hinausgehenden gewerblichen Einkünfte werden mit dem einheitlichen Steuersatz von 47% belastet.

c) Der Entlastungsbetrag ist der Unterschied zwischen dem nach a) und b) berechneten Steuerbetrag.

Die Tarifbegrenzung gewerblicher Einkünfte ist ab dem **Veranlagungszeitraum 1994** anzuwenden.

Beispiel:

Ein lediger Unternehmer hat folgende Einkünfte:

– Einkünfte aus Gewerbebetrieb	DM 154.000
– Einkünfte aus Kapitalvermögen	DM 66.000
Summe der Einkünfte	DM 220.000
./. Sonderausgaben	DM 19.984
zu versteuerndes Einkommen	DM 200.016

1. Verhältnisrechnung (§ 32c (3) EStG)

$$\frac{\text{Einkünfte aus Gewerbebetrieb}}{\text{Summe der Einkünfte}} = \frac{\text{DM } 154.000}{\text{DM } 220.000} = \boxed{0{,}7}$$

Anteil der Einkünfte aus Gewerbebetrieb am zu versteuernden Einkommen:

0,7 x DM 200.016 = DM 140.011
Abgerundeter (durch 54 ohne Rest teilbar) gewerblicher Anteil: DM 139.968

2. Ermittlung des Entlastungsbetrags (§ 32c (4) EStG)

1. Schritt: ungemilderte Einkommensteuer

von DM 200.016	DM 83.166
von DM 139.968	DM 51.340

2. Schritt: Einkommensteuer von

DM 100.224 (geltender Tarif)	DM 30.869
+ tarifbegrenzte Einkommensteuer auf den Restbetrag: 47% von DM 39.744 (DM 139.968 - DM 100.224)	DM 18.680
= gesamte Einkommensteuer auf die gewerblichen Einkünfte nach Tarifbegrenzung	DM 49.549

3. Schritt: Entlastungsbetrag

DM 51.340 - DM 49.549	DM 1.791

3. Ergebnis

Tarifbelastung auf DM 200.016	DM 83.166
./. Entlastungsbetrag	DM 1.791
= endgültige Einkommensteuerbelastung	DM 81.375

Den überblickhaften Grundriß der Einkommensteuer mag der folgende Sachverhalt - dargestellt für einen 66-jährigen ledigen Handwerksmeister - abschließend erläutern. Die Beträge für die Einkünfte, Sonderausgaben, außergewöhnlichen Belastungen und die Steuervorauszahlungen werden als gegeben unterstellt (**Schaubild 12**).

			Alternative I DM	Alternative II DM
Ermittlung der tariflichen Einkommensteuer	**1. Phase:** Ermittlung der Einkünfte	Einkünfte aus Gewerbebetrieb (Gewinn)	78.000	38.000
		Einkünfte aus Kapitalvermögen (einschließlich Kapitalertragsteuer und Körperschaftsteueranrechnungsguthaben)	10.000	10.000
		Einkünfte aus Vermietung und Verpachtung (Verlust)	- 8.000	- 8.000
		Summe der Einkünfte	80.000	40.000
		Altersentlastungsbetrag	- 3.720	- 3.720
		Gesamtbetrag der Einkünfte	76.280	36.280
	2. Phase: Ermittlung des Einkommens	Sonderausgaben	- 6.000	- 6.000
		außergewöhnliche Belastungen	- 1.000	- 1.000
		Einkommen	69.280	29.280
	3. Phase: Ermittlung des zu versteuernden Einkommens	Zu versteuerndes Einkommen (= Bemessungsgrundlage der tariflichen Einkommensteuer; im Beispiel identisch mit dem Einkommen)	69.280	29.280
Ermittlung der **festzusetzenden Einkommensteuer**		Einkommensteuerschuld (nach der Grundtabelle 1998)	17.763	4.653
		Einkommensteuervorauszahlungen (4 x 2.500)	- 10.000	- 10.000
		anrechenbare Kapitalertragsteuer	- 1.600	- 1.600
		anrechenbare Körperschaftsteuer	- 3.600	- 3.600
		festzusetzende Einkommensteuer (Abschlußzahlung)	2.563	-
		Guthaben	-	10.547

Schaubild 12: Exemplarische Ermittlung der tariflichen und der festzusetzenden Einkommensteuer

II. Beschreibung der für den Handwerksunternehmer wesentlichen Einkünfte

1. Gewerbliche Einkünfte

1.1 Art und Umfang

25 Von den Gewinneinkunftsarten läßt sich bereits auf den ersten Blick vermuten, daß die **Einkünfte aus Gewerbebetrieb** die handwerkstypische Einkunftsart darstellen.

26 Das Einkommensteuergesetz setzt für das Vorliegen gewerblicher Einkünfte, die im Normalfall das Ergebnis der laufenden Leistungserstellung und ihrer Verwertung darstellen, eine **selbständige, nachhaltige** Betätigung, die mit **Gewinnerzielungsabsicht** unternommen wird, und die **Teilnahme am allgemeinen wirtschaftlichen Verkehr** voraus (§ 15 (2) EStG).

Selbständigkeit liegt vor, wenn die Tätigkeit auf eigene Rechnung und Gefahr und nicht weisungsgebunden erfolgt. Selbständiges Tätigwerden wird also immer durch eingegangenes Unternehmerrisiko charakterisiert.

Mit dem Begriff der **Nachhaltigkeit** verbindet sich i.w. die Wiederholungsabsicht der Betätigung.

Gewinnerzielungsabsicht richtet sich auf die Erlangung wirtschaftlicher Vorteile. Ob tatsächlich (in jeder Besteuerungsperiode) ein Gewinn erzielt wird, ist dabei ohne Belang.

Die **Teilnahme am allgemeinen wirtschaftlichen Verkehr** bedeutet, daß der Betrieb seine Leistungen allgemein zugänglich macht, indem er sie einer unbestimmten Zahl von Personen anbietet.

Für den Handwerksunternehmer treffen alle geforderten Merkmale zu. Da sein ureigenstes Betätigungsfeld darüber hinaus weder den Einkünften aus Land- und Forstwirtschaft noch den Einkünften aus selbständiger Arbeit unterfällt, beschränken wir uns auf die Darstellung der **Einkünfte aus Gewerbebetrieb**.

27 Die gewerblichen Einkünfte lassen sich in der aus **Schaubild 13** ersichtlichen Weise gruppieren.

Als **gewerbliche Einzelunternehmen** sind die weitaus meisten Handwerksbetriebe in der Bundesrepublik Deutschland organisiert.

28 Bei den aus **Personengesellschaften** stammenden Einkünften handelt es sich für unseren Betrachtungskreis i.w. um die Gewinnanteile, die die Gesellschafter (in der steuerlichen Sprache: **Mitunternehmer**) einer OHG, einer KG oder einer aus Handwerkern bestehenden BGB-Gesellschaft beziehen. Auch die Gewinnanteile des sog. **atypischen** stillen Gesellschafters, der über die passive Rolle hinaus, die ihm das HGB (§§ 230 ff. HGB) zugedacht hat, unternehmerisch durch Beteiligung an den stillen Reserven bzw. an dem Liquidationsergebnis aktiv wird, stellen gewerbliche Einkünfte dar. Es ist also nicht die Gesellschaft als rechtliches Gebilde, welches der Einkommensteuer unterliegt, sondern der einzelne, durch wirtschaftliche Initiative und Risikotragung gekennzeichnete Mitunternehmer.

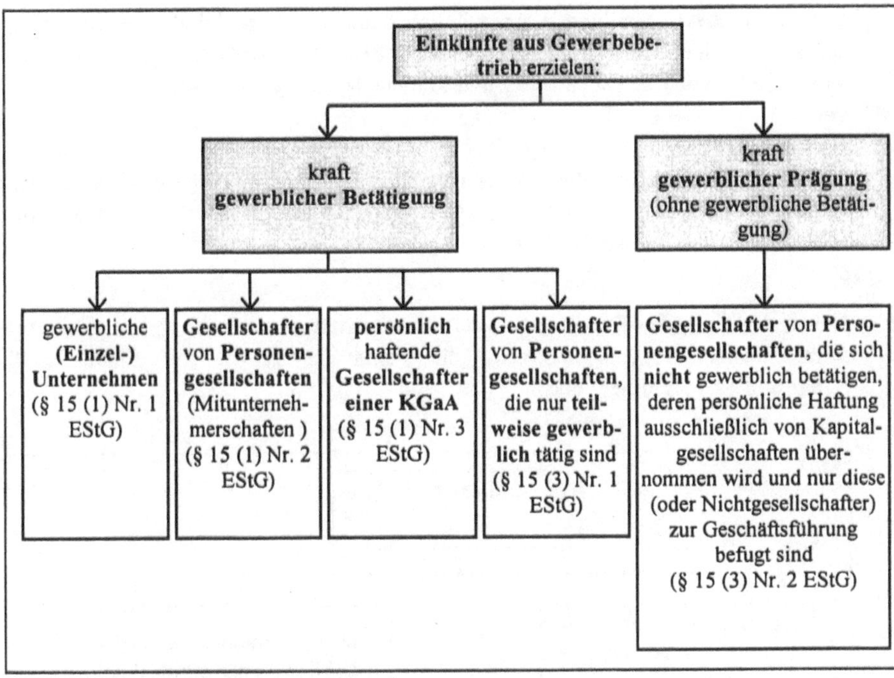

Schaubild 13: Arten der Einkünfte aus Gewerbebetrieb

Der Umfang der Einkünfte von Mitunternehmerschaften wird dadurch erweitert, daß **Tätigkeitsvergütungen** der Gesellschafter im Dienste der Gesellschaft oder **Vergütungen** für die **Hingabe von Darlehen** oder die **Überlassung von Wirtschaftsgütern** ihren Gewinn erhöhen (Vorabgewinn). Damit soll eine Gleichstellung mit den Einzelunternehmern erreicht werden, die ja mit sich selbst keinerlei vertragliche Beziehungen haben können (§ 15 (1) Nr. 2 EStG).

Beispiel:

A, B und C sind Gesellschafter einer OHG. A vermietet der OHG ein ihm gehörendes Gebäude, B gewährt ihr ein Darlehen und C erhält von ihr für seine Geschäftsführertätigkeit ein Gehalt.

Miete, Zinsen und Gehalt sind steuerlich als Vorabgewinne der Gesellschafter zu behandeln, auch wenn sie handelsrechtlich zweifelsfrei Aufwendungen darstellen. Sie führen in allen drei Fällen zu Einkünften aus Gewerbebetrieb.

Durch das Steueränderungsgesetz 1992 werden auch nur mittelbar - über eine oder mehrere Personengesellschaften (Obergesellschaft) - beteiligte Gesellschafter (Obergesellschafter) zu Mitunternehmern der Untergesellschaft fingiert. Daraus folgt, daß die oben erläuterten Sondervergütungen der Untergesellschaft an die Obergesellschafter bei letzteren Vorabgewinn darstellen und nicht als Betriebsausgaben bei der Untergesellschaft abgezogen werden können. Auch dürfen bei der Untergesellschaft keine Pensionsrückstellungen zugunsten von Obergesellschaftern gebildet werden.

Die steuerliche Behandlung der **persönlich** haftenden **Gesellschafter einer KGaA** entspricht derjenigen von Mitunternehmern. Die Rechtsform der KGaA ist jedoch für Handwerksunternehmen unzweckmäßig und kommt deshalb in der betrieblichen Praxis nicht vor.

Die nur **teilweise gewerblich tätige** Personengesellschaft und die **gewerblich geprägte** Personengesellschaft sind unter dem Gesichtspunkt der handwerkstypischen Tätigkeiten unbedeutend und werden nicht weiter behandelt.

29 Neben den laufenden Einkünften aus Gewerbebetrieb gibt es noch andere, nur sporadisch oder einmalig auftretende Vorgänge, die ebenfalls zu gewerblichen Einkünften führen. **Schaubild 14** verdeutlicht dies.

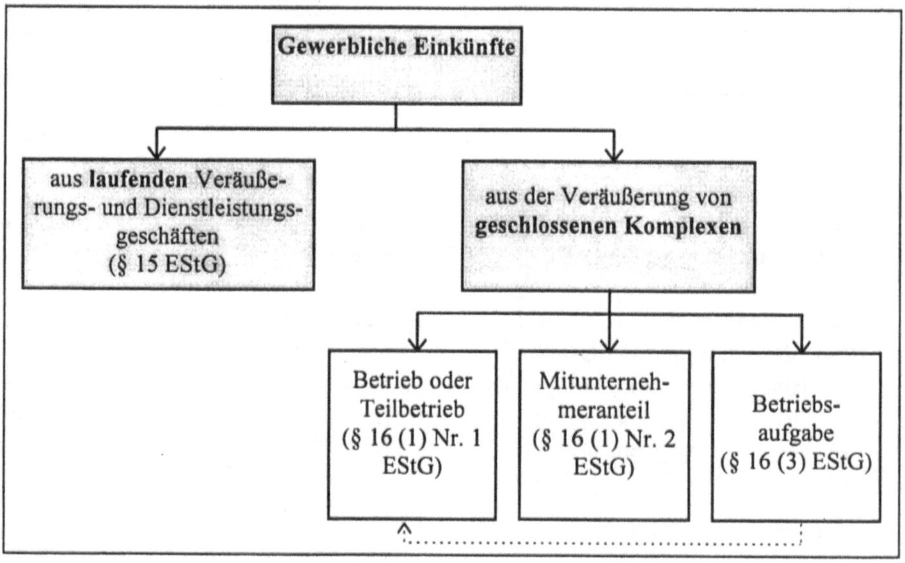

Schaubild 14: Umfang gewerblicher Einkünfte

Während die Einkünfte aus laufenden Veräußerungs- und Dienstleistungsgeschäften den Hauptgegenstand unserer Erörterung bilden, bestehen für die Veräußerung geschlossener Komplexe **begünstigende** Besonderheiten, die in einem eigenen Abschnitt (**Tz 512 ff.**) behandelt werden.

1.2 Ermittlungstechnik

30 Die **Ermittlung** der gewerblichen Einkünfte erfolgt durch Gegenüberstellung von Erträgen (in der steuerlichen Sprache: Betriebseinnahmen) und Aufwendungen (Betriebsausgaben). Wendet man - wie in der Praxis üblich - die doppelte Buchführung als Instrument zur Ermittlung der Einkünfte an, so läßt sich das Ergebnis - Gewinn bzw. Verlust - in gleicher Weise aus dem Eigenkapitalvergleich zweier aufeinander folgender (Steuer-) Bilanzen ab-

leiten. Wegen der überragenden Bedeutung der Steuerbilanz im Kontext des gesamten steuerlichen Umfeldes der Unternehmung wird ihr ein eigenes Kapitel gewidmet (**Tz 328 ff.**)

In diesem Zusammenhang gehen wir auch auf wichtige Besonderheiten ein, die die Gewinnermittlung in Mitunternehmerschaften auszeichnen (**Tz 426 ff.**)

1.3 Abgrenzung zur Vermögensverwaltung

31 Schließlich sei noch auf ein **Abgrenzungsproblem** hingewiesen, welches häufig zwischen den gewerblichen Einkünften und den Einkünften aus Vermietung und Verpachtung auftritt. Die bloße Verwaltung von Grundbesitz ist regelmäßig keine gewerbliche Tätigkeit, da sie sich als Fruchtziehung aus der zugrundeliegenden Hauptsubstanz darstellt. Das gilt auch dann, wenn das Erstellen der Häuser zum Zwecke späterer Vermietung in großem Umfang erfolgt.

Beispiel:

Ein erfolgreicher Metzgermeister hat im Laufe seines Berufslebens zehn Mehrfamilienhäuser gebaut, deren Vermietung und Verwaltung er selbst vornimmt.

Er bezieht Einkünfte aus Vermietung und Verpachtung.

Treten jedoch zur Überlassung der Wohnungen weitere Tätigkeiten des Vermieters hinzu - z.B. Erbringen von Nebenleistungen in erheblichem Umfange oder besondere Tätigkeiten, wie sie bei ständigem und schnellem Wechsel der Mieter nötig werden - so ist die Schwelle zum Gewerbebetrieb (z. B. Hotelbetrieb) überschritten.

32 Während gelegentliche Veräußerungen vorhandenen Grundvermögens im Bereich der privaten Vermögensverwaltung verbleiben, führt die Ausnutzung von Substanzwertsteigerungen zwecks Vermögensmehrung zur Gewerblichkeit. Hierbei ist nach der Rechtsprechung das **Zeitmoment** von besonderer Bedeutung. Bei **langfristiger Haltedauer** (Zeitraum zwischen Erwerb/ Fertigstellung und Veräußerung der Objekte > 10 Jahre) liegt grundsätzlich private Vermögensverwaltung vor; das gilt auch dann, wenn in kurzem Zeitraum umfangreicher Grundbesitz an verschiedene Erwerber veräußert wird. Zum gleichen Ergebnis gelangt man bei **kurzfristiger Haltedauer** (bis zu etwa 5 Jahren) nur dann, wenn innerhalb dieser Zeitspanne **maximal drei** Objekte veräußert werden; eine größere Zahl von Verkäufen indiziert von vornherein eine bedingte Verkaufsabsicht und führt i.d.R. zu gewerblichen Einkünften. Der Zeitraum einer **mittelfristigen Haltedauer** (5 bis 10 Jahre) ist besonders kritisch. Beim gegenwärtigen Stand der Rechtsprechung läßt sich hierfür keine generelle Aussage treffen.

Einzelheiten zu der wichtigen Abgrenzungsproblematik enthält R 137 EStR.

Es ist also gegebenenfalls das klärende Gespräch mit dem Berater bzw. der Finanzverwaltung zu suchen, um - soweit irgend möglich - durch eine zweckmäßige Sachverhaltsgestaltung die Gewerblichkeit und damit die Gewerbesteuerpflicht, den Wegfall der planmäßigen Gebäudeabschreibung (da dann Umlaufvermögen) sowie die Besteuerung stiller Rücklagen bei eventuellem späteren Verkauf zu vermeiden.

2. Überschußeinkünfte

2.1 Vorbemerkung

33 Neben die gewerblichen Einkünfte, die das Hauptergebnis handwerklicher Tätigkeit darstellen, treten vielfach Einkünfte aus den Einkunftsarten 4 bis 7, die zusammenfassend als **Überschußeinkünfte** bezeichnet werden.

Angesichts der Tatsache, daß es in der Besteuerungspraxis nur bestimmte Segmente aus diesen Einkunftsarten sind, die mit Blick auf den Handwerksunternehmer mit einiger Regelmäßigkeit wiederkehren und die wir deswegen als handwerkstypisch bezeichnen wollen, ist es geboten, die Darstellung zielgruppenorientiert zu konzentrieren. Zuvor werden einige Ausführungen gemacht, die für alle Überschußeinkünfte Gültigkeit besitzen.

2.2 Grundlagen aller Überschußeinkünfte

34 Für alle Überschußeinkünfte ist charakteristisch, daß sie als Differenz zwischen **Einnahmen** und **Werbungskosten** (§ 2 (2) Nr. 2 EStG) durch einfache Substraktion ermittelt werden. Zwischen den Einnahmen und Werbungskosten einer Einkunftsart verlangt das Gesetz zwar eine ursächliche Verknüpfung (siehe Definition in § 9 EStG), nach der Rechtsprechung genügt es jedoch bereits, wenn die Werbungskosten durch die Einnahmeerzielung **veranlaßt** sind. Damit wird die Gleichstellung mit den Betriebsausgaben angestrebt (siehe § 4 (4) EStG).

Einnahmen können in Geld oder in Geldeswert bestehen (§ 8 EStG). Letzteres ist insbesondere im Zusammenhang mit den Einkünften aus nichtselbständiger Arbeit von Bedeutung.

Die **Werbungskosten**, in § 9 EStG definiert und mit beispielhaften Aufzählungen charakterisiert, haben begrifflich weder etwas mit Werbung im Sinne verkaufsfördernder Maßnahmen noch mit Kosten als betrieblichem Güter- und Leistungsverzehr zu tun; sie sind als schlichte **Ausgaben** eine rein pagatorische Größe (pagare = zahlen).

Falls keine höheren tatsächlichen Ausgaben nachgewiesen werden, stellt § 9a EStG dem Steuerpflichtigen für alle Überschußeinkunftsarten unterschiedliche Pauschbeträge zur Verfügung.

35 Der bereits erwähnte pagatorische Charakter hat seine gesetzliche Grundlage in § 11 EStG. Hiernach erfolgt die Zuordung der Werbungskosten auf die Besteuerungsperiode unabhängig von der wirtschaftlichen Veranlassung nach dem **Zu-** bzw. **Abflußprinzip**.

Beispiel:

Ein Vermieter hat wegen Zahlungsschwierigkeiten eines Mieters im VZ 01 die Zahlung von 2 Monatsmieten gestundet. Der Mieter zahlt den ausstehenden Betrag im VZ 02 (Februar). Der Vermieter hat im VZ 01 10, im VZ 02 14 Monatsmieten zu versteuern.

Zufließen von Einnahmen (Abfließen von Ausgaben) bedeutet immer, die **wirtschaftliche Verfügungsmacht** über sie zu erlangen (zu verlieren).

Beispiele:

- Zahlung, Verrechnung, Gutschrift
- Gutschrift eines Lohnanspruchs; das gilt jedoch nicht, wenn der Arbeitnehmer - wie bei betrieblichen Gewinn- und Kapitalbeteiligungsmodellen manchmal vereinbart - über die gutgeschriebenen Beträge wirtschaftlich nicht verfügen kann (z.B. während langjähriger Sperrfristen)
- Einlösung oder Diskontierung eines Wechsels

36 Im Gegensatz zu den gewerblichen Einkünften sind bei den Überschußeinkünften **realisierte Wertänderungen** des zugrundeliegenden (Privat)vermögens grundsätzlich **unbeachtlich**.

Beispiel:

Ein Vermieter veräußert sein Mehrfamilienhaus, das er vor Jahren für 200.000 DM erworben hatte, nunmehr für 300.000 DM. Der realisierte Wertzuwachs von 100.000 DM ist steuerlich unbeachtlich.

Ein in eine Notlage geratener Steuerpflichtiger muß einen Posten Wertpapiere, den er vor längerer Zeit für 20.000 DM erworben hatte, für 10.000 DM veräußern. Der realisierte Wertverlust von 10.000 DM mindert die Einkünfte nicht.

37 **Schaubild 15** zeigt zusammenfassend charakteristische Merkmale der Überschußeinkünfteermittlung.

Ermittlungsmethode	Subtraktion von **Einnahmen** und **Ausgaben** (pagatorische Größen)
Ermittlungszeitraum	Kalenderjahr des **Zu-/Abflusses**
Ermittlungsinhalt	**Vermögenszuwachs (Vermögensminderung)** aus Gegenüberstellung von Einnahmen und zugehörigen Ausgaben unter Ausschluß der Wertänderungen am zugrundeliegenden (Privat-) Vermögen*

* Die Einkünfte aus nichtselbständiger Arbeit stellen einen Sonderfall dar.

Schaubild 15: Methode, Zeitraum und Inhalt der Haushaltseinkünfteermittlung

2.3 Kurzbeschreibung der Überschußeinkünfte

2.3.1 Einkünfte aus nichtselbständiger Arbeit

2.3.1.1 Grundlagen

38 Einkünfte aus nichtselbständiger Arbeit betreffen den Handwerksunternehmer i.d.R. indirekt durch Pflichten, die der Gesetzgeber ihm für die beschäftigten Mitarbeiter im Zuge des Lohnsteuer-Erhebungsverfahrens aufgebürdet hat. Aus diesem Grunde sind Basiskenntnisse dieser Einkunftsart unerläßlich.

39 Von der nur eine besondere Erhebungsform der Einkommensteuer darstellenden Lohnsteuer (**Tz 11**) sollen Arbeitnehmer erfaßt werden, die in einem **Dienstverhältnis** stehen und infolgedessen nicht aus eigener Machtvollkommenheit, sondern i.w. weisungsgebunden tätig werden (§ 1 LStDV). Über die beispielhafte Aufzählung in § 19 (1) EStG hinaus werden **alle Einnahmen** erfaßt, die ihren Grund im Dienstverhältnis haben (§ 2 (1) LStDV). Auch Entgelte aus früheren Dienstverhältnissen (z.B. Werksrenten) oder Einnahmen von Rechtsnachfolgern zählen zu dieser Einkunftsart (§ 19 (1) Nr. 2 EStG).

Die Benutzung **sozialer Einrichtungen** oder der Empfang von **Gelegenheitsgeschenken** (bis 60 DM) werden als nicht auf dem Dienstverhältnis basierend angesehen und sind deswegen als sog. **Annehmlichkeiten** bzw. **Aufmerksamkeiten** gar nicht erst steuerbar.

Von den steuerbaren Einnahmen bleiben verschiedene Bezüge (wie z.B. § 3 Nrn. 2, 9, 15, 16, 30, 31, 32, 33, 34, 47, 50, 51, 52, 62, 64 EStG; § 8 (3) EStG; § 19a (1) EStG; § 3 LStDV; Richtlinien 32, 72, 73 LStR) sowie Zuschläge für Sonntags-, Feiertags- und Nachtarbeit (§ 3b EStG) **steuerfrei**.

Bei Bezügen aus einem früheren Dienstverhältnis wird außerdem ein Versorgungsfreibetrag von 40% dieser Bezüge, höchstens 6.000 DM, gewährt (§ 19 (2) EStG).

40 Unter den Werbungskosten finden sich in § 9 (1) Nrn. 3 bis 6 EStG beispielhafte Aufzählungen von Ausgaben im Zusammenhang mit Einnahmen aus nichtselbständiger Arbeit (Beiträge zu Berufsverbänden, Fahrten zwischen Wohnung und Arbeitsstätte, Ausgaben wegen doppelter Haushaltsführung und für Arbeitsmittel). Die Abzugsbeschränkung bestimmter in § 4 (5) EStG aufgezählter Aufwendungen als Betriebsausgaben (**Tz 425**) ist auf den Bereich der Überschußeinkünfte übertragen worden (§ 9 (5) EStG). Die Regelung ist insbesondere für den Abzug von Aufwendungen, die Arbeitnehmer im Rahmen ihres Dienstverhältnisses zu tragen haben, von Bedeutung (z. B. vom Arbeitnehmer im Auftrag des Unternehmers durchgeführte Bewirtung).

Der Katalog des § 9 EStG ist ergänzungsbedürftig z.B. um Reisekosten, beruflich bedingte Umzugskosten, Fortbildungskosten, Bewerbungskosten u.ä. Wichtige Vorschriften zu diesem Komplex enthalten neben den bereits erwähnten die Richtlinien 33 bis 48 LStR.

41 Häufig werden entstandene Werbungskosten vom Arbeitgeber ersetzt. Aufwandsersatz unterliegt grundsätzlich dem Lohnsteuerabzug durch den Arbeitgeber. Da der Arbeitnehmer diesen Teil des versteuerten Arbeitsentgeltes bei sich als Werbungskosten geltend machen muß, hatte die Finanzverwaltung nichts dagegen, wenn der Arbeitgeber die Werbungskosten steuerfrei erstattete, selbst wenn kein expliziter Befreiungstatbestand existierte. Diese weitgehende Verwaltungsregelung über die Steuerbefreiung von **Werbungskostenersatzleistungen** wurde ab 1990 nicht fortgeführt. Mit der Steuerreform 1990 wurde der steuerfrei bleibende Aufwandsersatz, soweit er im Darstellungszusammenhang dieser Schrift von Bedeutung ist, auf **Mehraufwendungen bei doppelter Haushaltsführung** (§ 3 Nr. 16 EStG), **Werkzeuggeld** bei Werkzeuggestellung durch den Arbeitnehmer (§ 3 Nr. 30 EStG), die Überlassung **typischer Berufskleidung** (§ 3 Nr. 31 EStG) und die **Sammelbeförderung** der Arbeitnehmer (§ 3 Nr. 32 EStG) beschränkt.

Werden die Werbungskosten nicht nachgewiesen, so steht dem Arbeitnehmer in jedem Falle ein **Arbeitnehmer-Pauschbetrag** von 2.000 DM zu (§ 9a Nr. 1 EStG).

2.3.1.2 Die Rolle des Arbeitgebers im Lohnsteuer-Erhebungsverfahren

42 Dem Arbeitgeber fällt bei der Erhebung der Lohnsteuer eine wesentliche, allerdings recht arbeitsaufwendige Rolle zu. Er hat nämlich die Lohnsteuer für Rechnung des Arbeitnehmers bei der Lohnzahlung einzubehalten und bis zum 10. Tag nach Ablauf des Lohnsteuer-Anmeldungszeitraums (i.d.R. des Kalendermonats) an das Betriebsfinanzamt abzuführen. Gleichzeitig ist eine normierte Lohnsteueranmeldung abzugeben. Bei kleineren Betrieben kann sich die Anmeldungs- und Abführungsfrist verlängern (§ 41a EStG).

Auf der Grundlage der Informationen aus den von den Arbeitnehmern vorgelegten Lohnsteuerkarten - Personalien, Steuerklasse, Kinderzahl, evtl. eingetragene Freibeträge - und der Art und Höhe des gezahlten Arbeitslohnes berechnet der Arbeitgeber unter Anwendung der zutreffenden Lohnsteuertabelle die Lohnsteuer (§ 39b EStG) und überträgt sie zusammen mit dem Arbeitslohn in ein Lohnkonto, das für jeden Arbeitnehmer zu führen ist (§ 41 (1) EStG).

Enthalten die Lohnzahlungen einmalige Beträge (z.B. dreizehntes Gehalt), so sind diese als **sonstige Bezüge** bezeichneten Vergütungen (§ 38a (1) EStG) anhand der Vorgabe des § 39b (3) EStG nach der Jahreslohnsteuertabelle zu ermitteln.

43 Unter Verzicht auf die Vorlage einer Lohnsteuerkarte kann der Arbeitgeber bei solchen Arbeitnehmern, die nur **kurzfristig** oder in **geringem Umfang und gegen geringen Arbeitslohn** beschäftigt werden, die Lohnsteuer mit einem **pauschalen Steuersatz** von **25%** bzw. **20%** des Arbeitslohns erheben (Einzelheiten in § 40a EStG). Ebenso kann er unter einschränkenden Alters- und Betragsbedingungen eine **20**-prozentige pauschale Lohnsteuer von den Beiträgen für eine **Direktversicherung** des Arbeitnehmers und von den **Zuwendungen** an eine **Pensionskasse** erheben, soweit diese nicht steuerfrei sind (Einzelheiten in § 40b EStG). Wird von den Möglichkeiten der Pauschalierung Gebrauch gemacht, ist der Arbeitgeber Schuldner und Träger der Lohnsteuer (§ 40 (3) EStG).

44 Am Ende des Kalenderjahres oder bei Beendigung des Dienstverhältnisses sind die Lohnkonten abzuschließen. Der Arbeitgeber hat dann noch eine **Lohnsteuerbescheinigung** auszustellen, die die Dauer des Dienstverhältnisses während des Kalenderjahres, die Art und Höhe des gezahlten Arbeitslohns, die einbehaltene Lohnsteuer und evtl. ausgezahltes Kurzarbeitergeld und/oder Schlechtwettergeld (mit Angabe der diesen Leistungen entsprechenden Bruttobeträge) widerspiegelt (§ 41b (1) EStG).

In Fällen, in denen eine Veranlagung des Arbeitnehmers zur Einkommensteuer in Frage kommen kann, hatte der Arbeitgeber neben der Lohnsteuerbescheinigung einen besonderen **Lohnzettel** nach amtlichem Vordruck auszufertigen (§ 41b (2) EStG a.F.). Im Zuge der Steuerreform 1990 wurde das verwaltungsaufwendige **Lohnzettelverfahren** ersatzlos aufgehoben.

45 Der Arbeitgeber **haftet**, auch wenn der Arbeitnehmer der Steuerschuldner ist, für die Einbehaltung und Abführung der Lohnsteuer (§ 42d (1) EStG). Das gilt auch für vom Arbeitgeber zu Unrecht erstattete oder fehlerhaft ermittelte und deshalb in zu geringer Höhe erhobene Lohnsteuer.

Allerdings kann sich der Arbeitgeber, wenn er die Fehlerhaftigkeit rechtzeitig bemerkt und eine Änderung des Lohnsteuerabzugs nicht mehr möglich ist, durch eine unverzügliche Mitteilung an das Betriebstättenfinanzamt der Haftung entziehen (§ 42d (2) Nr. 1 i.V. mit § 41c (4) EStG).

Soweit die Haftung des Arbeitgebers reicht, sind Arbeitgeber und Arbeitnehmer Gesamtschuldner, so daß das Finanzamt die Lohnsteuerschuld grundsätzlich gegenüber jedem von ihnen geltend machen kann (§ 42d (3) EStG).

Die Rolle des Arbeitgebers im Lohnsteuer-Erhebungsverfahren konnte hier nur in aller gebotenen Kürze skizziert werden. Alle wesentlichen einschlägigen Vorschriften findet der Leser in den §§ 38 bis 42f EStG; 4, 6 und 7 LStDV und den Richtlinien 104 bis 148 LStR.

2.3.2 Einkünfte aus Kapitalvermögen

46 Mit der fünften Einkunftsart (§ 20 EStG) werden die Früchte aus der Anlage von Geldkapital erfaßt, wenn sie nicht zu den Gewinneinkunftsarten oder zu den Einkünften aus Vermietung und Verpachtung gehören. Art und Umfang der Kapitaleinkünfte zeigt das nachstehende **Schaubild 16** (der Umfang wird durch gestrichelte Linien besonders kenntlich gemacht).

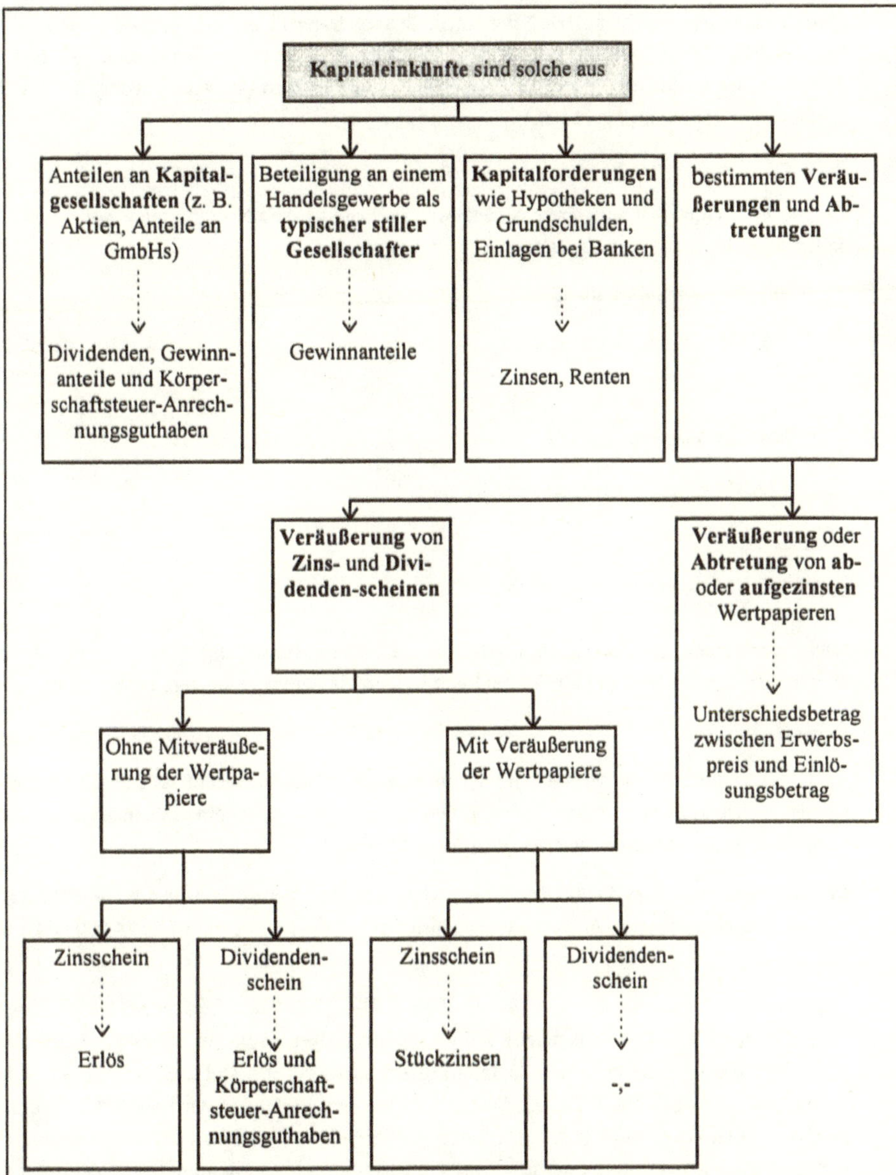

Schaubild 16: Art und Umfang der Einkünfte aus Kapitalvermögen

Grundsätzlich können alle abgebildeten (privaten) Kapitalanlagearten für Handwerksunternehmer in Frage kommen, weswegen sie im folgenden einer Erklärung bedürfen.

47 Beim Besitz von **Anteilen an Kapitalgesellschaften** sind beim Anteilseigner deren Gewinn**ausschüttungen** vor Abzug der Kapitalertragsteuer (**Tz 11, 125**) zu erfassen (§ 20 (1) Nr. 1 EStG). Hinzu tritt das sog. Körperschaftsteuer-Anrechnungsguthaben (§§ 20 (1) Nr. 3; 36 (2) Nr. 3 EStG). Die notwendige Erläuterung wird in den Ausführungen zur Körperschaftsteuer gegeben (**Tz 115 ff.**).

Beispiel:

Der Steuerpflichtige hat aus seinem Aktienbesitz im Jahre 01 eine Nettodividende von 9.000 DM erhalten. Die Einnahmen aus Kapitalvermögen enthalten dann:

9.000 DM Nettoausschüttung

3.000 DM Kapitalertragsteuer

———

12.000 DM Bardividende

5.143 DM Körperschaftsteuer-Anrechnungsguthaben

———

17.143 DM steuerpflichtige Einnahmen

Nicht nur offene, sondern auch **verdeckte Gewinnausschüttungen** (**Tz 117**) müssen versteuert werden; in § 20 (1) Nr. 1 EStG werden sie als **sonstige Bezüge** bezeichnet.

Beispiel:

Ein Gesellschafter, der die Mehrheit der Anteile einer GmbH hält, bekommt für eine Beratung von der GmbH ein Honorar von 10.000 DM. Die GmbH verbucht die Honorarzahlung als Aufwand. Ein Nichtgesellschafter hätte die Beratung für 6.000 DM erbracht.

Der Differenzbetrag von 4.000 DM ist beim Gesellschafter ebenso Einnahme aus Kapitalvermögen wie das Körperschaftsteuer-Anrechnungsguthaben hierauf von 1.714 DM (3/7 von 4.000 DM).

48 Während die Gewinnanteile des **atypischen** stillen Gesellschafters gewerbliche Einkünfte darstellen (**Tz 28**), haben **typische stille Gesellschafter**, weil bei ihnen die Kapitalanlage und nicht die unternehmerische Betätigung im Vordergrund steht, Einkünfte aus Kapitalvermögen (§ 20 (1) Nr. 4 EStG). Wie ein stiller Gesellschafter wird auch der Geber eines **partiarischen Darlehens** behandelt. Beim partiarischen Darlehen wird der vereinbarte Zins des Darlehensgebers ganz oder teilweise vom Gewinn abhängig gemacht. Wegen der Erfassung der Bruttobeträge gehört zusätzlich zur Gewinngutschrift die einbehaltene Kapitalertragsteuer zu den Einnahmen (§ 43 (1) Nr. 3 EStG).

49 Die Zinsen aus **Kapitalforderungen** werden durch § 20 (1) Nrn. 5 bis 8 EStG erfaßt. Anders als bei den bislang besprochenen Ausschüttungen und Gewinnanteilen sah das Gesetz keine Kapitalertragsteuer vor. Im Zuge der Steuerreform 1990 wurde zwar mit Wirkung vom **1.1.1989** eine **"kleine" Kapitalertragsteuer (Quellensteuer)** in Höhe von 10% auf Zinsen aus Kapitalforderungen jeder Art eingeführt (i.w. Zinsen aus verbrieften Forderun-

gen, einfachen Darlehensforderungen und Erträge aus Lebensversicherungen). Als Folge anhaltender Widerstände aus dem Kreis der Steuerzahler, der Kreditwirtschaft und auch der Finanzverwaltung wurde die Quellensteuer jedoch ab dem **1.7.1989** wieder **aufgehoben**.

Die Hinterziehungsquote in diesem Bereich der Kapitaleinkünfte ist hoch.. Aus der Tatsache, daß die Finanzverwaltung wegen der Vorschrift des § 30a AO gebunden ist, bei Betriebsprüfungen keine Einsicht in Kundenkonten zu nehmen, folgern nicht wenige Betrachter der Steuerszene gar eine öffentliche Aufforderung zur Steuerhinterziehung. Aus diesem Grunde hat das Bundesverfassungsgericht den Gesetzgeber aufgefordert, **ab 1993** für eine gerechte und gleichmäßige steuerliche Erfassung aller Kapitaleinkünfte zu sorgen.

50 Mit Wirkung vom **1.1.1993** wird die bisher bereits erhobene Kapitalertragsteuer in Höhe von 25% (§ 43a (1) Nr. 1 EStG) auf Erträge aus z.B. Aktien, GmbH-Anteilen, stillen Beteiligungen, Gewinnschuldverschreibungen u.a. durch eine weitere - Zinsabschlagsteuer (§ 43 (1) Nr. 7 EStG) genannte - Variante der Kapitalertragsteuer ergänzt, die Zinserträge auf alle wesentlichen Einlagen und Wertpapiere erfaßt. Der Steuersatz beträgt 30%, bei sog. Tafelgeschäften 35% (§ 43a (1) Nrn. 2 und 4 EStG). Die neue Quellensteuer wird nicht von Zinszahlungen aufgrund von Privatdarlehen erhoben. Ausgenommen sind auch Zinszahlungen an Steuerausländer, Zinsen auf Girokonten von nicht mehr als einem Prozent und - unter bestimmten Bedingungen - Bausparzinsen. Stückzinsen werden von 1994 an besteuert.

Die Kapitalertragsteuer ist als eine besondere Form der Besteuerung von Kapitaleinkünften eine Erhebungsform der Einkommensteuer und deswegen als Steuervorauszahlung auf diese anrechenbar.

51 Aus der Grundsatzdarstellung der Überschußeinkünfte ist bekannt, daß Veräußerungserfolge aus realisierten Vermögenswertänderungen einkommensteuerlich unbeachtlich sind (**Tz 14**). Deswegen mag der vierte Zweig im **Schaubild 17** auf den ersten Blick überraschen. Sieht man genauer hin, so werden mit den **Erlösen**, **Stückzinsen** oder **Unterschiedsbeträgen** lediglich die Kapitalerträge, nicht hingegen das zugrundeliegende Kapitalvermögen erfaßt.

52 Typische **Werbungskosten** im Rahmen der Kapitaleinkünfte sind z.B. **Schuldzinsen** für Kredite, die zum Kauf von Aktien, GmbH-Anteilen u.ä. aufgenommen wurden, **Depot-** und **Safegebühren** bei Banken, **Fachbücher**, **Reisekosten** für die Fahrt zur Hauptversammlung usw. Auch **Verluste** des **stillen Gesellschafters** sind Werbungskosten.

Werden keine Werbungskosten nachgewiesen, so stellt § 9a Nr. 1 Buchst. b EStG einen **Werbungskostenpauschbetrag** von 100 DM zur Verfügung. Bei zusammenveranlagten Ehegatten verdoppelt er sich unabhängig davon, ob nur einer oder beide Ehegatten entsprechende Einnahmen haben. Weist allerdings einer der beiden Ehegatten die Werbungskosten in ihrer tatsächlichen Höhe nach, so entfällt der Pauschbetrag jeweils für beide (R 85 EStR).

53 Weiterhin gewährt § 20 (4) EStG seit 1993 einen **Sparer-Freibetrag** von 6.000 DM, bei zusammenveranlagten Ehegatten von 12.000 DM, der allerdings wie der Werbungskostenpauschbetrag nicht zu einem Verlust auf der Ebene der Kapitaleinkünfte führen darf. Der Sparer-Freibetrag und der Werbungskostenpauschbetrag werden bereits beim Steuerabzug berücksichtigt. Voraussetzung hierfür ist, daß der Sparer der abzugspflichtigen Stelle - i.d.R. einer Bank - einen **Freistellungsauftrag** erteilt. Um mögliche Mißbräuche durch die mehrmalige Inanspruchnahme des Sparer-Freibetrags zu verhindern, kann das Bundesamt für Finanzen von den Kreditinstituten die Mitteilung aller Freistellungsaufträge verlangen. Im übrigen bleibt das Bankgeheimnis unberührt. Kontrollmitteilungen sollen auch in Zukunft unterbleiben.

2.3.3 Einkünfte aus Vermietung und Verpachtung

2.3.3.1 Umfang

54 Neben den gewerblichen Einkünften dürften die Einkünfte aus Vermietung und Verpachtung für den Handwerksunternehmer von besonderem Interesse sein. Ihr Umfang ergibt sich aus **Schaubild 17**.

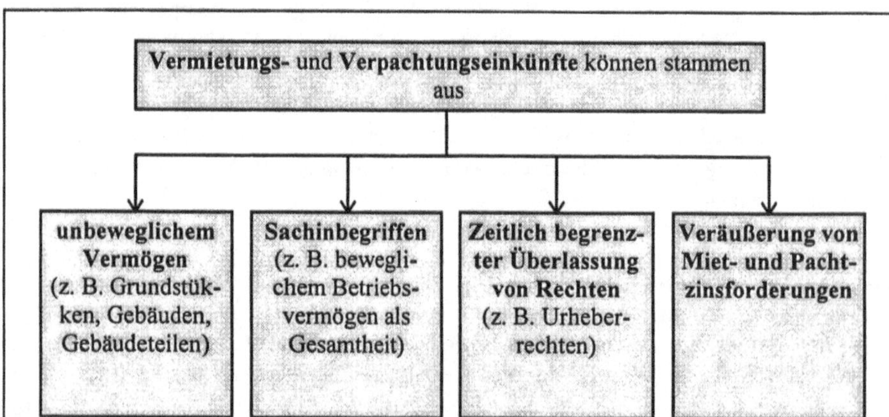

Schaubild 17: Umfang der Einkünfte aus Vermietung und Verpachtung

Von überragender Bedeutung ist der erste Zweig, während die Vermietungserträge aus Sachinbegriffen und der Überlassung von Rechten normalerweise zu den gewerblichen Einkünften zählen. Hier zeigt sich, daß der sechsten Einkunftsart nur nachrangige Bedeutung zukommt.

An der Tatsache, daß Wertänderungen am Privatvermögen grundsätzlich ohne Einfluß und deshalb Veräußerungserfolge nicht steuerbar sind, ändert auch der vierte Zweig nichts. Er bezweckt lediglich eine Klarstellung.

Beispiel:

Ein Hauseigentümer verkauft sein Mehrfamilienhaus. Eine der Mietparteien schuldet noch einen aufgelaufenen Mietbetrag von 5.000 DM. Der Käufer bezahlt für das Haus 405.000 DM und erwirbt gleichzeitig mit dem Haus (400.000 DM) eine Forderung (5.000 DM). Der Betrag von 5.000 DM stellt Einkünfte aus Vermietung und Verpachtung dar; über 400.000 DM lauten die Anschaffungskosten des Käufers.

Wir wenden uns nunmehr ausschließlich der Vermietung unbeweglichen Vermögens zu. Hierbei erscheint eine Aufteilung in die Erscheinungsformen **Fremdvermietung** und **Eigennutzung** sinnvoll.

2.3.3.2 Der Normalfall: Fremdvermietung

2.3.3.2.1 Einnahmen

55 Zu den Einnahmen gehören die **Mieten** und die vereinnahmten **Umlagen** (für Müllabfuhr, Wasser, Heizung usw.). Die tatsächlichen Ausgaben des Vermieters für seine in den Umlagen finanzierten Nebenleistungen stellen Werbungskosten dar.

Das **Entgelt für Nutzungsüberlassungen** - z.B. aus Erbbaurechten oder Nießbrauchrechten an Grundstücken - gehört ebenfalls zu den Einnahmen aus Vermietung und Verpachtung.

Mietvorauszahlungen sind Einnahmen des Zuflußjahres. Sie dürfen jedoch zwecks Vermeidung einer unangemessenen Steuerprogression auf Antrag auf die Jahre der vorgesehenen Verrechnung mit den Mieten verteilt werden (R 163 (2) EStR).

2.3.3.2.2 Werbungskosten

2.3.3.2.2.1 Absetzung für Abnutzung (AfA)

56 Ein wichtiger Abzugsposten sind die **Absetzungen für Abnutzung** (§ 9 (1) Nr. 7 EStG). Ihre Geltendmachung stellt eine Ausnahme von dem erörterten Grundsatz dar, wonach Ausgaben im Zeitraum ihres Abflusses zu erfassen sind. Absetzungen für Abnutzung verteilen nämlich den ausgabenwirksamen Gesamtbetrag einer abnutzbaren Neuinvestition (ohne den auf Grund und Boden entfallenden Betrag) auf deren Nutzungsdauer.

57 In gleicher Weise werden **Erweiterungsinvestitionen** an bereits bestehenden Gebäuden behandelt, welche eine **Substanzvermehrung**, eine **Wesensänderung** oder eine **wesentliche Verbesserung** über den bisherigen Zustand hinaus beinhalten. Diese Erweiterungsinvestitionen werden als **Herstellungsaufwand** (R 157 EStR) bezeichnet, der abzugrenzen ist von dem rein konservierenden **Erhaltungsaufwand** (siehe **Tz 72**).

58 Die Absetzung für Abnutzung im Immobilienbereich zeigt **Schaubild 18**.

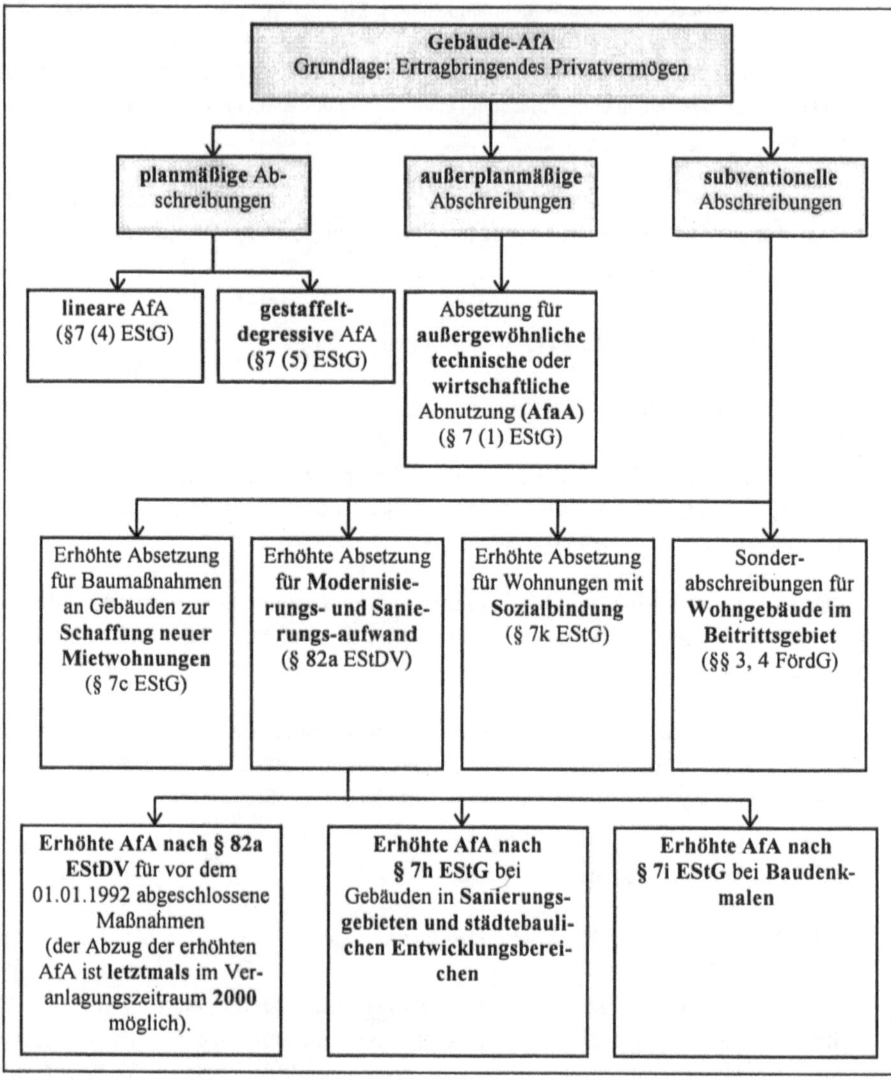

Schaubild 18: Gebäude-AfA

59 Die **lineare** AfA unterstellt eine fiktive Nutzungsdauer von 50 Jahren (bei nach dem 31.12.1924 erbauten Häusern) bzw. 40 Jahren (bei vor 1925 erbauten Häusern); sie gilt für jeden späteren Erwerber.

60 Die **degressive AfA** in gestaffelter Form, die uneingeschränkt von Bauherren und nur ausnahmsweise von Erwerbern angewandt werden kann, ist in den letzten Jahren mehrfach geändert worden. Zum Anwendungsbereich der jeweils geänderten Regelungen muß auf

§ 52 (8) EStG i.d.F. vom 12.6.1985 und § 52 (11) EStG i.d.F. der Gesetze vom 19.12.1985 und vom 30.6.1989 verwiesen werden. Der derzeitige Rechtszustand ist dadurch charakterisiert, daß im Jahr der Herstellung (ausnahmsweise der Anschaffung) und in den folgenden 7 Jahren jeweils 5%, vom 9. bis 14. Jahr jeweils 2,5% und in den restlichen 36 Jahren jeweils 1,25% der Herstellungskosten (ausnahmsweise der Anschaffungskosten) abgeschrieben werden dürfen. Im Falle der Baubeantragung **nach dem 28. Februar 1989** und anschließend durchgeführter Herstellung sowie bei Anschaffungsvorgängen nach diesem Datum, die bis zum Ende des Jahres der Fertigstellung erfolgt sein müssen, ergibt sich als weitere Abschreibungbeschleunigung, daß im Herstellungsjahr und in den folgenden 3 Jahren jeweils 7%, in den darauffolgenden 6 Jahren jeweils 5%, den weiter folgenden 6 Jahren jeweils 2% und in den verbleibenden 24 Jahren jeweils 1,25% des Ausgangswerts abgezogen werden dürfen.

61 Aufgrund eines **nach dem 31.12.1995** gestellten Bauantrags können im Herstellungsjahr und in den folgenden 7 Jahren jeweils 5%, vom 9. bis 14. Jahr jeweils 2,5% und in den verbleibenden 36 Jahren jeweils 1,25% der Herstellungskosten in Anspruch genommen werden (§ 7 (5) Nr. 3 Buchst. b EStG).

62 Die degressive AfA kann bei Anschaffung oder Herstellung eines Gebäudes im Laufe des Wirtschaftsjahres in voller Höhe vorgenommen werden. Nicht möglich ist ein Wechsel von der degressiven zur linearen (Gebäude-) AfA (H 44 EStH). Unterschiedliche AfA-Sätze und AfA-Methoden sind dagegen möglich, wenn das Gebäude aus verschiedenen selbständigen Gebäudeteilen besteht (§ 7 (5a) EStG; R 44 (6) EStR).

63 Durch die Absetzung für **außergewöhnliche technische** oder **wirtschaftliche Abnutzung** sollen besondere, im Rahmen der planmäßigen Abschreibung gar nicht voraussehbare Ursachen erfaßt werden. Beispiele für außergewöhnliche **technische** Abnutzung sind die Beschädigung eines Gebäudes durch Sturm, Brand, Hochwasser oder die Beeinträchtigung durch Bauschäden u.ä. Eine außergewöhnliche **wirtschaftliche** Abnutzung liegt z.B. vor, wenn ein noch funktionsfähiges Gebäude abgerissen werden soll, weil es als offenes Lager oder als Parkplatz benötigt wird.

64 Anders als die plan- und außerplanmäßigen Abschreibungen gehen die **subventionellen** Abschreibungen dem Nutzungsverlauf bewußt voraus. Mit anderen Worten sind die jährlichen Abschreibungsbeträge in den ersten Jahren höher, als es dem tatsächlichen Werteverzehr entspricht. Die Wirkung für die Einkunftsermittlung ist also, daß ein Überschuß verringert, ein Verlust vergrößert wird. Der umgekehrte Effekt tritt allerdings in den späteren Jahren ein, da eine Abschreibung über die ursprünglichen Anschaffungs- oder Herstellungskosten hinaus nicht möglich ist.

65 Der mit dem Wohnungsbauförderungsgesetz 1990 neu eingeführte § **7c EStG** ermöglichte für bestimmte Ausbau- und Umbaumaßnahmen geringeren Umfangs zur Schaffung **frei vermieteter zusätzlicher Wohnungen** eine erhöhte Absetzung bis zu jeweils **20%** im Jahr

der Fertigstellung und in jedem der folgenden vier Jahre; die abschreibungsfähige Bemessungsgrundlage war allerdings auf **60.000 DM** je neu geschaffener Wohnung begrenzt. Wurde § 7c EStG in Anspruch genommen, so war der 60.000 DM übersteigende Teil der Herstellungskosten zwingend linear (2% oder eventuell 2,5%; § 7 Abs. 4 EStG) abzuschreiben.

66 Die Regelung hat heute nur noch Nachwirkung.

Beispiel:

A bewohnt mit seiner Familie ein Einfamilienhaus und baut in 1995 das Dachgeschoß zu einer weiteren Wohnung aus, die er fremdvermietet. Die Baukosten betragen 90.000 DM.

A kann für die Zeit von 1995 bis 1999 jährlich 20% von 60.000 DM abschreiben. Die übersteigenden 30.000 DM können mit 2% p. a. abgeschrieben werden.

67 Die erhöhten Absetzungen für **Modernisierungs- und Sanierungsaufwand** haben gemeinsam, daß an die Stelle der Normal-AfA eine Abschreibung von (bis zu) 10% p. a. tritt. Die **erhöhte Absetzung** für bestimmte **moderne Heiztechnologien** von 10% p. a. konnte nur noch auf **vor dem 1.1.1992** abgeschlossene Maßnahmen vorgenommen werden (§ 82a EStDV). Der Gesetzgeber hat die von vielen erwartete Verlängerung dieser umweltfreundlichen Regelung nicht vorgenommen. Der Begünstigungszeitraum beträgt 10 Jahre. Da nur noch solche Maßnahmen begünstigt sind, die in 1991 abgeschlossen wurden, kann der Abzug der erhöhten AfA von maximal 10% letztmalig im Veranlagungszeitraum 2000 in Anspruch genommen werden.

Die früher in § 51 (1) Nr. 2 Buchst. x EStDV i.V. mit § 82g EStDV verankerte **erhöhte Absetzung** von 10% p. a. für Aufwendungen zur Wiederherstellung **von Gebäuden in Sanierungsgebieten und städtebaulichen Entwicklungsbereichen** ist mit Wirkung **ab 1.1.1992** als Dauerregelung in **§ 7h EStG** übernommen worden.

68 In **§ 7i EStG** ist die früher in § 51(1) Nr. 2 Buchst. y EStG i.V. mit § 82i EStDV geregelte **erhöhte Absetzung** von 10% p. a. **bei Baudenkmälern** mit Wirkung **ab 1.1.1992** als Dauerregelung übernommen worden.

69 Durch **§ 7k EStG** ist für nach dem 28.02.1989 angeschaffte oder zum Bau beantragte Wohnungen, die vor dem 1.1.1996 fertiggestellt waren und zehn Jahre **mit Sozialbindung** vermietet wurden, eine auf zehn Jahre befristete erhöhte Absetzung geschaffen worden. Anstelle von § 7 (4) oder (5) EStG sind im Jahr der Fertigstellung und in den folgenden vier Jahren je 10% (= 5 x 10%), in den folgenden fünf Jahren je 7% (= 5 x 7%) und danach bis zur vollen Absetzung des verbliebenen 15%igen Restwerts jährlich 3 1/3% auf den Restwert abzuziehen.

70 Außer durch die Abschreibungsmodalitäten unterscheidet sich die Regelung von § 7c EStG v.a. dadurch, daß einerseits § 7k EStG auf neue Mietwohnungen (und nicht auf Baumaß-

nahmen an vorhandenen Gebäuden) abzielt und andererseits § 7k EStG für frei vermietete Wohnungen keine Begünstigung bereithält.

71 Für die Anschaffung und Herstellung von sowie für nachträgliche Herstellungsarbeiten **an Wohngebäuden im Beitrittsgebiet** und in **Berlin (West)** wurde im Rahmen der Wiedervereinigung eine **Sonderabschreibung** von insgesamt 50% in den ersten 5 Jahren eingeführt.

Für nach dem **31.12.1996** und vor dem **01.01.1999** abgeschlossene Investitionen sind die Sonderabschreibungen abgesenkt und nach der Art der Investition differenziert worden. Hierzu und zu den Besonderheiten in den neuen Bundesländern wird auf **Tz 671 ff.** verwiesen.

2.3.3.2.2.2 Übrige Werbungskosten

72 Weitere **typische Werbungskosten** im Rahmen der sechsten Einkunftsart sind:

- **Instandhaltungskosten**

  Sie sind als **Erhaltungsaufwand** vom **Herstellungsaufwand** abzugrenzen (**Tz 57**); sie dürfen im Jahr des Abflusses in voller Höhe abgezogen werden. Bei der oft schwierigen Abgrenzung kommt die Rechtsprechung den Steuerpflichtigen insofern entgegen, als sie sich in der jüngeren Vergangenheit im Zweifel für Erhaltungsaufwand entschieden hat. Bei Aufwendungen für die einzelne Baumaßnahme bis 4.000 DM (ohne USt) kann ohne Nachprüfung von Erhaltungsaufwand ausgegangen werden (R 157 (3) EStR).

  Unter bewußter Verletzung des Abflußprinzips dürfen größere Erhaltungsaufwendungen auf 2 bis 5 Jahre gleichmäßig **verteilt** werden (§ 82b EStDV). Dies kann für den Steuerpflichtigen - z.B. zur Glättung von Progressionswirkungen oder zur optimalen Gestaltung von Verlustverrechnungen - vorteilhaft sein.

  Durch das Wohnungsbauförderungsgesetz 1990 wurden § 11a und § 11b EStG, welche die Möglichkeit der **Verteilung** von Erhaltungsaufwand auf 2 bis 5 Jahre bei Gebäuden in **Sanierungsgebieten** und **städtebaulichen Entwicklungsbereichen** sowie bei **Baudenkmälern** beinhalten, ins Gesetz eingefügt (vorher in §§ 82h; 82k EStDV geregelt).

- **Finanzierungskosten**

  Bei diesen Ausgaben ist an laufende Zinsen, das Disagio, Vermittlungsprovisionen, Gebühren bei der Kreditvergabe, Schätzungskosten der Beleihung u.ä. zu denken. Voraussetzung für die Abzugsfähigkeit ist der **unmittelbare** Zusammenhang der Darlehensaufnahme mit dem Investitionsobjekt als Quelle der Einkünfteerzielung.

– **laufende Verwaltungskosten und Vorlagen**

  Diese sind z.B. Gebühren für Straßenreinigung, Müllabfuhr, Beiträge zum Grundbesitzerverein, Grundsteuer, Beleuchtungskosten, Heizungskosten, Aufwendungen für Hausmeister, Hausversicherungen u.a.

2.3.3.2.2.3 Werbungskosten-Pauschbetrag

73 Bei Gebäuden und Eigentumswohnungen wie auch selbständig genutzten Gebäudeteilen, die Wohnzwecken dienen, kann der Werbungskostenabzug i.S.d. § 9a Nr. 2 EStG pauschal ermittelt werden. Der **Werbungskosten-Pauschbetrag** beträgt **42,-- DM** pro Quadratmeter Wohnfläche. Schuldzinsen, AfA, erhöhte AfA und Sonder-AfA sind neben diesem Pauschbetrag steuerlich berücksichtigungsfähig.

Sobald das Gebäude nicht mehr der Erzielung von Einnahmen dient, kann der Pauschbetrag steuerlich nicht mehr geltend gemacht werden.

Im Gegensatz zu den übrigen Werbungskostenpauschbeträgen (§ 9a EStG) kann der Pauschbetrag gemäß § 9a Nr. 2 EStG **zu negativen Einkünften** aus Vermietung und Verpachtung führen.

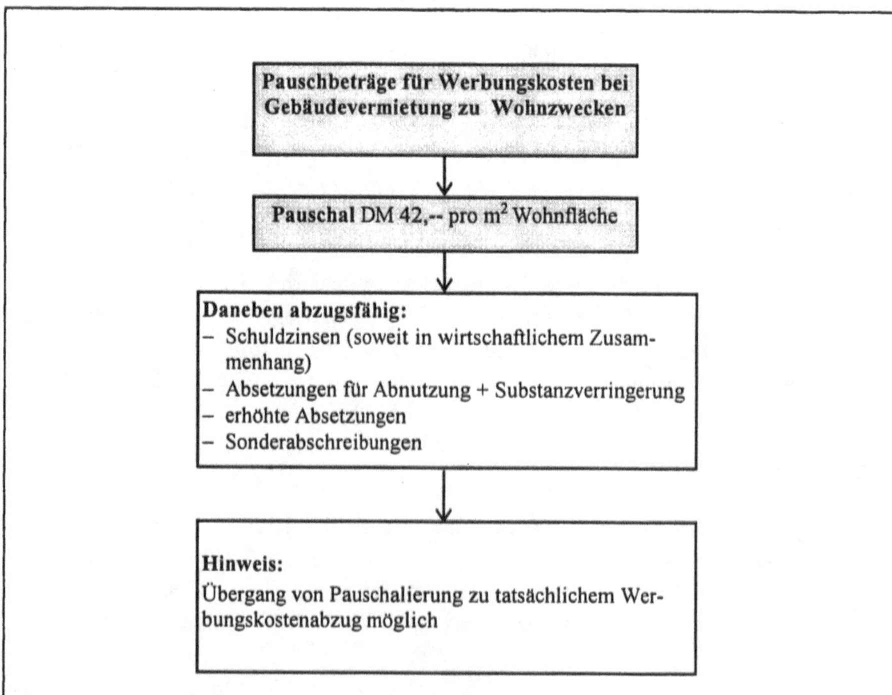

Schaubild 19: Werbungskosten-Pauschbetrag bei § 21 EStG

2.3.3.3 Der besondere Fall: Eigennutzung

2.3.3.3.1 Die Situation bis 1986

74 Bis Ende des VZ 1986 und unter Ausnutzung der großen Übergangsregelung bis Ende des VZ 1998 galt, daß der **Nutzungswert** der Wohnung im eigenen Haus oder der Nutzungswert einer dem Nutzenden ganz oder teilweise unentgeltlich überlassenen Wohnung zu den Einkünften aus Vermietung und Verpachtung gehörte. In Abhängigkeit vom bewohnten Objekt und der Nutzungsart war die Ermittlung des Nutzungswerts unterschiedlich geregelt. **Schaubild 20** zeigt diesen Zusammenhang.

2.3.3.3.2 Die Situation zwischen 1987 und 1995

75 Die zu eigenen Wohnzwecken genutzte Wohnung scheidet für Neuobjekte ab 1987 bei der Ermittlung der Einkünfte aus Vermietung und Verpachtung aus, so daß für einen Mietwert und den Abzug von Werbungskosten bzw. einen Grundbetrag kein Raum mehr ist.

76 Zur Förderung des Wohneigentums ist § **10e EStG** mit Wirkung ab 1987 eingeführt worden. Seit ihrer Einführung wurde die Vorschrift mehrfach geändert.

Die folgende Darstellung wird - obwohl für neue Objekte ab 1996 nicht mehr anwendbar (**Tz 86**) - gewählt, weil § 10 e EStG noch Nachwirkungen bis ins Jahr 2002 hat. Sie basiert auf der Rechtslage, wie sie durch das Steueränderungsgesetz 1992 geschaffen wurde. Mit Blick auf frühere gesetzliche Regelungen und ihre jeweiligen Anwendungszeiträume sei auf § 52 (14) EStG hingewiesen. Die erstmalige Anwendung in den neuen Bundesländern regelt § 57 (1) EStG.

77 Die Grundförderung besteht im wesentlichen darin, daß von den Anschaffungs-/ Herstellungskosten einer zu eigenen Wohnzwecken genutzten Wohnung einschließlich der Hälfte der Anschaffungskosten für den dazugehörigen Grund und Boden in den ersten 4 Jahren bis zu **6%**, höchstens **19.800 DM**, in den folgenden 4 Jahren bis zu **5%**, höchstens **16.500 DM**, wie Sonderausgaben abgezogen werden können (§ 10e (1) EStG). Die Höchstbemessungsgrundlage ist auf 330.000 DM der Anschaffungs-/Herstellungskosten begrenzt.

§ 10e (1) Satz 4 EStG beinhaltet eine deutliche **Reduzierung** der Förderung für den Erwerb von **Altbauten**. Das Gesetz definiert dabei Altbauten als Objekte, die nach dem Ende des zweiten auf die Fertigstellung folgenden Jahres angeschafft werden. Für den Erwerb solcher Altbauten gilt eine gekürzte Bemessungsgrundlage von DM 150.000 sowie ein reduzierter Sonderausgabenabzug von 4 x DM 9.000 (entspricht maximal 6% der Bemessungsgrundlage) und 4 x DM 7.500 (entspricht maximal 5% der Bemessungsgrundlage). Die Einschränkung gilt für alle Altbauten, die durch notariellen Kaufvertrag **nach dem 31.12.1993** erworben wurden.

(1)	(2)	(3)		(4)
bewohntes Objekt:	vor dem 30.7.81 erworbenes oder zum Bau genehmigtes Mehrfamilienhaus	ab dem 30.7.81 erworbenes oder zum Bau genehmigtes Mehrfamilienhaus		Einfamilienhaus/ Eigentumswohnung
		(a)	(b)	
Nutzungsart:	Eigennutzung **mit oder ohne Fremdvermietung**	Eigennutzung **mit Fremdvermietung** oder **teilgewerblicher Nutzung** (33 1/3 %)	Eigennutzung **ohne Fremdvermietung** oder **teilgewerbliche Nutzung**	Eigennutzung
einkommensteuerliche Erfassung durch:	fiktiven Mietwert (§ 21 (2) EStG)	wie bei (2)	Grundbetrag (§ 21a (1) EStG) = 1% des maßgebenden Einheitswerts	wie bei (3)b
Abzugsposten:	Werbungskosten in nachgewiesener Höhe	wie bei (2)	**keine Werbungskosten** mit folgenden **Ausnahmen**: – Zinsen bis zur Höhe des Grundbetrags – AfA nach § 7b EStG – Absetzung nach §§ 82a, 82g, 82i EStDV **weitere Ausnahme** bei Anschaffung/Herstellung zwischen dem 1.1082 und dem 31.12.86: – Zinsen bis 10.000 DM, befristet auf drei Jahre (§ 21a (4) EStG)	wie bei (3)b

Schaubild 20: Besteuerung des eigengenutzten Wohnraums bei Altobjekten bis 1986 bzw. 1998 (zur Übergangsregelung siehe Schaubild 21)

78 Die Grundförderung steht jedem Steuerpflichtigen nur einmal im Leben zu (**Objektbeschränkung**). Ehegatten, bei denen die Voraussetzungen für eine Zusammenveranlagung erfüllt sind, können § 10e EStG zweimal in Anspruch nehmen; dies gilt allerdings nur im Zeitablauf, nicht gleichzeitig für zwei Wohnungen.

79 Kann der Steuerpflichtige die oben genannten Abzugsbeträge in dem jeweiligen Jahr des Abzugszeitraums nicht in vollem Maße nutzen oder möchte er sie erst in späteren Jahren - z.B. weil er in diesen höhere Einkünfte erwartet - ausnutzen, so kann er die nicht genutzten Beträge bis zum Ende des gesamten **Abzugszeitraumes** von **8 Jahren** nachholen. Hierdurch werden Gestaltungen möglich, die der jeweiligen individuellen Kosten-, Belastungs- und Einkommenssituation angepaßt sind. Im Extremfall ist es also möglich, den vollen Betrag von 145.200 DM (4 x 19.800 DM + 4 x 16.500 DM) erst im 8. Jahr geltend zu machen.

80 Aufwendungen, die **vor Beginn der erstmaligen Selbstnutzung** anfallen (z.B. Schuldzinsen, die bis zum Einzug entstehen, Disagio, sonstige Geldbeschaffungskosten, Renovierungskosten), die unmittelbar mit der Herstellung/Anschaffung zusammenhängen und nicht zu den Anschaffungs-/Herstellungskosten gehören, können wie Sonderausgaben (zusätzlich zum Abzugsbetrag nach § 10e (1) EStG) abgezogen werden, wenn sie im Falle der Fremdvermietung Werbungskosten wären (§ 10e (6) EStG). § 10e (6) Satz 3 EStG bestimmt, daß Erhaltungsaufwendungen nur bis zu 15% der Anschaffungskosten des Objektes, höchstens bis zu 15% von DM 150.000 als Sonderausgaben abzugsfähig sind. Andere Vorkosten i.S.d. § 10e (6) EStG können unbegrenzt abgezogen werden.

81 Auf der Grundlage des Steueränderungsgesetzes 1992 wurde die der Selbstnutzung dienende Neubautätigkeit durch einen auf 3 Jahre begrenzten **Schuldzinsenabzug** von jährlich bis zu 12.000 DM je Wohnung gefördert (§ 10e (6a) EStG). Die Maßnahme ist gezielt auf die **Herstellung** von Wohneigentum sowie auf solche Fälle des **Erwerbs** gerichtet, in denen Wohneigentum spätestens im Jahr der Fertigstellung angeschafft wird. Der Schuldzinsenabzug ist grundsätzlich an die tatsächliche Inanspruchnahme des Steuerabzugs nach § 10e EStG gekoppelt; eine Ausnahme gilt jedoch, wenn Steuerpflichtigen der Abzug versagt ist, weil ein zu hoher Gesamtbetrag der Einkünfte (> 120.000 DM/ 240.000 DM) vorliegt.

Soweit Steuerpflichtige den Höchstbetrag von 12.000 DM im Erstjahr nicht ausschöpfen können, haben sie die Möglichkeit der **Nachholung** im **4. Jahr**. Die Nachholung ist allerdings nur möglich, soweit in diesem Jahr auch **tatsächlich Schuldzinsen gezahlt** werden.

Beispiel:

Der Steuerpflichtige A bezieht sein neu errichtetes Einfamilienhaus am 1.11.1992. Die monatlichen Schuldzinsen betragen bis einschließlich 1994 1.200 DM. In 1995 zahlt A insgesamt 8.000 DM Zinsen.

Für November und Dezember 1992 kann A insgesamt 2.400 DM wie Sonderausgaben abziehen; in Höhe von 9.600 DM (12.000 DM - 2.400 DM) kann der Schuldzinsenabzug nicht in Anspruch genommen werden. Für 1993 und 1994 kann A je 12.000 DM geltend machen. In 1995 steht A ein Abzugsbetrag von 8.000 DM zur Verfügung. Der nicht ausgenutzte Rest von 1.600 DM (9.600 DM - 8.000 DM) geht steuerlich verloren.

Der Schuldzinsenabzug ist begrenzt auf Objekte, die **vor dem 1.1.1995** hergestellt oder angeschafft werden.

82 Die dargestellten Abzugsbeträge für die Grundförderung sind nunmehr davon abhängig, daß in dem jeweiligen Abzugszeitraum der **Gesamtbetrag der Einkünfte 120.000 DM** (Alleinstehende) bzw. **240.000 DM** (Ehegatten) nicht übersteigt (§ 10e (5a) EStG). Die Begrenzung ist erstmals anzuwenden in **Herstellungsfällen**, wenn der Bauantrag **nach dem 31.12.1991** gestellt wurde, und in **Anschaffungsfällen**, wenn der Kaufvertrag **nach dem 31.12.1991** abgeschlossen wurde.

Wie für den Abzug von Schuldzinsen ist auch für die Geltendmachung von vor der erstmaligen Selbstnutzung entstandenen Kosten die Höhe des Gesamtbetrags der Einkünfte ohne Bedeutung. Sie sind also auf jeden Fall abzugsfähig.

83 Die auf knappem Raum dargestellten Regelungen zur Grundförderung von selbstgenutztem Wohneigentum gelten **erstmals** bei Objekten, für die der Steuerpflichtige **nach dem 30.9.1991** einen Bauantrag gestellt hat. Wurde der Bauantrag vor dem 1.10.1991 gestellt oder ist ein Bauantrag nicht erforderlich, so genügt es, wenn der Steuerpflichtige mit der Herstellung nach dem 30.9.1991 begonnen hat. In **Erwerbsfällen** ist die Neuregelung anzuwenden, wenn der Steuerpflichtige **nach diesem Zeitpunkt** einen Kaufvertrag abgeschlossen hat.

84 Durch das Steueränderungsgesetz 1992 wurde mit **§ 10h EStG** eine weitere Steuerbegünstigung eingeführt für Wohnungen, die ein Steuerpflichtiger in seinem selbstgenutzten Haus schafft und die er **unentgeltlich** an **nahe Angehörige** (Verwandte und Verschwägerte gerader Linie sowie Geschwister; nicht dagegen Ehegatten und Verlobte) überläßt. Die Neuregelung entspricht in ihrer Ausgestaltung weitgehend der Grundförderung nach § 10e EStG, so daß auf die Ausführungen hierzu verwiesen werden kann. Anders als bei § 10e EStG besteht keine Möglichkeit, befristet Schuldzinsen abzuziehen **(Tz 81)** und das sog. "Baukindergeld" (**Tz 85**) in Anspruch zu nehmen. Durch die Inanspruchnahme von § 10h EStG tritt kein Objektverbrauch ein.

Die Begünstigung konnte erstmals ihre Wirkung entfalten, wenn der Bauantrag **nach dem 30.9.1991** gestellt worden war. Wurde er vor dem 1.10.91 gestellt oder war ein Bauantrag nicht erforderlich, so genügt es, wenn der Steuerpflichtige mit der Herstellung nach dem 30.9.1991 begonnen hat.

85 Bei Inanspruchnahme der Grundförderung nach § 10e EStG sieht § 34f EStG eine Ermäßigung der tariflichen Einkommensteuer um je 1.000 DM für jedes haushaltszugehörige Kind des Steuerpflichtigen vor ("Baukindergeld"). Soweit wegen geringen Einkommens das Baukindergeld nicht in voller Höhe steuerentlastend ausgeschöpft werden kann, wird der

nicht ausgenutzte Betrag auf die beiden vorangegangenen Veranlagungszeiträume - in vom Steuerpflichtigen frei wählbarer Reihenfolge bzw. Verteilung - übertragen. Soweit auch dieser Abzugsrücktrag nicht ausreicht, können die noch nicht ausgeschöpften Beträge auf die folgenden Jahre des Abzugszeitraums nach § 10e EStG und darüber hinaus sogar auf weitere 2 Jahre vorgetragen werden. Damit erlaubt die mit dem Steueränderungsgesetz 1992 ins Gesetz aufgenommene Neuregelung des § 34f EStG für alle **nach dem 30.9.1991** zum Bau beantragten Objekte bzw. alle nach diesem Termin durch Kaufvertrag besiegelten Anschaffungsfälle die Inanspruchnahme der Steuerermäßigung über einen Zeitraum von maximal 12 Jahren.

Um Übersubventionierungen zu vermeiden, wird das Baukindergeld auf die konkrete Bemessungsgrundlage der Abzugsbeträge nach § 10e EStG begrenzt; diese Einschränkung gilt erstmals für nach dem 31.12.1991 hergestellte oder angeschaffte Objekte (§ 34f (4) EStG).

Beispiel:

Die Eheleute A und B sind Eigentümer eines selbstgenutzten Einfamilienhauses. Im September 1995 wird ein Kind geboren. Im Oktober wird ein Kellerraum für 5.000 DM für Wohnzwecke ausgebaut. Die Eheleute nehmen hierfür den Sonderausgabenabzug nach § 10e EStG von 6% = 300 DM in Anspruch. Die Steuerermäßigung nach § 34f EStG ist auf insgesamt 5.000 DM begrenzt; sie kann also künftig nicht höher als die aufgewendeten Herstellungskosten sein. Wie der Betrag der Steuerermäßigung auf den Abzugszeitraum verteilt wird, liegt im Ermessen der Steuerpflichtigen. Im Veranlagungszeitraum 1995 können allerdings höchstens 1.000 DM von der Einkommensteuerschuld abgezogen werden.

2.3.3.3.3 Die Situation ab 1996

86 Die Förderung des selbstgenutzten Wohneigentums durch Gewährung eines Abzugsbetrags (wie Sonderausgaben) gemäß § 10e EStG ist letztmals anwendbar, wenn mit der Herstellung **vor dem 01.01.1996** begonnen wurde bzw. aufgrund eines **vor dem 01.01.1996** abgeschlossenen obligatorischen Vertrages oder gleichstehenden Rechtsaktes die Anschaffung erfolgte (§ 52 (14c) EStG).

87 An die Stelle der progressionsabhängigen Förderung durch den Abzugsbetrag nach § 10e EStG bei der Ermittlung des Einkommens tritt **ab dem 01.01.1996** eine progressionsunabhängige **Eigenheimzulage**, die im **Eigenheimzulagengesetz (EigZulG)** geregelt ist.

Die Eigenheimzulage setzt sich aus dem Fördergrundbetrag (§ 9 (2) EigZulG) und aus der Kinderzulage (§ 9 (5) EigZulG) zusammen. Durch die Einführung des EigZulG ist somit die Regelung für das Baukindergeld (§ 34f EStG) entfallen. Ebenfalls entfallen ist die Förderung der unentgeltlich zu Wohnzwecken überlassenen Wohnung im eigenen Haus (§ 10h EStG), da die an Angehörige unentgeltlich zu Wohnzwecken überlassene Wohnung im eigenen Haus nunmehr gemäß § 4 EigZulG begünstigt ist.

Die Förderungen nach § 10f EStG und § 10g EStG bleiben bestehen. Das gilt ebenfalls für den Abzugsbetrag in den neuen Bundesländern nach § 7 FördG. Der Vorkostenabzug (**Tz 80**) bleibt als Sonderausgabenabzug bei der Einkommensteuer, jedoch in veränderter Form, erhalten (nunmehr § 10i EStG).

88 Das EigZulG ist erstmals anzuwenden, wenn mit der Herstellung des Objekts **nach dem 31.12.1995** begonnen wurde. Im Fall der Anschaffung ist das EigZulG erstmals anzuwenden, wenn das Objekt **nach dem 31.12.1995** aufgrund eines nach diesem Zeitpunkt abgeschlossenen obligatorischen Vertrags oder gleichstehenden Rechtsaktes angeschafft wurde (§ 19 EigZulG).

89 Steuerpflichtige konnten zwischen der Förderung nach § 10e EStG und der Bauzulage nach dem EigZulG wählen, wenn im Fall der Herstellung der Bauantrag nach dem 26.10.1995 und vor dem 01.01.1996 bzw. im Fall der Anschaffung der Kaufvertrag nach dem 26.10.1995 und vor dem 01.01.1996 rechtswirksam abgeschlossen wurde (§ 19 (2) Nr. 2 EigZulG).

90 Nach § 1 EigZulG können alle unbeschränkt Steuerpflichtigen, die zivilrechtlicher oder wirtschaftlicher Eigentümer eines begünstigten Objekts sind und dessen Herstellungs- oder Anschaffungskosten getragen haben, die Eigenheimzulage beanspruchen.

91 Begünstigt nach § 2 EigZulG sind die Herstellung oder Anschaffung einer Wohnung sowie Ausbauten und Erweiterungen an einer Wohnung in einem im Inland belegenen eigenen Haus oder einer im Inland belegenen Eigentumswohnung.

92 Die Förderung nach dem EigZulG kann für maximal 8 Jahre in Anspruch genommen werden. Der Förderzeitraum beginnt mit dem Jahr der Fertigstellung oder Anschaffung (§ 3 EigZulG). Es ist jedoch zu beachten, daß der Anspruch nur für Kalenderjahre besteht, in denen der Anspruchsberechtigte die Wohnung zu eigenen Wohnzwecken nutzt (§ 4 EigZulG).

Die Höhe der Eigenheimzulage wird aus den folgenden **Komponenten** ermittelt:

- Fördergrundbetrag (§ 9 (2)-(4) EigZulG)
- Kinderzulage (§ 9 (5) EigZulG)

93 Der Fördergrundbetrag beträgt bei **Neubauten 5% der Bemessungsgrundlage**, höchstens **5.000 DM** und bei **Altbauten 2,5% der Bemessungsgrundlage**, höchstens **2.500 DM.** Folglich beträgt die Höchstbemessungsgrundlage 100.000 DM. Von einem Altbau ist dann auszugehen, wenn der Anspruchsberechtigte das Objekt erst nach Ablauf von **zwei Jahren nach dem Jahre der Fertigstellung** erworben hat. Der Fördergrundbetrag erhöht sich um jährlich 2%, höchstens 500 DM, für Aufwendungen, die auf Anlagen zur Energieeinspa-

rung in der eigengenutzten Wohnung entfallen. Die folgenden Aufwendungen sind begünstigt:

- Einbau einer verbrennungsmotorisch oder thermisch angetriebenen Wärmepumpenanlage mit einer Leistungszahl von mindestens 1,3
- eine Elektro-Wärmepumpenanlage mit einer Leistungszahl von mindestens 3,5
- eine Solaranlage
- eine Anlage zur Wärmerückgewinnung einschließlich Anbindung an das Heizsystem

94 Die Gewährung dieser Zulage ist an **weitere Voraussetzungen** geknüpft. Es muß unterschieden werden, ob es sich um einen Anschaffungs- oder um einen Herstellungsfall handelt. In **Herstellungsfällen** wird vorausgesetzt, daß die Maßnahme **vor Beginn der begünstigten Nutzung** sowie **vor dem 01.01.1999** abgeschlossen wird. In **Anschaffungsfällen** (die oben genannten Anlagen sind bereits eingebaut) wird die Zulage nur gewährt, wenn das Objekt **innerhalb von zwei Jahren nach der Fertigstellung** des Gebäudes sowie **vor dem 01.01.1999** angeschafft wird.

95 Der Fördergrundbetrag erhöht sich um jährlich 400 DM, wenn die **vor dem 01.01.1999 hergestellte** oder **vor dem 01.01.1999** im Jahr der Fertigstellung **erworbene** Wohnung in einem Gebäude belegen ist, dessen Jahres-Heizwärmebedarf den nach der Wärmeschutzverordnung georderten Wert um mindestens 25% unterschreitet.

Der Nachweis ist durch einen Wärmebedarfsnachweis nach § 12 der Wärmeschutzverordnung zu erbringen. Diese „Ökozulagen" sind nicht in die Begrenzungsregelung nach § 9 (6) EigZulG einzubeziehen und gelten nicht für Ausbauten und Erweiterungen (§ 9 (3) EigZulG).

96 Die Kinderzulage beträgt jährlich für jedes Kind, für das der Anspruchsberechtigte oder sein Ehegatte im jeweiligen Kalenderjahr des Förderzeitraums einen Kinderfreibetrag oder Kindergeld erhält, **1.500 DM**.

Der Fördergrundbetrag bemißt sich nach den Anschaffungs- oder Herstellungskosten der Wohnung zuzüglich der Anschaffungskosten für den dazugehörigen Grund und Boden. Die Bemessungsgrundlage ist anteilig zu kürzen, wenn Teile der Wohnung nicht zu eigenen Wohnzwecken genutzt werden (§ 8 EigZulG).

97 Die Eigenheimzulage kann ab dem Jahr in Anspruch genommen werden, in dem der Gesamtbetrag der Einkünfte des Erstjahres zuzüglich des Gesamtbetrags der Einkünfte des vorangegangenen Jahres (Vorjahr) 240.000 DM nicht übersteigt. Die Grenze verdoppelt sich bei Ehegatten auf 480.000 DM (§ 5 EigZulG).

Hinsichtlich der Objektbeschränkung (§ 6 EigZulG) und der Regelung für Folgeobjekte (§ 7 EigZulG) gibt es inhaltlich keine Änderung gegenüber der Regelung des § 10e EStG. Anspruchsberechtigte können die Eigenheimzulage nur für **eine** Wohnung bzw. **einen** Ausbau oder **eine** Erweiterung in Anspruch nehmen. Ehegatten, welche die Voraussetzungen des § 26 (1) EStG erfüllen, können die Eigenheimzulage für insgesamt **zwei** Objekte beanspruchen.

Die Eigenheimzulage gehört nicht zu den Einkünften i. S. des Einkommensteuergesetzes (§ 16 EigZulG).

98 Die **Vorkostenregelung** (§ 10i EStG; **Tz 80**) ist weiterhin im Sonderausgabenbereich enthalten. Begünstigt werden selbstbewohnte oder unentgeltlich an Angehörige zu Wohnzwecken überlassene Einfamilienhäuser oder Wohnungen (§ 4 EigZulG).

Nach § 10i EStG sind zwei **Möglichkeiten** des Vorkostenabzugs vorgesehen.

- Der Vorkostenabzug wird progressionsabhängig mit einer **Pauschale** von 3.500 DM im Jahr der Fertigstellung abgegolten. Die Vorkostenpauschale wird jedem Steuerpflichtigen gewährt, der die Eigenheimzulage im Jahr der Herstellung oder Anschaffung oder in einem der zwei folgenden Jahre in Anspruch nimmt. Die Vorkostenpauschale ist somit an die tatsächliche Gewährung der Eigenheimzulage gekoppelt.

- Für Erhaltungsaufwendungen, die bis zum Beginn der erstmaligen Wohnraumnutzung entstanden sind, beträgt der **Vorkostenabzug** maximal 22.500 DM.

2.3.3.3.4 Die Nachwirkung der Nutzungswertbesteuerung

99 Für Altobjekte (siehe **Schaubild 20**) ist eine Übergangslösung (§ 52 (21) EStG) vorgesehen, die das folgende **Schaubild 21** zeigt.

bewohntes Objekt:	**Ab dem 30.07.81** erworbenes oder zum Bau genehmigtes **Mehrfamilienhaus ohne Fremdvermietung** oder **teilgewerbliche Nutzung/Einfamilienhaus** bzw. **Eigentumswohnung** (Es galt § 21a EStG.)	**Vor dem 30.07 81** erworbenes oder zum Bau genehmigtes Mehrfamilienhaus/**ab dem 30.07.81** erwobenes oder zum Bau genehmigtes **Mehrfamilienhaus mit Fremdvermietung** oder **teilgewerblicher Nutzung** (§ 21a EStG galt nicht.)
Nachwirkende Übergangsregelung:	Wegfall der Nutzungswertbesteuerung **ohne** Übergangsregelung; jedoch **weiterhin Abzug** der **erhöhten Absetzungen** und der **erweiterten Schuldzinsen** wie Sonderausgaben	Ansatz des fiktiven Mietwerts abzüglich der nachgewiesenen Werbungskosten wie in **Schaubild 20** unter (2) und (3)a **bis einschließlich VZ 1998** mit der **jederzeitigen** unwiderruflichen Möglichkeit des **Wechsels zum neuen Recht**

Schaubild 21: Übergangsregelung von der Nutzungswertbesteuerung auf die "Konsumgutregelung" (siehe auch **Schaubild 20**)

2.3.4 Sonstige Einkünfte

100 Die **sonstigen Einkünfte** (§ 22 EStG), die im Rang hinter die anderen Einkunftsarten zurücktreten, sind nicht etwa das Sammelbecken aller durch das Raster der 6 vorangegangenen Einkunftsarten durchgefallenen Einkünfte, sondern sie erfassen einzelne gesetzlich bestimmte Tatbestände

Die einzelnen Tatbestände sind aus **Schaubild 22** zu ersehen.

101 Aus dem äußerst unübersichtlichen Bereich der Rentenbesteuerung interessiert an dieser Stelle nur die Behandlung **privater Gegenleistungs-** (Rentengewährung aufgrund einer Gegenleistung) und **Zuwendungsrenten** (Rentengewährung ohne Gegenleistung).

102 Daß es bei der Vereinbarung von **Gegenleistungsrenten** überhaupt steuerbare Einnahmen gibt, erscheint auf den ersten Blick wegen der steuerlichen Unbeachtlichkeit von Veräußerungserfolgen überraschend.

Der Veräußerungs**erfolg** bleibt jedoch unberührt. Lediglich der Veräußerungs**erlös** ist in einen steuerlich irrelevanten Tilgungsanteil und einen steuerpflichtigen Zinsanteil - steuerlich **Ertragsanteil** genannt - zu trennen.

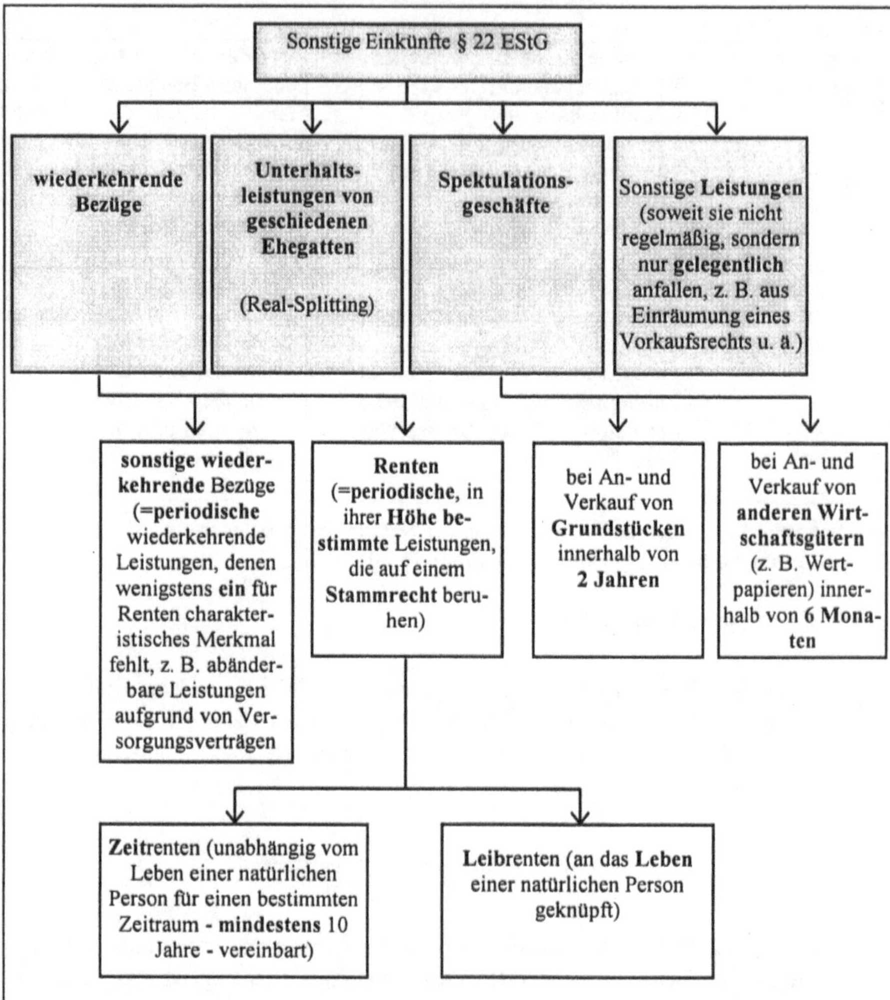

Schaubild 22: Umfang der sonstigen Einkünfte

Private **Gegenleistungsrenten** kommen in der Praxis überwiegend im Zusammenhang mit der Veräußerung von Grundvermögen vor; sie werden fast immer als Leibrenten vereinbart.

Beispiel:

Ein Handwerksunternehmer mit Alterswohnsitz auf Mallorca veräußert sein Mehrfamilienhaus in Köln gegen eine lebenslange Rente von jährlich 30.000 DM. Bei Beginn der Rentenzahlungen ist er 60 Jahre alt. - Der Zinsanteil, in § 22 Nr. 1 Satz 3 a EStG Ertragsanteil genannt, wird gleichbleibend mit 32% der Renteneinnahmen angesetzt (siehe die dortige Tabelle). Unter den sonstigen Einkünften erscheinen also in jedem Jahr Einnahmen von 9.600 DM. Nach Abzug eines Werbungskostenpauschbetrages von 200 DM (§ 9a Nr. 1 c EStG) verbleiben Einkünfte von 9.400 DM.

Zu den Gegenleistungsrenten gehören auch Leibrenten, die durch Beitragszahlungen erworben werden.

Beispiel:

Ein Unternehmer hat durch freiwillige Beiträge zur Angestelltenversicherung einen Rentenanspruch erworben, der mit Beginn des 65. Lebensjahrs in Höhe von 12.000 DM jährlich ausgezahlt wird. Die jährlichen Einnahmen im Rahmen der sonstigen Einkünfte belaufen sich auf 27% von 12.000 DM = 3.240 DM (Ertragsanteil). Auch hier können pauschal 200 DM als Werbungskosten abgezogen werden.

103 Von privaten **Zuwendungsrenten** werden im Falle einer Zeitrente die gesamten jährlichen Rentenbezüge, im Falle einer Leibrente nur ihr Ertragsanteil erfaßt. Es ist jedoch besonders zu beachten, daß eine Wechselwirkung zwischen der Steuerpflicht des Rentenberechtigten und der Abzugsfähigkeit beim Rentenverpflichteten besteht (§§ 22 Nr. 1; 12 Nr. 2; 10 (1) Nr. 1a EStG), die insbesondere für unterhaltsberechtigte bzw. -verpflichtigte **nahe Angehörige** Bedeutung erlangt. Zuwendungen von Unterhaltsverpflichteten an entsprechende Berechtigte sind nämlich nicht abzugsfähig mit der Folge, daß der Empfänger sie auch nicht zu versteuern braucht.

In der Praxis sind zahlreiche Fälle anzutreffen, in denen Kinder ihren Eltern Rentenleistungen gegen gleichzeitige Vermögensübertragungen versprechen, ohne daß Leistung und Gegenleistung nach kaufmännischen Gesichtspunkten ausgeglichen sind. Sie verleihen damit der Rente sowohl Zuwendungs- als auch Gegenleistungscharakter. Mit anderen Worten geht es häufig um die Vereinbarung angemessener Versorgungsleistungen im Zusammenhang mit der Übertragung eines gewerblichen Betriebs.

104 Von steuerlicher Relevanz sind insbesondere zwei Grundfälle:

a. Der **Zuwendungscharakter** der Rente **überwiegt** (Unterhaltsrente). Dies ist der Fall, wenn der Wert des übertragenen Vermögens bei überschlägiger Berechnung nicht wenigstens die Hälfte des Wertes der kapitalisierten Rentenleistung erreicht. Die Rechtsfolge ist die bereits erläuterte: der Rentenberechtigte braucht die Rentenbezüge nicht zu versteuern, weil der Verpflichtete keine Abzugsmöglichkeit hat.

Beispiel:

Ein 65jähriger Vater überträgt sein Malergeschäft, dessen Wert auf 100.000 DM geschätzt wird, auf seinen Sohn. Der Sohn sagt dem Vater eine lebenslängliche jährliche Rente von 30.000 DM zu. - Der Wert der kapitalisierten Rente beträgt 270.570 DM (Anlage 9 zum BewG). Der vom Vater übertragene Vermögenswert unterschreitet die Rentenleistung des Sohnes um mehr als die Hälfte. Der Zuwendungscharakter überwiegt, so daß der einkommensteuerliche Ansatz der Renteneinnahmen unterbleibt, der Sohn aber auch keine Möglichkeit steuermindernden Abzugs hat.

b. Der **Gegenleistungscharakter** der Rente **überwiegt** (Versorgungsrente). Wenn im voranstehenden Beispiel der Wert des übertragenen Vermögens den hälftigen Betrag der kapitalisierten Rentenleistung übersteigen würde, ohne daß allerdings eine an kaufmännischen Gesichtspunkten orientierte Deckungsgleichheit angestrebt würde, so wären die steuerlichen Folgen nunmehr anders: Der Berechtigte hätte eine Zeitrente in voller Höhe, eine Leibrente mit ihrem Ertragsanteil zu versteuern. Der Verpflichtete dürfte sie entsprechend als Sonderausgaben abziehen.

Beispiel:

Es wird auf das vorstehende Beispiel verwiesen mit dem Unterschied, daß die vom Sohn zugesagte Leibrente 20.000 DM pro Jahr beträgt. - Der Rentenbarwert beläuft sich jetzt auf 180.380 DM, so daß der übertragene Vermögenswert mehr als die Hälfte der Rentenleistung ausmacht. Der Vater hat den Ertragsanteil von 5.400 DM (27% von 20.000 DM) abzüglich 200 DM pauschale Werbungskosten bei den sonstigen Einkünften zu erfassen. Der Sohn kann 5.400 DM als Sonderausgaben geltend machen.

105 Im Zusammenhang mit Versorgungsleistungen kann es angezeigt sein, statt einer Leibrente (**Versorgungsrente**) eine sog. **dauernde Last** zu vereinbaren. Unter einer dauernden Last versteht man rentenähnliche Leistungen, die jedoch im Gegensatz zu den Renten im Zeitablauf der Höhe nach abänderbar sind (durch Bezugnahme auf § 323 ZPO). Der **ausdrückliche Vorbehalt** der Abänderbarkeit ist unabdingbar und sollte im Versorgungsvertrag eindeutig vereinbart werden (Hinweis auf BFH-Beschluß von 15.7.1991 - GrS 1/90).

106 Durch den sog. **Rentenerlaß** der Finanzverwaltung (BMF, BStBl. II 1996, S. 1508) wurden zahlreiche Differenzierungen im Zusammenhang mit Vermögensübertragung gegen Versorgungsleistungen vorgenommen. Insoweit ist in jedem Fall ein Gespräch mit dem steuerlichen Berater anzuraten.

107 Dauernde Lasten sind beim Belasteten **in vollem Umfang** steuerlich abziehbar, während sie beim Empfänger entsprechend als wiederkehrende Bezüge zu versteuern sind. Steuergestaltende Überlegungen werden sich häufig auf die Vereinbarung von dauernden Lasten konzentrieren, da der progressionsbedingte steuersparende Effekt beim Träger der dauernden Last (jüngere Generation mit höherem Erwerbseinkommen) vielfach die steuererhöhende Wirkung beim Empfänger (ältere Generation mit geringerem Alterseinkommen) übersteigt.

Bei **Unterhaltsrenten** bleibt es auch im Falle der Vereinbarung von dauernden Lasten bei der **Nichtabzugsfähigkeit /Nichtsteuerbarkeit** der Leistungen.

Beispiel:

Unter Verweis auf die beiden vorangegangenen Beispiele ergibt sich unter a. auch bei der Annahme einer dauernden Last kein anderes Ergebnis. Sagt im Falle b. der Sohn eine abänderbare Leistung (dauernde Last) anstelle einer Leibrente zu, so kann er die gezahlten 20.000 DM voll als Sonderausgaben geltend machen; der Vater bezieht sonstige Einkünfte von 20.000 DM.

108 **Unterhaltsleistungen** bis zu 27.000 DM pro Jahr, die der Empfänger zustimmend von seinem geschiedenen oder von ihm getrennt lebenden Ehegatten erhält, sind als sonstige

Einkünfte steuerbar (§ 22 Nr. 1a EStG). Der Unterhaltsgeber kann sie in gleicher Höhe als Sonderausgaben geltend machen (§ 10 (1) Nr. 1 EStG; sog. Real-Splitting).

109 Der Grundsatz, wonach realisierte private Vermögenswertänderungen steuerlich unbeachtlich sind, erfährt durch die Einbeziehung von Spekulationsgeschäften in die sonstigen Einkünfte und die Besteuerung von **Spekulationsgewinnen** eine unangenehme, weil nur einseitig auf positive Wertänderungen zielende Durchbrechung (§ 22 Nr. 2 EStG).

110 Ein Spekulationsgewinn liegt vor, wenn zwischen der Anschaffung und der Veräußerung von Grundstücken **nicht mehr als 2 Jahre**, von anderen Wirtschaftsgütern **nicht mehr als 6 Monate** vergangen sind, oder wenn die Veräußerung von Wirtschaftsgütern schon **vor ihrem Erwerb** erfolgt ist (Termingeschäft). Ein aus einem solchen Spekulationsgeschäft resultierender Spekulationsgewinn wird aus der Differenz zwischen Veräußerungspreis und ursprünglichen Anschaffungskosten/Herstellungskosten einschließlich der Verkaufskosten errechnet (§ 23 EStG).

Beispiel:

Ein Grundbesitzer veräußert sein Mietwohngrundstück, das er mit Kaufvertrag vom 02.01.01 für 300.000 DM erworben hatte, am 30.11.02 für 350.000 DM. Es fallen Verkaufskosten (Inserate, Provisionen) von 1.000 DM an. Der Käufer zahlt den Kaufpreis am 20.12.02. - Der Spekulationsgewinn errechnet sich mit 49.000 DM (350.000 DM -(300.000 DM + 1.000 DM)). Er ist in 02 (Zuflußprinzip) unter den sonstigen Einkünften zu erfassen.

Hätte der Verkäufer im vorangehenden Beispielsfall weniger als seine ursprünglichen Anschaffungskosten von 300.000 DM erlöst, so wäre der dann entstehende **Spekulationsverlust** steuerlich ohne Auswirkung geblieben. Lediglich wenn mehrere Spekulationsgeschäfte in einem Veranlagungszeitraum durchgeführt werden, dürfen Verluste **nur bis zur Höhe der** gleichzeitig entstandenen **Spekulationsgewinne** je Steuerpflichtigen (auch bei Zusammenveranlagung) ausgeglichen werden.

111 Gewinne aus Spekulationsgeschäften bleiben steuerfrei, wenn sie im Kalenderjahr weniger als 1.000 DM betragen (**Freigrenze**, bei deren Überschreiten der gesamte Gewinn versteuert werden muß).

Das für die Überschußeinkünfte geltende Zuflußprinzip läßt sich im Zusammenhang mit Spekulationsgeschäften zur Glättung der Progressionswirkungen nutzbar machen, wie das nachfolgende Beispiel zeigt.

Beispiel:

Ein Handwerksunternehmer hat im Jahr 02 gut verdient, ohne allerdings den Spitzensteuersatz zu erreichen. Er möchte ein Mehrfamilienhaus, das er in 01 für 120.000 DM günstig erworben hatte, wegen ständiger Mietstreitigkeiten wieder verkaufen. Ein Käufer ist bereit, das Haus für 180.000 DM zu erwerben. Verkaufskosten fallen nicht an.

Da die Auftragslage des Unternehmens für das Jahr 03 nichts Gutes verheißt und die gesamten Einkünfte voraussichtlich geringer als in 02 ausfallen werden, vereinbaren die Vertragsparteien folgende Zahlungsweise: Der Käufer zahlt nach Eintragung ins Grundbuch im Jahr 02 120.900 DM; in 03 werden die restlichen 59.100 DM fällig.- Der Spekulationsgewinn wirkt sich im einkommenstarken Jahr 02 nicht aus, da der zugeflossene Teil von 900 DM (120.900 DM - 120.000 DM) innerhalb der Freigrenze von 1.000 DM bleibt. Der verbleibende Spekulationsgewinn von 59.100 DM fließt in 03 zu und wird hier erfaßt.

Unter den oben gemachten Annahmen ist die Summe der zu zahlenden Einkommensteuer in den Jahren 02 und 03 geringer, als sie es bei einem nur in 02 anfallenden Spekulationsgewinn von 60.000 DM (180.000 DM - 120.000 DM) gewesen wäre. Die Begründung liegt zum einen in der Ausnutzung der Freigrenze, zum anderen und vor allem in der Glättung der Progressionswirkung in den Veranlagungszeiträumen 02 und 03.

112 Zu den sonstigen Einkünften zählen gemäß § 22 Nr. 3 EStG solche aus Leistungen, soweit sie weder zu anderen Einkunftsarten (§ 2 (1) Nrn. 1 bis 6 EStG) noch zu den Einkünften i. S. des § 22 Nrn. 1, 1a, 2, 4 EStG gehören. Das können beispielsweise Einkünfte aus **gelegentlichen Vermittlungen** und aus der **Vermietung beweglicher Gegenstände** sein.

113 Bei Einkünften aus **sonstigen Leistungen**, die neben einem Tun auch ein Dulden oder Unterlassen einschließen können, handelt es sich i.d.R. nur um gelegentliche Aktivitäten. Bei Wiederholungen ist das Tor insbesondere zu den Gewinneinkunftsarten schnell durchschritten.

Für Einkünfte aus sonstigen Leistungen besteht eine jährliche **Freigrenze** von 500 DM.

114 Übersteigen im Falle der sonstigen Leistungen die Werbungskosten die Einnahmen, so darf der übersteigende Betrag weder mit anderen positiven Einkünften ausgeglichen, noch nach § 10d EStG abgezogen werden (**Tz 539 ff.**) Nach Auffassung des **Bundesverfassungsgerichts vom 30.09.1998** verstößt dieser Ausschluß der Verlustverrechnung gegen das Gleichbehandlungsgebot des Art. 3 (1) GG (BVerfG-Beschluß vom 30.09.1998 - 2 BvR 1818/91).

B. Die Körperschaftsteuer

I. Die Grundkonzeption

115 Körperschaften werden als juristische Personen mit einer eigenständigen Personensteuer - der Körperschaftsteuer - belastet. Die vor 1977 anzutreffende, die Steuerneutralität verletzende Regelung, daß ausgeschüttete Gewinne sowohl mit Körperschaftsteuer bei der Kapitalgesellschaft als auch mit Einkommensteuer bei den Gesellschaftern belegt waren mit der Folge, daß die Gesamtbelastung häufig über dem Spitzensatz der Einkommensteuer lag, wurde durch die seit dem 1.1.1977 in Kraft getretene Körperschaftsteuerreform beseitigt.

Zwar lasten auch heute noch auf von Körperschaften ausgeschütteten und in den Verfügungsbereich der Gesellschafter gelangten Gewinnen Körperschaft- **und** Einkommensteuer. Jedoch können die Gesellschafter nunmehr die Körperschaftsteuer auf ihre Einkommensteuerschuld **anrechnen**; mit anderen Worten erhält die Körperschaftsteuer in bezug auf **ausgeschüttete** Gewinne den Charakter einer Einkommensteuer**vorauszahlung** und verliert insoweit - wirtschaftlich betrachtet - ihre Selbständigkeit. Ausgeschüttete körperschaftsteuerbelastete Gewinne sind also letztlich (nach Steueranrechnung) nur noch mit der individuellen Einkommensteuer des Gesellschafters belastet.

Die Verwirklichung des eben skizzierten einfachen Grundkonzepts ist in der praktischen Durchführung des sog. **Anrechnungsverfahrens** recht kompliziert geraten. Ein wesentlicher Grund hierfür war die Grundentscheidung des Gesetzgebers, den Körperschaftsteuertarif zu spalten in einen **stets anzuwendenden Satz** von 30% des Gewinns vor Steuern für ausgeschüttete Gewinne (sog. **Ausschüttungsbelastung**) und einen **überwiegend anzuwendenden Satz** von 45% des Gewinns vor Steuern für einbehaltene Gewinne (**Tarifbelastung**). Diese Vorgehensweise erforderte im Zusammenhang mit verschiedenen Ermäßigungs- und Befreiungsvorschriften, die zu unterschiedlichen körperschaftsteuerlichen Vorbelastungen des ausschüttungsfähigen und mit dem einheitlichen Ausschüttungssatz (30%) besteuerten Gewinns führen, Regelungen, welche selbst für sachkundige Steuerpraktiker nur schwer verständlich sind.

Die folgenden Ausführungen wollen bewußt vereinfachen, ohne allerdings ungebührlich zu simplifizieren. Sie geben einen knappen Überblick von der Körperschaftsteuerermittlung auf der Gesellschaftsebene bis hin zur einkommensteuerlichen Anrechnung auf der Gesellschafterebene. Dabei beschränkt sich die Darstellung auf die in unserem Kontext besonders wichtige unbeschränkt körperschaftsteuerpflichtige GmbH, deren Gesellschafter ihrerseits unbeschränkt einkommensteuerpflichtige natürliche Personen sein sollen.

II. Verwirklichung auf der Ebene der Kapitalgesellschaft

1. Die vorläufige Belastung des neu entstandenen Gewinns

116 Die körperschaftsteuerliche Bemessungsgrundlage heißt **Einkommen** (§§ 7 (2), 8 (1) KStG). Sie fußt wesentlich auf Vorschriften des Einkommensteuergesetzes. Da die von uns betrachtete GmbH kraft gesetzlicher Regelung nur **Einkünfte aus Gewerbebetrieb** verwirklicht (§ 8 (2) KStG), und in Ermangelung einer privaten Sphäre weder Sonderausgaben noch außergewöhnliche Belastungen vorkommen können, läßt sich der Inhalt der Bemessungsgrundlage etwas vergröbernd in folgender Weise annähern:

körperschaftsteuerliches Einkommen
= Einkünfte aus Gewerbebetrieb
= Gewinn (Verlust) als Ergebnis der Steuerbilanz.

Es gelten also offentsichtlich die aus den einkommensteuerlichen Betrachtungen bekannten Regeln für Einzelgewerbebetreibende. Allerdings werden Modifikationen um verschiedene Korrekturgrößen erforderlich, deren wichtigste **Schaubild 23** erfaßt.

Grundlage	Ergebnis der Steuerbilanz (Gewinn/Verlust)
einkommensteuerliche und in Nebengesetzen enthaltene **Korrekturgrößen** (wichtige Beispiele)	+ nichtabzugsfähige Aufwendungen (z.B. bestimmte Werbegeschenke, Teile der Bewirtungsaufwendungen u.ä. nach § 4 (5) EStG) – steuerfreie Erträge (z.B. aus Investitionszulagen nach dem InvZulG)
körperschaftsteuerliche Korrekturgrößen (wichtige Beispiele)	+ verdeckte Gewinnausschüttung (§ 8 (3) KStG) + nichtabzugsfähige Steuern (z.B. Körperschaftsteuer § 10 Nr. 2 KStG) + nichtabzugsfähige Spenden; (§ 9 (1) Nr. 2 KStG) – Erträge aus nichtabzugsfähigen Aufwendungen
Resultat	körperschaftsteuerliches Einkommen (vor Verlustabzug)
	– Verlustabzug (§ 8 (4) KStG i.V. mit § 10d EStG
Resultat	Einkommen/zu versteuerndes Einkommen

Schaubild 23: Vereinfachtes Schema zur Ermittlung der körperschaftsteuerlichen Bemessungsgrundlage "Einkommen"

117 Von den dort enthaltenen Größen sind v.a. die **verdeckten Gewinnausschüttungen** erklärungsbedürftig. Verdeckte Gewinnausschüttungen liegen vor, wenn z.B. eine GmbH ihren Gesellschaftern - oder ihnen nahestehenden Personen - Vorteile gewährt, welche sie fremden Dritten nicht oder zumindest nicht in gleicher Höhe zugewandt hätte. Sie beruhen nicht auf einem den gesellschaftsrechtlichen Bestimmungen genügenden Gewinnverteilungsbeschlußes. Die Erscheinungsformen sind vielgestaltig, wie die nachstehenden wenigen Beispiele andeuten wollen.

Beispiel:

Der geschäftsführende Gesellschafter einer GmbH erhält ein unangemessen hohes Gehalt.

Ein Gesellschafter vereinnahmt für ein der GmbH gegebenes Darlehen überhöhte Zinsen.

Der Gesellschafter - Geschäftsführer bezieht, ohne daß es dafür eine vertragliche Basis gäbe, eine Tantieme.

Da die Bemessungsgrundlage der Körperschaftsteuer der in einer Bilanzperiode **neu entstandene** Gewinn unter Berücksichtigung der aufgezeigten Modifikationen ist, darf sich seine **Verwendung** - weder als offene noch als verdeckte Gewinnausschüttung - in der Ermittlungsphase nicht mindernd ausgewirkt haben. Nun liegt es aber im Wesen verdeckter Gewinnausschüttungen, daß sie im betrieblichen Rechnungswesen als Aufwand behandelt werden und folglich die Ausgangsgröße Gewinn gekürzt haben. Aus diesem Grunde müssen sie ihr wieder hinzugerechnet werden.

118 Für das körperschaftsteuerliche Einkommen wird nun in einem **ersten Schritt** die Tarifbelastung von 45% hergestellt. Dieses geschieht unabhängig davon, ob der für den Ermittlungszeitraum festgestellte Gewinn einbehalten oder ausgeschüttet werden soll (§ 29 (1) KStG). Da die Steuerbelastung im Hinblick auf den Teil des Gewinns, der zu Ausschüttun-

gen verwendet werden soll, offenbar um 15 Prozentpunkte zu hoch ist (Differenz zwischen der Tarifbelastung und der Ausschüttungsbelastung), bedarf das Verfahren einer anschließenden Korrektur in Gestalt des Herabschleusens der Steuerlast von der Tarif- auf die Ausschüttungsbelastung. Die Tarifbelastung kann also angesichts des **neu entstandenen Gewinns** einer Bilanzperiode, der in der selben (Vorabausschüttung), der folgenden (Normalfall von Ausschüttungen) oder einer beliebig späteren Periode an die Gesellschafter **verteilt** wird, immer nur **vorläufig** sein.

2. Die Zuweisung zum Ausschüttungsvolumen

119 Sinn und Zweck des oben beschriebenen umständlichen Verfahrens sind darin begründet, das **Ausschüttungsvolumen** in seiner körperschaftsteuerlichen Vorbelastung transparent zu gestalten. Von dem tarifbelasteten Einkommen verbleiben 55 Anteile für Ausschüttungen verwendbares Eigenkapital (§ 29 (2) KStG), in der Fachsprache als EK_{45} bezeichnet (§ 30 (1) Nr. 1 KStG). Die Tarifbelastung betrug bis einschließlich 1989 56% und bis einschließlich 1993 50%. Aus **Schaubild 23** wird ersichtlich, daß das körperschaftsteuerliche Einkommen häufig einen Saldo darstellt, in dem auch steuerfreie Teile verrechnet sind. Letztere sind also mit Körperschaftsteuer nicht belastet und werden entsprechend mit EK_0 bezeichnet (§ 30 (1) 3 KStG). Das nicht belastete EK_0 ist im Bedarfsfalle in vier Untergruppen aufzugliedern (§ 30 (2) KStG). Schließlich hat der Gesetzgeber noch eine mit der Ausschüttungsbelastung identische Kategorie EK_{30} vorgesehen (§ 30 (1) Nr. 2 KStG). Sie entsteht jedoch nicht direkt, sondern nur durch Aufteilung von ermäßigt - zwischen Null und 45% - belasteten Gewinnteilen.

Das derart gegliederte, ausschließlich an körperschaftsteuerlichen Vorgaben orientierte Ausschüttungsvolumen wird als (für Ausschüttungen) **verwendbares Eigenkapital** bezeichnet.

120 Wie bereits erwähnt, enthält das gesamte Ausschüttungsvolumen nicht nur den nach seiner körperschaftsteuerlichen Belastung gegliederten Gewinn der **laufenden Periode**, sondern darüber hinaus die entsprechend gegliederte Summe aller in **früheren Perioden** erwirtschafteten, bisher jedoch noch nicht ausgeschütteten Gewinne. Der das Nominalkapital (bei der GmbH: Stammkapital) übersteigende Teil des Eigenkapitals steht an Ausschüttungsvolumen für die Gesellschafter bereit. Vom Ausschüttungsvolumen gedanklich streng zu trennen ist das **Ausschüttungspotential**. Letzteres wird durch die tatsächliche Höhe an Ausschüttungsbeträgen charakterisiert, die aus dem vorhandenen Ausschüttungsvolumen gespeist werden können. Das Ausschüttungspotential ist unmittelbar abhängig von der in der Eigenkapitalgliederung zum Ausdruck kommenden Vorbelastung mit Körperschaftsteuer.

121 Das in der gebotenen Kürze erläuterte Ausschüttungsvolumen und seine Aufspaltung in das verwendbare Eigenkapital waren dem Gesetzgeber so wichtig, daß er hierfür ein **gesondertes Feststellungsverfahren** (§ 47 KStG) vorgesehen hat.

3. Die endgültige ausschüttungsbedingte Belastung des Gewinns

122 Die von der Geschäftsleitung vorgesehenen Gewinnausschüttungen werden, wie wir gesehen haben, dem gegliederten Ausschüttungsvolumen (verwendbaren Eigenkapital) entnommen. Da die Ausschüttungsbelastung immer 30% der Brutto-Ausschüttung beträgt, wird für den Normalfall der Entnahme aus dem **voll tarifbelasteten** Eigenkapital (EK_{45}) eine Minderung der körperschaftsteuerlichen Vorbelastung um 15 Prozentpunkte durchgeführt (**Körperschaftsteuerminderung**).

Wird **ermäßigt belastetes** Eigenkapital für die Ausschüttung verwendet (EK_{30}), stimmen die Vorbelastung und die Ausschüttungsbelastung bereits überein, so daß es keiner weiteren Körperschaftsteueränderung bedarf.

Stammt die Ausschüttung schließlich aus noch **unbelastetem Eigenkapital** (EK_0), so wird eine Nachversteuerung in Höhe der Ausschüttungsbelastung von 30% erforderlich (**Körperschaftsteuererhöhung**). Die Rechtsgrundlage für diese **Körperschaftsteueränderung** (Körperschaftsteuerminderung im Normalfall, Körperschaftsteuererhöhung bei nicht vorhandenem EK_{45} oder EK_{30}) bietet § 27 (1) KStG.

123 Sind unterschiedlich vorbelastete Eigenkapitalteile vorhanden, so ist die Reihenfolge ihrer Verwendung für vorgesehene Ausschüttungen zwingend vorgegeben (§ 28 (3) KStG). Das voll belastete EK_{45} gilt hiernach als zuerst, das ermäßigt belastete EK_{30} als anschließend und das nicht belastete EK_0 als zuletzt verwendet (**Verwendungsfiktion**).

Die vom Gesetz vorgegebene ist von allen denkbaren Verwendungsreihenfolgen die günstigste. Weil nämlich die Gesellschaft die bei Ausschüttungen aus dem ungemildert belasteten Eigenkapital resultierende Körperschaftsteuerminderung für die Auskehrung an die Gesellschafter mit verwenden darf (§ 28 (6) KStG), braucht sie dementsprechend weniger von ihrem Ausschüttungsvolumen in Anspruch zu nehmen. Zur Rücklagenbildung kann sie das nicht oder nur ermäßigt vorbelastete Eigenkapital verwenden.

Eine umgekehrte Verwendungsfiktion hätte zur Folge gehabt, daß - vorhandenes EK_0 vorausgesetzt - zunächst eine Körperschaftsteuererhöhung in Höhe der Ausschüttungsbelastung hätte durchgeführt und von der Gesellschaft finanziert werden müssen.

4. Auswirkung der Steuerreform 1993 auf das Ausschüttungsvolumen

124 Mit der Rücknahme der Tarifbelastung von 56% auf 50% resultierte **ab 1990** der mit 50% Körperschaftsteuer belastete Teilbetrag EK_{50}, der neben das bis dahin aufgelaufene EK_{56} getreten ist.

Der Teilbetrag EK_{56} konnte während einer Übergangszeit von 5 Jahren beibehalten werden (§ 54 (11) KStG). Diese Regelung wirkte sich im Falle von Gewinnausschüttungen günstig aus, da bei der Verwendung von EK_{56} eine Körperschaftsteuerminderung von 20 Prozentpunkten eintrat, die für die Gewinnausschüttung mit eingesetzt werden konnte. Dieser Vorteil mußte allerdings vorfinanziert werden. Ausschüttungen aus dem EK_{50} führten hingegen nur zu einer Minderung der Körperschaftsteuer um 14 Prozentpunkte.

Nach Ablauf der Übergangszeit (31.12.1994) mußten die noch vorhandenen Teilbeträge an EK_{56} dem EK_{50} eingegliedert werden. Mit der Steuerreform 1993 wurde ab dem Veranlagungszeitraum 1994 die Tarifbelastung von 50% auf 45% gesenkt. Der Teilbetrag EK_{50} konnte während einer Übergangszeit von 5 Jahren beibehalten werden (§ 54 (11a) KStG).

Nach Ablauf der Übergangszeit (31.12.1998) müssen die noch vorhandenen Teilbeträge an EK_{50} dem EK_{45} eingegliedert werden. Da die Umrechnung wegen der größeren steuerlichen Vorbelastung des EK_{50} einen höheren Teilbetrag an EK_{45} erbringt, als an EK_{50} vorhanden war, wird beim nicht mit Körperschaftsteuer belasteten EK_{02} eine entsprechende Kürzung vorgenommen.

Das folgende **Schaubild 24** zeigt diesen Zusammenhang.

Ein aus der Zeit vor 1994 entstandenes positives EK_{36} konnte nur noch für ein Jahr fortgeführt werden (§ 54 (11b) KStG).

Zum Schluß des letzten vor dem 01.01.1995 endenden Wirtschaftsjahres war ein dann noch vorhandener positiver Bestand an EK_{36} in Höhe von 11/32 seines Bestandes zwangsweise in EK_{45} und in Höhe von 21/32 seines Bestandes in EK_{30} umzugliedern.

	EK_{50}/DM	EK_{45}/DM	EK_{02}/DM	Summe
verwendbares Eigenkapital am 31.12.98 **vor** Umgliederung:	44.000	100.000	100.000	244.000
Umgliederung:				
- Abgang beim EK_{50}	- 44.000			- 44.000
- Zugang beim EK_{45} (11/9) x 44.000		+ 53.778		+ 53.778
- Kürzung beim EK_{02} (2/9) x 44.000			- 9.778	- 9.778
verwendbares Eigenkapital am 31.12.98 **nach Umgliederung:**	0	153.778	90.222	244.000

Schaubild 24: Gliederung des verwendbaren Eigenkapitals nach Ablauf des Übergangszeitraums

III. Verwirklichung auf der Ebene der Gesellschafter

125 Die wesentlichen Bestimmungen des körperschaftsteuerlichen Anrechnungsverfahrens auf der Ebene der Gesellschafter finden sich in den §§ 20 (1) Nrn. 1 und 3 sowie 36 (2) Nrn. 2 und 3 EStG (**Tz 47**). Sie transformieren die bei der Kapitalgesellschaft erhobene 30%ige **Ausschüttungs-Körperschaftsteuer** in der Hand der empfangenden Gesellschafter in eine betragsidentische **Anrechnungs-Körperschaftsteuer**. Im Ergebnis verliert die Körperschaftsteuer ihren eigenständigen Charakter und wirkt wie eine Einkommensteuervorauszahlung.

Auf der Grundlage der o.a. Gesetzesregelungen und der Vorschriften über die Einbehaltung von Kapitalertragsteuer (§§ 43 ff. EStG) ergibt sich das Berechnungsschema in **Schaubild 25**.

Die in **Schaubild 25** besonders gekennzeichneten Beträge von 100 Recheneinheiten verdeutlichen, daß die **einkommensteuerlich relevanten Einnahmen** des Gesellschafters aus der Gewinnausschüttung der Gesellschaft mit deren **Brutto-Ausschüttung** (Gewinn vor Körperschaftsteuer) identisch sind; auf diese Weise wird sichergestellt, daß die Körperschaftsteuerbelastung des ausgeschütteten Gewinns beim Gesellschafter in dessen individuelle Einkommensteuerbelastung einmündet.

126 Beziehern von Dividenden oder Gewinnanteilen, die nicht zur Einkommensteuer veranlagt werden (z.B. Arbeitnehmer mit ausschließlich Einkünften aus nichtselbständiger Arbeit unterhalb der Grenzen des Paragraphen 46 (1) EStG), wird die Körperschaftsteuer auf Antrag **vergütet**.

Sie erhalten den Vergütungsbetrag unmittelbar vom Bundesamt für Finanzen - meist über Kreditinstitute abgewickelt - ausgezahlt.

127 Die Berechtigung zur Vornahme der Körperschaftsteueranrechnung ist durch eine **Steuerbescheinigung** nachzuweisen, welche entweder von der ausschüttenden Gesellschaft, einem Kreditinstitut oder einem Notar erteilt wird (§§ 44-46 KStG).

Diese Steuerbescheinigung ist materiell-rechtliche Voraussetzung für die Steueranrechnung im Rahmen der Einkommen- bzw. Körperschaftsteuerveranlagung, d. h. ohne eine solche Bescheinigung erfolgt keine Berücksichtigung bei der Steuerveranlagung.

Gesellschaftsebene	
Ausgeschütteter Gewinn vor Körperschaftsteuer	**100**
Ausschüttungs-Körperschaftsteuer (30%)	– 30
Bardividende	70
Kapitalertragsteuer (25% der Bardividende)	– 17,5
Nettodividende	52,5
Gesellschafterebene	
Nettodividende (Konto-Gutschrift beim Gesellschafter)	52,5
Gutschrift Kapitalertragsteuer	+ 17,5
Steuerpflichtige Einnahmen des Gesellschafters:	
Bardividende (§ 20 (1) Nr. 1 EStG)	70
Anrechnungs-Körperschaftsteuer (§ 20 (1) Nr. 3 i.V. mit § 36 (2) Nr. 3 EStG)	
3/7 = 30/70 der Bardividende von 70	+ 30
	100
Angenommene Einkommensteuerbelastung des Gesellschafters	40
Anrechnungsbeträge:	
Anrechnungskörperschaftsteuer 30 (§ 36 (2) Nr. 3 EStG	
Kapitalertragsteuer 17,5 (§ 36 (2) Nr. 2 EStG	– 47,5
Erstattungsbetrag für den Gesellschafter	+ 7,5

Schaubild 25: Anrechnung der Körperschaftsteuer beim Gesellschafter

IV. Zusammenfassendes Beispiel

1. Rechenschema

128 Unterstellt man den Regelfall, wonach für eine Gewinnausschüttung um die volle Tarifbelastung gekürztes Eigenkapital verwendet wird, so gilt das nachstehende Rechenschema:

Gewinn vor Körperschaftsteuer	100
Körperschaftsteuer (Tarifbelastung)	– 45
für Ausschüttungen verwendbares Eigenkapital	55
Körperschaftsteuerminderung bei Ausschüttung	
15% = für die Ausschüttung mitzuverwendender Betrag	+ 15
Ausschüttbarer Betrag (Bardividende)	70

Schaubild 26: Rechenschema für den Regelfall der Ausschüttungen

Das abgebildete Rechenschema ist ein wichtiger Schlüssel zum Verständnis und v.a. zur praktischen Anwendung des Anrechnungsverfahrens. Es beträgt nämlich **stets**:

a.	**die Körperschaftsteuerminderung** 15/55 des verwendbaren Eigenkapitals (55) oder 15/70 der Bardividende (70),	b.	**das für die Ausschüttung verwendbare Eigenkapital** 55/70 der Bardividende,	c.	**die höchstmögliche Bardividende aus einem gegebenen verwendbaren Eigenkapital** 70/55 des verwendbaren Eigenkapitals.

2. Berechnungsbeispiel aus der Sicht der Gesellschaft

129 Die X-GmbH hatte am Ende des Jahres 01 ein Ausschüttungsvolumen (= Summe des verwendbaren Eigenkapitals) von 40.000 DM. In der Eigenkapitalgliederung war es unter EK_{03} eingeordnet (vor dem 1.1.1977 entstandene Altrücklagen, die nicht mit "neuer" Körperschaftsteuer belastet sind).

Zum 31.12.02 legt die Gesellschaft den folgenden **vorläufigen** Jahresabschluß vor; er ist deswegen vorläufig, weil die körperschaftsteuerlichen Auswirkungen der für das Jahr 02 vorgesehenen Ausschüttung (Bardividende) von 48.000 DM in ihm noch nicht berücksichtigt sind.

Wegen des besseren Einblicks wird der gesamte Körperschaftsteueraufwand in der Rückstellung gezeigt; Vorauszahlungen an das Finanzamt seien noch nicht erfolgt.

Vorläufige Steuerbilanz zum 31.12.02

Aktiva			Passiva
	DM		DM
verschiedene Aktiva	400.000	Stammkapital	50.000
		Rücklagen	40.000
		Körperschaftsteuerrückstellung	45.000
		Verbindlichkeiten	200.000
		Jahresgewinn	65.000
	400.000		400.000

Vorläufige GuV-Rechnung für 02

Aufwendungen			Erträge
	DM		DM
steuerlich abzugsfähige Aufwendungen	400.000	steuerpflichtige Erträge	500.000
steuerlich nicht abzugsfähige Aufwendungen:		steuerfreie Erträge	20.000
Körperschaftsteuer	45.000		
50% der Vergütungen für den Aufsichtsrat/Beirat	10.000		
Jahresgewinn	65.000		
	520.000		520.000

Ermittlung der vorläufigen Belastung des Jahresgewinns

130 Das körperschaftsteuerliche Einkommen errechnet sich wie folgt:

		DM
Gewinn laut Steuerbilanz		65.000
steuerfreie Erträge	-	20.000
nicht abzugsfähige Steuern:		
Körperschaftsteuer	+	45.000
50% der Vergütungen für den Aufsichtsrat/Beirat	+	10.000
körperschaftsteuerliches Einkommen		100.000

Für das körperschaftsteuerliche Einkommen ist die 45%ige Tarifbelastung herzustellen, so daß eine im Hinblick auf die vorgesehene Ausschüttung vorläufige Körperschaftsteuerschuld von 45.000 DM resultiert. Da keine Vorauszahlungen geleistet wurden, entspricht dieser Betrag der Körperschaftsteuerrückstellung.

Zuweisung zum Ausschüttungsvolumen

131 Nunmehr ist die auf der Grundlage des Jahresgewinns und seiner steuerlichen Belastung sich ergebende Zuweisung zum Ausschüttungsvolumen zu bestimmen.

Aus der Zusammensetzung des körperschaftsteuerlichen Einkommens ist leicht zu ersehen, daß die steuerfreien Erträge in das unbelastete EK_0 - hier EK_{02} - einzuordnen sind.

Ebenso einsichtig ist, daß die 45%ige Körperschaftsteuer von dem ihr unterliegenden Einkommensteil abgezogen werden muß (§ 31 (1) Nr. 2 KStG); nur der verbleibende Teilbetrag stellt als EK_{45} Ausschüttungsvolumen dar.

Im Hinblick auf die Hälfte der Vergütungen für den Aufsichtsrat bzw. den Beirat ist zu bedenken, daß sie zwar das körperschaftsteuerliche Einkommen erhöht haben, für Ausschüttungen an die Gesellschafter jedoch nicht in Frage kommen können (§ 10 Nr. 4 KStG). Folglich sind sie in der gleichen Weise wie die Körperschaftsteuer zu behandeln (§ 31 (1) Nr. 4 KStG).

Die Zuweisung des Jahresgewinns zum Ausschüttungsvolumen ergibt sich also wie folgt:

Zugang zum EK_{45}		DM	DM
körperschaftsteuerliches Einkommen		100.000	
Körperschaftsteuer	-	45.000	
50% der Vergütungen für den Aufsichtsrat/Beirat	-	10.000	45.000
Zugang zum EK_{02}			
steuerfreie Erträge			20.000
Summe der Zugänge			**65.000**

Unter Berücksichtigung des Vortrages aus dem Jahre 01 (40.000 DM) ist ein Ausschüttungsvolumen von 105.000 DM entstanden, das die vorläufige Bilanz in der Summe von Rücklagen und Jahresgewinn ausweist, während die körperschaftsteuerliche Eigenkapitalgliederung eine belastungsbedingte Aufspaltung vornimmt:

Das zum Ende des Jahres 02 verwendbare Eigenkapital - ohne Berücksichtigung der beabsichtigten Ausschüttung - ergibt sich wie folgt:

zum Ende des Jahres 02 vorhandenes verwendbares Eigenkapital (vorläufig)	EK_{45} DM	EK_{02} DM	EK_{03} DM	Summe DM
	45.000	20.000	40.000	105.000

Endgültige ausschüttungsbedingte Belastung des Gewinns

132 Die von der X-GmbH für das Jahr 02 vorgesehene Gewinnausschüttung von 48.000 DM führt aufgrund der geringeren körperschaftsteuerlichen Belastung (30%) zu einer Minderung der vorläufig ermittelten Körperschaftsteuerschuld. Die Minderungsrechnung betrifft das Jahr 02, auch wenn die tatsächliche Ausschüttung erst in 03 erfolgen wird (§ 27 (3) KStG).

Nach der bekannten Verwendungsfiktion (**Tz 123**) wird zunächst voll belastetes Eigenkapital verbraucht. Aus dem vorhandenen EK_{45} von 45.000 DM können maximal 70/55 = 57.273 DM ausgeschüttet werden; die Gewinnausschüttung kann demnach vollständig aus dem vorhandenen EK_{45} gespeist werden.

In Abhängigkeit von der vorgesehenen Ausschüttung ergibt sich eine Körperschaftsteuerminderung in Höhe von 15/70 von 48.000 DM = 10.285 DM. Dieser Minderungsbetrag wird für die Ausschüttung mit verwendet, so daß das EK_{45} nur mit 37.715 DM beansprucht wird.

Die **endgültige** ausschüttungsbedingte Belastung des Gewinns beträgt nunmehr:

	DM
Vorläufige Körperschaftsteuer	45.000
Körperschaftsteuerminderung	- 10.285
endgültige Körperschaftsteuer	34.715

Endgültiger Jahresabschluß

133 Erst jetzt läßt sich der endgültige Jahresabschluß entwickeln, der gegenüber dem vorläufigen - als Korrekturposten zur verminderten Körperschaftsteuerschuld - einen entsprechend höheren Jahresgewinn enthält. Letzterer wird in der Bilanz in die vorgesehene Gewinnausschüttung (Bardividende) und in die Zuweisung zur Rücklage aufgespalten.

Endgültige Steuerbilanz zum 31.12.02

Aktiva				Passiva
	DM		DM	DM
verschiedene Aktiva	400.000	Stammkapital		50.000
		Rücklagen		
		Stand am 1.1.02	40.000	
		Zuweisung aus dem Jahresgewinn	27.285	67.285
		Körperschaftsteuer-rückstellung		34.715
		Verbindlichkeiten		200.000
		Bilanzgewinn (Bardividende)		48.000
	400.000			400.000

Endgültige GuV-Rechnung für 02

Aufwendungen			Erträge
	DM		DM
steuerlich abzugsfähige Aufwendungen	400.000	steuerpflichtige Erträge	500.000
steuerlich nicht abzugsfähige Aufwendungen:		steuerfreie Erträge	20.000
Körperschaftsteuer	34.715		
50% der Vergütungen für den Aufsichtsrat/Beirat	10.000		
Jahresgewinn	75.285		
davon für Ausschüttungen: 48.000 DM			
davon für Rücklagenzuweisung: 27.285 DM			
	520.000		520.000

Korrigiertes Ausschüttungsvolumen (endgültige Gliederung des verwendbaren Eigenkapitals)

134 Das eben errechnete Ausschüttungsvolumen ist unter dem Gesichtspunkt der zwischenzeitlich erfolgten Gewinnverwendungsrechnung zu korrigieren. Für die im folgenden gewählte statistische Entwicklung des Eigenkapitals verwendet man in der Besteuerungspraxis amtlich vorgeschriebene Gliederungsvordrucke.

verwendbares Eigenkapital		**EK_{45}**	**EK_{02}**	**EK_{03}**	**Summe**
zum Ende des Jahres 02 **(vorläufig)**	DM	DM 45.000	DM 20.000	DM 40.000	DM 105.000
• **Verringerung durch Ausschüttung** im Jahr 03 für das Jahr 02:					
Ausschüttung	48.000				
dafür verwendetes Eigenkapital: - 55/70 von 48.000 DM -	37.715	- 37.715			- 37.715
• für die Ausschüttung mit verwendete Körperschaftsteuerminderung: - 15/55 von 37.715 DM oder 15/70 von 48.000 DM -	10.285				
verwendbares Eigenkapital zum Ende des Jahres 02 (endgültig)		7.285	20.000	40.000	67.285

Die für spätere Gewinnausschüttungen noch verbliebene, nach der körperschaftsteuerlichen Vorbelastung gegliederte Summe der Eigenkapitalbeträge von 67.285 DM stimmt mit dem Rücklagenbetrag der endgültigen Bilanz zum 31.12.02 überein. Der Bilanzgewinn von 48.000 DM wird mit dem Beschluß über die Gewinnverwendung zu einer Verbindlichkeit gegenüber den Gesellschaftern.

Die Darstellung wurde insbesondere unter didaktischem Blickwinkel gewählt; es sei deshalb besonders darauf hingewiesen, daß die Verringerung des verwendbaren Eigenkapitals durch die Ausschüttung für 02 in den amtlichen Erklärungsvordrucken in einem besonderen **nachrichtlichen** Teil als Anhang des Jahres 02 aufgeführt wird. Die endgültige Kürzung des verwendbaren Eigenkapitals wird dann erst in der Gliederung für das folgende Jahr vorgenommen.

3. Berechnungsbeispiel aus der Sicht der Gesellschafter

135 Überführen wir das Beispiel auf die Ebene der Gesellschafter und unterstellen, daß die GmbH zwei Gesellschafter habe, die im Verhältnis 1:2 am Gewinn beteiligt sind, so ergibt sich das folgende Bild:

	A	B	Gesamt
	DM	DM	DM
Nettoausschüttung	12.000	24.000	36.000
einbehaltene Kapitalertragsteuer			
25% von 16.000 DM bzw. 32.000 DM	4.000	8.000	12.000
Bardividende	16.000	32.000	48.000
Anrechnungs-Körperschaftsteuer			
(Steuergutschrift)			
3/7 von 16.000 DM bzw. 32.000 DM	6.857	13.714	20.571
Steuerpflichtige Einnahmen	22.857	45.714	68.571
Auf die Einkommensteuerschuld der			
Gesellschafter **anzurechnende Beträge**			
Körperschaftsteuer	6.857	13.714	20.571
Kapitalertragsteuer	4.000	8.000	12.000
	10.857	21.714	32.571

V. Gestaltungsmöglichkeiten

136 Aus der Tatsache, daß die mit 45% sehr hohe Tarifbelastung der Kapitalgesellschaft im Falle von Ausschüttungen bei den Gesellschaftern in deren individuelle Einkommensteuerbelastung einmündet, ergibt sich schlüssig, daß eine mit 30% besteuerte **Vollausschüttung** der Gewinne solange günstiger ist, als die Gesellschafter einer geringeren einkommensteuerlichen als körperschaftsteuerlichen Tarifbelastung unterliegen.

Wegen des Erfordernisses, über die teilweise Einbehaltung von Gewinnen die Finanzierung betrieblicher Investitionen zu sichern, ist insbesondere in den größeren Aktiengesellschaften mit zahlreichen Aktionären eine derartige Dividendenpolitik nicht durchführbar. Bei vielen GmbHs jedoch - insbesondere bei Familien-GmbHs mit wenigen Gesellschaftern - eröffnet sich durch die Anwendung des Instruments der sog. **Schütt-aus-hol-zurück-Methode** ein bedeutender steuerpolitischer Handlungsspielraum in Richtung einer Verstärkung der eigenen betrieblichen Mittel. Die Methode funktioniert so, daß Gewinnausschüttungen mit anschließender Wiedereinlage des gesamten Betrags oder eines Teilbetrags stattfinden; die Rückführung muß selbstverständlich - am besten vertraglich - abgesichert werden. Für dieses von der Finanzverwaltung akzeptierte Verfahren (siehe R 77 (7) KStR) spielt die Art der Rückführung keine Rolle: Sie kann als Erhöhung des Nominalkapitals, als Darlehen oder auch als stille Beteiligung der Gesellschafter an ihrer Gesellschaft vorgenommen werden.

137 Ein weiteres steuerpolitisches Instrument einer geeigneten Ausschüttungspolitik für GmbHs mit nur wenigen Anteilseignern sind **Vorabausschüttungen**, die als Abschläge auf den zu erwartenden Gewinn des laufenden Geschäftsjahres gezahlt werden können. Durch eine Änderung des Körperschaftsteuergesetzes (durch das Steuerentlastungsgesetz 1984) steht dieses Instrumentarium den Kapitalgesellschaften - übrigens auch in Kombination mit dem Schütt-aus-hol-zurück-Verfahren - nunmehr ohne Einschränkung zur Verfügung.

C. Die Gewerbesteuer

I. Charakteristik

138 Die Gewerbesteuer ist eine Gemeindesteuer, die nach dem **bundeseinheitlichen** Gewerbesteuergesetz erhoben wird. Da die Hebesätze von den Gemeinden festgesetzt werden, ergeben sich Auswirkungen auf die Standortwahl der Betriebe sowie auf Finanzierungs- und Investitionsentscheidungen. Die Gewerbesteuer trifft die Unternehmen **zusätzlich** zur Einkommensteuer bzw. Körperschaftsteuer. Aus der Gesamtheit der **stehenden inländischen Gewerbebetriebe** belastet sie heute v.a. die größeren Betriebe, da der Gesetzgeber bis in die jüngste Zeit hinein verschiedene steuerentlastende Maßnahmen zugunsten des mittelständisch strukturierten Gewerbes eingeführt hat.

139 Die gewerbesteuerlichen Begriffsmerkmale des Gewerbebetriebs stimmen mit denjenigen überein, die das Einkommensteuerrecht für das Vorliegen von Einkünften aus Gewerbebetrieb fordert (§ 15 (2) EStG). Mit der einkommensteuerlichen Festlegung von Einkünften der 2. Einkunftsart ist also gleichzeitig eine Vorentscheidung für die Gewerbesteuerbarkeit der im Inland belegenen Gewerbebetriebe getroffen (**Gewerbebetrieb kraft Betätigung,** § 2 (1) GewStG).

Kapitalgesellschaften gelten aufgrund ihrer Rechtsform immer als Gewerbebetriebe i. S. des Gewerbesteuergesetzes (§ 2 (2) GewStG). Die in unserem Zusammenhang hervorgehobene GmbH ist also ein **Gewerbebetrieb kraft Rechtsform**.

140 Die Gewerbesteuer ruhte bis **einschließlich 1997** auf zwei Säulen, dem **Gewerbeertrag** und dem **Gewerbekapital**. Während die Gewerbeertragsteuer zu der Gruppe der Steuern **auf das finanzielle Ergebnis** gehört, war die Gewerbekapitalsteuer eine Steuer auf die **Unternehmensmittel** (siehe **Schaubild 1**). Durch das Gesetz zur Fortsetzung der Unternehmenssteuerreform vom 29.10.1997 (BStBl. 1997 I, S. 928) ist die Gewerbekapitalsteuer ab dem Veranlagungszeitraum 1998 abgeschafft worden. Seither handelt es sich bei der Gewerbesteuer um eine reine Ertragsteuer.

141 Die Gewerbeertragsteuer ist in jüngerer Vergangenheit im Hinblick auf ihre Verfassungsmäßigkeit in Frage gestellt worden. Neben einer Verfassungsvorlage des Niedersächsischen Finanzgerichts beim **Bundesverfassungsgericht** schwebt zusätzlich eine Revision beim **Bundesfinanzhof** (Aktenzeichen XI R 12/98).

Die Finanzverwaltung wird im Hinblick auf die Vorlage beim Bundesverfassungsgericht die Gewerbesteuermeßbescheide mit Vorläufigkeitsvermerken nach § 165 AO versehen müssen.

142 Am Besteuerungsverfahren ist neben dem Betriebsfinanzamt, welches den **Gewerbesteuermeßbescheid** (mit dem der Gewerbesteuermeßbetrag festgesetzt wird, § 184 AO) erläßt, die Gemeinde beteiligt, in der sich der Gewerbebetrieb befindet. Sie setzt unter Zugrundelegung des Steuermeßbescheides und unter Anwendung ihres **Hebesatzes** den **Gewerbesteuerbescheid** fest (**Tz 621**). Unterhält ein Gewerbebetrieb Betriebstätten in mehreren Gemeinden, erstreckt sich eine Betriebstätte auf mehrere Gemeinden oder wird eine Betriebstätte innerhalb eines Erhebungszeitraumes von einer in eine andere Gemeinde verlegt, so wird der einheitliche Steuermeßbetrag nach bestimmten Regeln (§§ 28 ff. GewStG) auf die einzelnen Gemeinden projiziert (**Zerlegung**). Hierdurch soll jeder Gemeinde ein Anteil an der Gewerbesteuer zugerechnet werden, der der wirtschaftlichen Bedeutung des in der betreffenden Gemeinde liegenden Betriebsteils entspricht. In den §§ 185 - 189 AO ist das Zerlegungsverfahren geregelt. Der Zerlegungsbescheid (§ 188 AO) ergeht zusammen mit dem Gewerbesteuermeßbescheid.

143 Die Gewerbesteuer mindert als abzugsfähiger Aufwand den einkommensteuerlichen Gewinn bzw. das körperschaftsteuerliche Einkommen. Da der Gewinn seinerseits Ausgangsgröße des Gewerbeertrags ist, mindert die Gewerbesteuer ihre eigene Bemessungsgrundlage Gewerbeertrag. In der steuerlichen Umgangssprache wird deswegen manchmal etwas vergröbernd gesagt, die Gewerbesteuer sei bei sich selbst abzugsfähig.

Durch die Einführung eines gewerbeertragsteuerlichen **Staffeltarifs** für Einzelunternehmen und Personengesellschaften (**Tz 153**; **Schaubild 27**) ist seit 1993 die Bestimmung des effektiven Steuersatzes nicht nur vom gemeindlichen Hebesatz, sondern auch von der Höhe des Gewerbeertrags abhängig. Die durchschnittliche, auf den Gewerbeertrag nach Abzug des Freibetrags anzuwendende Steuermeßzahl beträgt regelmäßig weniger als 5%.

Die Einführung des Staffeltarifs und die Erhöhung des Freibetrags von 36.000 DM auf 48.000 DM für Einzelunternehmen und Personengesellschaften ab 1993 haben insbesondere für die mittelständische Wirtschaft wesentliche Entlastungen gebracht.

II. Das Grundschema der Gewerbesteuerermittlung

144 **Schaubild 27** zeigt die Ermittlung der Gewerbesteuer im Überblick.

Ermittlung der Gewerbeertragsteuer	
Ausgangsgröße:	
gewerblicher Gewinn / körperschaftsteuerliches Einkommen (§ 7 GewStG)	
+	Hinzurechnungen (§ 8 GewStG)
–	Kürzungen (§ 9 GewStG)
=	**Gewerbeertrag vor Verlustabzug**
–	Gewerbeverlustabzug (§ 10a GewStG)
=	**Gewerbeertrag**
–	Freibetrag (bei natürlichen Personen und Personengesellschaften 48.000 DM; § 11 (1) GewStG)
=	**gekürzter Gewerbeertrag**
x	Steuermeßzahl (Staffelung von 1 bis 5% bei Staffelstufen von jeweils 24.000 DM; § 11 (2) GewStG)
=	**Steuermeßbetrag**
x	Hebesatz (§ 16 GewStG)
=	**Gewerbesteuer**

Schaubild 27: Überblick über die Gewerbesteuerermittlung

Bei näherem Betrachten der einzelnen Größen fällt auf, daß der Gewerbeertrag durch besondere gewerbesteuerliche Modifikationen charakterisiert wird, die das Gesetz **Hinzurechnungen** oder **Kürzungen** nennt; persönliche Verhältnisse bleiben unberücksichtigt.

Das **Schaubild 28** enthält zwar nicht alle, jedoch die im Hinblick auf den Handwerksbetrieb wichtigsten Hinzurechnungen und Kürzungen.

	Gewerbeertragsteuerliche **Modifikationen**	wesentliche gesetzliche Bedingungen für die Modifikationen
Hinzurechnungen (§ 8 GewStG)	Hälfte der **Dauerschuldentgelte** (v.a. Zinsen)	wirtschaftlicher Zusammenhang der Schuld mit der Gründung, dem Erwerb, der Erweiterung oder der Verbesserung des Betriebs oder nicht nur vorübergehende Verstärkung des Betriebskapitals
	bestimmte **Renten** und **dauernde Lasten**	wirtschaftlicher Zusammenhang mit der Gründung oder dem Erwerb des Betriebs und keine Gewerbesteuerpflicht beim Rentenempfänger
	Gewinnanteile des typischen **stillen Gesellschafters**	keine Gewerbesteuerpflicht beim Empfänger
	Hälfte der aufgewendeten **Miet-** und **Pachtzinsen** für Wirtschaftsgüter des Anlagevermögens (ohne Grundbesitz)	keine Gewerbesteuerpflicht beim Empfänger; Ausnahme: Anmietung eines Betriebs (Teilbetriebs) **und** Vermietungsertrag des Empfängers > 250.000 DM
	Verlustanteil aus Mitunternehmerschaften	Zugehörigkeit der Beteiligung an der Personengesellschaft zum Betriebsvermögen

Schaubild 28: Die wesentlichen gewerbeertragsteuerlichen Modifikationen

III. Wichtige Hinweise zur Bemessungsgrundlage

1. Die Ausgangsgröße

145 Aus **Schaubild 27** wird ersichtlich, daß als Ausgangsgröße für den Gewerbeertrag der gewerbliche Gewinn fungiert, wie er sich nach den **einkommen-** bzw. **körperschaftsteuerlichen** Vorschriften ergibt.

	Gewerbeertragsteuerliche **Modifikationen**	wesentliche gesetzliche Bedingungen für die Modifikationen
Kürzungen (§ 9 GewStG)	1,2% des maßgeblichen Einheitswerts des **betrieblichen Grundbesitzes**	
	Hälfte der empfangenen **Miet-** und **Pachtzinsen** für Wirtschaftsgüter des Anlagevermögens (ohne Grundbesitz)	Hinzurechnung beim Mieter oder Pächter
	Gewinnanteil aus Mitunternehmerschaften	Zugehörigkeit der Beteiligung an der Personengesellschaft zum Betriebsvermögen
	Gewinne aus Anteilen an inländischen Kapitalgesellschaften **(nationales Schachtelprivileg)**	Vorliegen zu Beginn des Erhebungszeitraumes einer bereits gegebenen Mindestbeteiligung von 10% am Grund- oder Stammkapital, ferner Ansatz der Gewinnanteile bei der Ermittlung des Gewinns. Die Beteiligung muß an einer nicht steuerbefreiten inländischen Kapitalgesellschaft bestehen.

Schaubild 28: Die wesentlichen gewerbeertragsteuerlichen Modifikationen (Fortsetzung)

Allerdings besteht **keine Bindungswirkung** an den im einkommen- bzw. körperschaftsteuerlichen Veranlagungsverfahren festgestellten Gewinn. Da Gegenstand der Gewerbesteuer nur der durch das laufende Betriebsgeschehen entstandene Gewinn ist, werden im Steuerbilanzgewinn enthaltene **außerordentliche** Bestandteile aus der Veräußerung oder der Aufgabe von Betrieben (Teilbetrieben) und dem Verkauf von Mitunternehmeranteilen (§ 16 EStG) bei Einzelgewerbetreibenden oder Personengesellschaften ausgeklammert (R 39; 40 GewStR). Für Kapitalgesellschaften, deren Einkünfte stets als gewerbliche anzusehen sind, gilt dies allerdings nicht (R 41 GewStR).

Im Normalfall wird der einkommen- bzw. körperschaftsteuerliche Gewinn mit dem für die Ermittlung des Gewerbeertrags festzustellenden Gewinn übereinstimmen. Danach stellt sich die Ausgangsgröße wie folgt dar (**Schaubild 29**):

Rechtliche Organisation des Gewerbebetriebs	Einzelunternehmen	Mitunternehmerschaft (z.B. OHG, KG)	Kapitalgesellschaft (z.B. AG, GmbH)
Ausgangsgröße	Gewinn (§ 15 (1) Nr. 1 EStG)	Summe der Gewinne der Mitunternehmer (§ 15 (1) Nr. 2 EStG)	körperschaftsteuerliches Einkommen (§§ 7 (2), 8 (1) KStG)

Schaubild 29: Ausgangsgröße für die Berechnung des Gewerbeertrags

2. Die häufigsten Modifikationen

146 a. Die wichtigste, weil fast alle zur Gewerbesteuer zu veranlagenden Unternehmen betreffende Hinzurechnungsvorschrift enthält § 8 Nr. 1 GewStG. Danach sind als Aufwendungen abgezogene Entgelte für langfristiges Fremdkapital (**Dauerschuldentgelte**), welches mit der Gründung, dem Erwerb, der Erweiterung oder der Verbesserung des Betriebs zusammenhängt oder nicht nur der vorübergehenden Verstärkung des Betriebskapitals dient, der Ausgangsgröße Gewinn zur Hälfte wieder hinzuzurechnen. Bei den Entgelten handelt es sich i.w. um Zinsen, gewinnabhängige Vergütungen für Darlehen (sog. partiarische Darlehen), das Damnum, welches Zinskorrekturfunktion hat, u.a.

Betriebliche Schulden, die ihren Grund in besonderen Finanzierungsanlässen haben und nicht dem laufenden Tagesgeschäft zuzuordnen sind, werden als **geborene Dauerschulden** bezeichnet, wenn ihre Laufzeit mehr als ein Jahr beträgt. Infolgedessen sind Zinsen aus Anleihen, Hypotheken- und Grundschulddarlehen sowie sonstigen langfristigen Bankkrediten als Dauerschuldzinsen anzusehen.

Verbindlichkeiten, die zum laufenden Geschäftsverkehr gehören (Verbindlichkeiten aus Lieferungen und Leistungen, Bankkredite zur Finanzierung von Warenschulden), sind wegen ihres nur vorübergehenden Charakters keine Dauerschulden. Diese Feststellung ist jedoch nur uneingeschränkt richtig für Verbindlichkeiten, die in einem einwandfrei bestimmbaren unmittelbaren Zusammenhang mit **bestimmten** Geschäftsvorfällen stehen. Verbindlichkeiten ohne eine derart eindeutige Zuordnungsmöglichkeit werden unter dem Diktat des bereits erwähnten **Zeitmoments** zu Dauerschulden, wenn sie dem Betrieb länger als 12 Monate zur Verfügung stehen. Solche **Zeitmoment-Dauerschulden** entstehen insbesondere im Kontokorrentverkehr mit Banken und Lieferanten. Da Kontokorrentschulden in ihrer Höhe ständig schwanken, kommt es für die Beurteilung ihres Dauerschuldcharakters auf den **Kredit-Bodensatz** - das ist der Mindestbetrag der Schuld im betreffenden Jahr - an. Hat der niedrigste Schuldenstand während des Jahres nur innerhalb einer sehr kurzen Zeit - bis zu sieben Tagen nach R 47 (8) GewStR, weniger als zwei bis drei Wochen nach der Rechtsprechung - bestanden, so hat er unberücksichtigt zu bleiben. Von der Mindestschuld ist der Betrag der Dauerschuldzinsen nach dem jahresdurchschnittlichen Zinssatz abzuleiten.

Die im Zusammenhang mit den Dauerschulden zu beantwortenden Fragen sind in einem Ablaufschema in **Schaubild 30** festgehalten.

Beispiel:

Der Kontostand einer Kontokorrentschuld, die mit durchschnittlich 10% zu verzinsen ist, hat im Jahr 01 in täglich schwankender Höhe zwischen 600.000 DM und 29.000 DM betragen. Die 8 niedrigsten Kontostände lauteten auf (1) 29.000 DM, (2) 31.200 DM, (3) 36.000 DM, (4) 45.900 DM, (5) 68.400 DM, (6) 72.500 DM, (7) 91.000 DM, (8) 102.500 DM. - Als Dauerschuldenzinsen sind 5.125 DM hinzuzurechnen; dieser Betrag ergibt sich aus der Hälfte von 10% von 102.500 DM. Entsprechend würde, wenn die Kontostände Nr. 1 an drei Tagen, Nr. 2 an zwei Tagen und Nr. 3 an zwei Tagen bestanden hätten, von dem viertniedrigsten Kontostand (45.900 DM) auszugehen sein. Die an insgesamt 7 Tagen valutierenden niedrigeren Kontostände Nr. 1 bis Nr. 3 müßten außer Betracht bleiben (siehe R 47 (8) GewStR).

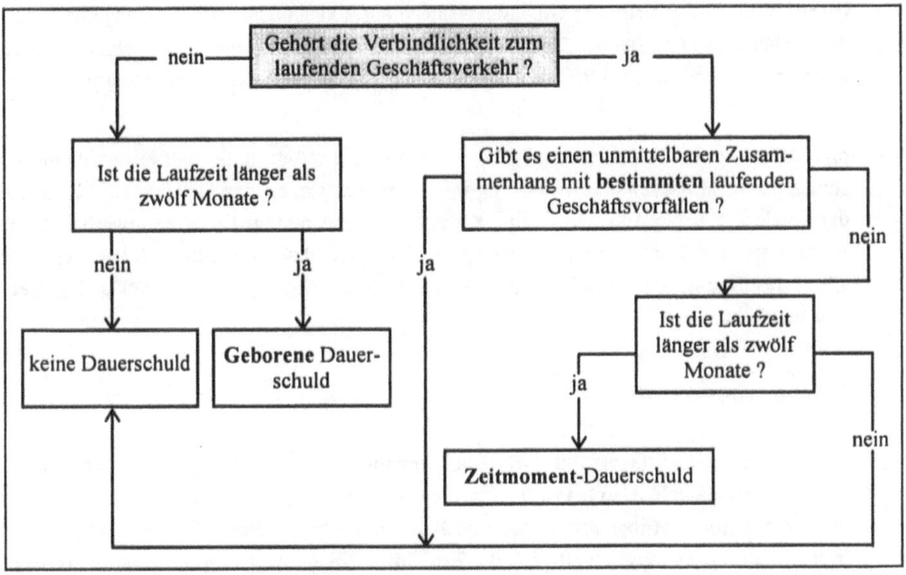

Schaubild 30: Ablaufschema zur Bestimmung von Dauerschulden

147 b. Die in der betrieblichen Praxis häufig anzutreffenden **Miet- und Pachtzinsen für Anlagegüter** erscheinen in **Schaubild 28** sowohl unter den Hinzurechnungen als auch unter den Kürzungen (§§ 8 Nr. 7, 9 Nr. 4 GewStG). Es handelt sich bei den hier erfaßten nicht in Grundbesitz bestehenden Wirtschaftsgütern des Anlagevermögens vornehmlich um ge-/vermietete Maschinen und maschinelle Anlagen und ge-/verpachtete Betriebe oder Teilbetriebe.

Mietet oder pachtet ein gewerbliches Unternehmen entsprechende Anlagegüter von einem **Privatmann**, so hat es stets die Hälfte der Zinsaufwendungen zuzurechnen. Im Falle eines vermietenden inländischen **Gewerbebetriebs**, der die ihm zustehenden Mieterträge als Teil seines Gewerbeertrags zu erfassen hat, erfolgt die Hinzurechnung beim Mieter/Pächter lediglich dann, wenn der Miet- oder Pachtgegenstand ein **ganzer Betrieb** oder **Teilbetrieb** ist **und** (kumulativ) der Zinsbetrag **250.000 DM** übersteigt. Wenn auf beiden Seiten Gewerblichkeit vorliegt und der Mieter/Pächter die Hälfte der aufgewendeten Miet- und Pachtzinsen hinzuzurechnen hat, weil die Bedingungen von § 8 Nr. 7 GewStG erfüllt sind, so darf der Vermieter/ Verpächter wegen § 9 Nr. 4 GewStG eine entsprechende Kürzung vornehmen.

Beispiele:

Der Gewerbetreibende M hat vom Privatmann P maschinelle Anlagen für eine jährliche Miete von 100.000 DM gemietet. Der Mietbetrag stellt betrieblichen Aufwand dar und mindert den Steuerbilanzgewinn. Zur Ermittlung des Gewerbeertrags muß der Gewinn als Ausgangsgröße um 50.000 DM aufgestockt werden.

Der Gewerbetreibende P pachtet vom ebenfalls Gewerbetreibenden V einen Teilbetrieb. Die Pachtsumme beläuft sich ohne Grundstücksanteile auf 300.000 DM. Dieser Betrag mindert (erhöht) den Gewinn des P(V). Bei der Ermittlung des Gewerbeertrags hat P eine Hinzurechnung von 150.000 DM vorzunehmen, während V seine Ausgangsgröße Gewinn um den gleichen Betrag kürzen kann.

148 c. Soweit ein Gewerbebetrieb über Grundbesitz verfügt, unterliegt er bereits der Grundsteuer. Um die nochmalige Belastung mit einer Realsteuer, der Gewerbesteuer, zu vermeiden, ordnet § 9 Nr. 1 GewStG eine Kürzung an. Sie beträgt für alle Gewerbebetriebe mit Ausnahme der hier nicht interessierenden Grundstücksunternehmen **1,2%** des - nach § 121a BewG um den Pauschalzuschlag von 40% erhöhten - **Einheitswerts der Betriebsgrundstücke**.

3. Gewerbeverlust

149 Nach § 10a GewStG erfolgt zwischen verschiedenen Erhebungszeiträumen ein zeitlich **unbefristeter Verlustvortrag** für negative Gewerbeerträge. Dieser negative Gewerbeertrag umfaßt das durch Hinzurechnungen und Kürzungen modifizierte Ergebnis aus Gewerbebetrieb, wodurch es möglich ist, daß die Einkünfte aus Gewerbebetrieb positiv sind und erst durch Berücksichtigung von Kürzungen gewerbesteuerlich ein Verlust errechnet wird. Ein sich ergebender Verlustvortrag wäre dabei zum frühestmöglichen Zeitpunkt in dem höchstmöglichen Umfang ohne jede Wahlmöglichkeit gewerbesteuerlich in den nächsten Jahren zu berücksichtigen. Ein entsprechender **Verlustrücktrag** ist nicht möglich.

150 Entsprechend dem Objektsteuercharakter ist der gewerbesteuerliche Verlustvortrag an die Voraussetzungen (kumulativ) der **Unternehmens- und Unternehmergleichheit** gebunden (R 68 (5) GewStR). Danach kann ein Gewerbeverlust nur in dem Unternehmen berücksichtigt werden, bei dem er auch entstanden ist. Insoweit ist eine Verlustverrechnung zwischen mehreren selbständigen Betrieben nicht möglich. In gleicher Weise ist die Verlustverrechnung an die Person des Steuerpflichtigen gebunden, wodurch ein Unternehmer- bzw. Gesellschafterwechsel bei Einzelunternehmen und Personengesellschaft einer Übertragung des Verlustvortrages entgegensteht. Für Kapitalgesellschaften ist allerdings ein Wechsel der Gesellschafter ohne Belang, da die Gesellschaft ein eigenständiges Rechtssubjekt ist.

4. Steuermeßbetrag

151 Wie **Schaubild 27** zeigt, stellt der Steuermeßbetrag das Verbindungselement zwischen der Bemessungsgrundlage und der Gewerbesteuerschuld dar. Die Ermittlung des Steuermeßbetrags liegt noch im Zuständigkeitsbereich der Finanzämter; die Mitbeteiligung der Gemeinden setzt erst bei der Anwendung der Hebesätze ein. Die Hebesätze betragen derzeit zwischen etwa 200 und über 500%. In den Großstädten liegen sie zwischen 400 und mehr als

500%, während der gewogene Durchschnitt im Bundesgebiet bereits 400% überschritten hat und bei ca. 416% liegt. Berührt ein Gewerbebetrieb mehrere hebeberechtigte Gemeinden, so ist eine Aufteilung des einheitlichen Steuermeßbetrages auf die beteiligten Gemeiden - Zerlegung genannt (§§ 28-34 GewStG) - vorgesehen.

Als Zerlegungsmaßstab gilt grundsätzlich das Verhältnis der Summe der Arbeitslöhne aller Betriebstätten eines Unternehmens zu den Arbeitslöhnen der jeweils in Frage kommenden gemeindlichen Betriebstätte.

Das Finanzamt, das die Zerlegung durchführt, erteilt einen Zerlegungsbescheid. Auf der Grundlage der ihnen zugewiesenen Anteile am einheitlichen Steuermeßbetrag ergehen von den einzelnen Gemeinden die Gewerbesteuerbescheide.

IV. Zusammenfassendes Beispiel

Sachverhalt

152 Die Steuerbilanz des Einzelunternehmers A weist für das Jahr 01 einen Gewinn von 180.000 DM aus.

Der Gewinn ist um 15.000 DM Gewerbesteuervorauszahlungen für das Jahr 01 gemindert.

Die Aufwendungen enthalten 31.000 DM Zinsen. Hiervon entfallen 15.000 DM auf ein langfristiges Hypothekendarlehen, welches am 1.1.01 mit 80.000 DM valutiert. Die übrigen Zinsen von 16.000 DM betreffen Kontokorrentschulden. Der höchste Schuldenstand des Kontokorrentkontos im Jahre 01 betrug 420.000 DM, der niedrigste (für 3 Tage) 41.000 DM, der zweitniedrigste (für 9 Tage) 66.000 DM. Der während des gesamten Jahres 01 gleichbleibende Zinssatz betrug 10% p. a.

An Aufwendungen für die Gewinnauszahlung an einen typischen stillen Gesellschafter wurden 10.000 DM verbucht.

Die Einlage des stillen Gesellschafters beträgt 100.000 DM.

Der zuletzt festgestellte Einheitswert der Betriebsgrundstücke beträgt - ohne die Erhöhung nach § 121a BewG - 100.000 DM.

Der Hebesatz des Gemeinde wird mit 400% angenommen.

Aufgabenstellung

Es soll die Gewerbesteuer für das Jahr 01 ermittelt werden.

Anmerkung:

Da die Gewerbesteuer eine bei der Ermittlung des Gewinns abzugsfähige Betriebsausgabe darstellt, ist bei der Berechnung der Gewerbesteuer zu berücksichtigen, daß die zu berechnende Steuer den Ausgangsbetrag - den gewerblichen Gewinn - wieder ändert, nämlich verkürzt (**Tz 112; 125**).

Der Finanzverwaltung genügt es, wenn diese Änderung dadurch geschieht, daß die Gewerbesteuer schätzungsweise mit 5/6 des Betrages angesetzt wird, der sich ohne Berücksichtigung der Gewerbesteuer als Betriebsausgabe ergeben würde (R 20 (2) Satz 2 EStR).

Die Berechnung der Gewerbesteuer kann auch **exakt** erfolgen; in der Praxis werden Multiplikantoren oder Divisoren angewandt. Die Methoden führen bei einer durchgängigen Steuermeßzahl auf den Gewerbeertrag von 5% zu genauen Ergebnissen; im Bereich der Meßzahlenstaffelung, die seit 1993 gilt, sind die Multiplikatoren bzw. Divisoren jeweils nur in der letzten Staffelstufe anzuwenden.

Es gelten folgende Divisoren:

– Einzelunternehmen/Mitunternehmerschaften:

1 + höchste Staffelmeßzahl x Hebesatz

– Kapitalgesellschaften:

1 + Meßzahl x Hebesatz

Die nachfolgende Berechnung folgt der in der Praxis üblichen Vorgehensweise.

Ermittlung der Gewerbeertragsteuer

		DM
153	Die Ausgangsgröße repräsentiert der Steuerbilanzgewinn nach §§ 15 (1); 5 (1) EStG	180.000
	Die Gewerbesteuervorauszahlungen haben den Gewinn zwar zu recht gemindert, da die Gewerbesteuer einkommensteuerlich abzugsfähigen Aufwand darstellt; die Zurechnung erfolgt zwecks vollständiger und genauer Berechnung der Gewerbesteuer.	+15.000

Nach § 8 Nr. 1 GewStG ist die Hälfte der Dauerschuldzinsen hinzuzurechnen. Hierzu gehören die Zinsen für das Hypothekendarlehen (geborene Dauerschuld) in Höhe von 15.000 DM und die Zinsen auf den Mindestkredit des Kontokorrentkontos im Jahre 01 (Zeitmoment-Dauerschuld). Als Mindestkredit ist der niedrigste Schuldenstand in 01 anzusehen, der mehr als sieben Tage bestand, also 66.000 DM. Die hierauf entfallenden Zinsen belaufen sich auf 6.600 DM. Die gesamten Dauerschuldzinsen addieren sich zu 21.600 DM. Die Hälfte dieses Betrags ist der Ausgangsgröße wieder zuzurechnen. +10.800

Ebenfalls dem Steuerbilanzgewinn hinzuzurechnen sind die als Aufwand behandelten Gewinnzahlungen an den typischen stillen Gesellschafter (§ 8 Nr. 3 GewStG); dies setzt allerdings voraus, daß der Stille mit den Gewinnanteilen nicht selbst gewerbesteuerpflichtig ist. Letzteres wäre der Fall, wenn er die stille Beteiligung nicht im Privatvermögen, sondern im Betriebsvermögen eines ihm gehörenden Gewerbebetriebs hielte. +10.000

Da das Unternehmen über Betriebsgrundstücke verfügt, sieht § 9 Nr. 1 GewStG eine Kürzung vor. Sie beträgt 1,2% von 140.000 DM (100.000 DM + 40% von 100.000 DM = 140.000 DM). -1.680

Der vorläufige Gewerbeertrag vor Freibetrag von 214.120 DM ist zu- 214.120
nächst auf volle 100 DM nach unten abzurunden und 214.100
um den Freibetrag (§ 11 (1) GewStG) zu kürzen.
Dieser Freibetrag steht natürlichen Personen und Personengesellschaften, nicht jedoch Kapitalgesellschaften zu. -48.000

Das Ergebnis ist der vorläufige Gewerbeertrag. **166.100**

Die Gewerbeertragsteuer wird nunmehr wie folgt ermittelt:

(1)	vorläufiger Gewerbeertrag		166.100
(2)	24.000 DM x 1% (Meßzahl) x 400% (Hebesatz)	-	960
(3)	erster Staffelbetrag	-	24.000
			141.140
(4)	24.000 DM x 2% x 400 %	-	1.920
(5)	zweiter Staffelbetrag	-	24.000
			115.220
(6)	24.000 DM x 3% x 400%	-	2.880
			DM
(7)	dritter Staffelbetrag	-	24.000
			88.340
(8)	24.000 DM x 4% x 400%	-	3.840
(9)	vierter Staffelbetrag	-	24.000
			60.500
(10)	60.500 x 5% x 400%		12.100
(11)	: Divisor (1 + 5% von 400%) = 1,2		10.083
(12)	**Gewerbeertragsteuer (Zeilen 2 + 4 + 6 + 8 +11)**		**19.683**

Ermittlung der Gewerbesteuerschuld und der Gewerbesteuerrückstellung

154 Die Gewerbesteuerschuld für das Jahr 01 beträgt **19.683 DM**.

Bei Anwendung der pauschalen 5/6-Methode (**Tz 152**) resultiert im Beispielsfall das gleiche Ergebnis wie bei der Berechnungsweise mit Hilfe der Divisormethode. Dies liegt im vorliegenden Fall im wesentlichen daran, daß der Hebesatz 400% beträgt, da nur in diesem Fall sowohl 5/6 als auch 1 : 1,2 jeweils 83,33% entsprechen. Von daher führt die 5/6 Methode nur dann zu einem genauen Ergebnis, wenn der Hebesatz 400% und die anzuwende Steuermeßzahl 5% beträgt.

	DM	DM
Gewerbesteuer ohne Berücksichtigung ihrer Abzugsfähigkeit beim Gewerbeertrag	23.620	23.620
Abzugswirkung bei pauschaler Rechnung nach R 20 EStR (ein Sechstel)	-3.937	-
Abzugswirkung bei genauer Rechnung	-	-3.937
Gewerbesteuer unter Berücksichtigung ihrer Abzugsfähigkeit	19.683	19.683

Unter Berücksichtigung der bereits vorausgezahlten Gewerbesteuer von 15.000 DM müssen noch 4.683 DM als Abschlußzahlung für das Jahr 01 entrichtet werden. Dieser Betrag ist als Gewerbesteuerrückstellung in die Bilanz zum 31.12.01 aufzunehmen. Der endgültige Gewinn beträgt 175.317 DM (180.000 DM - 4.683 DM).

Verprobung

(1)	vorläufiger Gewerbeertrag	166.100
(2)	Gewerbeertragsteuer	- 19.683
(3)	Gewerbeertrag nach Abzug der Gewerbeertragsteuer	**146.417**
(4)	Gewerbeertragsteuer auf die ersten 24.000 DM (24.000 DM x 1% x 400%)	960
(5)	Gewerbeertragsteuer auf die zweiten 24.000 DM (24.000 DM x 2% x 400%)	1.920

(6)	Gewerbeertragsteuer auf die dritten 24.000 DM (24.000 DM x 3% x 400%)	2.880
(7)	Gewerbeertragsteuer auf die vierten 24.000 DM (24.000 DM x 4% x 400%)	3.840
(8)	Gewerbeertragsteuer auf (146.417 DM - 96.000 DM) 50.417 DM x 5% x 400%	10.083
(9)	Gewerbeertragsteuer (Zeilen 4 + 5 + 6 + 7 + 8)	**19.683**
(10)	= gesamte Gewerbesteuer	**19.683**

V. Gestaltungshinweise

155 Fragt man nach den Möglichkeiten, durch unternehmerische Gestaltungen dem Liquiditätsentzug durch die Gewerbesteuer wenigstens teilweise zu entgehen, so bieten sich mehrere Ansatzpunkte an.

156 Bei Betrachtung der Ausgangsgrößen der Gewerbesteuer wird ersichtlich, daß spürbare Entlastungsmaßnahmen bereits beim gewerblichen Gewinn ansetzen müssen. Gestaltungen, die geeignet sind, den ausgewiesenen Gewinn zu reduzieren, sparen in manchen Fällen Einkommensteuer (Körperschaftsteuer) und Gewerbesteuer ganz oder verschieben die Steuerlast auf künftige Jahre.

157 Die 5/6-Methode führt nur dann zu einem genauen Ergebnis, wenn der Hebesatz 400% und die anzuwendende Steuermeßzahl 5% beträgt. Es handelt sich bei dieser Methode um eine Schätzung, die gegenüber der tatsächlichen Steuerschuld zu **überhöhten** (bei Hebesätzen über 400%) und zu **niedrigen** (bei Hebesätzen unter 400%) Rückstellungen führen kann. Im Gegensatz zur 5/6-Methode führt die Divisor-Methode zu einem exakten Ergebnis.

Grundsätzliches zur Beeinflussung der Ausgangsgröße "Gewinn" findet der Leser im Kapitel über die Ermittlung und Gestaltung des gewerblichen Gewinns (**Tz 328 ff.**).

158 Da jede gewerbesteuerliche Hinzurechnung eine Belastung, umgekehrt jede Vermeidung einer Hinzurechnung eine Entlastung bedeutet, müssen alle Hinzurechnungen herbeiführenden Sachverhalte auf ihre ökonomische Notwendigkeit hin geprüft werden. Entsprechende Überlegungen gelten hinsichtlich der Nutzung von Kürzungsmöglichkeiten.

159 Gestaltungsspielräume bestehen bei den Dauerschulden bzw. den Dauerschuldzinsen. Da **Kontokorrent**kredite nur dann Dauerschulden begründen, wenn sie mit einer Mindestschuld während des gesamten Jahres bestanden haben, entfällt die Hinzurechnung der entsprechenden Kreditzinsen, falls das laufende Bankkonto vorübergehend ausgeglichen gestaltet werden kann oder sogar einen Guthabensaldo aufweist. Dies läßt sich vielfach dadurch erreichen, daß die Zahlungsein- und -ausgänge über mehrere Bankkonten gesteuert werden mit dem Ziel, auf allen Bankkonten während des Geschäftsjahres ein kurzzeitiges Guthaben entstehen zu lassen. Der Grundsatz nämlich, wonach jedes Kreditgeschäft für sich zu betrachten ist, gilt auch für Kontokorrentkredite; dies hat die höchstrichterliche Rechtsprechung ausdrücklich bestätigt. Eine steuerschädliche Umgehung liegt hiernach erst vor, wenn ein Kontokorrentkredit jeweils für kurze Zeit durch Aufnahme eines entsprechenden Kredits bei einem anderen Kreditgeber abgedeckt wird, ohne daß dafür außersteuerliche Gründe vorliegen. Bereits der Versuch, im Wechselspiel zwischen den Banken **günstige Konditionen** zu erzielen, reicht als beachtlicher wirtschaftlicher Grund aus.

160 Damit **Lieferantenverbindlichkeiten nicht zu Dauerschuldzinsen** führen können, muß für jede Lieferung ein besonderer Warenkredit vereinbart werden, der von Lieferung zu Lieferung jeweils erneuert wird. Ein Lösungsmodell könnte das Wechsel-Scheck-Verfahren sein, bei dem der Abnehmer der Ware neben einem Scheck über den skontierten Kaufpreis einen von ihm akzeptierten Wechsel an den Lieferanten schickt. Der vom Lieferanten als Aussteller unterschriebene und zurückgesandte Wechsel wird von Abnehmer bei dessen Hausbank zur Diskontierung eingereicht und der Erlös dem Kontokorrentkonto gutgeschrieben. Der Kontokorrentkredit wird also durch einen Wechselkredit ersetzt. Da Wechselkredite kostengünstiger sind als Lieferantenkredite, addieren sich gewerbesteuerliche und finanzierungsbedingte Vorteile. Dem steht allerdings die etwas komplizierte Abwicklung und das Problem gegenüber, die geeigneten Geschäftspartner hierfür zu finden.

161 Was die Nutzung von Kürzungsmöglichkeiten betrifft, so sei insbesondere auf die gewerbesteuersparende Wirkung der Finanzierungsform Leasing hingewiesen. Die in den Leasingraten enthaltenen Zinsen erhöhen i.a. nicht den Gewerbeertrag; jedenfalls gilt dies für Leasingverträge, nach denen die geleasten Wirtschaftsgüter dem Leasinggeber (im Normalfall einer Leasinggesellschaft) zugerechnet werden. Allerdings sollte der gewerbesteuerliche Vorteil angesichts der vergleichsweise teuren Finanzierungsvariante Leasing nicht überschätzt werden.

162 Aufgrund der **Hebesatzautonomie** der Gemeinden bewegen sich die Hebesätze derzeit zwischen 200 und über 500%. Die sich hieraus ergebende unterschiedliche Belastung mit Gewerbesteuer spielt bei der Standortentscheidung eine wesentliche Rolle. Sicherlich wird ein besonderer Standortanreiz dort gegeben sein, wo hoch und niedrig besteuernde Gemeinden relativ dicht nebeneinander liegen, zumal in einem solchen Fall die übrigen Standortfaktoren nahezu identisch sind. So streut der anzuwendende Hebesatz in der Region um Hamburg von 470% im Zentrum zu den umliegenden Gemeinden (mit mindestens 10.000 Einwohnern) zwischen 250% und 360%. Angesichts der Zerlegungswirkung wäre auch eine Verlagerung arbeitsintensiver Bereiche in Standorte mit niedrigen Hebesätzen

denkbar. Auch bei Neugründung von Betrieben wird man - soweit nicht andere gewichtige, insbesondere marktbedingte Gründe entgegenstehen - Gemeinden mit niedrigen Hebesätzen bevorzugen. Für bereits bestehende und gut eingeführte Betriebe wird eine Standortverlegung allein vor dem gewerbesteuerlichen Hintergrund nur selten in Frage kommen; hier könnten sich Gestaltungsüberlegungen auf die Gründung neuer oder die Neuverteilung bereits bestehender Betriebstätten konzentrieren.

D. Die Vermögensteuer

163 Während die Vermögensteuer bis einschließlich 1996 u.a. Unternehmungen je nach ihrer Größe bzw. Zusammensetzung des Betriebsvermögens belastete, wird sie **seit 1997** nicht mehr erhoben.

164 Die Vermögensteuer sollte nach überwiegender Meinung den **Vermögensertrag** und nicht die **Vermögenssubstanz** selbst belasten. Auf diese Weise sollte sie eine flankierende Abgabe zur Einkommen-/Körperschaftsteuer und - soweit es sich um gewerbliche Erträge handelte - zur Gewerbesteuer darstellen.

165 Leider hat der Gesetzgeber seit langer Zeit keine Rücksicht mehr darauf genommen, ob die besteuerten Vermögensgegenstände überhaupt Erträge erzielten oder nicht. So mußten z. B. Unternehmer/Unternehmungen auf ihr Betriebsvermögen auch dann Vermögensteuer entrichten, wenn keine Gewinne erzielt, sondern im Gegenteil Verluste erwirtschaftet wurden.

166 Daß die Vermögensteuer seit 1997 nicht mehr erhoben wird, liegt nicht etwa an der Einsicht des Gesetzgebers, sondern an der Rechtsprechung des Bundesverfassungsgerichts (Beschluß des BVerfG vom 22.06.1995), welches die Vermögensteuer in Teilen als verfassungswidrig eingestuft hat.

167 Der Aufforderung des Bundesverfassungsgerichts, das Vermögensteuergesetz entsprechend den verfassungrechtlichen Vorgaben zu ändern, ist der Gesetzgeber jedoch nicht nachgekommen. Hieraus resultiert, daß das Vermögensteuergesetz zwar weiterhin besteht, jedoch nicht mehr angewandt werden darf.

E. Die Grundsteuer

I. Charakteristik

168 Das Besteuerungskonzept der Grundsteuer orientiert sich ebenfalls am Vermögensbestand. Insoweit soll die dem Vermögensbesitz zugesprochene potentielle Ertragskraft besteuert werden. Die Grundsteuer gehört zu den Steuern auf den **Unternehmensmitteleinsatz (Schaubild 1)**. Sie wird unverändert erhoben.

169 Die Beschlüsse des **Bundesverfassungsgerichts** aus dem Jahr 1995 haben die Grundsteuer nicht unmittelbar betroffen.

170 Die Grundsteuer ist als **Betriebsausgabe** bzw. **Werbungskosten** bei der Ermittlung der einkommen- oder körperschaftsteuerlichen Bemessungsgrundlage steuerlich abzugsfähig. Bei der Gewerbesteuer wird eine Doppelerfassung im Rahmen der **Kürzungsvorschriften** vermieden (§ 9 Nr. 1 GewStG; **Tz 145**).

II. Tatbestände und Steuerpflicht

171 Steuerobjekt der Grundsteuer ist der **inländische Grundbesitz** (§ 19 (1) BewG). Er umfaßt auch Grundstücke des Betriebsvermögens, soweit es aus Betriebsgrundstücken besteht. Die Bewertung erfolgt nach den **Vorschriften des Bewertungsgesetzes;** maßgebend sind daher noch die auf den 1. Januar 1964 festgestellten Einheitswerte (§ 13 GrStG) ohne weitere Zuschläge (Umkehrschluß aus § 121a BewG).

III. Bedeutung der Einheitsbewertung

172 Das Konzept der Einheitsbewertung, dessen Ergebnis in den sog. **Einheitswertbescheid** mündet, findet bei der **Grundsteuer** weiterhin Anwendung. Einheitswerte sind **keine** originären Wertmaßstäbe; sie sollten ursprünglich sicherstellen, daß für ein und dasselbe Vermögen, welches von verschiedenen Substanzsteuern erfaßt wird (bis 1996 Vermögensteuer, bis 1997 Gewerbekapitalsteuer und Erbschaft-/Schenkungsteuer), die gleiche Bemessungsgrundlage Anwendung findet. Ferner sollte das Einheitswertverfahren die Verwaltungsarbeit erleichtern, da der Wert einer wirtschaftlichen Einheit für verschiedene Steuerarten nur einmal ermittelt zu werden braucht.

173 Das Einheitswertverfahren endet mit der Erstellung des **Einheitswertbescheids**. Er enthält Angaben über **Wert, Art** und **Zurechnung** (zum Eigentümer bzw. Miteigentümer) der wirtschaftlichen Einheit.

174 Die Einheitswerte werden in gesetzlich fixierten Zeitabständen in einer **Hauptfeststellung** ermittelt, die z. B. beim Grundbesitz (v. a. Grundvermögen) alle 6 Jahre durchgeführt wird. Der Zeitraum von 6 Jahren beim Grundbesitz ist ein gesetzlicher Alptraum; die derzeitig gültige Hauptfeststellung beim Grundbesitz basiert auf den Wertverhältnissen vom 1. Januar 1964. Um dem Umstand Rechnung zu tragen, daß diese Einheitswerte längst überholt sind, wird (bei der Grundsteuer) ein - völlig unzureichender - **pauschaler Zuschlag** von 40% erhoben (§ 121a BewG).

IV. Berechnung der Grundsteuer

175 Der Einheitswert wird mit einer **Steuermeßzahl** multipliziert, die sich nach der **Art des Grundstücks** bestimmt (§§ 14, 15 GrStG):

Unbebaute und bebaute Grundstücke (§ 15 (1) GrStG	3,5 Promille
Einfamilienhäuser (nicht Wohnungseigentum und Wohnungserbbaurecht; § 15 (2) Nr. 1 GrStG)	
- für die ersten 75.000 DM des Einheitswertes	2,6 Promille
- für darüber hinausgehende Beträge	3,5 Promille
Zweifamilienhäuser (§ 15 (2) Nr. 2 GrStG)	3,1 Promille

176 Das Ergebnis ist der **Steuermeßbetrag**; auf diesen wird ein **Hebesatz** angewandt, der von der jeweiligen Gemeinde einheitlich für jedes Rechnungsjahr festgesetzt wird. Die Hebesätze schwanken dabei im Bundesgebiet zwischen 0 und 500%, im Durchschnitt betragen sie um die 300%.

V. Steuerbefreiungen und -vergünstigungen

177 Prinzipiell sind die Gewerbesteuer- und Grundsteuerhebesätze miteinander gekoppelt (§ 26 GrStG). Im Grundsteuergesetz finden sich **Steuerbefreiungen** von unbegrenzter Dauer (§§ 3, 4 GrStG) und befristete Regelungen (z. B. § 36 GrStG, §§ 92a ff. II WoBauG). Im übrigen gilt für Grundstücke mit neugeschaffenen Wohnungen in den neuen Bundesländern, die **nach dem 31.12.1980** und **vor dem 1.1.1992** bezugsfertig geworden sind, **Steuerfreiheit** für einen **10-jährigen** Befreiungszeitraum (§ 43 GrStG).

VI. Besteuerungsverfahren

178 Die betroffene Gemeinde setzt im Regelfall die Grundsteuer im **Grundsteuerbescheid** fest. Liegt der Grundbesitz in mehreren Gemeinden, ist eine Zerlegung des Steuermeßbetrages erforderlich. Die **Abgabe einer gesonderten Steuererklärung** ist **nicht** erforderlich, da diese unmittelbar dem Einheitswert-Feststellungsverfahren folgt.

179 Für die Grundsteuer bleibt es bei der bisherigen Regelung, wonach die Gemeinden auf die von den Finanzämtern ermittelten **Einheitswerte** zurückgreifen. Insoweit bleiben die alten Einheitswerte in vollem Umfang erhalten. Der Einheitswertbescheid ist ein selbständig **anfechtbarer** Bescheid.

180 Die neue Grundbesitzbewertung i. S. der **Bedarfsbewertung ab 1997 (Tz 195 ff.)** führt also keineswegs zu einer Verwaltungsvereinfachung, vielmehr entsteht für die Finanzämter Doppelarbeit, da sie nicht nur die neuen Grundbesitzwerte ermitteln müssen, sondern auch weiterhin die alten **Einheitswerte** „pflegen" bzw. ggf. neu festsetzen müssen. Allerdings ist geplant, die Abwicklung der Grundsteuer auf längere Sicht in vollem Umfang auf die **Gemeinden** zu übertragen. Die Finanzämter würden somit - verständlicherweise - die Verwaltungsarbeit in diesem Bereich auf die Empfänger der Grundsteuer, die Kommunen, abzuwälzen.

F. Die Erbschaft- und Schenkungsteuer

I. Charakteristik

181 Die Erbschaft- und Schenkungsteuer (kurz: Erbschaftsteuer) erfaßt gegenleistungslose Vermögensübergänge. In ihrem Haupttatbestand **Erbschaft** erweist sie sich als Erbanfallsteuer, die die **Bereicherung** des Erben (und nicht den Nachlaß des Erblassers) erfaßt. Die Bereicherung wird im **Netto-Vermögensanfall** gesehen; dies bedeutet, daß von den übergegangenen Vermögenswerten die hiermit zusammenhängenden Belastungen abgezogen werden.

182 In gleicher Weise wie die Erbschaft muß auch die **Schenkung** besteuert werden, da ansonsten die Erbschaftsteuer durch Vereinbarungen unter Lebenden - etwa im Rahmen vorweggenommener Erbfolge - zu leicht vermieden werden könnte.

Die übrigen erbschaftsteuerlichen Tatbestände werden hier nicht behandelt.

Die Erbschaftsteuer hängt, was ihre Bemessungsgrundlagen und v.a. was ihren Tarif angeht, in besonderer Weise von den beteiligten Personen ab (Wohnsitz, Verwandtschaftsgrad, Alter u.a.m.).

II. Steuerpflichtige Vorgänge, persönliche Steuerpflicht

184 Die folgenden Vorgänge unterliegen der Erbschaftsteuer (§ 1 (1) ErbStG):

- Erwerbe von Todes wegen
- Schenkungen unter Lebenden
- Zweckzuwendungen
- Vermögen von Familienstiftungen im Abstand von jeweils 30 Jahren

Die letzten beiden Punkte werden nicht weiter behandelt.

185 Als **Erwerb von Todes** wegen gilt insbesondere der Erwerb durch Erbanfall, wobei der Erbe die Rechtsnachfolge kraft gesetzlicher Erbfolge oder kraft letztwilliger Verfügung des Erblassers (Testament, Erbvertrag) antreten kann. Darüber hinaus kommen u.a. Erwerbe durch Vermächtnis, durch Schenkung auf den Todesfall und aufgrund eines geltend gemachten Pflichtteilsanspruchs in Frage (§ 3 ErbStG).

Was als **Schenkungen unter Lebenden** anzusehen ist, wird in § 7 ErbStG erschöpfend aufgezählt.

186 Ein steuerpflichtiger Vorgang wird nur ausgelöst, wenn gleichzeitig **persönliche Steuerpflicht** vorliegt (§ 2 ErbStG). Sie liegt in **unbeschränkter Weise**, d.h. den gesamten (in- und ausländischen) Vermögensanfall umfassend, vor, wenn der Erblasser zur Zeit seines Todes, der Schenker im Zeitpunkt der Schenkung oder der Erwerber zur Zeit der Entste-

hung der Steuer (§ 9 ErbStG) ein Inländer ist. Zur Vermeidung einer eventuellen Doppelbesteuerung wird - falls nicht bereits durch ein bestehendes Doppelbesteuerungsabkommen ausgeschlossen - eine im Ausland erhobene Erbschaftsteuer auf die deutsche Erbschaftsteuer angerechnet (§ 21 ErbStG).

Wenn die Voraussetzungen für die unbeschränkte Steuerpflicht nicht vorliegen, so kann **beschränkte Steuerpflicht** (§ 2 (1) Nr. 3 ErbStG) gegeben sein. Sie bezieht sich ausschließlich auf Inlandsvermögen. Auf die beschränkte Steuerpflicht wird hier nicht weiter eingegangen.

III. Bemessungsgrundlage

187 Bemessungsgrundlage der Erbschaftsteuer ist der **steuerpflichtige Erwerb**, der durch die (nicht steuerbefreite) **Bereicherung** des Erwerbers repräsentiert wird (§ 10 (1) Satz 1 ErbStG). Beim Erwerb von Todes wegen werden vom Wert des Vermögensanfalls die **Nachlaßverbindlichkeiten** abgezogen; sie sind im einzelnen in § 10 (5) ErbStG aufgeführt.

Im Falle des Übergangs eines gewerblichen Betriebs ist zu beachten, daß die betrieblichen Schulden bereits berücksichtigt sind, weil sie im Rahmen des Betriebsvermögensvergleichs den Wert des Betriebsvermögens gemindert haben (§ 103 BewG).

189 Die Bewertung des steuerpflichtigen Erwerbs (§ 12 ErbStG) richtet sich nach den Vorschriften des **Bewertungsgesetzes**:

- **Grundvermögen** einschließlich der Betriebsgrundstücke wird nach der sog. **Bedarfsbewertung** bewertet (§§ 138 ff. BewG).
- **Betriebsvermögen** - mit Ausnahme der Bewertung von Betriebsgrundstücken - wird nach den Grundsätzen bewertet, die im Rahmen des Betriebsvermögensvergleichs für die bilanzsteuerrechtliche Bewertung der Wirtschaftsgüter gelten (§§ 95 ff. BewG; **Tz 386**).
- **Anteile an Kapitalgesellschaften** sind nach dem sog. **Stuttgarter Verfahren** zu bewerten (§ 11 (2) Satz 2 BewG).
- Alles übrige Vermögen ist im wesentlichen nach den allgemeinen Vorschriften im ersten Teil des Bewertungsgesetzes - also auf der Grundlage aktueller Werte - zu bewerten.

190 § 13 ErbStG enthält eine Reihe von **sachlichen Steuerbefreiungen** (insbesondere für Hausrat).

IV. Wertermittlung

1. Die originären Bewertungsmaßstäbe

191 Wir unterscheiden drei **originäre** Bewertungsmaßstäbe, die im Rahmen der Bewertung zu beachten sind, da sie immer dann zur Anwendung gelangen, wenn keine Sonderregelungen bestehen: Den **gemeinen** (allgemeinen) **Wert** (§ 9 BewG), den **Teilwert** (§ 10 BewG) und den **Ertragswert** (§ 36 BewG).

192 Der am häufigsten Anwendung findende Wertmaßstab ist der **gemeine Wert**. Er wird durch den Preis bestimmt, der im gewöhnlichen Geschäftsverkehr bei einer Veräußerung zu erzielen gewesen wäre. Ungewöhnliche oder besondere persönliche Verhältnisse sind dabei nicht zu berücksichtigen. Dieser allgemeine Bewertungsmaßstab i. S. eines **Einzelveräußerungspreises** kommt immer dann zur Anwendung, wenn kein besonderer Bewertungsmaßstab zwingend vorgeschrieben ist.

193 Grundlegend kam **bis 1992** dem **Teilwert** besondere Bedeutung zu, da er die Grundlage der Bewertung von Wirtschaftsgütern gewerblicher Betriebe darstellte. Teilwert ist der Betrag, den ein Erwerber des ganzen Unternehmens im Rahmen des Gesamtkaufpreises für das einzelne Wirtschaftsgut unter der Voraussetzung ansetzen würde, daß er das Unternehmen fortführt. Die obere Grenze des Teilwerts sind die Wiederbeschaffungs- bzw. Wiederherstellungskosten, die Untergrenze stellt der Einzelveräußerungspreis, im Extremfall der Material- oder Schrottwert, dar. **Ab 1993** wurde der Teilwert weitgehend durch den auf einkommensteuerlichen Bewertungsvorschriften basierenden **Steuerbilanzwert** ersetzt.

194 Der **Ertragswert** dient der Bewertung des land- und forstwirtschaftlichen Vermögens und bestimmter Grundstücke; er wird an dieser Stelle nicht weiter behandelt.

2. Bewertung des Grundbesitzes

2.1 Vorbemerkung und Überblick

195 Die Bewertung nach dem sog. **Einheitswertverfahren** wurde abgelöst durch die sog. **Bedarfsbewertung**, wonach Grundstücke nur noch dann zu bewerten sind, wenn der Wert für die Erhebung der Erbschaftsteuer benötigt wird (§ 138 (5) BewG). Auf diese Weise wird der Verwaltungsaufwand in den Finanzämtern erheblich reduziert.

196 Für die Höhe der Grundstückswerte wird grundsätzlich weiterhin auf die Wertverhältnisse an **bestimmten** Bewertungsstichtagen im Abstand von sechs Jahren abgestellt. Erster Bewertungsstichtag war der **1. Januar 1996** (§ 138 (4) BewG). Diese Wertverhältnisse sind bis zum 31. Dezember 2001 maßgebend.

197 Praktische Bedeutung hat die vorgenannte Regelung im wesentlichen nur für unbebaute Grundstücke bzw. den sog. **Mindestwert** bei bebauten Grundstücken, da bebaute Grundstücke generell nach einem speziellen **Ertragswertverfahren** bewertet werden, bei dem eine zeitnahe Bewertung in Form der Durchschnittsmiete der letzten drei Jahre erfolgt.

Je nach Grundstücksart werden unterschiedliche Methoden angewendet.

2.2 Bewertung unbebauter Grundstücke

198 Ein unbebautes Grundstück ist gegeben, wenn sich auf dem Grund und Boden **keine oder keine benutzbaren** Gebäude befinden oder zur Nutzung vorgesehene Gebäude noch im Bau befindlich sind. Dabei beginnt die Benutzbarkeit mit dem Zeitpunkt der Bezugsfertigkeit des Gebäudes; die Bauabnahme hat dafür keine Bedeutung.

Befinden sich auf dem Grundstück Gebäude, die keiner oder nur einer unbedeutenden Nutzung zugeführt werden können, so gilt das Grundstück nach § 145 (2) BewG als **unbebautes Grundstück**. Dies ist anzunehmen, wenn die erzielte Jahresmiete bzw. der jährliche Mietwert weniger als 1% des Bodenwertes beträgt (§ 145 (3) BewG). Maßgebend ist grundsätzlich die im Durchschnitt der letzten drei Jahre vor dem Besteuerungszeitpunkt erzielte Jahresmiete.

199 Der Wert unbebauter Grundstücke bestimmt sich nach ihrer Fläche und den um 20% geminderten Bodenrichtwerten, die von den **Gutachterausschüssen** der Gemeinden oder Landkreise zum 1. Januar 1996 ermittelt und den Finanzämtern mitgeteilt wurden. Dabei werden diese Werte von den Gutachterausschüssen aus den von ihnen zu führenden Kaufpreissammlungen abgeleitet (§ 193 i. V. m. § 196 BauGB). Bei den Bodenrichtwerten handelt es sich für die jeweilige Richtwertzone um im Durchschnitt **übliche Lagewerte**, die sich für ein Gebiet mit im wesentlichen gleichen Lage- und Nutzungsverhältnissen je qm ergeben. Weist allerdings der Grundstückseigentümer (z. B. durch Vorlage einer entsprechenden Gutachtens) nach, daß der gemeine Wert niedriger ist, so ist dieser Wert im Wege einer sog. **Öffnungsklausel** anzusetzen (§ 145 (3) BewG). In diesem Fall unterbleibt allerdings eine Minderung durch einen Abschlag.

200 Die für Zwecke der Erbschaft- und Schenkungsteuer geltenden Grundsätze zur Ermittlung der Grundstückswerte sind in den **Erbschaftsteuerrichtlinien** (insbesondere R 124, 158 bis 192 ErbStR zu §§ 138, 145 bis 150 BewG) geregelt. Hervorzuheben ist die Ermittlung des Grundstückswertes, wenn das zu bewertende Grundstück hinsichtlich seiner Merkmale von dem Bodenrichtwertgrundstück **abweicht**. Dies gilt vor allem für Abweichungen bei der Größe des Grundstücks, die in der Regel zu einer Minderung des Bodenrichtwertes führt. Die von den Gutachterausschüssen für die Wertminderung in Abhängigkeit von der Grundstücksgröße vorgegebenen sog. **Umrechnungskoeffizienten** müssen auch bei der Berechnung des Grundstückswertes zugrundegelegt werden.

Beispiel:

Bei einer Grundstücksgröße von 600 qm beträgt der Bodenrichtwert des Richtwertgrundstücks 500 DM/qm. Das zu bewertende Grundstück hat eine Größe von 800 qm. Hierfür wird in der Richtwertkarte ein Umrechnungskoeffizient von 0,82 vorgegeben, dies entspricht einem Abschlag von 18% wegen größerer Grundstücksfläche:

Das Grundstück ist wie folgt zu bewerten:

800 qm x 500 DM/qm x 0,82 =	328.000 DM
abzüglich 20%iger Abschlag	65.600 DM
vorläufiger Grundstückswert	262.400 DM
Abrundung	400 DM
endgültiger Grundstückswert	262.000 DM

Bei Ansatz des starren Bodenrichtwertes von 500 DM/qm würde sich hingegen für dieses Grundstück ein Wert von 400.000 DM abzüglich 20% Abschlag = 320.000 DM ergeben.

201 Sind anstelle von Umrechnungskoeffizienten die Bodenrichtwerte in Abhängigkeit von der Grundstückstiefe ermittelt worden, ist die Grundstücksfläche nach den Vorgaben des Gutachterausschusses in Vorderland und Hinterland aufzuteilen.

Beispiel:

Der Bodenrichtwert von 600 DM/qm ist nach den Vorgaben des Gutachterausschusses für das Vorderland bis zu einer Grundstückstiefe von 30 m anzusetzen. Für das Hinterland wird bis zu einer Tiefe von 60 m die Hälfte und bis zu einer Tiefe von 90 m ein Viertel des Bodenrichtwertes angesetzt. Das zu bewertende Grundstück hat eine Straßenfront von 20 m und eine Grundstückstiefe von 80 m.

Das Grundstück ist wie folgt zu bewerten:

Vorderland (20 m x 30 m =) 600 qm x 600 DM/qm =	360.000 DM
Hinterland (20 m x 30 m =) 600 qm x 300 DM/qm =	180.000 DM
Hinterland (20 m x 20 m =) 400 qm x 150 DM/qm =	60.000 DM
Summe	600.000 DM
abzüglich Abschlag 20%	120.000 DM
Grundstückswert	480.000 DM

Bei Ansatz des starren Bodenrichtwertes von 600 DM/qm für die gesamte Grundstücksfläche von 1.600 qm hätte sich hingegen ein Grundstückswert von 960.000 DM abzüglich 20% Abschlag (192.000 DM), also 768.000 DM ergeben.

2.3 Bewertung bebauter Grundstücke

202 Die Bewertung der bebauten Grundstücke (§ 146 BewG) erfolgt nach einem **vereinfachten Ertragswertverfahren**, welches sowohl den Wert des Gebäudes als auch den Wert des Grund und Bodens umfaßt und damit insbesondere in Ballungsräumen zu verhältnismäßig niedrigen Grundbesitzwerten führt.

Im Durchschnitt wird die Neubewertung des Grundbesitzes nach dem Ertragswertverfahren ein **Wertniveau von ca. 55-60% der aktuellen Verkehrswerte** erreichen. Damit bleibt auch nach dem Urteil des Bundesverfassungsgerichts im Vergleich zu anderen Vermögensgegenständen (z. B. Kapitalvermögen) die Übertragung von Grundbesitz weiterhin privilegiert, da ein deutlich unter dem Verkehrswert liegender Wert der Besteuerung zugrunde gelegt wird.

203 Nach § 146 (2) BewG ist für die Wertermittlung im **Ertragswertverfahren** die durchschnittliche Jahresmiete der letzten drei Jahre vor dem Besteuerungszeitpunkt maßgebend. Die Jahresmiete umfaßt dabei das Gesamtentgelt, das der Mieter aufgrund vertraglicher Vereinbarungen für 12 Monate zu zahlen hat (sog. **Sollmiete**, ungeachtet etwaiger Mietausfälle oder Mietrückstände). Betriebskosten sind **nicht** Bestandteil des Gesamtentgelts (so **nicht** die Grundsteuer, die Kosten der Wasserentsorgung, der zentralen Heizungsanlage, des Aufzugs, die Gebühren für Straßenreinigung und Müllabfuhr, die Kosten der Hausreinigung und Gartenpflege, die Schornsteinfegergebühren, die Kosten für des Hauswart etc.). Bei einer Grundstücksvermietung über einen geringeren Zeitraum als drei Jahre ist die durchschnittliche Jahresmiete dieses Zeitraums heranzuziehen.

204 Wird das Grundstück nicht genutzt, ist statt der erzielten Nettokaltmiete die **ortsübliche Miete** (ebenfalls ohne Betriebskosten) anzusetzen. Die übliche Miete kann aus Vergleichsmieten oder dem Mietspiegel oder durch ein Mietgutachten ermittelt werden. Entsprechendes gilt, wenn der Eigentümer oder dessen Familie das Grundstück selbst nutzt, an nahe Angehörige (§ 15 AO) oder Arbeitnehmer des Eigentümers vermietet bzw. unentgeltlich an andere Personen überläßt. Dies gilt **unabhängig** von der Art der Nutzung des Grundstücks.

205 Die durchschnittliche Nettokaltmiete bzw. die ortsübliche Miete (Mietwert) wird mit einem **Vervielfältiger** von 12,5 multipliziert. Der sich daraus ergebende Betrag wird gemäß § 146 (4) BewG um eine Altersminderung von jährlich 0,5% reduziert, insgesamt höchstens jedoch um 25%, woraus sich somit mindestens ein Sockelbetrag von 75% ergibt. Hat sich die gewöhnliche Nutzungsdauer des Gebäudes durch nachträgliche Baumaßnahmen um mindestens 25 Jahre verlängert, so ist bei der Altersminderung von einer der Verlängerung der gewöhnlichen Nutzungsdauer entsprechenden späteren Bezugsfertigkeit des Gebäudes auszugehen.

206 Der so ermittelte Grundstückswert wird (nur) bei zu Wohnzwecken genutzten **Einfamilienhäusern und Zweifamilienhäusern** gemäß § 146 (5) BewG um einen **Zuschlag** von 20% erhöht. Der Gesetzgeber ließ sich bei der Zuschlagsregelung von dem Gedanken leiten, daß Einfamilien- und Zweifamilienhäuser i. d. R. nicht zu Renditezwecken, sondern zum Eigengebrauch errichtet werden, wodurch im Fall der Vermietung die Miete im Verhältnis zu den ursprünglichen Investitionen meist niedriger ausfallen würde als bei Renditeobjekten. Im übrigen wäre im Vergleich der Grundstücksanteil bei Ein- und Zweifamilienhäusern naturgemäß größer, ohne daß sich dies auf die Miete auswirken würde.

Beispiel:

Bei einem im Jahr 1986 hergestellten eigengenutzten Einfamilienhaus beträgt die Wohnfläche 150 qm, die Grundstücksfläche 400 qm, der Bodenrichtwert 1.000 DM/qm. Als ortsübliche Miete werden 16 DM/qm angegeben; der Verkehrswert beläuft sich auf 1.000.000 DM.

Der Ertragswert wird wie folgt ermittelt:

16 DM/qm x 150 qm x 12 Monate = durchschnittliche Nettokaltmiete jährlich	28.000 DM
28.800 DM x Vervielfältiger 12,5 =	360.000 DM
Alterswertabschlag: 10 Jahre x 0,5% = 5% von 360.000 DM =	- 18.000 DM
ergibt	342.000 DM
+ Zuschlag bei Einfamilienhäusern 20% von 342.000	68.400 DM
Ertragswert	410.000 DM

207 Wie bereits die frühere Einheitsbewertung sieht auch die Bedarfsbewertung einen **Mindestwert** vor. Dieser ist gemäß § 146 (6) BewG so hoch, wie der Grund und Boden alleine als unbebautes Grundstück zu bewerten wäre, also mit 80% des Bodenrichtwertes als Mindestwert.

Beispiel:

Nach den Vorgaben des vorangehenden Beispiels würde sich für ein Gebäude, das bereits im Jahr 1936 erstellt worden ist, der Ertragswert bei einer monatlichen Miete von 12 DM/qm und einem Verkehrswert von 800.000 DM wie folgt ermitteln:

12 DM/qm x 150 qm x 12 Monate = Nettokaltmiete jährlich	21.600 DM
21.600 DM x Vervielfältiger 12,5 =	270.000 DM
abzüglich Alterswertabschlag: 60 Jahre x 0,5% = 30%,	
höchstens aber 25% von 270.000 =	67.500 DM
	202.500 DM
+ Zuschlag bei Einfamilienhäusern 20% von 202.500 DM =	40.500 DM
Grundstückswert	243.000 DM

Anstelle dieses Ertragswerts ist jedoch der Mindestwert anzusetzen, denn er beträgt 80% des Bodenrichtwertes, also 80% x 400 qm x 1.000 DM = 320.000 DM.

208 In diesem Zusammenhang enthält § 146 (7) BewG allerdings eine **Öffnungsklausel**, die in den Fällen Anwendung findet, in denen der ermittelte Grundbesitzwert über dem Verkehrswert liegt. In einem solchen Fall kann durch ein Gutachten eines vereidigten Bausachverständigen der niedrigere gemeine Wert nachgewiesen und dann als Grundbesitzwert angesetzt werden. Ein Bewertungsabschlag ist nicht mehr vorzunehmen.

209 Läßt sich die **übliche Miete** für bebaute Grundstücke nicht ermitteln, wie dies bei Industriegrundstücken der Fall sein kann, wenn das Gebäude zur Durchführung bestimmter Fertigungsverfahren, zu Spezialnutzungen oder zur Aufnahme bestimmter technischer Einrichtungen geschaffen wurde und nicht (oder nur mit erheblichem Aufwand) für andere Zwecke nutzbar gemacht werden kann, so orientiert sich die Bewertung an dem **Steuerbilanzwert**. In einem solchen Fall ist gemäß § 147 BewG der Grundstückswert aus der Summe des Grund- und Bodenwertes und des ertragsteuerlichen Wertes des Gebäudes zu ermitteln. Der Grund und Boden wird dabei mit 70% des Bodenrichtwertes angesetzt, das Gebäude mit dem ertragsteuerlichen Wert, also dem Wert aus der Steuerbilanz.

2.4 Bewertung der Grundstücke im Zustand der Bebauung

210 Der Wert von Grundstücken im Zustand der Bebauung orientiert sich an der **üblichen Miete** (§ 149 BewG), die nach Bezugsfertigkeit des Gebäudes zu erzielen sein wird. Von diesem Wert sind **80% als Gebäudewert** anzusetzen. Dieser so ermittelte Gebäudewert ist im Verhältnis der bis zum Besteuerungszeitpunkt bereits entstandenen Herstellungskosten zu den Gesamtherstellungskosten des Gebäudes aufzuteilen. Der danach anteilig auf die bereits fertiggestellten Gebäudeteile entfallende Anteil ergibt zusammen mit dem Bodenwert den Grundstückswert. Dieser darf allerdings den Wert des Grundstücks nicht übersteigen, der nach Bezugsfertigkeit des Gebäudes festzusetzen ist.

Beispiel:

Auf einem 400 qm großen Grundstück mit einem Bodenrichtwert von 200 DM/qm befindet sich im Zeitpunkt des Erbfalls ein noch nicht fertiggestelltes Einfamilienhaus, dessen Jahresmietwert nach Bezugsfertigkeit 20.000 DM betragen wird. Von den Gesamtherstellungskosten von 600.000 DM sind bis zum Erbfall 450.000 DM entstanden.

Ertragswert nach Fertigstellung:	
20.000 DM x Vervielfältiger 12,5 =	250.000 DM
Zuschlag für Einfamilienhaus 20%	50.000 DM
	300.000 DM
Gebäudewert:	
nach Fertigstellung 80% von 300.000 DM =	240.000 DM
bei Erbfall: ¾ von 240.000 DM =	180.000 DM
Bodenwert:	
80% x 200 DM/qm x 400 qm =	64.000 DM
Grundstückswert bei Erbfall	244.000 DM

3. Bewertung des Betriebsvermögens

211 Die für die gewerbliche Wirtschaft wichtigste Vermögensart ist das Betriebsvermögen. Nach der Auffassung des **Bundesverfassungsgerichts** sind Betriebe dem Gemeinwohl in

besonderer Weise verbunden bzw. verpflichtet und unterliegen als Garanten von Produktivität und Arbeitsnutzen einer gesteigerten rechtlichen Bindung. Die Erbschaftsteuer darf daher die Fortführung von Betrieben - insbesondere von mittelständischen Unternehmen - nicht gefährden, zumindest dann, wenn der Erbe einen solchen Betrieb fortführt.

212 Aus diesem Grund wurde bereits mit dem Standortsicherungsgesetz und mit dem Jahressteuergesetz 1996 ein **Freibetrag (500.000 DM)** und ein **Bewertungsabschlag (25%)** für den Übergang von Betrieben und Anteilen an Kapitalgesellschaften bei wesentlicher Beteiligung im Erbschaft- bzw. Schenkungswege eingeführt (sog. **Generationenbrücke**).

213 Um die errungenen Erfolge bei der Erleichterung der **Unternehmensnachfolge** durch höhere Grundbesitzwerte nicht wieder teilweise zunichte zu machen, sieht das Jahressteuergesetz 1997 die Erhöhung des Bewertungsabschlages von bisher 25% auf nunmehr **40%** vor. Demgegenüber wurde beim Erwerb von Anteilen an Kapitalgesellschaften die Befreiungsregelung des § 13a ErbStG nur noch gewährt, wenn der Übergeber (Schenker bzw. Erblasser) zu **mehr als 25%** an der Kapitalgesellschaft beteiligt ist, während bisher eine 25% Beteiligung ausgereicht hat. Insofern wurde der Begriff der wesentlichen Beteiligung an § 17 EStG angeglichen. Die Erhöhung der Beteiligungsgrenze gilt erstmals für Erwerbe nach dem 31. Dezember 1996.

214 In diesem Zusammenhang wurde auch eine Mißbrauchsregelung dergestalt geschaffen, daß für die endgültige Inanspruchnahme der Begünstigung für das Betriebsvermögen und für Anteile an Kapitalgesellschaften das Einhalten einer **fünfjährigen Behaltefrist** erforderlich ist. Ferner sind Korrekturen der Begünstigung vorgesehen, wenn bis zum Ende des letzten in die Fünfjahresfrist fallenden Wirtschaftsjahres über die bis dahin erzielten Gewinne bzw. erbrachten Einlagen hinaus **mehr als** 100.000 DM entnommen worden sind (§ 13a (5) ErbStG).

215 Das Betriebsvermögen ist grundsätzlich mit dem **Steuerbilanzwert** zur Zeit der Entstehung der Steuer anzusetzen (§ 12 (5) ErbStG i. V. m. § 95 BewG). Damit orientiert sich der Wert des Betriebsvermögens am Ertragsteuerrecht mit Ausnahme der Wertansätze der **Betriebsgrundstücke**; diese sind mit den neuen Grundbesitzwerten (siehe **Tz. 195 ff.**) zu erfassen.

216 Die Zugehörigkeit von Grundstücken zum Betriebsvermögen bestimmt sich wie bisher nicht nach ertragsteuerlichen, sondern nach **bewertungsrechtlichen Grundsätzen** (§ 99 BewG). Insoweit gehören Grundstücke - unabhängig von ihrer ertragsteuerlichen Zuordnung - entweder insgesamt zum Betriebsvermögen oder insgesamt zum Grundvermögen. Sie sind dann als Betriebsgrundstücke dem Betriebsvermögen zuzuordnen, wenn sie überwiegend, d. h. zu **mehr als der Hälfte ihres Wertes**, dem Gewerbebetrieb dienen. Ein überwiegend eigenbetrieblichen Zwecken dienendes Grundstück genießt damit auch in vollem Umfang die Begünstigung des § 13a ErbStG.

Beispiel:

Auf einem Grundstück in Bielefeld befindet sich ein Fabrikationsgebäude, das auch die eigengenutzte Wohnung des Betriebsinhabers enthält. Das Grundstück dient überwiegend eigenbetrieblichen Zwekken.

Dieses Grundstück stellt in vollem Umfang ein Betriebsgrundstück dar und gehört damit zum Betriebsvermögen. Im Erb- oder Schenkungsfall erhält damit auch der Wohnungsteil die Begünstigung nach § 13a ErbStG.

Dient dagegen das Grundstück **nur zur Hälfte** oder zu einem geringeren Teil seines Wertes dem Betrieb, so gehört das gesamte Grundstück zum Grundvermögen. Damit gehören auch solche Grundstücksteile nicht zum Betriebsvermögen, die ertragsteuerlich dem notwendigen oder gewillkürten Betriebsvermögen zugeordnet sind.

Beispiel:

In einem Mehrfamilienhaus mit vier gleichwertigen Wohnungen in Herford wird eine Wohnung vom Grundstückseigentümer als freiberufliche Praxis genutzt. Das Grundstück gehört insgesamt zum Grundvermögen; es kann daher auch nicht teilweise in die Begünstigung des § 13a ErbStG einbezogen werden.

Entgegen den Regelungen des Ertragsteuerrechts kommt es auch nicht auf die jeweils genutzte Fläche, sondern auf den **Wert** der unterschiedlich genutzten Grundstücksteile an. Ein Grundstück kann also auch dann in vollem Umfang dem Grundvermögen zuzuordnen sein, wenn mehr als die Hälfte der Nutzfläche eigenbetrieblich genutzt wird, sofern beispielsweise der Mietwert des betrieblichen Zwecken dienenden Grundstücksteils so niedrig ist, daß sein Wert nicht mehr als die Hälfte des Grundstückswertes beträgt.

Beispiel:

Ein bebautes Grundstück in Gütersloh dient zu 60% eigenbetrieblichen Zwecken (Jahresmietwert 20.000 DM). Im übrigen (40%) wird das Grundstück zu Wohnzwecken genutzt (Jahresmiete 22.000 DM).

Der Ertragswert des betrieblich genutzten Grundstücksteils beläuft sich (ohne Altersminderung) auf 250.000 DM (= 20.000 DM x 12,5). Der Ertragswert des Wohnteils (ohne Altersminderung) übersteigt mit 275.000 DM (= 22.000 DM 12,5) den Wert des Betriebsteils; das Grundstück ist deshalb in vollem Umfang dem Grundvermögen zuzuordnen und genießt damit nicht die Begünstigung des § 13a ErbStG.

Anders verhielte es sich in den letzten beiden Beispielen dagegen, wenn das Grundstück in Wohnungs- und Teileigentum aufgeteilt wäre. In diesem Fall wäre das betrieblich genutzte Teileigentum als selbständiges Grundstück dem Betriebsvermögen zuzuordnen und würde damit nach § 13 a ErbStG begünstigt sein.

Ein weiterer Unterschied zum Ertragsteuerrecht besteht darin, daß der Anteil an einem betrieblich genutzten Grundstück nicht zum bewertungsrechtlichen Betriebsvermögen gehört, wenn **nicht alle** Miteigentümer zugleich am Betrieb beteiligt sind. Ein solches Grundstück gehört vielmehr nach § 99 (2) Satz 3 BewG in vollem Umfang zum Grundvermögen.

4. Bewertung von Anteilen an Kapitalgesellschaften

217 Wertpapiere, die im Besteuerungszeitpunkt an einer deutschen Börse zum amtlichen Handel oder zum geregelten Markt zugelassen sind, werden nach § 11 (1) BewG mit dem Kurswert bewertet.

218 Gibt es keinen Kurs, liegen sog. **nicht-notierte Anteile** vor. Kann der gemeine Wert nicht aus Verkäufen abgeleitet werden, so ist eine Schätzung durchzuführen. Diese nicht-notierten Anteile an Kapitalgesellschaften werden nach dem sog. **Stuttgarter Verfahren** bewertet und mit dem sich danach ergebenden Wert der Erbschaft- bzw. Schenkungsteuer unterworfen (§ 11 (2) Satz 2 BewG i.V.m. § 12 (2) ErbStG).

219 Das Stuttgarter Verfahren geht von der **Konzeption** aus, daß sich der gemeine Wert eines Anteils am Grund- oder Stammkapital aus dem gemeinen Wert des Gesellschaftsvermögens ableiten läßt.

Im Regelfall setzt sich der Wert von GmbH-Anteilen aus dem **Vermögenswert** im Besteuerungszeitpunkt und dem **Ertragswert** zusammen.

220 Ausgangsgröße für die Berechnung des **Vermögenswertes** ist der stichtagsbezogene Wert des Betriebsvermögens der Kapitalgesellschaft (§ 12 (2) Satz 2 i.V.m. (5), (6) ErbStG).

221 Für die Ermittlung der Ertragswertkomponente muß ein sog. **Ertragshundertsatz** als Ausdruck des voraussichtlich künftigen Jahresertrages der Kapitalgesellschaft ermittelt werden. Dieser ist nach Auffassung der Finanzverwaltung aus den **(gewichteten)** Betriebsergebnissen der **letzten drei** Wirtschaftsjahre vor dem Besteuerungszeitpunkt abzuleiten, und zwar als Durchschnittsertrag (R 99 (1) ErbStR).

Der Jahresertrag ist sodann zum Stammkapital der GmbH ins Verhältnis zu setzen und ergibt so den **Ertragshundertsatz.** Neben dem Vermögenswert wird der Ertragswert nur berücksichtigt, wenn der Ertragshundertsatz des Unternehmens über die Normalverzinsung am Kapitalmarkt hinausgeht. Unter Berücksichtigung einer langfristigen Verzinsung hat sich die Finanzverwaltung für eine Beibehaltung des bisherigen Zinssatzes von **9%** ausgesprochen. Abschließend kommt folgende Formel zur Anwendung:

Gemeiner Wert = 68/100 x (Vermögenswert + 5 x Ertragshundertsatz)

Der Bewertungsvorgang läßt sich wie folgt veranschaulichen:

Beispiel:

Anfang 1999 erfolgt die Übertragung von GmbH-Anteilen (Stammkapital 200.000 DM) durch Erbfolge vom Vater auf den Sohn. Der Vermögenshundertsatz soll 230%, der Gewinn der GmbH 1996 = 120.000 DM, 1997 = 140.000 DM und 1998 = 160.000 DM betragen haben.

Gewinn 1996	120.000 DM (x 1)
Gewinn 1997	280.000 DM (x 2)
Gewinn 1998	480.000 DM (x 3)
Summe	880.000 DM
Durchschnittsertrag	146.667 DM (880.000 DM: 6)
= Jahresertrag	146.667 DM
Ertragshundertsatz	73,33 % ((146.667 DM : 200.000 DM) x 100)
Gemeiner Wert	68/100 x (230% + 5 x 73,33%)
	= 405 % => 200.000 DM x 4,05 = 810.000 DM

Die Schätzung des gemeinen Wertes nach dem **Stuttgarter Verfahren** ist stichtagsbezogen auf den Besteuerungszeitpunkt zu ermitteln.

V. Der Steuertarif

1. Erbschaftsteuerklassen

222 Aufgrund der Änderungen des Jahressteuergesetzes 1997 gibt es nur noch drei Steuerklassen.

Der **Steuerklasse I** gehören nunmehr an:

- der Ehegatte,
- die Kinder und Stiefkinder,
- die Abkömmlinge der Kinder und Stiefkinder,
- die Eltern und Voreltern bei Erwerben von Todes wegen.

Zur **Steuerklasse II** gehören:

- die Eltern und Voreltern in Schenkungsfällen,
- die Geschwister,
- die Abkömmlinge ersten Grades von Geschwistern,
- die Stiefeltern;

- die Schwiegerkinder,
- die Schwiegereltern,
- der geschiedene Ehegatte.

In die **Steuerklasse III** fallen alle übrigen Erwerber.

2. Erbschaftsteuerfreibeträge

223 Nach den Beschlüssen des **Bundesverfassungsgerichts** ist sicherzustellen, daß bei kleineren Vermögen der Nachlaß dem Steuerpflichtigen völlig steuerfrei zugute kommt oder ihm - je nach dessen Größe - zumindest zum deutlich überwiegenden Teil verbleibt. Dies gilt jedenfalls bei Ehegatten und Kindern. Somit muß der Nachlaß im Wert des familiären Gebrauchsvermögens (das übliche Einfamilienhaus zuzüglich Hausrat) steuerfrei bleiben.

Allerdings konnte die **Freistellung des Gebrauchsvermögens** nicht durch eine sachliche Befreiung der Einfamilienhäuser oder Eigentumswohnungen herbeigeführt werden, da hierdurch eine vom Bundesverfassungsgericht gerügte Bevorzugung bestimmter Vermögenswerte eingetreten wäre.

Beispiel:

Ein Vater ist Eigentümer eines Sechsfamilienhauses im Wert von 1,5 Mio. DM und vererbt dieses an seinen Sohn. Ein anderer Vater vererbt an seine Tochter - anstelle eines Hauses - Kapitalvermögen im Wert von ebenfalls 1,5 Mio. DM.

Eine sachliche Befreiung des Einfamilienhauses würde bewirken, daß dieses steuerlich unbelastet auf den Sohn überginge, wohingegen die Tochter ganz erheblich mit Erbschaftsteuer belastet würde. Wollte nun der Sohn das Einfamilienhaus veräußern, die Tochter hingegen mit dem geerbten Geld ein Einfamilienhaus erwerben, so besäße der Sohn am Ende Geldvermögen in Höhe von 1,5 Mio. DM, während die Tochter infolge der Erbschaftsteuerbelastung nicht mehr in der Lage wäre, ein Einfamilienhaus im Wert von 1,5 Mio. DM zu erwerben.

2.1 Persönliche Freibeträge

224 Von daher wurden die Freibeträge gegenüber dem bisherigen Recht deutlich erhöht. Sie betragen künftig (§ 16 ErbStG):

In der **Steuerklasse I**:

- Ehegatte	600.000 DM
- Kinder	400.000 DM
- sonstige Erwerber	100.000 DM

In der **Steuerklasse II**: 20.000 DM

In der **Steuerklasse III:** 10.000 DM

2.2 Freibeträge für Hausrat

225 Hierfür gelten folgende Freibeträge (§ 13 (1) Nr. 1 ErbStG):

In der **Steuerklasse I**:

- Hausrat 80.000 DM - andere bewegliche körperliche Gegenstände 20.000 DM

In den **Steuerklassen II und III**:

-Hausrat und andere bewegliche körperliche Gegenstände 20.000 DM

Der Freibetrag für Hausrat umfaßt dabei auch Wäsche und Kleidungsstücke sowie Kunstgegenstände.

2.3 Besonderer Versorgungsfreibetrag

226 Der bereits nach bisherigem Recht dem überlebenden Ehegatten zu gewährende Versorgungsfreibetrag wurde von 250.000 DM auf nunmehr **500.000 DM** verdoppelt (§ 17 ErbStG). Dieser Freibetrag wird allerdings um den Kapitalwert der Versorgungsbezüge gekürzt, die dem Ehegatten aus Anlaß des Todes des Erblassers zustehen, sofern diese nicht der Erbschaftsteuer unterliegen. Zu diesen anzurechnenden Versorgungsbezügen gehören vor allem Witwenrenten aus der gesetzlichen Rentenversicherung und die auf einem früheren Dienstverhältnis des Erblassers basierenden Witwenpensionen, nicht dagegen Renten aufgrund privater Lebensversicherungen.

Beispiel:

Der Erblasser hinterläßt neben dem Hausrat im Wert von 50.000 DM Kapitalvermögen im Wert von 1 Mio. DM. Alleinerbin ist die Ehefrau, die mit ihrem verstorbenen Ehemann in Gütertrennung lebte. Die Ehefrau erhält eine Witwenrente aus der gesetzlichen Rentenversicherung, deren Kapitalwert im Zeitpunkt des Erbfalls 200.000 DM beträgt.

Da der Hausrat den Freibetrag von 80.000 DM nicht übersteigt, unterliegt das ererbte Kapitalvermögen von 1 Mio. DM nach Abzug des persönlichen Freibetrags von 600.000 DM und des um den Versorgungsanspruch geminderten besonderen Versorgungsfreibetrags (500.000 DM - 200.000 DM) mit einem Betrag von 100.000 der Erbschaftsteuer.

Auch Kindern i. S. der Steuerklasse I Nr. 2 wird für Erwerbe von Todes wegen ein besonderer Versorgungsfreibetrag gewährt, sofern diese noch nicht das 27. Lebensjahr vollendet haben. Der den Kindern zustehende Versorgungsfreibetrag ist altersabhängig wie folgt gestaffelt:

- 100.000 DM bei einem Alter bis zu 5 Jahren
- 80.000DM bei einem Alter bis zu 10 Jahren
- 60.000DM bei einem Alter bis zu 15 Jahren
- 40.000DM bei einem Alter bis zu 20 Jahren
- 20.000DM bis zur Vollendung des 27. Lebensjahres

Auch bei Kindern sind nicht der Erbschaftsteuer unterliegende Ansprüche auf Versorgungsbezüge (Hinterbliebenenrente bzw. -pension) auf den besonderen Versorgungsfreibetrag anzurechnen.

3. Tarifgestaltung

227 Der Erbschaftsteuertarif (§ 19 (1) ErbStG) hat die Form einer Tabelle, welche die Steuer in Prozent des steuerpflichtigen Erwerbs angibt. Die Steuersätze hängen von der **Bemessungsgrundlage** (= steuerpflichtiger Erwerb) und von der **Steuerklasse** ab.

Der 1997 neu geregelte Erbschaftsteuertarif wurde auf einen **Spitzensteuersatz von 50%** gesenkt, ferner enthält dieser Tarif nur noch sieben Stufen. Die Tarifgestaltung sieht demgemäß wie folgt aus:

Steuerpflichtiger Erwerb bis zu DM	Steuerklassen I	II	III
100.000	7 %	12 %	17 %
500.000	11 %	17 %	23 %
1.000.000	15 %	22 %	29 %
10.000.000	19 %	27 %	35 %
25.000.000	23 %	32 %	41 %
50.000.000	27 %	37 %	47 %
> 50.000.000	30 %	40 %	50 %

228 Um die Belastungssprünge bei geringfügigem Überschreiten der jeweils nächsten Tarifstufe zu glätten, wurde der bereits bisher vorgesehene **Härteausgleich** (§ 19 (3) ErbStG) im Rahmen des Jahressteuergesetzes 1997 im Grundsatz beibehalten. Danach wird die Mehrsteuer, die sich gegenüber der Anwendung des Steuersatzes der vorhergehenden Tarifstufe ergibt, nur insoweit erhoben, als der Mehrbetrag:

- bei einem Steuersatz bis 30 % aus der Hälfte,
- bei einem Steuersatz über 30 % aus drei Vierteln

des die Tarifstufe übersteigenden Erwerbs gedeckt wird.

Beispiel:

Der steuerpflichtige Erwerb eines Angehörigen der Steuerklasse I beläuft sich auf 10.100.000 DM. Die Erbschaftsteuer ermittelt sich wie folgt:

Steuer nach Tarifstufe bis 25 Mio. DM (23 %)	2.323.000 DM
abzüglich Steuer nach Tarifstufe bis 10 Mio. DM (19 %)	1.900 000 DM
Mehrsteuer	423.000 DM

Der Erwerb übersteigt die Grenze der vorangegangenen Tarifstufe um 100.000 DM. Daher wird der Mehrbetrag nur in einem Umfang von 50.000 DM erhoben. Die Erbschaftsteuer beläuft sich damit auf 1.900.000 DM + 50.000 DM = 1.950.000 DM.

229 Im Zusammenhang mit dem durch § 13a ErbStG begünstigten Erwerb von Betriebsvermögen und Anteilen an Kapitalgesellschaften (**Tz 211 ff.**) stellt § 19a ErbStG für Erwerber nach den Steuerklassen II und III eine Tarifbegrenzung zur Verfügung.

4. Mehrfacher Erwerb innerhalb von 10 Jahren

230 Grundsätzlich gilt, daß mehrere Erwerbe, die **innerhalb von 10 Jahren** von **derselben** Person anfallen, zusammenzurechnen sind (§ 14 ErbStG). Bei mehrfachem Erwerb innerhalb eines 10-Jahres-Zeitraums wird daher auf den Zeitpunkt des Letzterwerbs die Erbschaftsteuer **unter Einbeziehung eines früheren Erwerbs** ermittelt. Frühere Erwerbe werden dabei stets mit dem früheren Wert erfaßt.

Ist für frühere Erwerbe schon Erbschaftsteuer gezahlt worden, wird von der Steuer für den Gesamterwerb die Steuer abgezogen, die auf die früheren Erwerbe nach den persönlichen Verhältnissen des Erwerbes und auf der Grundlage der geltenden Vorschriften zur Zeit des letzten Erwerbs zu erheben gewesen wäre.

231 Die sich danach ergebende Steuer für den Letzterwerb darf allerdings **50%** des Letzterwerbs **nicht** übersteigen; dieser Prozentsatz deckt sich mit dem höchsten Steuersatz des neuen Tarifs. Bei unveränderten persönlichen Verhältnissen und unveränderter Rechtslage entspricht grundsätzlich die anrechenbare Erbschaftsteuer der für den früheren Erwerb tatsächlich gezahlten Erbschaftsteuer.

Diese Regelung gilt ebenso in den Fällen, in denen der Ersterwerb vor 1996 erfolgt ist, der Letzterwerb aber nach 1995 stattfindet. Dies bedeutet, daß Grundstücke, die bei einem früheren Erwerb vor dem 1. Januar 1996 erworben wurden, bei der Besteuerung des Gesamterwerbs **weiterhin mit 140% des Einheitswertes** (nach den Wertverhältnissen von 1964) erfaßt werden.

232 § 14 (1) Satz 2 ErbStG stellt klar, daß bei der anrechenbaren Steuer auf die Vorerwerbe die **zum Zeitpunkt des Letzterwerbs** gültigen Steuerklassen, Freibeträge und Tarife maßgebend sind. Daher werden bei der Ermittlung der Erbschaftsteuer für den Gesamterwerb **nach 1995** die höheren Freibeträge, die neue Steuerklasseneinteilung und der neue Tarif berücksichtigt. Von der so ermittelten Erbschaftsteuer für den Gesamterwerb wird die Erbschaftsteuer abgezogen, die sich für den früheren Erwerb unter Ansatz des früheren Werts bei Anwendung der Rechtslage im Zeitpunkt des Letzterwerbs ergeben würde. Dies ist nur in Ausnahmefällen günstig, wenn sich nach neuem Recht für den früheren Erwerb eine höhere Steuer ergeben würde.

233 Sofern - was die Regel sein dürfte - die Erbschaftsteuer von den früheren Erwerben nach **neuem Recht** (insbesondere wegen des Betriebsvermögensfreibetrags, der faktischen Freistellung des Gebrauchsvermögens und der Privilegierung der Vermögensübertragungen innerhalb der Familie) **günstiger** wäre, wird die für den früheren Erwerb **tatsächlich entrichtete** Erbschaftsteuer angerechnet. Eine Erstattung lehnt die Finanzverwaltung ab.

Beispiel:

Der Vater hat seinem Sohn im Jahr 1993 ein Grundstück mit einem Einheitswert von 100.000 DM geschenkt. Die hierfür vom Sohn entrichtete Erbschaftsteuer errechnete sich wie folgt:

140 % des Einheitswertes von 100.000 DM =	140.000 DM
abzüglich Freibetrag	90.000 DM
Bemessungsgrundlage	50.000 DM
Erbschaftsteuer der Steuerklasse I (3%)	1.500 DM

Im Jahr 1997 schenkt der Vater seinem Sohn Kapitalvermögen im Wert von 300.000 DM. Die Erbschaftsteuer für den Gesamterwerb beträgt somit:

Grundstück	140.000 DM
Kapitalvermögen	300.000 DM
Zwischensumme	440.000 DM
abzüglich Freibetrag	400.000 DM
Bemessungsgrundlage	40.000 DM
Erbschaftsteuer der Steuerklasse I (7%)	2.800 DM

Für den früheren Erwerb des Grundstücks würde bei einem Ansatz des früheren Wertes von 140.000 DM nach neuem Recht keine Erbschaftsteuer anfallen. Es wird daher die tatsächlich gezahlte Erbschaftsteuer von 1.500 DM angerechnet, so daß für den Letzterwerb noch eine Erbschaftsteuer von 1.300 DM zu zahlen ist.

VI. Entstehung, Festsetzung und Entrichtung

234 Die Erbschaftsteuerschuld **entsteht** bei Erwerben von Todes wegen grundsätzlich mit dem Tod des Erblassers, bei Schenkungen unter Lebenden mit dem Zeitpunkt der Ausführung der Schenkung (§ 9 ErbStG).

235 Die Erbschaftsteuer ist eine Veranlagungssteuer. Auf der Grundlage einer Steuererklärung **setzt** das Finanzamt die Steuerschuld in einem Erbschaftsteuerbescheid **fest**. Die Abgabe der Steuererklärung kann es von jedem Beteiligten binnen Monatsfrist verlangen (§ 31 (1) ErbStG).

236 Die festgesetzte Erbschaftsteuer ist grundsätzlich innerhalb eines Monats nach Zustellung des Erbschaftsteuerbescheids zu **entrichten**. Gehört jedoch zum Erwerb ein **Betriebsvermögen**, so gewährt § 28 ErbStG auf Antrag eine **Stundung bis zu 10 Jahren**, um die betriebliche Existenz nicht zu gefährden.

237 Zur Sicherung des Steueranspruchs kennt das Erbschaftsteuerrecht besondere **Anzeigepflichten** gegenüber dem Finanzamt. Anzeigepflichtig sind insbesondere der Erwerber und der Schenker, außerdem aber auch Vermögensverwahrer und -verwalter (v.a. Kreditinstitute), Versicherungsunternehmen, Gerichte, Behörden und Notare.

VII. Gestaltungshinweise

238 Einige kurze Gestaltungshinweise sollen verdeutlichen, daß die Erbschaftsteuer keineswegs eine zu vernachlässigende Größe darstellt. Wegen ihrer Komplexität und starken Verzahnung mit dem Zivilrecht erscheint es unerläßlich, vor größeren Entscheidungen den fachlichen Rat des Steuerberaters und/oder Rechtsanwalts einzuholen.

239 Wie die Ausführungen zum Steuertarif verdeutlichen, lassen sich wesentliche Steuerersparnisse durch **Heirat oder Adoption** erzielen, weil auf diese Weise die günstige Steuerklasse I erreicht wird.

240 Steuerersparnismöglichkeiten resultieren auch aus der Tatsache, daß die Freibeträge sich auf den Erwerb von **einem** Erblasser oder Schenker beziehen. Damit eröffnet sich die Chance, daß beide Eltern jedem Kind ein Vermögen mit einem steuerlichen Wert von 400.000 DM steuerfrei zuwenden können.

241 Im Hinblick auf die Alternative, geldwerte oder sachwerte Güter zu verschenken (z.B. Geld, Wertpapiere u.ä. oder Grundvermögen), muß man die **unterschiedliche** steuerliche **Bewertung** bedenken, die immer noch eine leichte Bevorzugung zugewendeter Immobilien beinhaltet (**Tz 202**). Werden Wirtschaftsgüter in das ertragsteuerliche Betriebsvermögen

eingebracht, so kann in gleicher Weise die **erbschaftsteuerliche Begünstigung** des Betriebsvermögens durch Freibeträge und Tarifbegrenzung genutzt werden.

242 Ferner könnte die erbschaftsteuerliche Bemessungsgrundlage beim Verschenken von GmbH-Anteilen reduziert werden, indem eine Verminderung des Vermögenswertes beim Stuttgarter Verfahren durch die **Inanspruchnahme von Sonderabschreibungen** oder durch **Gewinnverlagerungen** herbeigeführt wird.

243 Die an sich naheliegende Möglichkeit, den Eintritt der Steuerpflicht durch Aufsplitterung einer einheitlichen Vermögenstransaktion in so viele Teilvorgänge, wie zur Inanspruchnahme sachlicher und persönlicher Freibeträge jeweils erforderlich wären, zu vermeiden, hat der Gesetzgeber - wie in **Tz 230 ff.** dargestellt - durch § 14 ErbStG verbaut.

244 Vor dem Hintergrund dieser Regelung haben Gestaltungsmaßnahmen also zu beachten, daß zwischen den einzelnen Übertragungen **mindestens 10 Jahre** liegen müssen.

Beispiel:

Die Eltern schenken ihrem Sohn je 360.000 DM (jeder Elternteil 180.000 DM) bei Vollendung des 20. und kurz nach Vollendung des 30. Lebensjahrs.

Die Geldschenkungen bleiben wegen des zweimaligen Ansatzes des Freibetrages nach § 16 (1) Nr. 2 ErbStG, der sich bei Zuwendungen beider Elternteile überdies verdoppelt, steuerfrei.

G. Die Grunderwerbsteuer

I. Charakteristik

245 Durch die Grunderwerbsteuer wird der **inländische Grundstücksverkehr** besteuert. Es werden Rechtsvorgänge des Wirtschaftsverkehrs belastet. Soweit Unternehmungen betroffen sind, ist die bilanzielle Behandlung der Grunderwerbsteuer dadurch charakterisiert, daß sie als Anschaffungsnebenkosten des Grundstücks zu aktivieren ist (**Tz 390**).

246 Die Forderung nach steuerlicher Gleichbehandlung aller Umsätze unter Einschluß von Grundstücksumsätzen hat zu Überlegungen geführt, die **Integration der Grunderwerbsteuer in das Umsatzsteuergesetz** herbeizuführen. Allerdings hatten diese Bestrebungen bislang noch keinen Erfolg.

II. Tatbestände und steuerpflichtige Vorgänge

247 Haupttatbestand der Grunderwerbsteuer ist das **Rechtsgeschäft**, das einen Anspruch auf Übereignung eines Grundstücks begründet (Kaufvertrag, § 1 (1) Nr. 1 GrEStG). Bei Fehlen des Grundtatbestandes knüpft die Besteuerung an entsprechende Hilfstatbestände

(Auflassung, Übergang des Eigentums, Meistgebot) oder an Ersatztatbestände (§§ 1 (2)-(7) GrEStG) an.

248 **Grundstücke** in der Lesart des bürgerlichen Rechts einschließlich Erbbau- und Erbpachtrechten, Gebäuden auf fremdem Grund und Boden und bestimmten dinglich gesicherten Sondernutzungsrechten (§ 15 WEG; § 1010 BGB) gelten als Grundstücke im Sinne des Grunderwerbsteuergesetzes. Hingegen rechnen zu einer Betriebsanlage gehörende Maschinen und sonstige Vorrichtungen, Mineralgewinnungsrechte und sonstige Gewerbeberechtigungen **nicht** zu Grundstücken.

249 Zur Vermeidung von Mißbrauchsfällen wurden in § 1 (2a) GrEStG diejenigen Fälle der Steuer unterworfen, in denen sich bei Personengesellschaften mit Grundbesitz **innerhalb von 5 Jahren** der Gesellschafterbestand vollständig oder wesentlich ändert. Dies ist insbesondere dann der Fall, wenn **95% oder mehr der Gesellschaftsanteile** übergehen.

III. Bemessungsgrundlage

250 Die Bemessungsgrundlage der Grunderwerbsteuer ist der **Wert der Gegenleistung** (z. B. Kaufpreis; § 9 GrEStG). Eine Ausnahme gilt in den Fällen, in denen bei einer Grundstücksübertragung keine Gegenleistung vorhanden ist oder ein den Anspruch auf Übereignung begründendes Rechtsgeschäft nicht vorausgegangen ist und es auch keiner Übereignung bedarf. In diesen Fällen finden grundsätzlich die **neuen Grundbesitzwerte** Anwendung (§ 8 (2) GrEStG i. V. m. § 138 (2) BewG; **Tz 195 ff.**).

251 Ferner erfaßt § 8 (2) GrEStG die Fälle der **Einbringung** in Gesellschaften, Umwandlungsfälle i. S. d. Umwandlungsgesetzes sowie andere Erwerbsvorgänge auf gesellschaftsrechtlicher Grundlage. Beim Übergang von Grundstücken auf eine Gesellschaft umfaßt die **Gegenleistung** den anteiligen **Wert der gewährten Gesellschaftsrechte**, der bisher regelmäßig im Stuttgarter Verfahren (**Tz 217 ff.**) ermittelt wurde. Nunmehr bilden bei **nach dem 31.12.1996** beurkundeten Erwerbsvorgängen die neuen Grundbesitzwerte die Bemessungsgrundlage für die Grunderwerbsteuer.

IV. Steuervergünstigungen und Steuerbefreiungen

252 Durch eine grundlegende Reform des GrEStG 1983 wurde die Anzahl der **Steuervergünstigungen** im Vergleich zu den vorher bestehenden landesrechtlichen Einzelregelungen erheblich eingeschränkt.

253 Steuerbefreiungen bestehen im wesentlichen nur noch für folgende Sachverhalte (§ 3 GrEStG):

- den Erwerb geringwertiger Grundstücke (Bemessungsgrundlage < 5.000 DM),
- den Erwerb von Todes wegen,
- die Grundstücksschenkung unter Lebenden
- der Erwerb durch Ehegatten bzw. frühere Ehegatten und in gerader Linie verwandte Personen.

Die §§ 5-7 GrEStG regeln die Steuerbefreiung beim Grundstücksverkehr zwischen mehreren Miteigentümern bzw. den Miteigentümern und den Gesellschaften.

V. Der Steuertarif

254 Der **Steuersatz** wurde im Rahmen des Jahressteuergesetzes 1997 von bisher 2% auf nunmehr **3,5%** angehoben. Dieser erhöhte Steuersatz gilt erstmals für Erwerbsvorgänge, die **nach dem 31.12.1996** verwirklicht werden (§ 23 (4) GrEStG).

255 Es ist darauf hinzuweisen, daß die Grunderwerbsbesteuerung von Eigenheimbesitzer möglicherweise als verfassungswidrig angesehen wird. Es ist ein Verfahren beim **Bundesverfassungsgericht** anhängig.

Der vom Niedersächsischen Finanzgericht ausgehende Vorlagebeschluß an das Bundesverfassungsgericht geht davon aus, daß mit Blick auf die grunderwerbsteuerliche Belastung von Veräußerungsvorgängen selbstgenutzter Eigenheime der Gesetzgeber gegen die Freiheits- und Eigentumsgarantie sowie gegen den Gleichbehandlungsgrundsatz des Grundgesetzes verstoßen habe.

Vor diesem Hintergrund sollten Grunderwerbsteuerbescheide mit **Einspruch** unter Berufung auf den Vorlagebeschluß des VII. Senats des Niedersächsischen Finanzgerichts (Aktenzeichen VII(III)306/97) angefochten werden, soweit die Steuerveranlagungen nicht mit Hinweis auf das rechtsanhängige Verfahren seitens der Finanzbehörden für **vorläufig** erklärt werden.

H. Die Umsatzsteuer

I. Charakteristik

256 Die Umsatzsteuer ist in einer Klassifizierung der Unternehmenssteuern als eine allgemeine Steuer auf die Unternehmungsleistungen ausgestaltet (siehe **Schaubild 1**). Kennzeichnend für sie ist, daß nach dem Willen des Gesetzgebers der **Unternehmer** zwar **Steuerschuldner**, der **wirtschaftlich Belastete** hingegen der **Endabnehmer** sein soll.

Soweit die Überwälzung der Umsatzsteuer auf den Endverbraucher gelingt, ist die Umsatzsteuer eine **Verbrauchsteuer**. Sie unterscheidet sich in der nicht vorhandenen bzw. nicht beabsichtigten Belastungswirkung grundlegend von den bislang behandelten Steuern des Unternehmens.

257 Der Umsatzsteuer unterliegen grundsätzlich **alle von Unternehmern getätigten Umsätze** (Warenlieferungen und Dienstleistungen). Da Unternehmer nicht nur an Endverbraucher, sondern auch untereinander Lieferungen und Leistungen erbringen, ist somit jeder Bezug von Waren oder Diensten mit Umsatzsteuer belastet.

Um sicherzustellen, daß nur Endverbraucher (Nichtunternehmer) endgültig belastet werden, können Unternehmer die auf den **Eingangs-Umsätzen** lastende Umsatzsteuer (**Vorsteuer**) von der geschuldeten Umsatzsteuer auf die **Ausgangs-Umsätze** abziehen. Insoweit ist die Umsatzsteuer als Allphasen-Nettoumsatzsteuer mit Vorsteuerabzug ausgestaltet. Auf diese Weise wird nur der **Mehrwert** im Sinne des Betrags, um den der Verkaufspreis einer Ware oder Dienstleistung die Einkaufspreise der zu ihrer Beschaffung oder Herstellung erforderlichen Güter und/oder Dienste übersteigt, der Besteuerung unterworfen. Dem **Endverbraucher** steht kein Vorsteuerabzugsrecht zu; er soll mit der Umsatzsteuer - zumindest formal - belastet bleiben.

258 Die Vorsteuer ermäßigt im Regelfall die Beschaffungskosten. Die Umsatzsteuer gehört ungeachtet ihrer Überwälzbarkeit auf den Endverbraucher zu den Sondereinzelkosten des Vertriebs.

Das nachfolgende **Schaubild 31** verdeutlicht den Zusammenhang.

259 Nicht alle Umsätze, sondern nur die (be)**steuerbaren** Umsätze unterliegen der Umsatzsteuer, und auch nur dann, wenn nicht eine **Befreiungsvorschrift** eingreift.

260 Wird auf die Bemessungsgrundlage "**steuerpflichtiger Umsatz**" der **Steuersatz** angewandt, so resultiert die Umsatzsteuer (**Ausgangs-Umsatzsteuer**). Nach Abzug der Vorsteuer (**Eingangs-Umsatzsteuer**) verbleibt die **Zahllast** oder evtl. ein **Erstattungsanspruch** (siehe **Schaubild 32**).

Unternehmerkette/ Endverbraucher	Kalkulation der **Wert-schöpfung (Mehrwert)** DM	**Umsatzsteuer** (Steuer auf die Ausgangs-Umsätze)/**Vor-steuer** (Steuer auf die Ein-gangs-Umsätze) DM	Umsatzsteuer abzüglich Vorsteuer **(Steuer-zahllast)** DM	**Steuertraglast** des Endver-brauchers DM
1. Unternehmer				
Netto-Verkaufspreis	1.000,-			
+ 16% USt	160,- →	160,-	160,-	
Brutto-Verkaufspreis	1.160,-			
2. Unternehmer				
Brutto-Einkaufspreis	1.160,-			
- Eingangs-Umsatzsteuer (Vorsteuer)	160,- →	- 160,-		
Netto-Einkaufspreis	1.000,-			
+ Aufschlag (40%)	400,-			
Netto-Verkaufspreis	1.400,-			
+ 16% USt	224,- →	224,-	64,-	
Brutto-Verkaufspreis	1.624,-			
3. Unternehmer				
Brutto-Einkaufspreis	1.624,-			
- Eingangs-Umsatzsteuer	224,- →	- 224,-		
Netto-Einkaufspreis	1.400,-			
+ Aufschlag (50%)	700,-			
Netto-Verkaufspreis	2.100,-			
+ 16% USt	336,- →	336,-	112,-	
Brutto-Verkaufspreis	2.436,-			
4. Unternehmer				
Brutto-Einkaufspreis	2.436,-			
- Eingangs-Umsatzsteuer	336,- →	- 336,-		
Netto-Einkaufspreis	2.100,-			
+ Aufschlag (30%)	630,-			
Netto-Verkaufspreis	2.730,-			
+ 16% USt	436,80- →	436,80,-	100,80	
Brutto-Verkaufspreis	3.166,80			
Endverbraucher				
Brutto-Einkaufspreis	3.166,80		436,80	436,80

Schaubild 31: Modell einer Unternehmerkette

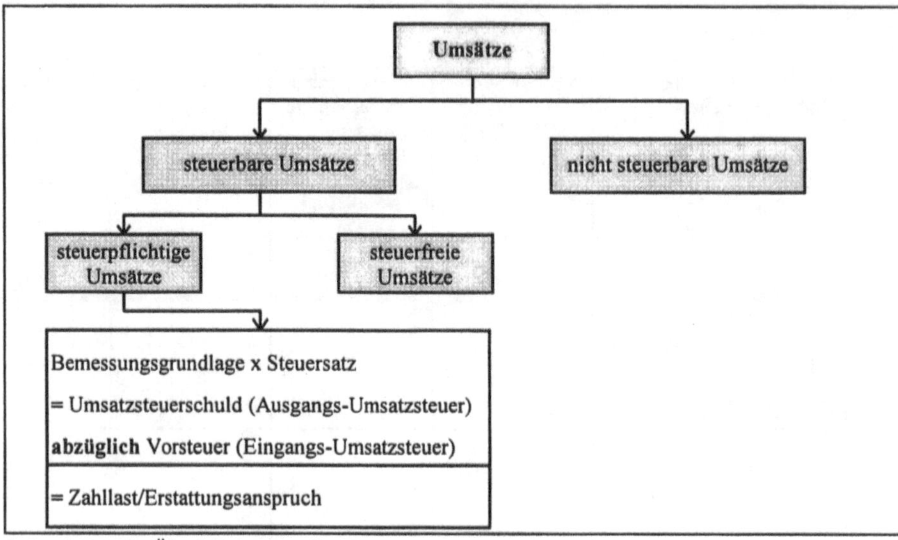

Schaubild 32: Überblick über die Umsatzsteuerermittlung

II. Grundlagen der Umsatzsteuer

1. Die Behandlung der Ausgangs-Umsätze

1.1 Steuerbare Umsätze

261 Steuerbar sind alle diejenigen Umsätze, die die Tatbestandsmerkmale des § 1 UStG erfüllen. Es handelt sich dabei um die beiden Gruppen **entgeltliche Leistungen** und **übrige steuerbare Umsätze**, die **Schaubild 33** verdeutlicht.

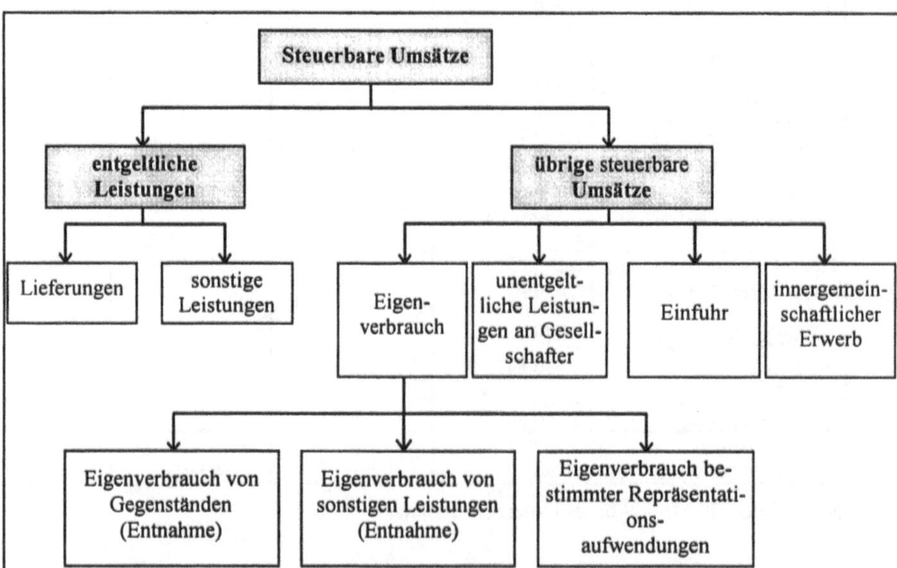

Schaubild 33: Übersicht über die steuerbaren Umsätze

1.1.1 Unternehmer

262 Bis auf die Einfuhr von Gegenständen und den Erwerb oder die Lieferung neuer Fahrzeuge liegen steuerbare Umsätze nur vor, wenn sie von **Unternehmern** im Rahmen ihres **Unternehmens** erbracht werden. Wer Unternehmer ist, bestimmt § 2 UStG; sein Unternehmen umfaßt die **gesamte** gewerbliche oder berufliche Tätigkeit. Deshalb hat ein Unternehmer im Sinne des Umsatzsteuergesetzes **nur ein einziges** Unternehmen, daß ggf. alle Geschäftsbereiche umfaßt. Sog. Innenumsätze innerhalb des personenidentischen Unternehmens sind grundsätzlich nicht umsatzsteuerbar.

Beispiel:

Ein Unternehmer betreibt eine Schlachterei, eine Gastwirtschaft und eine Nachtbar. Sein Unternehmen umfaßt drei Betriebe mit der Rechtsfolge, daß die Umsätze zwischen den Betrieben gar nicht erst steuerbar sind (Innenumsätze).

Die für den Unternehmer und sein Unternehmen wichtigen Tatbestandsmerkmale und die umsatzsteuerlichen Folgen des Umfangs der Unternehmertätigkeit können **Schaubild 34** entnommen werden.

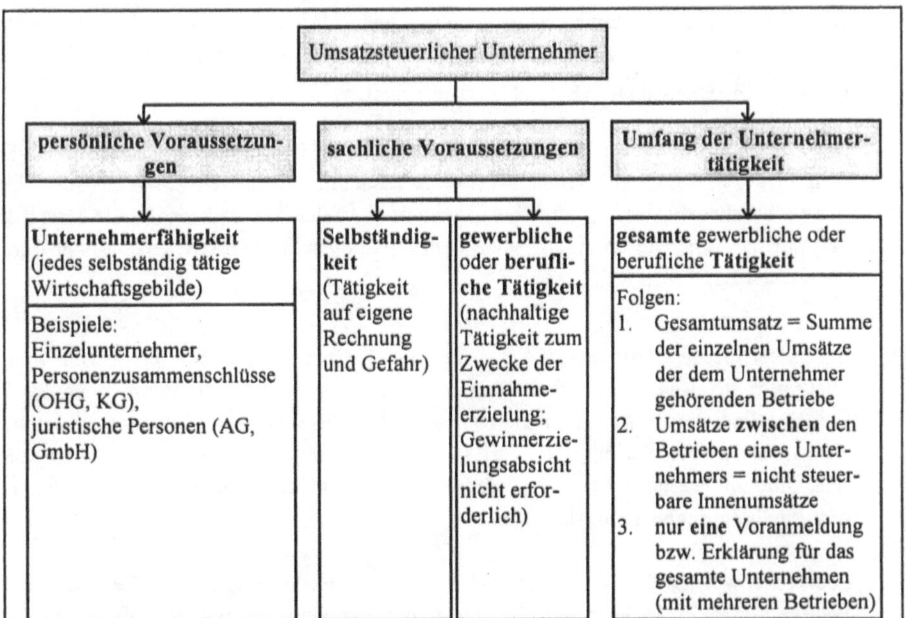

Schaubild 34: Unternehmer und Unternehmertätigkeit

1.1.2 Entgeltliche Leistungen

263 Die geforderte **Entgeltlichkeit** der Leistungen setzt seitens des Leistungsempfängers eine Gegenleistung voraus; es liegt also ein **Leistungsaustausch** zwischen zwei Parteien vor. Dieser Leistungsaustausch muß, um steuerbar zu sein, im Inland erfolgen (Bundesrepublik

Deutschland mit Ausnahme der Zollausschlüsse und der Zollfreigebiete). Entgelt ist dabei alles, was der Leistungsempfänger aufwendet, um die Leistung zu erhalten, jedoch abzüglich der Umsatzsteuer (§ 10 (1) Satz 2 UStG).

Auch **Teilleistungen** sind steuerbar; Teilleistungen sind gegeben, wenn für bestimmte Teile einer wirtschaftlich teilbaren Leistung das Entgelt gesondert vereinbart ist (§ 13 (1) Nr. 1a Sätze 2, 3 UStG). Teilleistungen können z. B. bei Miet- und Pachtverträgen vorliegen, wenn vereinbart ist, daß die Miete oder Pacht in regelmäßigen Abständen vor- oder nachschüssig zu zahlen ist. **Teilzahlungen, Abschlagszahlungen** und **Vorauszahlungen** begründen hingegen **keine Teilleistungen**.

In den Fällen einer **Erbschaft**, **Schenkung** oder **echter Schadensersatzleistungen** des Schädigers wie auch bei **echten Mitgliedsbeiträgen** (z. B. bei Sport-, Musik- oder Schützenvereinen) mangelt es an einem Leistungsaustausch infolge fehlender wirtschaftlicher Verknüpfung; folglich gibt es hier keine steuerbaren Umsätze.

1.1.2.1 Lieferungen

264 **Lieferungen** sind Leistungen eines Unternehmers, durch die er oder ein Dritter den Abnehmer oder in dessen Auftrag einen Dritten befähigt, im eigenen Namen über einen Gegenstand zu verfügen (§ 3 (1) UStG).

Der Zeitpunkt der Verschaffung der Verfügungsmacht fällt normalerweise mit der Übertragung des bürgerlich-rechtlichen Eigentums zusammen. Stimmen ausnahmsweise bürgerlich-rechtliches und wirtschaftliches Eigentum nicht überein, so bedeutet die Verschaffung der Verfügungsmacht an einer Sache, dem Leistungspartner das wirtschaftliche Eigentum zu verschaffen.

265 Von wesentlicher Bedeutung ist der **Ort der Lieferung**, da nur Lieferungen im Inland überhaupt steuerbar sind. Erfolgt keine Versendung oder Beförderung, liegt der Lieferungsort einer sog. **unbewegten Lieferung** in aller Regel dort, wo sich der Gegenstand zum Zeitpunkt der Verschaffung der Verfügungsmacht befindet (§ 3 (7) UStG). Anwendungsfälle sind im wesentlichen die Lieferung von Grund und Boden, Gebäuden, aber auch Montagelieferungen beim Abnehmer.

Hiervon abweichend wird der Ort der Lieferung bei **Beförderungs-** und **Versendungslieferungen** durch den Lieferer oder den Abnehmer vom Gesetz vorverlegt; solche sog. **bewegten Lieferungen** gelten mit dem **Beginn** der Beförderung (=Anfang der Fortbewegung) oder Versendung (=Übergabe an den Beauftragten) als ausgeführt (§ 3 (6) UStG). Demnach liegt eine Beförderungslieferung immer dann vor, wenn der Gegenstand vom liefernden Unternehmer oder von einem Erfüllungsgehilfen (z. B. Angestellten) oder aber von dem Abnehmer selbst bewegt wird. Der **Zeitpunkt der Lieferung** bestimmt sich nach dem zivilrechtlichen Gefahrenübergang (§§ 446 f., 929 BGB).

Beispiele:

Ein Unternehmer aus Bielefeld läßt Waren zu einem schwedischen Abnehmer nach Stockholm befördern; er bedient sich dabei eines betrieblichen Lkw. – Es liegt eine Beförderungslieferung vor, weil der Unternehmer bzw. ein Angestellter die Waren zum Abnehmer befördert. Ort der Lieferung ist Bielefeld, weil dort die Beförderung beginnt. Der Zeitpunkt der Lieferung richtet sich nach dem Gefahrenübergang, der bei der Übergabe an den Abnehmer in Stockholm anzunehmen ist.

Das obige Beispiel wird dahingehend variiert, daß der schwedische Abnehmer die Waren mit eigenem Lkw abholt. – Auch hier liegt eine Beförderungslieferung vor, weil der Abnehmer die Waren befördert. Der Ort der Lieferung liegt in Bielefeld.

Bei Versendungslieferungen liegt der Ort der Lieferung dort, wo die Versendung beginnt. Ausgeführt wird sie in aller Regel durch Frachtführer (z. B. Transportunternehmer) oder Spediteure. Der Ort der Lieferung bestimmt sich daher grundsätzlich nach dem Übergabeort an den Frachtführer. Der Zeitpunkt der Lieferung richtet sich - wie bei Beförderungslieferungen - nach dem zivilrechtlichen Gefahrenübergang (§ 447 BGB).

Beispiel:

Ein Unternehmer aus Bielefeld übergibt seine Waren einem Spediteur mit dem Auftrag, sie zu dem Abnehmer nach Stockholm zu bringen. Vereinbart ist die Übergabe der Ware in Stockholm. - Die Lieferung gilt mit der Übergabe der Ware an den Spediteur als erfolgt und ist daher im Inland umsatzsteuerbar.

Sollte allerdings die Ware auf dem Transportwege durch Diebstahl abhanden gekommen sein, hätte der Unternehmer (nach zivilrechtlichen Kriterien) noch nicht geliefert, da die Gefahr nach § 446 BGB erst mit Übergabe an den Abnehmer in Stockholm übergeht. In einem solchen Fall wäre (mangels Leistungsaustausches) keine steuerbare Lieferung gegeben.

Mit diesen Regelungen soll vermieden werden, daß das Besteuerungsverfahren von Exporteuren im Ausland und von ausländischen Importeuren im Inland abgewickelt werden müßte. Allerdings ist eine Einschränkung nach § 3 (8) UStG zu beachten, wonach bei beförderten oder versendeten Lieferungen aus dem Drittlandsgebiet (nicht-europäischen Ausland i. S. von § 1 (2a) Satz 3 UStG) ins Inland der **Lieferort** ins **Einfuhrland** verlegt wird, wenn der Unternehmer oder sein Beauftragter Schuldner der Einfuhr-Umsatzsteuer ist (**Tz 275 f.**).

1.1.2.2 Sonstige Leistungen

266 **Sonstige Leistungen** sind alle Leistungen, die keine Lieferungen darstellen (§ 3 (9) UStG); Beispiele sind Dienst-, Werk-, Vermittlungs-, Beförderungsleistungen, Vermietung und Verpachtung, Darlehensgewährung, Lagerung u.ä. Wie bei den Lieferungen ist der **Ort der sonstigen Leistung** von besonderer Bedeutung, da nur ein Leistungsaustausch im Inland die Steuerbarkeit auslöst. Grundsätzlich ist dies der Ort, von dem aus der Unternehmer sein Unternehmen betreibt (§ 3a (1) UStG). Dieser Grundsatz wird allerdings in vielfacher Weise durchbrochen (§ 3a (2)-(4) UStG, § 3b UStG; § 1 UStDV).

1.1.2.3 Werklieferungen und Werkleistungen

267 In der wirtschaftlichen Praxis kommen häufig neben reinen Lieferungen (Waren) und sonstigen Leistungen (Dienstleistungen) Mischtypen vor, die sich als **Werklieferungen** oder **Werkleistungen** klassifizieren lassen. Beide beruhen auf einem Werkvertrag (§ 631 BGB).

Die umsatzsteuerliche Behandlung richtet sich danach, wer die zur Werkerstellung benötigten Hauptstoffe beschafft (§ 3 (4) UStG). Bevorratet sich der Unternehmer selbst, so liegt eine Werklieferung vor. Nimmt der Unternehmer vom Auftraggeber die Hauptstoffe zur Be- oder Verarbeitung entgegen, so handelt es sich um eine Werkleistung.

Beispiel:

Ein Schneider fertigt im Auftrag eines Kunden einen Anzug. Den Stoff hat der Schneider selbst beschafft. - Der Anzugstoff ist als Hauptstoff anzusehen; folglich liegt eine Werklieferung vor. Hätte der Kunde den Anzugstoff geliefert, so wäre eine Werkleistung selbst dann anzunehmen, wenn der Schneider aus seinem Bestand Nebenstoffe beigefügt hätte.

Es kann Fälle geben, bei denen der beauftragte Unternehmer den ganzen Stoff beschafft und trotzdem eine Werkleistung vorliegt, weil der wesentliche Inhalt des Geschäfts ein **bestimmter Arbeitserfolg** ist, die Leistungselemente also eindeutig überwiegen.

Beispiel:

Ein Malermeister verwendet bei der Ausführung eines Hausanstrichs ausschließlich Farbe, die er selbst beschafft hat. - Er erbringt keine Werklieferung, sondern eine Werkleistung, da der wesentliche Inhalt des Auftrags ein bestimmter Arbeitserfolg, nämlich der Anstrich des Hauses ist.

268 Als Steuerfolgen sind festzuhalten: Werklieferungen werden wie Lieferungen, Werkleistungen wie sonstige Leistungen behandelt; damit sind Leistungsort und -zeitpunkt determiniert. Nach dem Grundsatz der Einheitlichkeit der Leistung erfolgt keine Aufspaltung in einen Lieferungs- und einen Leistungsbestandteil.

1.1.3 Übrige steuerbare Umsätze

1.1.3.1 Eigenverbrauch

269 Der Charakter der Umsatzsteuer als einer Unternehmensleistungs- und Verbrauchsteuer macht Ergänzungen zu der bislang behandelten Leistungsbesteuerung wie den **Eigenverbrauch** durch den Unternehmer im Inland erforderlich. Eigenverbrauch bedeutet **Selbstversorgung** des Unternehmers; ohne diesen Ergänzungstatbestand könnte ein Unternehmer Gegenstände für sein Unternehmen kaufen, die Eingangs-Umsatzsteuer (Vorsteuer) abziehen und den Gegenstand anschließend für private Zwecke ohne Belastung mit Ausgangs-Umsatzsteuer entnehmen oder nutzen.

Grundsätzlich werden drei Varianten des Eigenverbrauchs unterschieden (siehe auch **Schaubild 33**):

a. Die **Gegenstandsentnahme** (§ 1 (1) Nr. 2a UStG) entspricht der Lieferung.

Beispiel:

Ein Florist entnimmt aus seinem Geschäft einen großen Blumenstrauß, um seine Wohnung damit zu schmücken.

b. Die Entnahme **sonstiger Leistungen** (§ 1 (1) Nr. 2b UStG) erfaßt die dem Leistungsaustausch entsprechenden Vorgänge, die keine Lieferung darstellen.

Beispiel:

Ein Schlossermeister läßt in seiner Wohnung eine Reparatur der Badezimmerinstallationen von einem seiner Gesellen durchführen.

c. Als Eigenverbrauch wird schließlich noch angesehen, wenn ein Unternehmer im Inland ertragsteuerlich **nicht abzugsfähige Aufwendungen** i. S. von § 4 (5) Nr. 1-7 und (7) EStG oder unter das Abzugsverbot des § 12 Nr. 1 EStG fallende Aufwendungen tätigt (§ 1 (1) Nr. 2c UStG). Allerdings wird der ertragsteuerlich nicht abziehbare Teil der **Bewirtungsaufwendungen** (§ 4 (5) Nr. 2 EStG) von der Eigenverbrauchsbesteuerung freigestellt.

Beispiel:

Ein Unternehmer schenkt einem Kunden als Werbegeschenk eine Kiste Wein im Wert von 500 DM, die er aus betrieblichen Mitteln bezahlt. - Es liegt in voller Höhe Eigenverbrauch vor.

Praktisch besonders bedeutsam ist die in § 4 (5) Nr. 6 i.V.m. § 9 (1) Nr. 4 EStG enthaltene Regelung, wonach bei Fahrten zwischen Wohnung und Betriebstätte die Differenz zwischen den nachgewiesenen bzw. pauschal ermittelten Pkw-Aufwendungen und den nur limitiert abzugsfähigen Aufwendungen (ab 1994: 0,70 DM pro Tag und Entfernungskilometer) als Eigenverbrauch umsatzsteuerpflichtig ist. Die nicht abzugsfähigen Aufwendungen werden an anderer Stelle erläutert (**Tz 425**).

270 Die Besteuerung des Eigenverbrauchs bei Gegenstandsentnahme sowie bei entsprechender Entnahme einer sonstigen Leistung ist durch die 6. EG-Richtlinie - jedoch ohne entsprechende Anpassung des deutschen Umsatzsteuergesetzes - dahingehend eingeschränkt worden, daß die Umsatzbesteuerung dieser **beiden** Eigenverbrauchstatbestände nur noch dann erfolgt, wenn zum Zeitpunkt der Anschaffung des betroffenen Gegenstandes dieser zum Vorsteuerabzug berechtigte (Art. 5 (6) und Art. 6 (2a) der 6. EG-Richtlinie). Nach der Rechtsprechung des EuGH haben die EG-Richtlinien unmittelbare Geltung, wenn sie von dem nationalen Gesetzgeber nicht ins nationale Recht umgesetzt worden sind und der Steuerpflichtige sich (ausdrücklich) auf die für ihn günstigere EG-Richtlinie beruft.

Beispiel:

Ein Kraftfahrzeughändler schenkt seinem Sohn zum 18. Geburtstag aus seinem Handelsgeschäft einen Pkw, den er ursprünglich von einer Privatperson erworben hatte. Obwohl der Pkw für Zwecke entnommen wird, die außerhalb des Unternehmens liegen, unterliegt dieser Sachverhalt nicht der Eigenverbrauchsbesteuerung. Die Anschaffung des Gegenstandes erfolgte von einer Privatperson und ermöglichte insoweit keinen Vorsteuerabzug.

271 Problematisch ist die Anlehnung an die 6. EG-Richtlinie, wenn zwar bei der Anschaffung des Gegenstandes kein Vorsteuerabzug möglich war, später aber anläßlich von Reparaturen Teile ersetzt wurden und hinsichtlich dieser Teile ein Vorsteuerabzug resultierte. Nach Auffassung der Finanzverwaltung kann die Besteuerung des **Entnahmeeigenverbrauchs** unterbleiben, wenn die vorsteuerabzugsberechtigten Aufwendungen (ohne Umsatzsteuer) für Verbesserungen, Reparaturen und Wartungsarbeiten (einschließlich Pflege) an dem entnommenen Gegenstand **20% seiner ursprünglichen Anschaffungskosten nicht** übersteigen (vgl. auch BMF vom 13.05.1994, BStBl. I 1994, S. 298).

272 Soweit ein Unternehmer seinen Pkw sowohl betrieblich als auch privat nutzt und für die Ermittlung der einkommensteuerlichen Nutzungsentnahme den Pauschalwert von 1% des Bruttolistenpreises (§ 6 (1) Nr. 4 Satz 2 EStG) ansetzt, kann dieser aus Vereinfachungsgründen auch als Grundlage für die Bemessungsgrundlage des Leistungseigenverbrauchs verwendet werden. Nach Auffassung der Finanzverwaltung ist in gleicher Weise ein pauschaler Abschlag für nicht vorsteuerbelastete Kosten in Höhe von **20%** vorzunehmen (BMF vom 21.02.1996, BStBl. I 1996, S. 151).

Arten steuerbarer Umsätze	Tatbestandsmerkmale der einzelnen Umsatzarten	rechtliche Grundlagen
Lieferungen und **sonstige Leistungen**	– **Lieferungen** und **sonstige Leistungen** werden von – **Unternehmern** – im **Inland** – gegen **Entgelt** – im **Rahmen ihres Unternehmens** ausgeführt.	§ 1 (1) Nr. 1 UStG
Eigenverbrauch (Entnahme) von **Gegenständen**	– **Gegenstände** werden von – **Unternehmern** – im **Inland** – aus ihren **Unternehmen** – für eigene **private Zwecke** entnommen.	§ 1 (1) Nr. 2a UStG
Eigenverbrauch (Entnahme) von **sonstigen Leistungen**	– **Sonstige Leistungen** werden von – **Unternehmern** – im **Inland** – aus ihren **Unternehmen** – für eigene **private Zwecke** entnommen.	§ 1 (1) Nr. 2b UStG

Eigenverbrauch bestimmter **nicht abzugsfähiger Aufwendungen**	– **nicht abzugsfähige Aufwendungen** i. S. von § 4 (5) Nr. 1-7 und (7) sowie § 12 Nr. 1 EStG werden von – **Unternehmern** – im **Inland** getätigt.	§ 1 (1) Nr. 2c UStG
unentgeltliche Leistungen an Gesellschafter	– **Lieferungen** und **sonstige Leistungen** werden von – **Personenvereinigungen** (Gesellschaften) – im **Rahmen ihres Unternehmens** an ihre – **Mitglieder (Gesellschafter)** – im **Inland** – **unentgeltlich** ausgeführt.	§ 1 (1) Nr. 3 UStG
Einfuhr	Es werden – **Gegenstände** – in das **Zollgebiet** eingeführt	§ 1 (1) Nr. 4 UStG
innergemeinschaftlicher Erwerb im Inland	– **Gegenstand** gelangt innergemeinschaftlich über die **Grenze**. – Lieferer ist **Unternehmer**, der Lieferungen im Rahmen seines Unternehmens gegen Entgelt ausführt und kein Kleinunternehmer ist. – **Erwerber** erfüllt die Voraussetzungen des § 1a (1) Nr. 2 UStG. – Es liegt **keine Ausnahme** nach § 1a (3) Nr. 1 a-d UStG vor.	§ 1 (1) Nr. 5 UStG

Schaubild 35: Zusammenfassende Übersicht über die steuerbaren Umsätze und ihre Rechtsgrundlagen

1.1.3.2 Unentgeltliche Leistungen an Gesellschafter

273 Gesellschaft und Gesellschafter sind - ähnlich wie bei der Körperschaftsteuer - auch für das Umsatzsteuerrecht zu trennen. Da Personen- und Kapitalgesellschaften selbst Steuersubjekt der Umsatzsteuer sind, können die einzelnen Gesellschafter keine Entnahmen als Unternehmer tätigen. Unbestritten gibt es jedoch Vorgänge, die einem Gesellschafter die gleichen wirtschaftlichen Vorteile gewähren, wie sie ein entsprechender Eigenverbrauch eines Einzelunternehmers darstellt. Diesem Umstand trägt § 1 (1) Nr. 3 UStG Rechnung.

Beispiel:

Eine GmbH stellt einem Gesellschafter für Fahrten zur Gesellschafterversammlung einen Pkw ohne besonders berechnetes Entgelt zur Verfügung. Diese Pkw-Überlassung erfolgt aus unternehmerischen Gründen und wird nach § 1 (1) Nr. 3 UStG steuerlich erfaßt.

274 Die Vorschrift des § 1 (1) Nr. 3 UStG hat nur noch geringe praktische Bedeutung, da sie in direkter Konkurrenz zu dem Eigenverbrauchstatbestand nach § 1 (1) Nr. 2b UStG steht. Während der Eigenverbrauch allein auf die Wertabgabe zu **unternehmensfremden** Zwecken abstellt, besteuert § 1 (1) Nr. 3 UStG nach Auffassung der Finanzverwaltung unent-

geltliche Leistungen an Gesellschafter aus **unternehmerischen** Gründen. Durch die Möglichkeit, in den Fällen des § 1 (1) Nr. 3 UStG eine kein Entgelt enthaltende Rechnung (§ 14 (1) Satz 3 UStG) zu erstellen, kann erreicht werden, daß der Vorgang im unternehmerischen Bereich neutral behandelt wird. Aus den amtlichen Materialien ergibt sich, daß dies nur gelten soll, wenn die unentgeltliche Wertabgabe nicht gleichzeitig als Eigenverbrauch nach §§ 1 (1) Nr. 2a, 1 (1) Nr. 2b UStG erfaßt wird (Begründung zu Art. 7 Nr. 3 WobauFördG vom 22.12.1989).

Beispiel:

Der Gesellschafter einer KG verwendet den firmeneigenen Pkw auch für Privatfahrten. Er braucht der Gesellschaft nichts dafür zu bezahlen. Die Überlassung des Pkw stellt eine sonstige Leistung der Gesellschaft an den Gesellschafter dar, die (nach Auffassung der Finanzverwaltung vorrangig) als Leistungseigeneverbrauch nach § 1 (1) Nr. 2b UStG, aber auch als Leistung i. S. d. § 1 (1) Nr. 3 UStG erfaßt werden kann. Beides ist steuerbar (§ 3a (1) UStG) und mangels Befreiung auch umsatzsteuerpflichtig (Umkehrschluß § 4 UStG).

1.1.3.3 Einfuhr

275 Jede Leistung, die ein Endverbraucher im Inland in Anspruch nimmt, soll im Grundsatz - unabhängig davon, ob sie im Inland, in der EU oder im Ausland (Drittland) erbracht wurde - der deutschen Umsatzsteuer unterworfen werden. Bei der Einfuhr wird dieser Grundsatz dadurch verwirklicht, daß die aus Ländern außerhalb der EU (Drittlandsgebiete) stammenden und in das Inland eingeführten Gegenstände mit **Einfuhr-Umsatzsteuer** belastet werden. Wer die Produkte einführt, ist dabei unerheblich, so daß Einfuhr-Umsatzsteuer auch dann anfällt, wenn **Privatpersonen** als Einführende tätig werden (§ 1 (1) Nr. 4 UStG). Einfuhren aus Mitgliedsstaaten der EU unterliegen dagegen der **Erwerbsbesteuerung** (§ 1 (1) Nr. 5 UStG).

276 Die aus Drittlandstaaten exportierte Ware wird im Herkunftsland durch eine Befreiung und Erstattung der Umsatzsteuer entlastet und im Bestimmungsland durch die Erhebung der Einfuhr-Umsatzsteuer wieder dem dortigen Umsatzsteuerniveau entsprechend belastet (**Bestimmungslandprinzip**). Wettbewerbsnachteile für gleiche, im Bestimmungsland hergestellte Waren werden auf diese Weise beseitigt. Innerhalb der EU wird das Bestimmungslandprinzip durch die steuerfreie innergemeinschaftliche Lieferung (§ 6a UStG) in Verbindung mit der Besteuerung des innergemeinschaftlichen Erwerbs durch den Abnehmer (§ 1a UStG) verwirklicht.

1.1.3.4 Innergemeinschaftlicher Erwerb

277 Durch die Besteuerung des sog. innergemeinschaftlichen Erwerbs (**Tz 314 f.**) unterliegt grundsätzlich jeder Erwerb von Gegenständen **aus einem anderen EU-Mitgliedstaat** der inländischen Umsatzsteuer, wenn der erworbene Gegenstand ins Inland gelangt. Mit dieser Neuregelung 1993 sind umfangreiche formelle Pflichten verbunden. Aus Vereinfachungsgründen hat daher der Gesetzgeber für bestimmte Personengruppen vorgesehen, daß inner-

gemeinschaftliche Erwerbe erst nach Überschreiten einer bestimmten **Erwerbsschwelle** besteuert werden. Diese gilt auch für kleinere Handwerksbetriebe (§ 1a (3) UStG), die umsatzsteuerlich als Kleinunternehmer (§ 19 UStG) eingestuft werden, wenn im vorangegangenen und voraussichtlich auch im laufenden Kalenderjahr für nicht mehr als 25.000 DM innergemeinschaftliche Erwerbe getätigt wurden (§ 1a (1) UStG). Die Anschaffung von neuen Fahrzeugen und verbrauchsteuerpflichtigen Waren (z. B. Alkohol, Tabakwaren) aus dem europäischen Ausland unterliegen dagegen ausnahmslos der inländischen Umsatzsteuer.

Beispiel:

Der Baustoffhändler A aus Herford tätigte als umsatzsteuerlicher Kleinunternehmer in 1998 aus allen EU-Staaten innergemeinschaftliche Erwerbe in Höhe von 27.000 DM. In 1999 hat A die Erwerbsbesteuerung durchzuführen.

Allerdings können handwerkliche Kleinbetriebe, die die Erwerbsschwelle unterschreiten, für eine Besteuerung ihrer innergemeinschaftlichen Erwerbe im Inland optieren (§ 1a (4) UStG). Diese Option ist für mindestens zwei Kalenderjahre bindend.

Aus deutscher Sicht ist eine Option für eine Umsatzbesteuerung des innergemeinschaftlichen Erwerbs in aller Regel vorteilhaft, weil die so entstehende deutsche Umsatzsteuerlast durch die relativ moderaten Steuersätze im Vergleich zu den übrigen EU-Mitgliedstaaten niedriger ist. Bei Nicht-Option würde ansonsten der innergemeinschaftliche Erwerb – dem Ursprungslandprinzip entsprechend – mit der ausländischen Umsatzsteuer belastet bleiben.

Beispiel:

Der Bielefelder Handwerker B erwirbt für 10.000 DM netto eine Maschine aus Dänemark. Wenn er optiert, zahlt er nur 16% deutsche Umsatzsteuer auf 10.000 DM, während der Verkäufer aus Dänemark ihn mit einer innergemeinschaftlichen Lieferung umsatzsteuerfrei beliefern kann (dänische Umsatzsteuer 25%). Durch die Option muß der Handwerker allerdings auch für die folgenden zwei Jahre alle innergemeinschaftlichen Erwerbe im Inland versteuern.

Liegt umsatzsteuerlich kein Kleinunternehmer vor und ist der Unternehmer zum vollen Vorsteuerabzug berechtigt, so ist die Erwerbsschwelle ohne Bedeutung. Wird dann ein Gegenstand aus einem anderen EU-Staat für das Unternehmen eingeführt, unterliegt dieser Vorgang der deutschen Umsatzsteuer. Die vom inländischen Unternehmer zu entrichtende Erwerbsteuer auf eingeführte Gegenstände für sein Unternehmen ist grundsätzlich als Vorsteuer abzugsfähig (§ 15 (1) Nr. 3 UStG). Sollte ein Handwerksbetrieb als Kleinunternehmer die Erwerbsschwelle unterschreiten (ohne weitere Option), entfällt hingegen nach § 19 (1) UStG ein Vorsteuerabzug.

Schaubild 35 zeigt die Arten steuerbarer Umsätze, ihre wesentlichen Tatbestandsmerkmale und die rechtlichen Grundlagen noch einmal im Überblick.

1.2 Steuerbefreiungen

278 Trotz gegebener Umsatzsteuerbarkeit von Umsätzen ist es möglich, daß sie **keine Steuerpflicht** auslösen, weil eine **Befreiungsvorschrift** eingreift.

Die einzelnen Befreiungstatbestände sind dem umfangreichen Katalog der §§ 4, 4b, 5 UStG zu entnehmen, dessen wichtigste Gruppen kurz dargestellt werden.

1.2.1 Gruppierung der steuerfreien Umsätze

279 Die Befreiungen des § 4 UStG erfolgen im einzelnen aus wirtschafts-, sozial- und kulturpolitischen Gründen.

280 Die **Exportumsätze** (Ausfuhrlieferungen und innergemeinschaftliche Lieferungen gemäß §§ 4 Nr. 1a, 1b i.V.m. §§ 6, 6a UStG; Lohnveredelungen an Gegenständen der Ausfuhr gemäß § 4 Nr. 1a i.V.m. § 7 UStG) als bedeutendste befreite Umsätze werden aus Wettbewerbsgründen von inländischer Umsatzsteuer ganz entlastet, da sie im Drittland bzw. der übrigen EU mit entsprechender ausländischer Umsatzsteuer belegt werden. Trotz der Befreiung wird der Vorsteuerabzug **(Tz 295 ff.)** gewährt. Zwecks Ausfuhrdokumentation müssen bestimmte buchmäßige Nachweise erbracht werden (§§ 8 ff., 17a ff. UStDV), die für die Umsatzsteuerbefreiung vorausgesetzt werden.

281 Die Umsätze des **Geld- und Kapitalverkehrs** (§ 4 Nr. 8 UStG) sind steuerfrei. Auch wenn es sich vielfach um typische Bankumsätze handelt, so kann diese Befreiung für handwerksbetriebliche Umsätze bedeutsam sein, wenn eine Kreditgewährung nicht als unselbständiger Teil eines Liefergeschäfts (hier ist der gesamte Vorgang steuerbar und steuerpflichtig), sondern als gesonderte sonstige Leistung anzusehen ist (siehe R 29, 29a UStR).

Beispiel:

Der Handwerksunternehmer U hat an den Abnehmer A Waren im Wert von 150.000 DM geliefert. Wegen Liquiditätsschwierigkeiten kann A bei Fälligkeit nur 50.000 DM bezahlen; im Hinblick auf den Restbetrag von 100.000 DM bittet A um Umwandlung in ein langfristiges Darlehen. U ist damit einverstanden (Novation). Es liegt nunmehr ein Kapitalkredit vor, während zunächst ein normales Lieferkreditverhältnis bestand.

Die Zinsen für die Überlassung des Kapitalkredits von U an A sind von der Umsatzsteuer befreit. Die bis zur Novation etwa in Rechnung gestellten Zinsen sind Teil des Entgeltes für die einheitliche Leistung "Warenlieferung" mit der Folge, daß es sich hier um einen steuerpflichtigen Vorgang handelt.

282 Besondere Befreiungsvorschriften für **unter Spezialgesetze fallende Umsätze** enthalten § 4 Nr. 9a UStG (Grunderwerbsteuer) und § 4 Nr. 10 UStG (Versicherungsteuer).

283 Eine wichtige Freistellung enthält § 4 Nr. 12a UStG mit der Befreiung der Umsätze aus **Vermietung und Verpachtung** von Immobilien (siehe **Tz 300**).

284 Eine weitere große Gruppe stellen die Befreiungen aus **sozial-** und **kulturpolitischen** Gründen dar (§ 4 Nr. 14 bis 28 UStG).

1.2.2 Verzicht auf Befreiungen

285 Es kann sinnvoll sein, auf Umsatzsteuerbefreiungen zu verzichten. Um dies zu verstehen, muß zunächst die grundsätzliche Wirkung der verschiedenen Befreiungen erläutert werden.

a. Befreite Umsätze an **Endabnehmer im Inland** sind gegenüber der Regelbesteuerung vorteilhaft. Der Vorteil besteht allerdings nicht im vollen Steuerbetrag; er wird durch das Verbot des Vorsteuerabzugs (**Tz 299**) gemindert, da nach der Konzeption des Umsatzsteuergesetzes der Vorsteuerabzug bei Ausführung steuerbefreiter Umsätze grundsätzlich entfallen soll.

b. Befreite Umsätze **mit Vorsteuerabzug innerhalb der Unternehmerkette** wirken sich gar nicht aus, da die auf der befreiten Stufe ausfallende Umsatzsteuer auf der nächsten Stufe bei voller Besteuerung nachgeholt wird.

c. Befreite Umsätze **ohne Vorsteuerabzug innerhalb der Unternehmerkette** sind von Nachteil, da die Befreiung selbst neutral wirkt (wie unter b.), das mit den meisten Befreiungen verbundene Abzugsverbot für die Vorsteuer jedoch eine gegenüber der Regelbesteuerung zusätzliche Belastung darstellt.

286 Der unter c. aufgezeigte Nachteil läßt sich vermeiden, wenn der befreite Unternehmer die ihm durch § 9 UStG eingeräumte Möglichkeit, auf die **Steuerbefreiung zu verzichten**, wahrnimmt (**Option zur Steuerpflicht**). Durch den Verzicht auf die Befreiung erlangt er nämlich die Berechtigung zum Vorsteuerabzug für Eingangsleistungen. Eine solche Option ist möglich i.w. für die Umsätze des **Geld- und Kapitalverkehrs**, für **Grundstücksumsätze** und für **Vermietungs-** und **Verpachtungsleistungen** von Grundstücken, wenn die Leistung an einen anderen Unternehmer für dessen Unternehmen ausgeführt wird. Die Entscheidung braucht nicht für alle entsprechenden Umsätze einheitlich, sondern sie kann innerhalb der erwähnten Umsatzarten einzeln für jeden Umsatz getroffen werden.

Bei Umsätzen aus Vermietung und Verpachtung von Grundstücken muß sichergestellt sein, daß keine nichtunternehmerische Nutzung vorliegt. Insoweit muß z.B. der Mieter als Leistungsempfänger das Grundstück seinerseits ausschließlich für Umsätze verwenden, die den Vorsteuerabzug nicht ausschließen (§ 9 (2) UStG). Es soll auf diese Weise die gewerbliche Zwischenvermietung verhindert werden, die in der Vergangenheit im Zusammenhang mit Bauherrenmodellen eine große Rolle gespielt hat.

1.3 Die Steuerbemessungsgrundlage

287 Wenn die Steuerpflicht feststeht, muß die Bemessungsgrundlage, auf die der gültige Steuersatz anzuwenden ist, festgestellt werden.

288 Bemessungsgrundlage bei **Lieferungen** und **sonstigen Leistungen** ist das **Entgelt** ohne die Umsatzsteuer (§ 10 (1) UStG), also die **tatsächliche Gegenleistung**. Auslagen, die im eigenen Namen weiter berechnet werden (z. B. Porti, Telefonkosten, Reisekosten), gehören zum Entgelt. Nach Auffassung der Rechtsprechung (BFH, BStBl. II 1972, S. 405) gehört das **dem Unternehmer gewährte Trinkgeld** dazu. Hingegen bedeuten erhaltene Skonti, Boni, nachträgliche Rabatte, Abzüge wegen Mängelrügen u.ä. Entgelt**minderungen**. Werden Leistungen unentgeltlich ausgeführt, so stellen der Einkaufspreis zuzüglich Nebenkosten (ersatzweise die Selbstkosten) die Bemessungsgrundlage für diese Lieferungen und den Eigenverbrauch dar. Die bei der Ausführung der Umsätze entstandenen Kosten (incl. fixen Kosten) sind die Bemessungsgrundlage für die entsprechenden sonstige Leistungen (§ 10 (4) Nrn. 1 und 2 UStG). Sowohl der Ansatz eines Gewinnaufschlages als auch der Ansatz kalkulatorischer Kosten (z. B. Unternehmerlohn) ist dabei ausgeschlossen. Bei der Eigenverbrauchsbesteuerung nichtabzugsfähiger Betriebsausgaben ist die umsatzsteuerliche Bemessungsgrundlage weitgehend mit dem Betrag der einkommensteuerlich nicht abzugsfähigen Betriebsausgaben identisch. Dies gilt jedoch nicht für die 20% der angemessenen Bewirtungsaufwendungen (einkommensteuerlich nicht abzugsfähig), da diese Aufwendungen nicht als Eigenverbrauch umsatzversteuert werden müssen (Umkehrschluß aus § 1 (1) Nr. 2c Satz 2 UStG). Der innergemeinschaftliche Erwerb einer Gegenstandes wird ebenfalls nach dem Entgelt bemessen.

Für den Entgeltbegriff ist es ohne Belang, ob die Besteuerung nach **vereinbarten** Entgelten (**Soll-Besteuerung**) oder nach **vereinnahmten** Entgelten (**Ist-Besteuerung**; **Tz 305 f.**) erfolgt. Diese beiden unterschiedlichen Arten der Umsatzbesteuerung regeln lediglich den **Zeitpunkt der Entstehung** der Steuerschuld und der Besteuerung; die Bemessungsgrundlage Entgelt ist in jedem Falle das, was der Leistungsempfänger tatsächlich zur Erlangung der Leistung aufwendet.

Beispiel:

Der Fabrikant F liefert dem Handwerksunternehmer H eine Maschine zum vereinbarten Preis von 20.000 DM zuzüglich Umsatzsteuer (Soll-Besteuerung). Aufgrund einer Mängelrüge des H erläßt F dem H einige Monate nach der Lieferung 10% des vereinbarten Preises.

Das Entgelt von 20.000 DM ermäßigt sich nachträglich auf 18.000 DM. Diesen Betrag zuzüglich Umsatzsteuer wendet H tatsächlich auf, um die Maschine zu erhalten.

289 Bei den **unentgeltlichen Vorgängen** wie **Eigenverbrauch** und den entsprechenden **Leistungen an Gesellschafter** müssen andere Bemessungsgrundlagen herangezogen werden (**Schaubild 36**), da es in diesen Fällen an einem Leistungsaustausch mangelt und deswegen das Entgelt fehlt.

Leistungsinhalt:	Entnahme von **Gegenständen** (1)	Entnahme von **sonstigen Leistungen** (2)	Tätigung bestimmter **nicht abzugsfähiger Aufwendungen** (3)	**unentgeltliche Leistungen** an **Gesellschafter** (4)
Bemessungsgrundlage:	Einkaufspreis + Nebenkosten; ersatzweise: Selbstkosten (§ 10 (4) Nr. 1 UStG)	Betrag der entstandenen Kosten (§ 10 (4) Nr. 2 UStG)	Betrag der entstandenen Aufwendungen (§ 10 (4) Nr. 3 UStG)	wie bei (1) und (2)

Schaubild 36: Bemessungsgrundlagen bei unentgeltlichen Vorgängen

290 Bemessungsgrundlage der **Einfuhr**umsatzsteuer ist grundsätzlich der Zollwert (§ 11 (1) UStG).

291 Da bei **nahestehenden Personen** nicht auszuschließen ist, daß sie die Bemessungsgrundlage in der alleinigen Absicht der Umsatzsteuereinsparung zu manipulieren versuchen, enthält § 10 (5) UStG Vorschriften über **Mindest**bemessungsgrundlagen (siehe auch **Tz 609 ff.**).

292 Ändert sich die Bemessungsgrundlage nachträglich (Forderungsausfall, Rückvergütung u.ä.) so hat der leistende Unternehmer die Ausgangs-Umsatzsteuer, der empfangende Unternehmer die Eingangs-Umsatzsteuer entsprechend in dem Besteuerungszeitraum, in dem die Änderung eingetreten ist, zu korrigieren (§ 17 UStG).

293 Eine Sonderregelung im Hinblick auf die Bemessungsgrundlage enthält § 25a UStG insbesondere für den Handel mit Gebrauchtwagen. Hier wird die Umsatzsteuer nach der Differenz zwischen dem Verkaufspreis und dem Einkaufspreis bemessen (**Differenz-** oder **Margenbesteuerung**). Die Umsatzsteuer selbst gehört - wie im Normalfall - nicht zur Bemessungsgrundlage.

Beispiel:

Der Automobilhandels- und -reparaturunternehmer A erwirbt für 6.960 DM den Gebrauchtwagen des Privatmanns B. Er veräußert ihn für 9.280 DM an den Privatmann C. - Es entsteht lediglich eine Ausgangs-Umsatzsteuer von 280 DM (9.280 DM - 6.960 DM = 2.320 DM; 2.320 DM : 1,16 = 2.000 DM Bemessungsgrundlage).

Der wiederverkaufende Unternehmer wird durch den Abzug des Vorumsatzes so gestellt, als wäre er beim Erwerb des Fahrzeugs vorsteuerabzugsberechtigt gewesen. Die seit 1. Juli 1990 geltende Neuregelung macht die vielen vorgetäuschten Agenturvereinbarungen überflüssig.

1.4 Steuersätze

294 Seit dem 1.04.1998 beträgt der **Regelsteuersatz 16%** (§ 12 (1) UStG; **Schaubild 31**). Der **ermäßigte** Satz entspricht mit **7%** weniger als dem halben Regelsteuersatz (§ 12 (2) UStG) und ist für die in der Anlage I zum Umsatzsteuergesetz aufgeführten Leistungen und Gegenstände anzuwenden. Der ermäßigte Satz gilt aus sozialen Gründen bei **Lieferungen**, **Eigenverbrauch** und **Einfuhr** für die aufgeführten Lebensmittel, während aus kulturellen Rücksichten Bücher, Zeitschriften und Kunstgegenstände begünstigt sind. Hinsichtlich der **sonstigen Leistungen** zum ermäßigten Satz ist die Begünstigung des Personennahverkehrs besonders zu erwähnen.

2. Die Behandlung der Eingangs-Umsätze

295 Wie bereits dargestellt, bildet der **Abzug** der auf den Eingangs-Umsätzen lastenden **Vorsteuer** ein fundamentales Systemelement der Umsatzsteuer. Als Vorsteuer abzugsfähig ist die einem Unternehmer von einem anderen Unternehmer gesondert in Rechnung gestellte Umsatzsteuer für Lieferungen oder sonstige Leistungen, die für sein Unternehmen ausgeführt wurden. Darüber hinaus kann die Einfuhr-Umsatzsteuer, welche der Unternehmer für Gegenstände entrichtet hat, die für sein Unternehmen in das Inland eingeführt worden sind, als Vorsteuer geltend gemacht werden. In vergleichbarer Weise kann der Unternehmer die Steuer auf den innergemeinschaftlichen Erwerb von Gegenständen für sein Unternehmen als Vorsteuer abziehen (§ 15 (1) UStG).

2.1 Allgemeine Voraussetzungen des Vorsteuerabzugs

296 Die allgemeinen Voraussetzungen des Vorsteuerabzugs lassen sich dem **Schaubild 37** entnehmen.

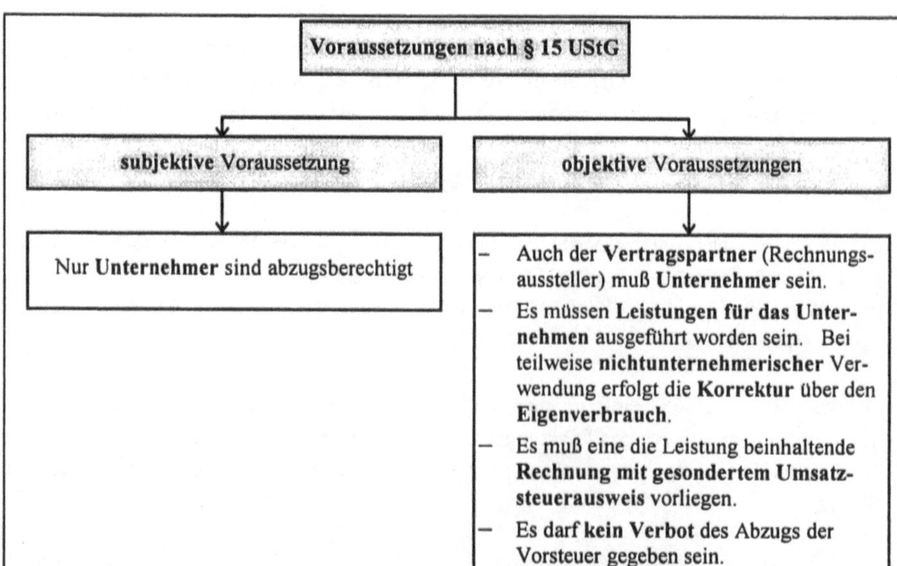

Schaubild 37: Allgemeine Voraussetzungen des Vorsteuerabzugs

297 In der Besteuerungspraxis ist besonders wichtig, daß die in § 14 UStG kodifizierten Bedingungen für eine richtige Rechnungsausstellung erfüllt sind. Da bei unzureichenden Rechnungen der Vorsteuerabzug verloren ginge, müssen gegebenenfalls berichtigte Rechnungen angefordert werden.

Selbst wenn eine Rechnung alle erforderlichen Angaben, jedoch - z.B. aufgrund eines Irrtums - einen zu geringen Steuerbetrag ausweist, darf der Unternehmer den Betrag nicht durch die richtige Vorsteuersumme ersetzen. Auch hier ist eine Berichtigung seitens des Rechnungsausstellers zu verlangen. Einen zu hohen Steuerbetrag hingegen darf er abziehen, wenn dieser nicht als offensichtlich falsch erkennbar ist; in diesem Falle schuldet nämlich der leistende Unternehmer den Mehrbetrag.

298 An Rechnungen über **Kleinbeträge** (bis höchstens 200 DM) werden geringere Anforderungen gestellt. Hier braucht insbesondere der Steuerbetrag nicht gesondert ausgewiesen zu werden; es reicht die Angabe des Steuersatzes. Der empfangende Unternehmer hat dann den Rechnungsbetrag in Entgelt und Steuerbetrag aufzuteilen.

Eine Ermittlung für jede einzelne Rechnung ist nicht erforderlich; die summarische Verbuchung der Bruttobeträge und Herausrechnung der Vorsteuer für den Besteuerungszeitraum reicht aus (siehe § 33 UStDV). Für Rechnungen über **Fahrausweise** und **Reisekosten** - insbesondere pauschalierte Reisekosten - sind §§ 35-38 UStDV besonders zu beachten.

2.2 Ausschluß vom Vorsteuerabzug

299 Der Vorsteuerabzug wird dem Unternehmer verwehrt, wenn er die an ihn ausgeführten Eingangs-Umsätze für eigene Ausgangsumsätze verwendet, die **steuerfrei** sind (§ 15 (2) UStG). Dieses Vorsteuerabzugsverbot für steuerfreie Umsätze wird insbesondere für Ausfuhrlieferungen, innergemeinschaftliche Lieferungen, ähnliche Umsätze und damit zusammenhängende Leistungen aufgehoben (§ 15 (3) UStG).

Bei Leistungen innerhalb der Unternehmerkette entstehen bei Befreiungen mit gleichzeitigem Vorsteuerabzugsverbot zusätzliche Belastungen, die unter dem Gesichtspunkt der Belastungsneutralität für die beteiligten Unternehmer systemwidrig sind. Deshalb bietet § 9 UStG Unternehmern in bestimmten Fällen die Möglichkeit, auf die **Steuerbefreiung zu verzichten**, um so das Abzugsverbot der Eingangs-Umsatzsteuer rückgängig zu machen. Auf diesen bereits erläuterten Zusammenhang (**Tz 285 f.**) und die Bedingungen, unter denen eine Option für die Regelbesteuerung wirtschaftlich sinnvoll ist, weist **Schaubild 38** hin.

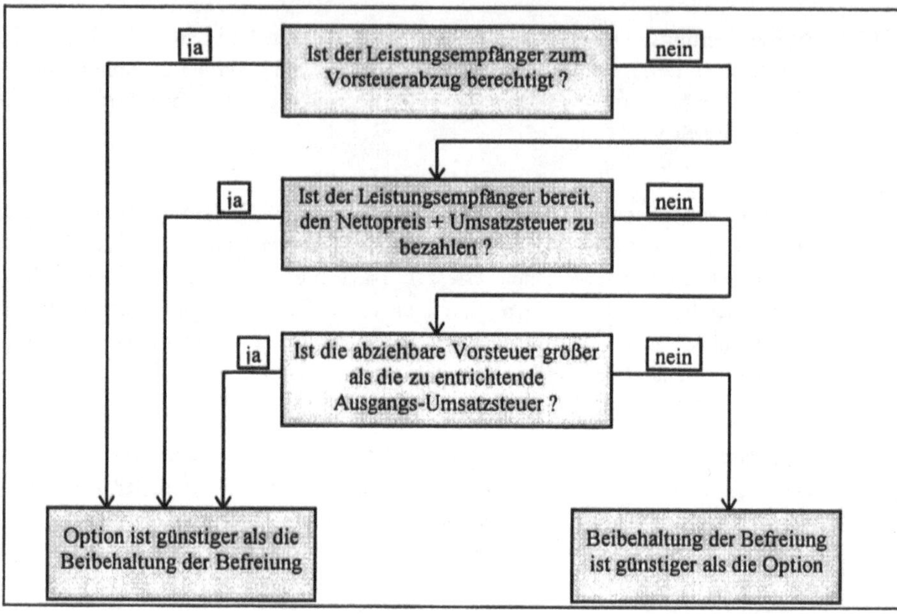

Schaubild 38: Entscheidungskriterien für oder gegen die Option zur Regelbesteuerung

300 In der Praxis ist das Nebeneinander von steuerpflichtigen und steuerfreien Ausgangs-Umsätzen bei ein und demselben Unternehmer nicht selten; insbesondere bei der Vermietung von Grundstücken und bei Darlehensgewährungen können steuerfreie Umsätze auch bei Handwerksunternehmern vorkommen. In diesen Fällen ist die Vorsteuer nach wirtschaftlichen Gesichtspunkten in einen abziehbaren und einen nicht abziehbaren Teil zu spalten, indem sie den Abzugsumsätzen bzw. den Ausschlußumsätzen zugeordnet wird. Hängen einzelne Vorsteuerbeträge mit beiden Gruppen von Umsätzen zusammen, ist die Aufteilung schwieriger. Sie geschieht durch eine sachgerechte Schätzung, die das Gesetz nicht im einzelnen vorschreibt (§ 15 (4) UStG).

Beispiel:

Ein Möbelschreiner, der in seinem Haus einen Verkaufsladen unterhält und einige Etagen an Privatpersonen vermietet hat, erzielt in 01 folgende Umsätze:

	DM
Möbelverkäufe im Inland	900.000
Möbelverkäufe in die EU/Drittland (Ausland)	40.000
Entnahme von Möbeln für eigene private Zwecke (Einkaufspreis)	10.000
steuerfreie Vermietungen	50.000
Gesamtumsatz	1.000.000
Ausschlußumsätze (steuerfreie Vermietungen)	50.000
Abzugsumsätze	950.000

Vorsteuerbeträge aus den Rechnungen:	
Leistungen für das Unternehmen	80.000
Handwerkerleistungen für die steuerfrei vermieteten Wohnungen	5.000
Leistungen für das gesamte Gebäude	5.000
Vorsteuer gesamt	90.000

Nutzfläche der steuerfrei vermieteten Wohnungen: 40%

Aufteilung nach § 15 (4) UStG (Schätzmethode):	abzugsfähige Vorsteuer DM	nicht abzugsfähige Vorsteuer DM
aus Leistungen für das Unternehmen	80.000	-
aus Leistungen für die vermieteten Wohnungen	-	5.000
aus Leistungen für das gesamte Gebäude	3.000	2.000
	83.000	7.000

301 Die Vorsteuer, die auf Wirtschaftsgüter mit mehrjähriger Nutzungsdauer entfällt, kann im Anschaffungsjahr **voll** abgezogen werden, soweit ihr betrieblicher Einsatz ausschließlich Abzugsumsätze bewirkt. Ändern sich die Verhältnisse bei solchen Wirtschaftsgütern jedoch innerhalb von 5 Jahren - bei Grundstücken innerhalb von 10 Jahren - seit dem Beginn ihrer erstmaligen Verwendung, so muß für jedes Jahr eine Änderung des Vorsteuerabzugs erfolgen (§ 15a UStG).

3. Das Besteuerungsverfahren

3.1 Voranmeldung und Steuererklärung

302 Der Besteuerungszeitraum der Umsatzsteuer ist das **Kalenderjahr** (§ 16 (1) UStG); eine entsprechende Jahreserklärung ist bis zum 31. Mai des Folgejahres abzugeben (§ 18 (3) UStG).

303 Zusätzlich müssen für kürzere Zeiträume, nämlich **monatliche Voranmeldungszeiträume**, Erklärungen abgegeben werden, aus denen sich die in genauer Rechnung ermittelten Vorauszahlungen bzw. Rückzahlungen ergeben (§ 18 (1) UStG). Bei einer Umsatzsteuerschuld für das Vorjahr von nicht mehr als 12.000 DM, jedoch mehr als 1.000 DM, ist das **Kalendervierteljahr** Voranmeldungszeitraum; eine Vorjahresschuld von nicht mehr als 1.000 DM entbindet den Unternehmer von der Verpflichtung zur Voranmeldung und Vorauszahlung (§ 18 (2) UStG). Die Erklärungen und Zahlungen haben bis zum 10. Tag nach Ablauf des Voranmeldungszeitraums zu erfolgen; zur Entrichtung gewährt § 240 AO eine verlängernde Schonfrist von 5 Tagen (nur für den Fall der Überweisung, nicht bei Scheck-

oder Barzahlung). Das Finanzamt kann eine **Dauerfristverlängerung** (für die Abgabe der Voranmeldungen und die Entrichtung von Vorauszahlungen) von einem Monat unter der Auflage gewähren, daß der Unternehmer eine Sondervorauszahlung in Höhe von einem Elftel der Summe der Vorauszahlungen für das vorangegangene Kalenderjahr leistet (siehe §§ 46-48 UStDV).

Zwischen den Ergebnissen der Jahreserklärungen und der summierten Voranmeldungen können - v.a. wegen jahresabschlußbedingter Korrekturen - Unterschiede bestehen. Ein Unterschiedsbetrag zu lasten des Unternehmers muß innerhalb eines Monats nach Abgabe der Jahreserklärung entrichtet werden (§ 18 (4) UStG); ein Guthaben wird an ihn zurückgezahlt oder mit anderen Steuerschulden verrechnet.

3.2 Aufzeichnungspflichten

304 Die eben dargestellten Deklarationsverfahren der Umsatzsteuer durch den Unternehmer setzen bestimmte Aufzeichnungen voraus, deren Inhalt sich aus § 22 UStG ergibt. Die Ausgangs- und Eingangs-Umsätze müssen eben dokumentiert werden können. Dabei sind die Aufzeichnungen so zu gestalten, daß es einem sachverständigen Dritten in angemessener Zeit möglich ist, einen sicheren Einblick in die Umsatzverhältnisse zu erhalten und die Grundlagen für die Steuerberechnung festzustellen.

Es sei darauf hingewiesen, daß der mit diesem Buch besonders angesprochene Kreis der bilanzierenden Unternehmer die Aufzeichnungspflichten normalerweise im Rahmen der Buchführung bereits erfüllt (**Tz 345 ff.**). Lediglich Nichtbilanzierende sehen sich größeren verwaltungsmäßigen Belastungen konfrontiert. Aus diesem Grunde dürfen nicht bilanzierungspflichtige Unternehmer, deren Umsatz im vorangegangenen Jahr 120.000 DM nicht überschritten hat, die abziehbaren Vorsteuern nach **Durchschnittssätzen** berechnen (§ 23 UStG, § 69 ff. UStDV mit entsprechender Anlage). Die Aufzeichnung der Entgelte für die beschafften Güter und der enthaltenen Vorsteuern entfällt dann.

4. Besonderheiten

4.1 Versteuerung nach vereinnahmten Entgelten

305 Grundsätzlich sieht das Umsatzsteuergesetz die Versteuerung nach **vereinbarten Entgelten** (§ 16 (1) UStG) vor (Sollversteuerung). Sie findet Anwendung für die große Mehrzahl der buchführenden Gewerbetreibenden. Bemessungsgrundlage für die Besteuerung ist die Gegenleistung in der Höhe, die zwischen dem Steuerpflichtigen und dem Leistungsempfänger im Zeitpunkt der Ausführung des Umsatzes (= Entstehung und Verbuchung der entsprechenden Forderung) vereinbart ist und damit vereinnahmt werden soll.

306 Für Unternehmer, deren Gesamtumsatz im vorangegangenen Kalenderjahr nicht mehr als 250.000 DM betragen hat, sowie für eine Minderheit nicht zur Buchführung verpflichteter oder von Verwaltungserleichterungen profitierender Unternehmer (§ 148 AO) ist als Aus-

nahme die Besteuerung nach **vereinnahmten Entgelten** (§ 20 (1) UStG) zugelassen (Istbesteuerung); hier entsteht also die Ausgangs-Umsatzsteuer erst mit Ablauf des Voranmeldungszeitraums, in dem die Entgelte **tatsächlich zugeflossen** sind. Für die Verrechnung der Eingangs-Umsatzsteuer (Vorsteuerabzug) bleibt es dabei, daß sie bereits mit dem Rechnungseingang - nicht erst mit Bezahlung der Rechnung - vorgenommen werden darf. Eine erzwungene Ist-Besteuerung stellt die Umsatzsteuerpflicht für **Anzahlungen** dar; hier entsteht die Umsatzsteuer in jedem Fall bereits mit der Vereinnahmung (§ 13 (1) Nr. 1a Satz 4 UStG).

Die Istbesteuerung kann - außer für nicht buchführungspflichtige Kleingewerbetreibende - für Handwerksunternehmer in der Gründungsphase und in umsatzschwachen Perioden von Interesse sein. Neben dem erheblich geringeren Verwaltungsaufwand schlägt insbesondere der gegenüber der Sollversteuerung vorhandene Liquiditätsvorteil zu Buche. Während nämlich üblicherweise die Umsatzsteuer bereits mit dem Erbringen der eigenen Leistung (und Dokumentation in einer entsprechenden Kundenforderung) fällig ist, braucht sie hier erst - wie oben beschrieben - mit dem Geldeingang abgeführt zu werden.

4.2 Besteuerung der Kleinunternehmer

307 Unternehmer, deren Gesamtumsatz im Vorjahr die Grenze von 32.500 DM, im laufenden Jahr von 100.000 DM (eventuell geschätzt) nicht überschritten hat, werden durch Nichterhebung von der Umsatzsteuer völlig **freigestellt**; allerdings ist die Freistellung mit dem Verbot des Vorsteuerabzugs und der Rechnungsausstellung mit gesondertem Steuerausweis gekoppelt (§ 19 (1) UStG). Die Steuer für die Einfuhr von Gegenständen sowie für den innergemeinschaftlichen Erwerb hat demgegenüber auch ein Kleinunternehmer abzuführen.

Im Fall der Geschäftseröffnung eines Unternehmens tritt nach der Rechtsprechung (BFH, BStBl. II 1985, S. 142) der voraussichtliche Umsatz des laufenden Jahres an die Stelle des zwangsläufig nicht vorhandenen Vorjahresumsatzes, wodurch der voraussichtliche Umsatz des laufenden Jahres 32.500 DM nicht übersteigen darf.

Erbringt ein Kleinunternehmer Leistungen innerhalb der Unternehmerkette, wirkt sich die Befreiung meistens nachteilig aus (**Tz 285**). Aus diesem Grunde kann er **für die Regelbesteuerung optieren** (§ 19 (2) UStG); er wird dann wie ein Vollunternehmer behandelt (**Tz 286**). Eine entsprechende Erklärung bindet den Unternehmer mindestens für fünf Jahre.

4.3 Besteuerung nach Durchschnittssätzen

308 Nicht buchführungspflichtige Unternehmer, deren Gesamtumsatz im vorangegangenen Kalenderjahr 120.000 DM nicht überstiegen hat, können für die Berechnung ihrer Vorsteuerbeträge Durchschnittssätze in Anspruch nehmen. Die Einzelheiten sind den §§ 23 UStG; 69, 70 UStDV zu entnehmen; für Handwerksunternehmer werden insgesamt 23 Durchschnittssätze aufgeführt (Anlage zu §§ 69, 70 UStDV, Abschnitt A).

Beispiel 1:

Ein nicht buchführungspflichtiger Schlossermeister mit vorjährigem Gesamtumsatz unter 120.000 DM macht einen Jahresumsatz von 86.000 DM. Der Durchschnittssatz beträgt nach § 70 (1) UStDV i.V.m. Abschnitt A Nr. 17 der Anlage 7,9% des Umsatzes.

	DM
Ausgangs-Umsatzsteuer (16% von 86.000 DM)	13.760
abzüglich Eingangs-Umsatzsteuer (Vorsteuer; 7,9% von 86.000 DM)	6.794
Zahllast	6.966

Beispiel 2:

Ein die Voraussetzungen in Beispiel 1 erfüllender Schornsteinfeger kann 1,6% seines Umsatzes und daneben alle diejenigen Vorsteuerbeträge abziehen, die die Bedingungen des § 70 (2) UStDV erfüllen (§ 70 (2) UStDV i.V.m. Abschnitt B Nr. 5 der Anlage).

4.4 Besteuerung im Abzugsverfahren

309 Nach der Besteuerung im Abzugsverfahren müssen Unternehmer als Leistungsempfänger für **bestimmte** an sie ausgeführte steuerpflichtige Umsätze die Steuer von der Gegenleistung einbehalten und an die zuständigen Finanzbehörden abführen (§ 18 (8) UStG i.V.m. §§ 51-58 UStDV). Dem Abzugsverfahren unterliegen insbesondere **grenzüberschreitende Werklieferungen** der Bauunternehmen, der Montagefirmen und anderer Handwerksbetriebe.

Beispiel:

Der in Bielefeld ansässige Bauunternehmer U hat den Auftrag erhalten, in Flensburg ein mehrstöckiges Geschäftshaus zu errichten. Lieferung und Einbau der Fenster läßt U von einem dänischen Subunternehmer D aus Kopenhagen ausführen.

Da der im Ausland (übriges Gemeinschaftsgebiet) ansässige Unternehmer D im Inland eine steuerpflichtige Werklieferung an U erbringt (§ 3 (6) UStG), hat U die Umsatzsteuer für diese Werklieferung von seiner Bezahlung (Gegenleistung) einzubehalten und an das für ihn zuständige Finanzamt (in Kiel) abzuführen.

310 Die einzubehaltende und abzuführende Umsatzsteuer ist nach den inländischen Steuersätzen (§ 12 UStG) zu berechnen; der Steuerbetrag ergibt sich durch Herausrechnen aus dem Betrag der Gegenleistung (Bezahlung).

Diese Verpflichtung besteht sowohl für die im Inland ansässigen als auch für die im Ausland ansässigen Leistungsempfänger. Ist der leistende Unternehmer im Inland ansässig, unterbleibt die Anwendung des Abzugsverfahrens.

Die Verpflichtung zur Einbehaltung und Abführung der Umsatzsteuer besteht nicht, wenn folgende Voraussetzungen nach der sog. **Nullregelung** erfüllt werden:

a. Der leistende Unternehmer erteilt keine Rechnung mit gesondert ausgewiesener Umsatzsteuer und

b. der Leistungsempfänger könnte im Falle des gesonderten Ausweises der Umsatzsteuer diese Steuer in voller Höhe als Vorsteuer ziehen.

Beispiel:

Die in der Schweiz ansässige Baufirma S errichtet im Auftrag der Bielefelder Handelsfirma U eine Lagerhalle auf deren Betriebsgelände in Paderborn. Die Lagerhalle wird ausschließlich für betriebliche Zwecke des U genutzt. Nach Anwendung der Nullregelung erteilt S für die im Inland steuerbare und steuerpflichtige Leistung eine Rechnung über den vereinbarten Preis ohne gesonderten Ausweis von Umsatzsteuer.

Da S keine Rechnung mit gesondertem Ausweis von Umsatzsteuer erteilt hat und U zum vollen Vorsteuerabzug berechtigt gewesen wäre, ist die Nullregelung anwendbar. Von daher ist U nicht zur Einbehaltung und Abführung der Umsatzsteuer verpflichtet und kann mangels des gesonderten Umsatzsteuerausweises nicht den Vorsteuerabzug in Anspruch nehmen. Insoweit wird (nur) in diesem Fall über eine im Inland steuerpflichtige Leistung ohne gesonderten Ausweis der Umsatzsteuer abgerechnet.

311 Wird die Nullregelung angewendet, hat der Leistungsempfänger dies dem leistenden Unternehmer zu bescheinigen (§ 52 (4) UStDV). Diese Bescheinigung ist an keine konkrete Form gebunden und kann auf der Rechnung oder separat erfolgen („Hiermit wird bescheinigt, daß für die mit Rechnung vom ... von der Firma ... an uns berechnete steuerpflichtige Lieferung/Werklieferung/sonstige Leistung von der „Nullregelung“ gemäß § 52 (2) UStDV Gebrauch gemacht wurde. Wir wären hinsichtlich der empfangenen Lieferung/Werklieferung/sonstigen Leistung zum vollen Vorsteuerabzug berechtigt gewesen.“).

312 Andernfalls wäre eine Bescheinigung über die Anwendung des steuerlichen Abzugsverfahrens zu erstellen („Hiermit wird bescheinigt, daß für die mit Rechnung vom ... von der Firma ... an uns berechnete steuerpflichtige Leistung/Werklieferung/sonstige Leistung Umsatzsteuer in Höhe von ... DM gemäß § 51 (1) UStDV an das **deutsche** Finanzamt ... unter der Steuernummer ... abgeführt wurde.“).

313 Der Leistungsempfänger haftet für die anzumeldende und abzuführende Umsatzsteuer. Diese Haftung erstreckt sich auch auf den Fall, in dem die Nullregelung zu Unrecht angewendet wurde (§ 55 UStG).

III. Wesentliche Änderungen durch das Umsatzsteuer-Binnenmarktgesetz

1. Begründung und erster Überblick

314 Durch die Einführung des **Gemeinsamen Europäischen Markts zum 1.1.1993** entfallen die Grenzkontroll- und Zollformalitäten. Die Anpassung des Umsatzsteuerrechts an den damit verbundenen Wegfall der Steuergrenzen erfolgte durch das Umsatzsteuer-Binnenmarktgesetz. Sein wesentlicher Inhalt ist die mit dem Wegfall der Grenzen verbundene Abschaffung der Einfuhr-Umsatzsteuer innerhalb der EU. Folgerichtig beschränkt sich die entsprechende Steuerbefreiung bei der Ausfuhr und die hiermit im Zusammenhang stehende Belastung bei der Einfuhr nur noch auf den Warenverkehr mit sogenannten Drittstaaten.

Es wäre konsequent gewesen, bei Warenbewegungen zwischen EU-Mitgliedstaaten eine generelle Umsatzsteuerbelastung im Ursprungsland ohne Grenzausgleich einzuführen (**Ursprungslandprinzip**). Dies wurde jedoch nur für den nichtkommerziellen innergemeinschaftlichen Reiseverkehr und für bestimmte Versendungen und Beförderungen an private Abnehmer vereinbart. Beim Kernbereich des gewerblichen Binnenhandels soll es hingegen beim bisherigen **Bestimmungslandprinzip (Tz 276)** bleiben, wonach die Besteuerung sich nach dem Recht des Verbrauchslandes richtet. Im Ergebnis wird also die bisher gültige Regelung über die steuerliche Entlastung bei der Ausfuhr und anschließende Besteuerung bei der Einfuhr beibehalten. Innergemeinschaftliche Lieferungen werden also von der Umsatzsteuer befreit, während an die Stelle der bisherigen Einfuhr-Umsatzsteuer die Besteuerung des innergemeinschaftlichen Erwerbs von Gegenständen tritt. Damit ersetzt der innergemeinschaftliche Erwerb den Tatbestand der Einfuhr. An die Stelle der wegfallenden Grenzformalitäten treten periodische Erklärungen der Unternehmer und die Zusammenarbeit der Finanzbehörden der EU-Mitgliedstaaten. Da der Nachweis der Ein- und Ausfuhr künftig nicht mehr durch die Bestätigung einer Grenzzollstelle erbracht werden kann, wird er durch ein aufwendiges Kontrollverfahren ersetzt. Unter eigens zugewiesenen Umsatzsteuer-Identifikationsnummern haben die grenzüberschreitend tätigen Unternehmer vierteljährliche Meldungen über ihre Gesamtumsätze an innergemeinschaftlichen Lieferungen abzugeben, die nach Mitgliedstaat und Abnehmer aufgeteilt werden müssen.

2. Übergangscharakter der Neuregelung

315 Das eben knapp skizzierte Besteuerungssystem soll nicht endgültig sein, sondern stellt eine ab 1.1.1993 anzuwendende **Übergangsregelung** dar, die grundsätzlich auf **4 Jahre beschränkt** ist. Ab 1.1.1997 sollte die Übergangsregelung durch eine Besteuerung im Ursprungsland ersetzt werden. **Allerdings verlängert sich die Übergangsregelung automatisch, wenn der EU-Ministerrat nicht rechtzeitig über die endgültige Regelung entscheidet**. Da der EU-Ministerrat noch nicht über eine endgültige Regelung entschieden hat, ist die Übergangsregelung auch weiterhin anzuwenden. Um den Übergangscharakter besonders herauszustellen, wurden die Änderungen des Umsatzsteuergesetzes grundsätzlich

nicht in bestehende, sondern in neue Vorschriften aufgenommen, die systematisch den bisherigen Vorschriften zugeordnet sind.

3. Kurzdarstellung der wesentlichen Änderungen

316 a. Im nichtkommerziellen innergemeinschaftlichen **Reiseverkehr** gilt ab 1.1.1993 das Ursprungslandprinzip. Danach werden die Lieferungen von Waren in dem EU-Mitgliedstaat besteuert, in dem sie erworben werden. Das gleiche gilt für innergemeinschaftliche Lieferungen an **private Abnehmer**, wenn der Gesamtwert der vom jeweiligen Unternehmer an den Abnehmer **versandten** oder **beförderten** Waren im laufenden und vorangegangenen Kalenderjahr bestimmte Schwellen je EU-Mitgliedstaat nicht übersteigt. Diese Lieferschwelle beträgt für Lieferungen ins Inland **200.000 DM je Mitgliedstaat**. Bei Lieferungen in das übrige Gemeinschaftsgebiet ist die jeweilige Lieferschwelle des anderen Mitgliedstaates maßgebend; sie kann zwischen **50.000 DM** und **210.000 DM** (Stand: Juni 1997) liegen.

317 b. Im innergemeinschaftlichen Handel mit **vorsteuerabzugsberechtigten Unternehmen** verbleibt es beim Bestimmungslandprinzip. Das bedeutet, daß die Besteuerung wie bisher im Einfuhrmitgliedstaat erfolgt. Die bisherige Einfuhr-Umsatzsteuer wird durch eine Steuer auf den innergemeinschaftlichen Erwerb von Gegenständen ersetzt, die vom Abnehmer erhoben wird.

318 c. Bei innergemeinschaftlichen Lieferungen durch Unternehmer an Abnehmer im Sinne des § 3c (2) Nr. 2 UStG (insbesondere **steuerbefreite Unternehmer**, **Kleinunternehmer**, **juristische Personen**) sind Regelungen vorgesehen, durch die grundsätzlich eine Besteuerung im Bestimmungsland - also die Besteuerung beim Abnehmer - sichergestellt wird. Während bei Lieferungen von verbrauchsteuerpflichtigen Waren und neuen Fahrzeugen die Besteuerung immer im Bestimmungsland erfolgt, werden Lieferungen anderer Waren an den genannten Personenkreis als innergemeinschaftlicher Erwerb im Inland erst besteuert, wenn der Gesamtwert der erworbenen Waren im vorangegangenen Kalenderjahr **25.000 DM** (§ 3c (2) i.V.m. § 1a (3) Nr. 2 UStG) überschritten hat oder im laufenden Kalenderjahr diese Grenze voraussichtlich überschreiten wird. Bei der Ermittlung der Erwerbsschwelle sind sämtliche Lieferungen aus dem gesamten Gemeinschaftsgebiet zusammenzurechnen. Wird die Erwerbsschwelle nicht überschritten, so unterliegen die Lieferungen im Ursprungsland der Umsatzsteuer. Die Abnehmer haben jedoch die Möglichkeit, zur Besteuerung im Bestimmungsland zu optieren.

319 d. **Befördert** oder **versendet** der Unternehmer Waren in einen anderen EU-Staat an **private Abnehmer** oder an **steuerbefreite Unternehmer**, **Kleinunternehmer**, **Land- und Forstwirte** und **juristische Personen** als **Nicht-Unternehmer**, die den Erwerb dieser Waren nicht im Bestimmungsland versteuern müssen (siehe unter Buchstabe c.), so muß der liefernde Unternehmer diese Lieferungen im Bestimmungsland der Umsatzsteuer unterwerfen, wenn der Gesamtwert der an den genannten Abnehmerkreis gelieferten Waren im vorangegangenen oder voraussichtlich im laufenden Kalenderjahr die unter Buchstabe a.

genannten Schwellen je EU-Mitgliedstaat übersteigt. Ansonsten erfolgt die Besteuerung der Lieferungen im Ursprungsland. Der Unternehmer hat jedoch in diesem Fall die Möglichkeit, zur Besteuerung im Bestimmungsland zu optieren. Der Besteuerung im Bestimmungsland unterliegen aber immer die Lieferungen von verbrauchsteuerpflichtigen Waren, die der Unternehmer an den genannten Abnehmerkreis in einen anderen Mitgliedstaat befördert oder versendet.

320 e. Bei innergemeinschaftlichen Lieferungen von **neuen Fahrzeugen** an **private Abnehmer** verbleibt es immer beim Bestimmungslandprinzip. Die Steuer auf den innergemeinschaftlichen Erwerb dieser Fahrzeuge wird beim Abnehmer erhoben. Dabei sind die für die Zulassung von Fahrzeugen zuständigen Behörden verpflichtet, die betroffenen Finanzämter über die Zulassung neuer Fahrzeuge zu unterrichten (§ 18 (10) UStG).

321 f. Soweit bei innergemeinschaftlichen Lieferungen die Besteuerung des innergemeinschaftlichen Erwerbs in einem anderen EU-Mitgliedstaat (Bestimmungsland) zu erfolgen hat, werden diese Lieferungen im Inland (Ursprungsland) von der Steuer entlastet. Das bedeutet, daß innergemeinschaftliche Lieferungen von Waren, die in einen anderen EU-Mitgliedstaat verbracht werden, weiterhin steuerfrei bleiben. Die Steuerbefreiung ist - ebenso wie die Steuerbefreiung für Ausfuhren in Drittstaaten - nachzuweisen. Der erforderliche Nachweis kann in Zukunft nicht mehr durch die Bestätigung einer Grenzzollstelle erbracht werden. Der Unternehmer muß deshalb auf andere Art den Nachweis führen, daß die Ware in einen anderen EU-Mitgliedstaat gelangt ist und daß der Empfänger ein Abnehmer ist, dessen innergemeinschaftlicher Erwerb im Bestimmungsland der Umsatzsteuer unterliegt (siehe hierzu unter Buchstaben k. und l.). Hat er hierzu das Erforderliche getan und stellt sich nachträglich heraus, daß die Voraussetzungen für die Steuerbefreiung nicht vorlagen, so wird ihm zumindest grundsätzlich die Steuerbefreiung belassen. Die entgangene Steuer wird dann vom Abnehmer geschuldet.

322 g. Erstmalig im Umsatzsteuerrecht werden **private Letztverbraucher als Unternehmer** angesehen. Dies ist dann der Fall, wenn sie neue Fahrzeuge an einen in einem anderen EU-Mitgliedstaat ansässigen Abnehmer liefern. Diese Maßnahme wurde erforderlich, um eine Entlastung von der inländischen Umsatzsteuer und eine Belastung mit der Umsatzsteuer im Bestimmungsland zu erreichen. Erzielt wird dies durch eine besondere Regelung, wonach die Lieferung des Verkäufers als innergemeinschaftliche Lieferung unter den allgemeinen Voraussetzungen steuerfrei ist. Für die beim Ankauf des Fahrzeugs entrichtete Umsatzsteuer erhält der Verkäufer nachträglich einen Vorsteuerabzug.

323 h. Auch **nicht lieferungsbedingte Warenbewegungen** werden in das neue Besteuerungssystem einbezogen. Das Verbringen von bestimmten Gegenständen durch einen Unternehmer zu seiner Verfügung vom Inland in einen anderen Mitgliedstaat ist wie eine innergemeinschaftliche Lieferung zu behandeln. Eine solche Lieferung ist im Inland steuerfrei. Im Bestimmungsland unterliegt das Verbringen als innergemeinschaftlicher Erwerb der dortigen Umsatzsteuer.

324 i. Grenzüberschreitende Güterbeförderungen waren bisher steuerbefreit. Sie wurden steuerlich dadurch erfaßt, daß ihr Wert in die Bemessungsgrundlage für die Einfuhr der Waren einbezogen wurde. Diese Regelung ist nach Wegfall der Einfuhr-Umsatzsteuer im innergemeinschaftlichen Warenverkehr nicht mehr möglich. **Innergemeinschaftliche Güterbeförderungen** werden nunmehr grundsätzlich am Abgangsort besteuert. Hat der Leistungsempfänger in einem anderen EU-Mitgliedstaat als dem, in dem der leistende Unternehmer ansässig ist, eine Umsatzsteuer-Identifikationsnummer, so ist die Güterbeförderung grundsätzlich dort zu besteuern. Steuer- bzw. Haftungsschuldner ist der Leistungsempfänger. In diesen Fällen ist das Abzugsverfahren (§ 18 (8) EStG; §§ 51-58 UStDV) anzuwenden. Aufgrund dieser Regelungen kommt es in den meisten Fällen innergemeinschaftlicher Güterbeförderung im Ergebnis zu der selben steuerlichen Behandlung wie bisher. Ähnliches gilt auch bei selbständigen Nebenleistungen zu innergemeinschaftlichen Güterbeförderungen. Geändert wird auch der Leistungsort bei Vermittlungsleistungen. Diese gelten grundsätzlich dort als bewirkt, wo die vermittelte Leistung erbracht wird.

325 k. Wegen des Wegfalls der Grenzkontrollen wurde ein anderweitiges zwischenstaatliches Kontrollverfahren notwendig. Bei innergemeinschaftlichen Lieferungen, innergemeinschaftlichen Güterbeförderungen, Nebenleistungen hierzu und Vermittlungsleistungen müssen - zusätzlich zu den bisher erforderlichen Angaben - in der Rechnung die **Umsatzsteuer-Identifikationsnummer** des liefernden Unternehmers und die Nummer des Leistungsempfängers angegeben werden. Die Umsatzsteuer-Identifikationsnummer ist insbesondere erforderlich für Meldungen und Erklärungen gegenüber dem Bundesamt für Finanzen (§ 18a UStG). Darüber hinaus gibt sie Auskunft über den Status des Abnehmers, in einigen Fällen ist sie selbst Tatbestandsmerkmal (Vermittlungsleistungen, Beförderung von Gegenständen). Das Bundesamt für Finanzen erteilt Unternehmern **auf Antrag** eine Umsatzsteuer-Identifikationsnummer, soweit die Erstvergabe nicht **von Amts wegen** vorgenommen wird. Danach haben grundsätzlich alle regelbesteuerten Unternehmer, die zum Vorsteuerabzug berechtigt sind, einen Anspruch auf Erteilung. Der schriftliche Antrag muß den Namen, die Anschrift und die reguläre Steuernummer, unter der der Antragsteller umsatzsteuerlich geführt wird, enthalten.

326 l. Um den beteiligten EU-Staaten die innergemeinschaftliche Amtshilfe zu ermöglichen, haben Unternehmer neben den Umsatzsteuer-Voranmeldungen und Umsatzsteuer-Erklärungen nunmehr auch sogenannte **Zusammenfassende Meldungen** beim Bundesamt für Finanzen abzugeben. Hierin sind Angaben über die innergemeinschaftlichen Lieferungen oder innergemeinschaftlichen Warenbewegungen zu machen. Der Meldezeitraum ist das Kalendervierteljahr. Die Zusammenfassende Meldung muß dem Kontrollzweck entsprechend die Umsatzsteuer-Identifikationsnummer jedes Erwerbers und die Summe der Bemessungsgrundlagen der an ihn ausgeführten innergemeinschaftlichen Warenlieferungen enthalten. Die Bemessungsgrundlagen sind in DM anzugeben und daher gegebenenfalls umzurechnen. Unrichtige oder unvollständige Zusammenfassende Meldungen müssen innerhalb von drei Monaten berichtigt werden, wenn der Unternehmer ihre Unrichtigkeit erkennt. Eine Berichtigung ist erforderlich, wenn Erwerber nicht in der Meldung angegeben oder wenn falsche Umsatzsteuer-Identifikationsnummern gemeldet wurden.

4. Ausblick

327 Die ab 1.1.1993 gültige Übergangslösung bei der Umsatzsteuer hat zu einer weiteren Komplizierung des Steuerrechts geführt und hat für die Finanzverwaltung und insbesondere für die betroffenen Unternehmungen einen neuerlichen Anstieg des Verwaltungsaufwands bewirkt. Die Übergangsregelung ist eine Notlösung, die Europa dem eigentlichen Ziel eines steuerlichen Binnenmarktes nicht wesentlich näher gebracht hat. Das Ziel muß die Einführung des Ursprungslandsprinzips sein. Erst wenn innergemeinschaftliche Umsätze wie inländische Umsätze behandelt werden, wird der gesamte EU-Raum ein einheitliches Erhebungsgebiet darstellen. In diesem Zusammenhang ist es höchst unbefriedigend, daß auf die Festlegung verbindlicher Fristen für den Übergang auf eine endgültige Regelung verzichtet wurde.

Kapitel III:
Grundzüge steuerökonomischer Gestaltungen

328 Nach der grundlegenden Darstellung der für das Handwerksunternehmen wichtigsten Steuerarten sollen nunmehr die Gestaltungsmöglichkeiten im Vordergrund stehen, die entweder - durch Verlagerung von Steuerzahlungen in die Zukunft - **steuerstundende** oder in manchen Fällen auch **endgültige steuersparende** Wirkungen auslösen. Beide Effekte sind unter betriebswirtschaftlichem Aspekt höchst erwünscht, da sie die Liquidität schonen und die Rentabilität fördern. Hier können nur Grundzüge aufgezeigt werden; sie sollen dem Leser das Rüstzeug für das vertiefende Gespräch mit seinem steuerlichen Berater vermitteln.

Abschnitt 1: Ermittlung und Gestaltung des laufenden gewerblichen Gewinns

329 Aus den bisherigen Ausführungen geht die überragende Stellung der gewerblichen Einkünfte als wichtigste handwerkstypische Einkunftsquelle hervor (**Tz 25**), ohne daß auf das spezifische **Instrumentarium** zu ihrer **Ermittlung** eingegangen wurde. Dies soll nunmehr geschehen. Nur wer die Grundzüge der Ermittlungstechnik gewerblicher Gewinne erfaßt hat, wird eigenständig Gestaltungsüberlegungen anstellen oder zumindest den Anregungen seines Beraters folgen können.

A. Betroffener Personenkreis und Ermittlungsverfahren

I. Übersicht

330 Während das Einkommensteuergesetz für die Überschußeinkünfte grundsätzlich nur **ein** Ermittlungsverfahren zur Verfügung stellt (**Tz 34**), hält es zur Ermittlung gewerblicher Einkünfte zwei oder - je nach Auffassung - sogar drei Varianten bereit. Letztere sind jedoch nicht frei wählbar, sondern vom Personenkreis oder der Wahrnehmung bestimmter steuerlicher Pflichten abhängig (**Schaubild 39**).

II. Der zu vermeidende Fall: Schätzung

331 Die **Schätzung** (§ 162 AO) tritt in den in **Schaubild 39** aufgezeigten Fällen an die Stelle des ansonsten durch den Betriebsvermögensvergleich (Steuerbilanz) ermittelten Ergebnisses. In Abhängigkeit von den im Einzelfall vorliegenden betrieblichen Informationen werden von der Finanzverwaltung sog. Roh-, Halbrein- und Reingewinnsätze in **Richtsatzsammlungen** veröffentlicht, die die Basis für die konkrete Gewinnschätzung bilden. Zwar darf die Schätzung nicht als Strafmaßnahme gehandhabt werden; jedoch muß der Betroffene wissen, daß die Finanzverwaltung Sicherheitszuschläge vornimmt, die den geschätzten Gewinn i.d.R. höher als den ordnungsgemäß ermittelten ausfallen lassen. Dieses Risiko trägt der Geschätzte allemal, wenn er die ordnungsgemäße Erfassung des tatsächlich entstandenen Gewinns unterläßt. Darüber hinaus sollte beachtet werden, daß im Falle der

Schätzung einige wichtige Steuervergünstigungen - z.B. die Reinvestitionsrücklage (**Tz 445**) - nicht gewährt werden. Vor allen Dingen aber geht jegliche Gestaltungsmöglichkeit verloren; das Gesetz des Handelns liegt nicht mehr beim Steuerpflichtigen, sondern allein bei der Finanzverwaltung.

Gewinnermittlungs-verfahren **persönlicher Geltungsbereich**	**ordentliche Gewinnermitt-lungs-verfahren**		**außerordent-liches Gewinn-ermittlungs-verfahren**
	Betriebsvermö-gensvergleich (Steuerbilanz)	Überschuß-rechnung	Schätzung
• buchführungspflichtige Gewerbe-treibende und • freiwillig buchführende Gewerbe-treibende	X X		
• nicht buchführungspflichtige Gewer-betreibende und • nicht freiwillig buchführende Ge-werbetreibende		X X	
• buchführungspflichtige Gewerbe-treibende, die keine Bücher oder Aufzeichnungen vorlegen oder deren Bücher materielle oder erheb-liche formelle Fehler aufweisen und • nicht buchführungspflichtige Gewer-betreibende, die nicht freiwillig Bü-cher führen und auch keine Über-schußrechnung durchführen			X X X

Schaubild 39: Ermittlungsverfahren gewerblicher Einkünfte

III. Der seltenere Fall: Überschußrechnung

332 Von den beiden ordentlichen Gewinnermittlungsverfahren dürfte die **Überschußrechnung** (§ 4 (3) EStG), bei der der Gewinn durch Gegenüberstellung der **zugeflossenen** Betriebseinnahmen und der **abgeflossenen** Betriebsausgaben ermittelt wird, die regelmäßig günstigere sein. Sie läßt nämlich - bei gleichem Totalgewinn wie bei der Erstellung von Steuerbilanzen - eine Gestaltung der Periodengewinne in Richtung einer Verlagerung ins jeweils nächste Jahr zu. Dabei ist nicht zu übersehen, daß oftmals nicht nur Steuerstundungs- und damit positive Zinseffekte erzielt werden, sondern wegen des progressiven Steuertarifs auch eine günstigere Gesamtsteuerlast resultieren kann. Wie kann nun die angedeutete Gewinnverlagerung erreicht werden?

Wer etwa eine Forderung im alten Jahr noch nicht geltend macht (kein Zufluß) oder bereits vorzeitig Waren einkauft oder Vorauszahlungen leistet (Abfluß), vermindert den laufenden zugunsten des nächstjährigen Gewinns. Wie bei den Überschußeinkünften geschieht also grundsätzlich keine Zuordung der Einnahmen und Ausgaben nach ihrer wirtschaftlichen Zugehörigkeit.

Darüber hinaus erfordert die Aufzeichnung lediglich der Betriebseinnahmen und Betriebsausgaben einen erheblich geringeren Arbeitsaufwand als die ordnungsmäßige Buchführung und jährliche Erstellung einer Steuerbilanz.

Die rein zahlungsorientierte Überschußrechnung wird im Bereich des Anlagevermögens und der Einlagen und Entnahmen modifiziert, wie das **Schaubild 40** demonstriert. Die Anschaffungs- oder Herstellungskosten bzw. der nach Abschreibungen verbleibende Buchwert der der Abnutzung unterliegenden Anlagegüter werden also erst im Zeitpunkt der Veräußerung (oder Entnahme) abgesetzt; auf abnutzbare Anlagegüter können alle Absetzungen und Sonderabschreibungen mit Ausnahme von Teilwertabschreibungen (**Tz 392**) vorgenommen werden.

	Betriebseinnahmen des Kalenderjahres (ohne Einnahmen aus dem Verkauf von Anlagegütern)
–	Betriebsausgaben des Kalenderjahres
	Einnahmenüberschuß I (evtl. Unterdeckung)
+	Betriebseinnahmen aus dem Verkauf nichtabnutzbarer Anlagegüter
–	Anschaffungs-/Herstellungskosten dieser Anlagegüter
+	Betriebseinnahmen aus dem Verkauf abnutzbarer Anlagegüter
–	um AfA gekürzte Anschaffungs-/Herstellungskosten dieser Anlagegüter
	Einnahmenüberschuß II (evtl. Unterdeckung)
–	Sacheinlagen
+	Sachentnahmen
	Gewinn (Verlust) des Kalenderjahrs

Schaubild 40: Schematische Darstellung der Überschußrechnung nach § 4 (3) EStG

Die erfolgswirksame Berücksichtigung von Sacheinlagen und Sachentnahmen (**Tz 407 f.**) ist unumgänglich, weil auf längere Sicht die Überschußrechnung zum gleichen Gesamtgewinn wie die Steuerbilanz führen soll. Bareinlagen und Barentnahmen hingegen berühren die Überschußrechnung genauso wenig wie die Aufnahme und Rückzahlung von Darlehen oder die übrigen Vorgänge des Finanzierungsbereichs, soweit sie nicht erfolgswirksam sind (wie z. B. Zinsen).

Da die Überschußrechnung ohne den Vergleich des Betriebsvermögens zum Ende und zu Beginn der Periode auskommt, ist der Ansatz gewillkürten Betriebsvermögens (**Tz 379**) nicht möglich.

333 So einfach und so vorteilhaft die Überschußrechnung auch sein mag, so schmal ist für Gewerbetreibende die Basis ihrer Anwendung.

Ein Blick auf **Schaubild 39** zeigt bereits, daß mit den nicht buchführungspflichtigen und auch nicht freiwillig buchführenden Gewerbetreibenden nur ein verhältnismäßig kleiner Personenkreis für ihre Anwendung in Frage kommt. Darüber hinaus machen die Erläuterungen der Buchführungs- und Aufzeichnungspflichten (**Tz 345 ff.**) ersichtlich, daß die Überschußrechnung nur von vergleichsweise wenigen kleineren Gewerbetreibenden angewandt werden darf.

Schließlich sei noch darauf hingewiesen, daß die Überschußrechnung in einem gewissen Zeitraum nach der Gründung eines Unternehmens Bedeutung erlangen kann. Ein Steuerpflichtiger nämlich, der die Grenzen originärer steuerlicher Buchführungspflicht in einem Veranlagungszeitraum erstmals überschreitet, braucht nicht von sich aus zur Gewinnermittlung mittels Steuerbilanz überzugehen. Er darf auf eine entsprechende Aufforderung des Finanzamtes warten, die erst zum 1. Januar des folgenden Jahres wirksam wird. Unter Berücksichtigung der Erklärungsfristen erweitert sich der zeitliche Gestaltungsrahmen.

Beispiel:

Ein Überschußrechner überschreitet eine der Grenzen des § 141 AO in 01 zum ersten Mal. Sein Steuerberater beantragt für die Abgabe der Steuererklärung Fristverlängerung bis zum 28.02.03. Da der Antrag begründet ist, gibt das Finanzamt ihm statt (übliches Verfahren). Mit der ESt-Veranlagung im Juni 03 teilt das Finanzamt dem Steuerpflichtigen mit, daß er in Zukunft seinen Gewinn durch Bestandsvergleich zu ermitteln habe. Der Steuerpflichtige gibt seine erste Steuerbilanz für das Geschäftsjahr vom 1.1 bis 31.12.04 ab.

334 Beim Wechsel von der Überschußrechnung zur Bilanzierung werden Korrekturen nötig, die zu Liquiditätsengpässen führen können (Einzelheiten in R 17 EStR und Anlage 1 zu R 17 EStR).

IV. Der Normalfall: Bilanzerstellung

335 Aus dem zur Überschußrechnung Gesagten ergibt sich, daß die überwiegende Zahl der Handwerksbetriebe ihren Gewinn durch den sog. **Betriebsvermögensvergleich** (§ 5 (1) i.V.m. § 4 (1) EStG) ermitteln muß. Alle weiteren Ausführungen basieren hierauf.

336 Die zentrale Vorschrift zum Gewinnbegriff enthält § 4 (1) EStG : „Gewinn ist der Unterschiedsbetrag zwischen dem Betriebsvermögen am Schluß des Wirtschaftsjahres und dem Betriebsvermögen am Schluß des vorangegangenen Wirtschaftsjahres, vermehrt um den Wert der Entnahmen und vermindert um den Wert der Einlagen."

Der Gewinn als Vermögensdifferenz meint den Unterschied des Betriebs**rein**vermögens (Vermögensgegenstände abzüglich Schulden) an zwei aufeinander folgenden Stichtagen; deswegen kann man statt des Begriffs Vermögensvergleich den wohl eingängigeren Terminus **Eigenkapitalvergleich** verwenden. Die Herauslösung aus der steuerlichen und Übersetzung in die alltägliche Sprache könnte so lauten: Der von Gewerbetreibenden zu erstellende Betriebsvermögensvergleich repräsentiert inhaltlich einen Eigenkapitalvergleich; dieser Eigenkapitalvergleich wird einer Steuerbilanz entnommen.

337 Als Ausgangspunkt für die Ermittlung des Betriebsvermögens dient das **Inventar**, welches jährlich durch eine **Inventur** (körperliche Bestandsaufnahme) festgestellt wird. Die derart aufgenommenen Vermögensgegenstände (positive Wirtschaftsgüter) und Schulden (negative Wirtschaftsgüter) werden mit den auf Konten sich niederschlagenden Ergebnissen der Buchführung (Salden) verglichen.

Bei Differenzen muß die Buchführung an die Ist-Bestände der Inventur angeglichen werden.

338 In der betrieblichen Praxis ist es seit langem üblich, sich zur Erfüllung der Buchführungspflichten des Instruments der **doppelten Buchführung** zu bedienen. Die zahlreichen innerjährlichen Geschäftsvorfälle werden je nachdem, ob sie **eigenkapitalverändernden** Charakter haben oder nicht, auf **Erfolgskonten** (erscheinen in der GuV-Rechnung) und auf aktiven und passiven **Bestandskonten** (erscheinen in der Bilanz) verbucht.

Charakteristisch für die Doppik ist neben der Tatsache, daß jede Buchung eine oder mehrere Gegenbuchungen in gleicher Höhe veranlaßt, eine Gewinnermittlung in zweifacher Weise: durch Eigenkapitalvergleich in der Bilanz und durch Gegenüberstellung von Erträgen und Aufwendungen in der GuV-Rechnung.

Beispiel:

		Steuerbilanzen zum	
	31.12.01	**31.12.02**	**31.12.03**
	TDM	TDM	TDM
Anlagevermögen	400	500	450
Umlaufvermögen	300	350	300
gesamtes Aktivvermögen	700	850	750
Fremdkapital	500	600	650
Eigenkapital(Reinvermögen)	200	250	100
Eigenkapital am Endes des Jahres		250	100
- Eigenkapital am Anfang des Jahres		- 200	- 250
vorläufiger Gewinn (Verlust)		+ 50	- 150
+ Entnahmen (Annahme)		+ 30	+ 40
- Einlagen (Annahme)		-	- 20
endgültiger Gewinn (Verlust)		+ 80	- 130

	GuV-Rechnungen vom	
	1.1.-31.12.02	**1.1.-31.12.03**
	TDM	TDM
betriebliche Erträge (Annahme)	1.600	1.450
- betriebliche Aufwendungen (Annahme)	- 1.520	- 1.580
Gewinn(Verlust)	+ 80	- 130

339 **Entnahmen** (Überführungen von Geld, Gütern, Nutzungen und Leistungen aus dem Betriebsvermögens- in den Privatvermögensbereich) und **Einlagen** (Überführungen von Geld und anderen Gütern aus dem Privatvermögens- in den Betriebsvermögensbereich) sind nicht im betrieblichen Geschehen begründet und deshalb bei der Gewinnermittlung zu neutralisieren. In der GuV-Rechnung erscheinen sie deshalb nicht.

Die im vorangestellten Gewinnbegriff des § 4 (1) EStG vorgesehene und im Beispiel durchgeführte nachträgliche Bilanzkorrektur um die Entnahmen und Einlagen ist heute eher unüblich; i.a. wird die tatsächliche Minderung (Erhöhung) des Betriebsvermögens, die aus Entnahmen (Einlagen) resultiert, durch eine gleich hohe buchungsmäßige Minderung (Erhöhung) des Anfangskapitals ausgeglichen.

Beispiel:

(Variation des vorstehenden Beispiels; Beträge in TDM)

Steuerbilanz zum 31.12.02

Aktiva				**Passiva**
gesamtes Aktivvermögen	850	Anfangskapital	200	
		+ Einlagen	-	
		- Entnahmen	30	
		berichtigtes Anfangskapital	(170)	170
		Fremdkapital		600
		Gewinn		80
	850			850

Steuerbilanz zum 31.12.03

Aktiva				Passiva
gesamtes Aktivvermögen	750	Anfangskapital	250	
Verlust	130	+ Einlagen	20	
		- Entnahmen	40	
		berichtigtes Anfangskapital	(230)	230
		Fremdkapital		650
	880			880

340 Im Unterschied zu den Überschußeinkünften und zur Überschußrechnung nach § 4 (3) EStG kommt es für die Existenz **betrieblicher Erträge** auf ihre **wirtschaftliche Verursachung**, nicht auf ihren Zufluß an.

Beispiel:

Ein Möbelschreiner hat auftragsgemäß eine Ladeneinrichtung gefertigt und am 30.11.01 die Rechnung erteilt. Die Zahlung des Auftraggebers geht am 20.01.02 ein. - Mit der Leistungserstellung und Rechnungserteilung wird eine Forderung ins Betriebsvermögen eingestellt. Wegen der wirtschaftlichen Verursachung in 01 spielt der spätere Zufluß in 02 keine Rolle. Der im Rechnungsbetrag enthaltene Gewinn gilt bereits in 01 als realisiert (**Tz 359**).

Betriebliche Aufwendungen werden entsprechend ihrer **wirtschaftlichen Veranlassung** berücksichtigt: auf den Abfluß kommt es grundsätzlich nicht an. Das EStG spricht - begrifflich unsauber - nicht von Aufwendungen, sondern von Betriebsausgaben.

Beispiel:

Der Möbelschreiner des vorigen Beispiels hat in 01 Hölzer gekauft und auch geliefert bekommen, die er in 01 zur Hälfte verbraucht. Die Zahlung leistet er erst in 02. - Mit der Lieferung der Hölzer verbucht er eine Erhöhung seines Umlaufvermögens und gleichzeitig seiner Verbindlichkeiten. Der Gewinnausweis wird jedoch nicht hierdurch, sondern durch die in 01 veranlaßte (hälftige) Verarbeitung der Hölzer beeinflußt. Durch den Wareneinsatz entstehen Aufwendungen. Die erst in 02 erfolgte Zahlung ist für den Gewinnausweis nicht von Bedeutung (abgesehen von Aufwendungen für die Fremdfinanzierung).

341 Die Steuerbilanz der buchführenden Gewerbetreibenden ist grundsätzlich aus der Handelsbilanz abzuleiten. Es werden also handelsrechtliche Vorentscheidungen über den Gewinn getroffen. Nur bei zwingenden steuerlichen Abweichungen gilt etwas anderes (**Tz 343**).

342 Der gewerblichen Gewinnermittlung liegt das **Wirtschaftsjahr** zugrunde, welches i.d.R. 12 Monate umfaßt. Bei den ins Handelsregister eingetragenen Gewerbetreibenden darf das Wirtschaftsjahr vom Kalenderjahr abweichen. Da als Veranlagungszeitraum immer das

Kalenderjahr gilt (**Tz 10**), enthält § 4a EStG eine Zuteilungsregel, nach der der Gewinn demjenigen Kalenderjahr zugeordnet wird, in dem das Wirtschaftsjahr endet. Um willkürliche Gewinnverlagerungen im Sinne einer "Steuerpause" zu verhindern, darf die Umstellung auf ein vom Kalenderjahr abweichendes Wirtschaftsjahr nur im Einvernehmen mit dem Finanzamt durchgeführt werden.

B. Grundsätze der Bilanzerstellung

I. Maßgeblichkeitsgrundsatz

343 Für alle buchführenden Gewerbetreibenden ist der **Maßgeblichkeitsgrundsatz** - verankert in § 5 (1) EStG - von wesentlicher Bedeutung. Er besagt, daß die Bilanzierenden beim steuerlichen Betriebsvermögensvergleich das Betriebsvermögen anzusetzen haben, das nach **handelsrechtlichen Grundsätzen ordnungsmäßiger Buchführung** auszuweisen ist.

Für die beiden zentralen Fragen, **was** überhaupt in der Bilanz zu erfassen ist (Bilanzierung dem Grunde nach; **Tz 363 ff.**) und **mit welchem Wert** dies zu geschehen hat (Bilanzierung der Höhe nach; **Tz 386 ff.**) wirkt sich der Maßgeblichkeitsgrundsatz in unterschiedlicher Weise aus:

a. **Die Bilanzierung dem Grunde nach** (Bilanzansätze) richtet sich i.w. nach dem Handelsrecht.

b. **Die Bilanzierung der Höhe nach** (Bilanzwerte) folgt in erster Linie dem Steuerrecht. Wegen des sog. Bewertungsvorbehalts in § 5 (6) EStG, der den besonderen Vorschriften des Steuerrechts zur Bewertung und Absetzung für Abnutzung (§§ 6, 7 EStG) den Vorrang einräumt, kommen im Rahmen der Bewertung handelsrechtliche Grundsätze nur dann zur Anwendung, wenn das Steuerrecht das in Frage stehende Bewertungsproblem entweder überhaupt nicht klärt oder ein Bewertungswahlrecht vorsieht.

344 Aus der Wechselbeziehung zwischen Handels- und Steuerbilanz resultiert das sog. **umgekehrte Maßgeblichkeitsprinzip**, wonach Vergünstigungen durch steuerbilanzielle Maßnahmen nur in Anspruch genommen werden können, wenn in der Handelsbilanz auf die gleiche Weise bilanziert bzw. bewertet wird (**Tz 387**; Beispiele: steuerfreie Rücklagen, subventionelle Abschreibungen, **Tz 442 ff., 475 ff.**). Mit der Steuerreform 1990 wurde das Prinzip der umgekehrten Maßgeblichkeit in genereller Weise in § 5 (1) Satz 2 EStG aufgenommen: "Steuerrechtliche Wahlrechte bei der Gewinnermittlung sind in Übereinstimmung mit der handelsrechtlichen Jahresbilanz auszuüben." Die Vorschrift gilt sowohl für steuerliche Wahlrechte dem Grunde als auch der Höhe nach.

Handwerksbetriebe stellen, da sie in der großen Mehrzahl der Fälle ihre Handelsbilanzen nicht zu veröffentlichen brauchen, meistens nur **eine** Bilanz auf, die gleichzeitig als Steuer- und Handelsbilanz fungiert (**Einheitsbilanz**). Trotzdem führt diese "Steuerbilanz" kein isoliertes Eigenleben. Sie bleibt ein aus handelsrechtlichen Vorgaben abgeleitetes Gebilde, indem ihre Aufstellung entscheidend von den handelsrechtlichen Grundsätzen ordnungsmäßiger Buchführung und Bilanzierung bestimmt wird.

II. Grundsätze ordnungsmäßiger Buchführung und Bilanzierung

1. Steuerliche Buchführungs- und Aufzeichnungspflichten

345 Zur Buchführung verpflichtet sind **zunächst alle Kaufleute** des Handelsrechts mit Ausnahme der derjenigen Kaufleute, die **keines** nach Art und Umfang in kaufmännischer Weise eingerichteten Geschäftsbetrieb bedürfen (§§ 1, 238 HGB). Ihre diesbezüglichen **handelsrechtlichen Pflichten** müssen sie **auch für steuerliche Zwecke erfüllen** (§ 140 AO). Damit sind bereits alle diejenigen Handwerksbetriebe, die einen in kaufmännischer Weise eingerichteten Geschäftsbetrieb haben oder sich ins Handelsregister haben eintragen lassen, als Voll-Kaufleute der Buchführungs- und Bilanzierungspflicht unterworfen. Handwerksbetriebe in der Rechtsform einer Personengesellschaft (OHG, KG) oder Kapitalgesellschaft (GmbH) sind dabei immer buchführungspflichtig.

Danach gilt zunächst die **widerlegbare Vermutung**, daß bei Vorliegen eines Gewerbes vom Kaufmannsstatus auszugehen ist; dies gilt auch für Handwerksbetriebe

Beispiel:

Ein kleingewerblicher Handwerksbetrieb mit einer 65 qm großen Werkstatt und einem 15 qm großen Büro sowie einem Jahresumsatz von 127.000 DM ist nach der Rechtsprechung kein Kaufmann i. S. des HGB und damit nicht buchführungspflichtig. Die Darlegungslast obliegt im Zweifelsfall den Handwerksmeister.

Sollte allerdings der Handwerbsbetrieb an mehreren Standorten mehr als 5 Beschäftigte und eine Eigenkapital (zu Verkehrswerten) von mehr als 300.000 DM haben, so ist von einem kaufmännischer Weise eingerichteten Geschäftsbetrieb auszugehen. In gleicher Weise liegt bei einem Umsatz von 500.000 DM der Kaufmannsstatus vor. Sollten dennoch keine Bücher i. S. des Handelsgesetzbuches geführt werden, so könnte diese Unterlassung in der wirtschaftlichen Krise nach § 283b StGB bestraft werden.

346 Sollte sich die Verpflichtung zur Buchführung nicht bereits aus dem Handelsrecht ableiten, weil die Abgrenzung Schwierigkeiten bereitet, so kann sich dennoch eine **selbständige steuerliche Buchführungspflicht** aus § 141 AO ergeben. Letztere setzt **eine** der folgenden wesentlichen Bestimmungsgrößen voraus:

- **Umsätze** von mehr als 500.000 DM
  oder
- einen **Gewinn** von mehr als 48.000 DM.

Die Verknüpfung von Handels- und Steuerbilanz durch das Maßgeblichkeitsprinzip gilt auch für die kleineren Gewerbetreibenden, welche einen der Schwellenwerte des § 141 AO überschreiten. Die handelsrechtlichen Grundsätze ordnungsmäßiger Buchführung müssen also auch von dieser Personengruppe beachtet werden, da sie ausdrücklich steuerlich für anwendbar erklärt werden.

347 Für **umsatzsteuerliche** Zwecke sind nach § 22 UStG insbesondere

- die **Entgelte** für ausgeführte und noch nicht ausgeführte **Lieferungen** und **Leistungen** an Dritte sowie an den Unternehmer für sein Unternehmen und
- die **Bemessungsgrundlagen** für den **Eigenverbrauch**, die **Einfuhr** und nicht berechnete **Lieferungen** und **Leistungen** an **Arbeitnehmer**, **Anteilseigner** und **Gesellschafter** sowie deren Angehörige oder nahestehende Personen

besonders aufzuzeichnen (siehe auch **Tz 304**). Ab 1993 gibt es weitere Aufzeichnungspflichten insbesondere für den **innergemeinschaftlichen Erwerb** von Gegenständen und **innergemeinschaftliche Lieferungen**.

348 Die **Warenein-** und **-ausgänge** müssen vollzählig aufgezeichnet werden (§§ 143, 144 AO). Bilanzierende Unternehmer erfüllen diese Pflichten mit der Wahrnehmung ihrer ertragsteuerlichen Buchführungspflichten.

349 Weitere wichtige Aufzeichnungsvorschriften bestehen für **nicht abzugsfähige Aufwendungen** (§ 4 (7) EStG), für **einzubehaltende Lohnsteuer** (§§ 41 (1) EStG; 4, 6 LStDV) und **einzubehaltende Kapitalertragsteuer** (§ 43 (1) EStG).

350 Die Unterlagen und Ergebnisse der Buchführung müssen während bestimmter Zeiträume **aufbewahrt** werden. Für Handelsbücher, Inventare, Bilanzen und deren Organisations- und Arbeitsunterlagen gilt eine Aufbewahrungsfrist von **10 Jahren**; Handelsbriefe, Buchungsbelege und alle weiteren Unterlagen, die für die Besteuerung von Bedeutung sind, unterliegen seit 1998 der gleichen Aufbewahrungsfrist (§ 257 HGB, § 147 AO).

2. Fundamentale Sätze ordnungsmäßiger Buchführung und Bilanzierung

351 Die Grundsätze ordnungsmäßiger Buchführung und Bilanzierung - heute weitgehend gesetzlich fixiert - lassen sich zweckmäßigerweise in **fundamentale** und **abgeleitete** Sätze einteilen.

2.1 Grundsatz der Bilanzwahrheit

352 Der Grundsatz der **Bilanzwahrheit** verlangt, daß die Geschäftsvorfälle **vollständig erfaßt** und die Vermögensgegenstände und Schulden bei der Übertragung in die Bilanz "**richtig**" **ausgewiesen** und **bewertet** werden.

Insbesondere die richtige Bewertung ist infolge der unterschiedlichen Rechnungszwecke von Handels- und Steuerbilanz problematisch. Sie ist so zu interpretieren, daß sie **im Rah-**

men der jeweiligen **gesetzlichen Vorgaben** einen sicheren Einblick in die Vermögens-, Ertrags- und Finanzlage gewährt.

Beispiel:

In der Bilanz des Unternehmers A befindet sich ein Grundstück, das er im Vorjahr mit 100.000 DM bewertet hatte. Die ursprünglichen Anschaffungskosten beliefen sich auf 120.000 DM. Es existiert ein Gutachten mit einem Schätzwert von 220.000 DM. Der erzielbare Verkaufspreis am Bilanzstichtag liegt bei 200.000 DM. - Den absolut richtigen Wert kann es nicht geben, wohl aber eine zweckorientierte Konkretisierung durch gesetzliche Bewertungsregeln. Sowohl handels- als auch steuerrechtlich liegt die obere Bewertungsgrenze bei den ursprünglichen Anschaffungskosten. Niedrigere Werte sind unter bestimmten Bedingungen möglich bzw. obligatorisch (**Tz 394, 403 f.**)

2.2 Grundsatz der Bilanzklarheit

353 Der Grundsatz der **Bilanzklarheit** fordert eine Organisation des Rechnungswesens, die **sachverständige Dritte** in die Lage versetzt, alle Aufzeichnungen und ihre Übernahme in die Bilanz und GuV-Rechnung in **angemessener Zeit nachvollziehen** und **überprüfen** zu können.

2.3 Grundsatz der Bilanzverknüpfung

354 Mit dem Grundsatz der **Bilanzverknüpfung** soll sichergestellt werden, daß die **Summe der Periodenerfolge** (Gewinne/Verluste der einzelnen Jahre) und der **Totalerfolg**, den das Unternehmen während seiner gesamten Lebensdauer erzielt, **übereinstimmen**. Dies wird durch eine enge zeitliche und sachliche Verzahnung der Jahresabschlüsse erreicht.

2.4 Grundsatz der Vorsicht

355 Der Grundsatz der **Vorsicht** verlangt vom Bilanzierenden, daß er mögliche **Risiken** und **Verluste** bei der Bilanzierung dem Grunde und der Höhe nach **so früh wie möglich** erfaßt. Um sich selbst und die Gläubiger zu schützen, muß er sich im Zweifelsfalle eher ärmer rechnen, als er am Bilanzstichtag tatsächlich ist. In den Grenzen, welche das Willkürverbot setzt, darf er stille Rücklagen - im Zeitpunkt ihrer Entstehung unversteuert - bilden.

Der Vorsichtsgrundsatz wirkt modifizierend. In manchen Fällen schränkt er die Wirkung des Grundsatzes der Bilanzwahrheit ein.

3. Abgeleitete Sätze ordnungsmäßiger Buchführung und Bilanzierung

356 Aus den Fundamentalsätzen lassen sich weitere Sätze ableiten, deren Wichtigste das **Schaubild 41** zeigt.

<table>
<tr><td>abgeleitete Sätze</td><td>–Vollständigkeit der Inventur
–Verbot falscher oder fingierter Konten
–Verbot von Falschbuchungen
–Vollständigkeit der Eintragungen in die Bücher
–Vollständigkeit der Bücher
–Belegsicherung</td><td>–Erfassung und Bewertung jedes einzelnen Wirtschaftsguts
–übersichtliche Gliederung
–Verbot der Saldierung
–systematische Verbuchung (Kontierung)
–chronologische Verbuchung
–zeitnahe Verbuchung
–systematische Belegaufbewahrung</td><td>–materielle Bilanzkontinuität
–formelle Bilanzkontinuität
–Bilanzidentität</td><td>–Imparitätsprinzip
–Niederstwertprinzip
–Höchstwertprinzip
–Realisationsprinzip</td></tr>
<tr><td rowspan="2">Fundamentalsätze</td><td>Grundsatz der Wahrheit</td><td>Grundsatz der Klarheit</td><td>Grundsatz der Bilanzverknüpfung</td><td>Grundsatz der Vorsicht</td></tr>
<tr><td colspan="3">dominierende Prinzipien</td><td>modifizierendes Prinzip</td></tr>
</table>

Schaubild 41: Abgeleitete Sätze ordnungsmäßiger Buchführung und Bilanzierung

Im folgenden werden diejenigen abgeleiteten Sätze kurz erläutert, die nicht aus sich selbst verständlich erscheinen. Das sind insbesondere die aus den Fundamentalsätzen der Bilanzverknüpfung und der Vorsicht resultierenden Prinzipien.

357 Durch das Prinzip der **Bilanzidentität** wird die Schlußbilanz des einen mit der Anfangsbilanz des folgenden Jahres verzahnt; alle Bestandskonten des alten werden auf die Bestandskonten des neuen Jahres übertragen (in der Fachsprache: vorgetragen).

Aus dem Grundsatz der Bilanzidentität folgt die sog. **Zweischneidigkeit der Bilanz**. Höhere oder niedrigere Wertansätze aufgrund bilanzpolitischer Gestaltungen (**Tz 454 ff.**) oder eventuell fehlerhafter Bewertung wirken sich i.d.R. im Folgejahr (beim Umlaufvermögen) bzw. im Verlaufe der Folgejahre (beim Anlagevermögen) entgegengesetzt aus, so daß beispielsweise Gewinnverlagerungen in die Zukunft die spätere Besteuerung nicht verhindern können.

358 Zum Zwecke der Vergleichbarkeit über längere Zeiträume erfordert das Prinzip der **formellen Bilanzkontinuität** die Beibehaltung des äußeren Aufbaus der Bilanz (Gliederung).

Der Grundsatz der **materiellen Bilanzkontinuität** beinhaltet die Anwendung gleichbleibender Bewertungsverfahren. Allerdings sollen nur willkürliche, nicht dagegen ökonomisch bedingte Wechsel der Bewertungsmethoden untersagt sein (§ 252 (1) Nr. 6 HGB). Der

Kontinuitätsgrundsatz soll die Bilanzierenden auf keinen Fall daran hindern, ausdrückliche steuerrechtliche Bewertungswahlrechte von Jahr zu Jahr unterschiedlich auszuüben.

359 Das **Realisationsprinzip** bedeutet, daß Gewinne erst ausgewiesen werden dürfen, wenn sie verwirklicht sind. Als Realisations**zeitpunkt** gilt der Zeitpunkt der Lieferung (Verschaffung der Verfügungsmacht) oder Leistung (Umsatz). Auf den Zeitpunkt und den Zufluß der Gegenleistung kommt es nicht an. Vor dem Realisationszeitpunkt auftretende Wertsteigerungen dürfen nicht in die Bilanz aufgenommen werden; folgerichtig sind die im Unternehmen befindlichen Wirtschaftsgüter höchstens mit ihren ursprünglichen Anschaffungs- bzw. Herstellungskosten zu bewerten (**Anschaffungskostenprinzip**).

Das Realisationsprinzip ist deswegen von besonderer Bedeutung, weil es verhindert, daß noch nicht durch Umsatz realisierte Gewinne besteuert oder von dem Unternehmer entnommen bzw. an die Anteilseigner ausgeschüttet werden.

360 Das Realisationsprinzip ist durch das **Imparitätsprinzip** flankiert. Während sich **unrealisierte Gewinne** noch nicht auswirken dürfen, **müssen** noch **nicht realisierte Verluste** aus einzelnen Geschäften in der Bilanz erscheinen, sobald sie für den Unternehmer erkennbar werden. Nicht realisierte Gewinne und Verluste werden also imparitätisch (= ungleich) behandelt.

Beispiel:

In einem Kfz-Reparatur- und Handelsbetrieb werden im Rahmen der Inventur u.a. 20 unverkaufte neue Pkw aufgenommen. An das Herstellerwerk mußten pro Fahrzeug 15.000 DM überwiesen werden. Der realistische Verkaufspreis beträgt 20.000 DM pro Pkw. Bis zum Verkauf der Autos entstehen weitere Aufwendungen von insgesamt 10.000 DM. Außerdem sind am Bilanzstichtag 10 alte Fahrzeuge vorhanden, die für insgesamt 60.000 DM in Zahlung genommen wurden. Wegen des z. .Zt. rückläufigen Gebrauchtwagenmarkts rechnet der Betriebsinhaber damit, die Autos nur für insgesamt 45.000 DM absetzen zu können.

Während die am Bilanzstichtag noch unrealisierten Gewinne von 90.000 DM (20 x 5.000 DM = 100.000 DM ./. 10.000 DM) nicht ausgewiesen werden dürfen, sind die ebenfalls noch unrealisierten Verluste von 15.000 DM bereits bei der Bilanzaufstellung zu berücksichtigen.

Das Imparitätsprinzip hat die gleiche Intention wie das Realisationsprinzip. Durch die Vorwegnahme von Aufwendungen, die sich bei drohenden Verlusten abzeichnen, sollen Steuerzahlungen und die Auskehrung von Gewinnen verhindert werden.

Seinen konkreten Niederschlag findet das Imparitätsprinzip in dem **Niederstwert-** bzw. **Höchstwertprinzip**.

361 Nach dem **Niederstwertprinzip**, das für die positiven Wirtschaftsgüter (Aktivseite der Bilanz) Gültigkeit besitzt, ist von zwei alternativen Werten - z. B. den Anschaffungs- /Herstellungskosten einerseits und dem Börsen- oder Marktpreis andererseits - der jeweils niedrigere zu wählen. Es gilt beim **Anlagevermögen** in **gemilderter Form**; denn nur bei

voraussichtlich dauernder Wertminderung ist die Abwertung verpflichtend (**Tz 394, 403**). Für das **Umlaufvermögen** mit seiner kurzen Verweildauer im Betrieb gilt es immer (**strenges** Niederstwertprinzip; **Tz 404**).

362 Umgekehrt gilt bei negativen Wirtschaftsgütern (Passivseite der Bilanz) das **Höchstwertprinzip**, wonach von zwei möglichen Bilanzwerten der höhere zu passivieren ist (**Tz 405**).

Als Konsequenz des Niederstwert- und des Höchstwertprinzips weist der Bilanzierende am Bilanzstichtag unrealisierte Verluste aus.

C. Bilanzierung dem Grunde nach (Bilanzansatz)

363 Die folgende Erörterung der Bilanzierung dem Grunde nach beantwortet die Frage, **was** in die Bilanz einzustellen ist. Zu diesem Zweck sollen zunächst die bilanziellen Strukturelemente, nämlich die **Wirtschaftsgüter**, deren Einteilung und ihre Zuordnung zu den bilanzierenden Personen kurz erläutert werden. Danach werden die Auswirkungen der Unterscheidung zwischen Betriebsvermögen und Privatvermögen unser Interesse beanspruchen.

Ausführungen über die Konsequenzen des Maßgeblichkeitsgrundsatzes für die in die Steuerbilanz aufzunehmenden Wirtschaftsgüter runden diesen Abschnitt ab. Sie haben die Aufgabe, das Verständnis der später aufzuzeigenden Gestaltungsmöglichkeiten aufgrund von Bilanzierungswahlrechten zu erleichtern.

I. Ansatz des Betriebsvermögens

1. Struktur (Wirtschaftsgüter, Posten der Rechnungsabgrenzung, sonstige Posten)

364 Die Gewinnermittlung durch Betriebsvermögensvergleich setzt die Kenntnis zweier Nettobetriebsvermögen (Eigenkapitalien) an zwei aufeinander folgenden Bilanzstichtagen voraus (**Tz 336**). Hierzu muß die Zusammensetzung des Betriebsvermögens aus **positiven Wirtschaftsgütern** (Wirtschaftsgütern der Aktivseite der Bilanz) und **negativen Wirtschaftsgütern** (Wirtschaftsgütern der Passivseite der Bilanz) bekannt sein. Eine steuerrechtliche Begriffsbestimmung der Wirtschaftsgüter existiert nicht. Deshalb hat die Rechtsprechung diese Lücke füllen müssen. Sie betrachtet als

→ **positive Wirtschaftsgüter**

- **Sachen** (Beispiel: Betriebsgrundstücke), **Rechte** (Beispiel: Forderungen) und **sonstige Zustände** des wirtschaftlichen Verkehrs, die **selbständig bewertungsfähig**, also in Geld ausdrückbar sind und **einzeln** oder **im Zusammenhang mit dem Betrieb** veräußert werden können (Beispiel: Firmenwert), und als

→ **negative Wirtschaftsgüter**

- **selbständig bewertungsfähige**, am Bilanzstichtag bereits **bestehende** Verbindlichkeiten (Beispiel: Bankschulden) sowie **wirtschaftlich** in der Bilanzperiode **verursachte Verpflichtungen** oder **sonstige wirtschaftliche Lasten** (Beispiel: Rückstellungen).

Der im Handelsrecht gebräuchliche Terminus **Vermögensgegenstand** und der Begriff **Wirtschaftsgut** werden weitgehend **identisch** verwendet.

365 Außer den Wirtschaftsgütern, die ihre wesentlichen Strukturelemente bilden, enthält die Bilanz des öfteren sog. **Rechnungsabgrenzungsposten** (RAP). Sie dienen ausschließlich der periodengerechten Ermittlung des Erfolgs.

Ausgaben vor dem Bilanzstichtag werden auf der Aktivseite der Bilanz bilanziert (aktive RAP), soweit sie **Aufwand** für eine kalendermäßig **bestimmte Zeit nach** diesem Tag darstellen.

Einnahmen vor dem Bilanzstichtag werden auf der Passivseite bilanziert (passive RAP), soweit sie **Ertrag** für eine kalendermäßig **bestimmte Zeit nach** diesem Tag darstellen.

Beispiele:

1. Der Bauunternehmer B zahlt im Juli des Wirtschafts- = Kalenderjahres 01 5.000 DM Kfz-Steuer für seine Betriebsfahrzeuge. Der Besteuerungszeitraum umfaßt den Abschnitt Juli 01 bis einschließlich Juni 02. - Auf den Bilanzierungszeitraum (1.1. - 31.12.01) entfallen verursachungsgerecht Aufwendungen von 2.500 DM. Die Vorausleistungen des B von 2.500 DM für Januar bis Juni 02 werden in der Bilanz zum 31.12.01 als aktiver RAP behandelt.

2. B hat eine Betriebshalle an einen Baustoffhändler vermietet. Die Miete für den Monat Januar 02 erhält er bereits im Dezember 01. - Die Mieteinnahme ist kein Ertrag des Jahres 01, sondern betrifft hinsichtlich ihrer wirtschaftlichen Zuordung das Jahr 02. Deshalb wird sie als Vorausleistung des Baustoffhändlers in der Bilanz des B als passiver RAP behandelt.

366 Ebenfalls der periodengerechten Erfolgsermittlung sollen die **Aufwandsrückstellungen** (§ 249 HGB) dienen. Sie dürfen unter den gesetzlichen Voraussetzungen gebildet werden, ohne daß am Bilanzstichtag eine Verbindlichkeit gegenüber Dritten vorliegt.

367 Neben den Wirtschaftsgütern und den Posten der Rechnungsabgrenzung enthält die Bilanz des öfteren sog. **Sonderposten mit Rücklageanteil** (handelsrechtlicher Terminus) bzw. **steuerfreie Rücklagen** (steuerrechtlicher Terminus). Es handelt sich dabei um bei ihrer Bildung unversteuerte Rücklagen, die jedoch später gewinnerhöhend aufgelöst werden müssen (**Tz 442 ff.**). Wegen des ihnen anhaftenden latenten Steueranteils stellen sie einen Mischposten dar, der sowohl Eigen- als auch Fremdkapitalcharakter hat.

2. Einteilung der Wirtschaftsgüter

368 Von den zahlreichen Möglichkeiten, Wirtschaftsgüter zu kategorisieren, wenden wir uns an dieser Stelle v.a. denjenigen mit Belang für die Bilanzierung dem Grunde nach zu.

369 Nach ihrer **Zweckbestimmung** werden die **positiven Wirtschaftsgüter** in solche des **Anlagevermögens** und des **Umlaufvermögens** eingeteilt. Zum Anlagevermögen gehören die am Bilanzstichtag dem **Betrieb auf Dauer** zu dienen bestimmten Wirtschaftsgüter, während die zum **Verbrauch** oder zur **Veräußerung** vorgesehenen Wirtschaftsgüter das Umlaufvermögen verkörpern.

370 Wirtschaftsgüter können **entgeltlich** (z. B. durch Anschaffung) oder **unentgeltlich** (z. B. durch Erbschaft) erworben sein.

371 Von besonderer Bedeutung ist die Einteilung nach der **Art** der Wirtschaftsgüter in **materielle** (körperliche) und **immaterielle** (unkörperliche) Wirtschaftsgüter. Der Bilanzansatz **nicht entgeltlich erworbener**, sondern selbstgeschaffener **immaterieller Wirtschaftsgüter** des **Anlagevermögens** ist als nicht hinreichend konkretisiert **untersagt**. Selbst hergestellte immaterielle Gegenstände des **Umlaufvermögens** allerdings werden von dem Bilanzierungsverbot nicht erfaßt.

372 Die für die Bewertung wesentliche Unterscheidung in **abnutzbares** und **nicht abnutzbares** Anlagevermögen (**Tz 393**) ist im Hinblick auf den Bilanzansatz belanglos.

373 Die **negativen Wirtschaftsgüter** beinhalten am Bilanzstichtag **feststehende** und **nicht feststehende** Verbindlichkeiten. Letztere bezeichnet man als Rückstellungen.

3. Zuordnung der Wirtschaftsgüter

374 Grundsätzlich knüpft die Bilanzierung an das **zivilrechtliche** Eigentum an; dies gilt immer, wenn der zivilrechtliche auch gleichzeitig der **wirtschaftliche** Eigentümer ist.

Der wirtschaftliche Eigentümer übt, wenn er nicht zivilrechtlicher Eigentümer ist, die **tatsächliche** Herrschaft über ein Wirtschaftsgut in der Weise aus, daß er den Eigentümer im Regelfall für die gewöhnliche Nutzungsdauer des Wirtschaftsguts von der Einwirkung auf das Wirtschaftsgut wirtschaftlich ausschließen kann (§ 39 (2) Nr. 1 AO).

Bei Auseinanderfallen von zivilrechtlichem und wirtschaftlichem Eigentum bilanziert der **wirtschaftliche Eigentümer**.

375 Die Zuordnung von Wirtschaftsgütern zum wirtschaftlichen Eigentümer erlangt Bedeutung bei **Treuhand-**, **Kreditsicherungs-** (Sicherungsübereignung, Eigentumsvorbehalt) und be-

stimmten **Nutzungsverhältnissen**. Eine besondere Rolle spielt das wirtschaftliche Eigentum beim **Leasing**; denn unter bestimmten Voraussetzungen hat nicht der Leasinggeber (er ist immer juristischer Eigentümer), sondern der Leasingnehmer als wirtschaftlicher Eigentümer den Leasinggegenstand zu bilanzieren.

Beispiel:

Ein Bauunternehmer übereignet seiner Bank als Sicherheit für einen Kredit einen Bagger. Durch den gleichzeitigen Abschluß eines Leihvertrages bleibt der Bauunternehmer Besitzer des Baggers, ohne den er nicht auskäme. - Die Bank ist die zivilrechtliche Eigentümerin, der Bauunternehmer der wirtschaftliche Eigentümer des Baggers. Die Bilanzierung erfolgt nicht bei der Bank, sondern bei dem Bauunternehmer.

4. Wirkungen der Unterscheidung von Betriebsvermögen und Privatvermögen

376 An mehreren Stellen wurde bereits darauf hingewiesen (siehe z. B. **Schaubild 4**), daß das **Betriebsvermögen** den Gewinneinkünften, das **ertragbringende Privatvermögen** den Überschußeinkünften zugeordnet ist. **Ertragloses Privatvermögen** und mit ihm zusammenhängende Ausgaben sind einkommensteuerlich unbeachtlich.

377 **Nutzt** ein Unternehmer ein Wirtschaftsgut **ausschließlich betrieblich**, so gehört es zum **notwendigen Betriebsvermögen**. Es **muß** folglich in die Bilanz aufgenommen werden.

378 Bei **ausschließlich privater Nutzung** wird ein Wirtschaftsgut zum **notwendigen Privatvermögen** gerechnet. Es **darf nicht** in die Bilanz eingestellt werden.

379 Es gibt Wirtschaftsgüter, die sowohl betrieblich als auch privat genutzt werden können (Beispiele: Pkw, Telefon) oder deren Nutzungsart nur durch eine eindeutige Handlung des Steuerpflichtigen bestimmt werden kann (Beispiel: Wertpapiere). Man nennt sie - in Abhängigkeit von dem in der tatsächlichen Nutzung zum Ausdruck kommenden Willen - **gewillkürtes Betriebsvermögen** bzw. **gewillkürtes Privatvermögen**.

Im Zusammenhang mit dem willkürungsfähigen Vermögen kommen häufig **Mischnutzungen** - also teils betriebliche, teils private Verwendungen - vor. Bei ihrer bilanziellen Erfassung ist zwischen **beweglichen** und **nicht beweglichen** Wirtschaftsgütern zu unterscheiden.

380 **Bewegliche** Wirtschaftsgüter, die sich im Eigentum einer Kapital- oder einer Personengesellschaft befinden, werden auch bei teilweiser privater Nutzung insgesamt dem Betriebsvermögen zugeordnet. Gehören die gemischt genutzten Wirtschaftsgüter jedoch einem Einzel- oder Mitunternehmer, so richtet sich die Zuordnung nach der überwiegenden Verwendung. Die **überwiegende betriebliche** Nutzung (> 50%) hat die Eingliederung des **ganzen** Wirtschaftsguts in das **notwendige Betriebsvermögen** zur Folge, während eine nur **untergeordnete betriebliche** Nutzung (10% und weniger) entsprechend ins **notwendige**

Privatvermögen einmündet. Die Atomisierung ein- und desselben Wirtschaftsguts in einen betrieblichen und einen privaten Teil ist demnach nicht möglich.

381 Die Zuordnung von gemischt genutzten **Immobilien** gestaltet sich etwas komplizierter. Der Behandlung von Grundstücken wird ein eigener Abschnitt gewidmet (**Tz 487 ff.**).

382 Soweit nach dem bisher Gesagten ein Freiraum zur Willkürung verbleibt, eröffnen sich Möglichkeiten steuersparender Gestaltungen. So können einerseits z. B. die mit den verschiedenen Wahlrechten einhergehenden steuerlichen Vorteile nur bei einer Zuordnung zum Betriebsvermögen in Anspruch genommen werden (**Tz 437**); andererseits unterbleibt der Steuerzugriff auf realisierte Werterhöhungen am ruhenden Vermögen nur bei Wirtschaftsgütern des Privatvermögens (**Tz 14**).

383 Die mit den Wirtschaftsgütern im Zusammenhang stehenden Erträge und Aufwendungen werden wie folgt behandelt:

a. Bei ausschließlich betrieblicher Nutzung sind sie steuerlich voll Betriebseinnahmen und Betriebsausgaben.
b. Bei ausschließlich privater Nutzung liegen steuerlich weder Betriebseinnahmen noch Betriebsausgaben vor.
c. Bei Mischnutzung kommt es auf die Willkürung zum Betriebs- oder zum Privatvermögen an.
   Wird das Wirtschaftsgut als gewillkürtes Privatvermögen behandelt, sind die Erträge und Aufwendungen insoweit steuerlich Betriebseinnahmen und Betriebsausgaben, als sie auf die betriebliche Nutzung entfallen. Gewinne oder Verluste, die beim Verkauf des Wirtschaftsguts entstehen, bleiben unberücksichtigt.
   Bei der Einordnung ins gewillkürte Betriebsvermögen werden alle Erträge und Aufwendungen als Betriebsausgaben erfaßt; die notwendige Neutralisierung der privaten Nutzung geschieht über die Verbuchung von Privatentnahmen (**Tz 339**). Gewinne oder Verluste, die beim Verkauf des Wirtschaftsguts entstehen, gehen in voller Höhe in die Steuerbemessungsgrundlage ein.

Beispiele:

1. Ein Schreinermeister (S) schafft eine Hobelbank an. - Die Hobelbank stellt notwendiges Betriebsvermögen dar. Alle mit ihr im Zusammenhang stehenden Erträge und Aufwendungen sind Betriebseinnahmen und -ausgaben.

2. S kauft eine Musikanlage, die er in seinem Büro aufstellt. - Die Anlage gehört zum notwendigen Privatvermögen. Sämtliche durch sie veranlaßten Aufwendungen sind nicht abzugsfähig.

3. S fährt einen Pkw, den er zu 80% betrieblich nutzt. - Das Fahrzeug ist, da überwiegend betrieblich genutzt, dem notwendigen Betriebsvermögen zugehörig. Die Aufwendungen (AfA, Benzin, Versicherung usw.) stellen zu 80% abzugsfähige Betriebsausgaben dar, 20% sind im Ergebnis als private Ausgaben nicht aufwandswirksam. Bei einem Verkauf des Pkw geht der gesamte Veräußerungsgewinn/-verlust in die Steuerbemessungsgrundlage ein.

4. S besitzt noch einen Sportwagen, den er ganz selten zu geschäftlichen Zwecken nutzt. - Das Fahrzeug gehört, wenn die betriebliche Nutzung mit weniger als 10% angenommen wird, zum notwendigen Privatvermögen. Die auf die geschäftliche Nutzung entfallenden Aufwendungen sind abzugsfähige Betriebsausgaben. Veräußerungsgewinne/-verluste bleiben steuerlich unberücksichtigt.

II. Wirkung des Maßgeblichkeitsgrundsatzes auf die Steuerbilanzansätze

384 Die große Mehrzahl der Handwerksunternehmer stellt nur eine Bilanz auf, die gleichzeitig als Handels- und Steuerbilanz dient (Einheitsbilanz, **Tz 344**). Wegen des Maßgeblichkeitsgrundsatzes richtet sich die Bilanzierung dem Grunde nach i.w. nach dem Handelsrecht (**Tz 343**).

Auf dem Fundament des Gesetzes und der steuerlichen Rechtsprechung fußen die folgenden Grundaussagen zu den steuerlichen Bilanzansätzen:

1. Ein handelsrechtliches **Aktivierungsgebot** führt auch steuerlich zu einem **Aktivierungsgebot** (Maßgeblichkeitsgrundsatz gilt).
2. Ein handelsrechtliches **Passivierungsgebot** zieht ein steuerliches **Passivierungsgebot** nach sich (Maßgeblichkeitsgrundsatz gilt).
3. Ein handelsrechtliches **Aktivierungsverbot** hat ein steuerliches **Aktivierungsverbot** im Gefolge (Maßgeblichkeitsgrundsatz gilt).
4. Ein handelsrechtliches **Passivierungsverbot** wird zu einem steuerlichen **Passivierungsverbot** (Maßgeblichkeitsgrundsatz gilt).
5. Ein handelsrechtliches **Aktivierungswahlrecht** wird in ein steuerrechtliches **Aktivierungsgebot** umgedeutet (Maßgeblichkeitsgrundsatz gilt nicht).
6. Ein handelsrechtliches **Passierungswahlrecht** geht mit einem steuerrechtlichen **Passivierungsverbot** einher (Maßgeblichkeitsgrundsatz gilt nicht).
7. **Steuerliche Bilanzierungswahlrechte** können nur **in Übereinstimmung** mit einem entsprechenden **handelsbilanziellen** Vorgehen vorgenommen werden (**umgekehrte** Maßgeblichkeit). Um die Steuervorteile gegenüber eventuell entgegenstehenden handelsrechtlichen Grundsätzen wahren zu können, wurden mit den Vorschriften der §§ 247 (3) und 254 HGB die notwendigen Voraussetzungen geschaffen.

Das Maßgeblichkeitsprinzip und insbesondere seine Umkehrung führen zu einer Verfälschung der Werte in der Handelsbilanz mit der Folge einer falschen Vermögensdarstellung und Gewinnermittlung im handelsrechtlichen Sinne. Insofern führt das Prinzip zu einer Reduzierung der Aussagefähigkeit des handelsrechtlichen Jahresabschlusses.

	Zwingende steuerrechtliche Vorschriften	**Steuerrechtliche Wahlrechte**	**Keine expliziten steuerrechtlichen Vorschriften**
Zwingende handelsrechtliche Vorschriften	Die **Maßgeblichkeit** der Handelsbilanz für die Steuerbilanz **gilt nicht**.	Die **Maßgeblichkeit** der Handelsbilanz für die Steuerbilanz **gilt**.	Die **Maßgeblichkeit** der Handelsbilanz für die Steuerbilanz **gilt**.
Handelsrechtliche Wahlrechte	Die **Maßgeblichkeit** der Handelsbilanz für die Steuerbilanz **gilt nicht**.	Die **Umkehrung** der Maßgeblichkeit **gilt**, d. h. steuerrechtliche Wahlrechte bei der Gewinnermittlung sind in Übereinstimmung mit den handelsrechtlichen Wertansätzen vorzunehmen.	**Bilanzierung gem. BFH-Rechtsprechung:** Aktivierungswahlrecht in der Handelsbilanz führt zu einem Aktivierungsgebot in der Steuerbilanz. Passivierungswahlrecht in der Handelsbilanz führt zu Passivierungsverbot in der Steuerbilanz.

Schaubild 42: Anwendung des Maßgeblichkeitsprinzips und seiner Umkehrung

III. Zusammenfassendes Bilanzschema

385 Im Anschluß an die Ausführungen zum Ansatz des Betriebsvermögens und zu den Wirkungen des Maßgeblichkeitsgrundsatzes zeigt **Schaubild 43** ein zusammenfassendes Bilanzschema, welches die am häufigsten vorkommenden Bilanzpositionen enthält.

Das nachfolgende Bilanzschema orientiert sich in groben Zügen an den Vorgaben des § 266 HGB.

Im Mittelpunkt des Interesses steht die auf den handelsrechtlichen Vorgaben aufbauende Steuerbilanz.

Vermögen (positive Wirtschaftsgüter, sonstige Posten)	handelsbilanzielle Vorgabe	Steuerbilanz
AKTIVA		
<u>**Anlagevermögen**</u>		
Sachanlagen Beispiele: Grundstücke, Maschinen, sonstige Sachanlagen	**Aktivierungspflicht** (§§ 246, 247 HGB)	**Aktivierungspflicht** (§ 5 (1) EStG)
Immaterielle Wirtschaftsgüter Beispiele: Konzessionen, gewerbliche Schutzrechte, Lizenzen	**Aktivierungspflicht,** falls entgeltlich erworben (§§ 246, 247 HGB)	**Aktivierungspflicht** (§ 5 (2) EStG)
	Aktivierungsverbot, falls nicht entgeltlich erworben (§ 248 (2) HGB)	**Aktivierungsverbot** (§ 5 (2) EStG)
Firmenwert	**Aktivierungswahlrecht,** falls entgeltlich erworben (§255 (4) HGB)	**Aktivierungspflicht** § 5 (2) EStG)
	Aktivierungsverbot, falls nicht entgeltlich erworben (§ 248 (2) HGB)	**Aktivierungsverbot** (§ 5 (2) EStG)
Finanzanlagen Beispiele: Beteiligungen, Wertpapiere	**Aktivierungspflicht** (§§ 246, 247 HGB)	**Aktivierungspflicht** (§ 5 (1) EStG
<u>**Umlaufvermögen**</u>		
Vorräte Beispiele: Roh-, Hilfs- und Betriebsstoffe, fertige und unfertige Erzeugnisse	**Aktivierungspflicht** (§§ 246, 247 HGB)	**Aktivierungspflicht** (§ 5 (1) EStG)

Schaubild 43: Bilanzschema mit Bilanzierungspflichten, -verboten und -wahlrechten

Vermögen (positive Wirtschaftsgüter, sonstige Posten)	handelsbilanzielle Vorgabe	Steuerbilanz
Forderungen Beispiele: Forderungen aus Lieferungen und Leistungen, sonstige Vermögensgegenstände wie Forderungen ans Finanzamt, an Mitarbeiter usw.	**Aktivierungspflicht** (§§ 246,247 HGB)	**Aktivierungspflicht** (§ 5 (1) EStG)
Wertpapiere Beispiele: Aktien, Anleihen	**Aktivierungspflicht** (§§ 246, 247 HGB)	**Aktivierungspflicht** (§ 5 (1) EStG)
flüssige Mittel Beispiele: Kasse, Bank, Schecks	**Aktivierungspflicht** (§§ 246, 247 HGB)	**Aktivierungspflicht** (§ 5 (1) EStG)
Nicht entgeltlich erworbene Vermögensgegenstände des Anlage- und Umlaufvermögens **außer immaterielle Anlagegüter**	**Aktivierungswahlrecht** (GoB)	**Aktivierungspflicht** (§ 7 EStDV)
<u>der periodengerechten Erfolgsermittlung dienende Posten</u> (aktive RAP)		
Ausgaben vor, Aufwand nach dem Bilanzstichtag Beispiele: Vorausbezahlte Mieten, Versicherungen	**Aktivierungspflicht** (§§ 246, 250 (1) HGB)	**Aktivierungspflicht** (§ 5 (5) Satz 1 Nr. 1 EStG)
Aufwandsberücksichtigte – **Zölle und Verbrauchsteuern** auf Vorräte	**Aktivierungswahlrecht** (§ 250 (1) Nr. 1 HGB)	**Aktivierungspflicht** (§ 5 (5) Satz 2 Nr. 1 EStG)
– **Umsatzsteuer** auf Anzahlungen	**Aktivierungswahlrecht** (§ 250 (1) Nr. 2 HGB)	**Aktivierungspflicht** (§ 5 (5) Satz 2 Nr. 2 EStG)
Disagio	**Aktivierungswahlrecht** (§ 250 (3) HGB)	**Aktivierungspflicht** (§ 5 (5) Satz 1 Nr. 1 EStG, Rechtspr.)

Schaubild 43: Fortsetzung

Verbindlichkeiten (negative Wirtschaftsgüter, sonstige Posten)	handelsbilanzielle Vorgabe	Steuerbilanz
PASSIVA		
<u>**feststehende Verbindlichkeiten**</u> **Verbindlichkeiten** gegenüber **Kreditinstituten,** **Verbindlichkeiten** aus **Lieferungen** und **Leistungen,** **Wechsel**verbindlichkeiten, **sonstige** Verbindlichkeiten, wie Verbindlichkeiten gegenüber dem Finanzamt, den Mitarbeitern usw.	**Passivierungspflicht** (§§ 246, 247 HGB)	**Passivierungspflicht** (§ 5 (1) EStG)
<u>**nicht feststehende Verbindlichkeiten**</u> **Rückstellungen für ungewisse Verbindlichkeiten** Beispiele: Steuerrückstellungen, Rückstellungen für Urlaubsgelder, Sozialverpflichtungen, Abschlußkosten, Prozeßrisiken, Preisnachlässe, Wechselhaftung usw.	**Passivierungspflicht** (§ 249 (1) HGB)	**Passivierungspflicht** (§ 5 (1) EStG)
Pensionsrückstellungen – Zusage **vor** dem 1.1.1987	**Passivierungswahlrecht** (Art. 28 (1) Satz 1 EGHGB)	**Passivierungswahlrecht** (§ 6a EStG)
– Zusage **nach** dem 1.1.1987	**Passivierungspflicht** (§ 249 (1) HGB)	**Passivierungspflicht** (Rechtsprechung)
Rückstellungen wegen Verletzung bestimmter Schutzrechte	**Passivierungspflicht** (§ 249 (1) HGB)	**Passivierungspflicht** wenn Bedingungen des § 5 (3) EStG erfüllt **Passivierungsverbot** wenn Bedingungen des § 5 (3) nicht erfüllt
Rückstellungen für Jubiläumszuwendungen	**Passivierungspflicht** (§ 249 (1) HGB)	**Passivierungspflicht** wenn Bedingungen des § 5 (4) EStG erfüllt **Passivierungsverbot** wenn Bedingungen des § 5 (4) EStG nicht erfüllt

Schaubild 43: (Fortsetzung)

Verbindlichkeiten (negative Wirtschaftsgüter, sonstige Posten)	handelsbilanzielle Vorgabe	Steuerbilanz
Rückstellungen für drohende Verluste	**Passivierungspflicht** (§ 249 (1) HGB)	**Passivierungsverbot** (§ 5 (4a) EStG)
Kulanzrückstellungen	**Passivierungspflicht** (§ 249 (1) Satz 2 Nr. 2 HGB)	**Passivierungspflicht** (§ 5 (1) EStG)
<u>der periodengerechten Erfolgsermittlung dienende Posten</u>		
Aufwandsrückstellungen Beispiele: Rückstellungen für unterlassene Instandhaltung – bei Nachholung innerhalb von 3 Monaten	**Passivierungspflicht** (§ 249 (1) Satz 2 Nr. 1 HGB)	**Passivierungspflicht** (§ 5 (1) EStG, Rechtspr.)
– bei Nachholung innerhalb von 4 bis 12 Monaten	**Passivierungswahlrecht** (§ 249 (1) Satz 3 HGB)	**Passivierungsverbot** (Rechtspr.)
Rückstellungen für bestimmte Aufwendungen (z. B. Großreparaturen)	**Passivierungswahlrecht** (§ 249 (2) HGB)	**Passivierungsverbot** (Rechtspr.) **Passivierungsverbot** (Rechtspr.)
passive RAP (Einnahmen vor, Ertrag nach dem Bilanzstichtag) Beispiele: vorvereinnahmte Mieten, Pachten	**Passivierungspflicht** (§ 250 (2) HGB)	**Passivierungspflicht** (§ 5 (5) Satz 1 Nr. 2 EStG)
<u>übrige Posten</u> **Sonderposten mit Rücklageanteil/steuerfreie Rücklagen**	**Passivierungswahlrecht** (§ 247 (3) HGB)	**Passivierungswahlrecht** (diverse §§; z.B. § 6b EStG, § 7g (3) und (4) EStG; R 35 EStR)

Schaubild 43: (Fortsetzung)

D. Bilanzierung der Höhe nach (Bilanzwert)

386 Ist darüber entschieden, **daß** ein Bilanzgegenstand **dem Grunde nach** in die Bilanz eingestellt werden muß oder soll, so schließt sich als nächster Schritt die Lösung des **Bewertungsproblems** an. Mit anderen Worten ist nunmehr zu klären, **wie** - in welcher **Höhe** - das Bilanzobjekt Berücksichtigung findet.

I. Wirkung des Maßgeblichkeitsgrundsatzes auf die Steuerbilanzwerte

387 Wie bereits erwähnt, greifen aufgrund des § 5 (6) EStG für die steuerlichen Wertansätze steuerrechtliche Spezialvorschriften ein (**Tz 343**). Die **handelsrechtlichen Bewertungsnormen** gelten nur hilfsweise; sie sind nur in Ausnahmefällen von Bedeutung. Dies kann wegen der unterschiedlichen Zielsetzungen von Handelsbilanz (vorsichtige Ermittlung eines ausschüttungsfähigen Gewinns) und Steuerbilanz (periodenrichtige Ermittlung eines interpersonell möglichst gleichmäßigen Gewinns) nicht verwundern.

Im einzelnen gilt:

a. Wenn das Steuerrecht einen Wertansatz **zwingend** anders als den entsprechenden Handelsbilanzwert festgelegt, so ist der **Maßgeblichkeitsgrundsatz** bewußt **durchbrochen**. Es gelten dann die steuerlichen Bewertungsnormen.
b. Gewährt das Steuerrecht ein **Bewertungswahlrecht**, so kann der **Maßgeblichkeitsgrundsatz seine** unmittelbare **Wirkung entfalten**, wenn in einem solchen Falle **das Handelsrecht zwingend** eine bestimmte Bewertung vorgibt. Von den wenigen Beispielen, in denen der Maßgeblichkeitsgrundsatz steuerliche Wertansätze direkt bestimmt, ist die Verankerung des **handelsrechtlichen Niederstwertprinzips** (Höchstwertprinzips) im Steuerrecht das weitaus wichtigste (**Tz 394, 404 f.**).
c. Steuerliche Bewertungswahlrechte (z.B. subventionelle Abschreibungen) können nur **in Übereinstimmung** mit einer entsprechenden **handelsrechtlichen Bewertung** vorgenommen werden (**umgekehrte Maßgeblichkeit**). Um die Steuervorteile gegenüber eventuell entgegenstehenden handelsrechtlichen Vorschriften wahren zu können, wurden mit den §§ 247 (3) und 254 HGB die notwendigen Voraussetzungen geschaffen (**Tz 344**).

II. Die Wertmaßstäbe

1. Die handelsrechtlichen Wertmaßstäbe

388 Die tragenden Wertmaßstäbe des Handelsbilanzrechts sind die **Anschaffungskosten**, die **Herstellungskosten** und bestimmte **aktuelle Werte** am Bilanzstichtag, soweit sie **unter** den ursprünglichen Anschaffungs- oder Herstellungskosten liegen (**Börsen-** oder **Marktwert**, **beizulegender Stichtagswert**, zur **Vermeidung künftiger Wertschwankungen** notwendiger Wert, Wert nach **vernünftiger kaufmännischer Beurteilung**). Die wesentlichen handelsrechtlichen Wertansätze enthalten die §§ 253 und 255 HGB.

Wie oben beschrieben, bilden diese Wertkategorien zwar die Basis auch für die steuerbilanzielle Bewertung; sie werden jedoch wegen des expliziten Bewertungsvorbehalts des Bilanzsteuerrechts in vielfacher Weise korrigiert oder ersetzt. Die handelsrechtlichen Wertmaßstäbe werden, soweit dies zum Verständnis notwendig erscheint, bei der Erläuterung der in unserem Darstellungszusammenhang wichtigeren steuerlichen Wertbegriffe mit behandelt.

2. Die steuerrechtlichen Wertmaßstäbe

389 Das EStG kennt lediglich drei Wertmaßstäbe, die direkt oder sinngemäß auf die Bilanzgegenstände anzuwenden sind: die **Anschaffungskosten**, die **Herstellungskosten** und den **Teilwert**.

Die Inhalte der Anschaffungs- und Herstellungskosten bestimmen sich mangels eigener steuerlicher Legaldefinitionen zwar grundsätzlich nach § 255 (1) - (3) HGB; sie werden jedoch für die Steuerbilanz wegen entgegenstehender Verwaltungsvorschriften z.T. verändert. Der Teilwert ist ein rein steuerlicher Wert; er kommt im Handelsrecht nicht vor.

2.1. Anschaffungskosten

390 **Anschaffungskosten** sind Aufwendungen, die geleistet werden, um einen Vermögensgegenstand zu **erwerben** und ihn in einen **betriebsbereiten Zustand** zu versetzen; im übrigen müssen sie dem Vermögensgegenstand **einzeln** zugeordnet werden können (**Einzelkosten**). Die nicht direkt zurechenbaren, sondern nur als Zuschlag auf die Einzelkosten zu verteilenden Kosten (**Gemeinkosten**) können also nicht Bestandteil der Anschaffungskosten sein.

Die dem § 255 (1) HGB entstammende Begriffsbestimmung gilt auch steuerlich. Im Regelfall stimmen also die handels- und steuerbilanziellen Begriffsinhalte der Anschaffungskosten überein.

Die Anschaffungskosten umfassen neben dem **Erwerbspreis** alle die Betriebsbereitschaft ermöglichenden **Nebenkosten**; andererseits werden **Anschaffungskostenminderungen** ausgeschlossen, da sie eben nicht aufgewendet werden brauchen.

Die **Vorsteuer** gehört im Normalfall **nicht** zu den Anschaffungskosten (Einzelheiten in § 9b EStG). **Finanzierungskosten** stellen grundsätzlich keine Anschaffungskosten dar.

Besonders beachtenswert ist, daß das Zahlenwerk der Kostenrechnung für steuerbilanzielle Bewertungszwecke häufig korrigiert werden muß, wenn nämlich nicht aufwandsgleiche, sog. **kalkulatorische Kosten** durch tatsächliche bilanzielle Aufwendungen oder geplante durch Ist-Werte zu ersetzen sind.

Schaubild 44 zeigt die Zusammensetzung der Anschaffungskosten im Überblick.

Bestandteile	Beispiele
Anschaffungspreis	Bruttorechnungspreis, Listenpreis
– Anschaffungspreis**minderungen**	Skonti, Boni, Rabatte, sonstige Preisminderungen
+ Nebenkosten des **Erwerbs**	Vermittlungsprovisionen, Beurkundungsgebühren, Grunderwerbsteuer
+ Nebenkosten der **Verbringung in den Betrieb**	Transport-, Fracht-, Verpackungskosten, Zölle
+ Nebenkosten der **Inbetriebnahme**	Fundamentierungskosten, Montagekosten

Schaubild 44: Zusammensetzung der Anschaffungskosten

2.2 Herstellungskosten

391 Die **Herstellungskosten** bilden die Bewertungsgrundlage der ganz oder teilweise selbsthergestellten Wirtschaftsgüter des Umlaufvermögens (**fertige, unfertige Erzeugnisse**) oder - seltener - des Anlagevermögens (für den **eigenen Betrieb** erstellte **Anlagen** oder **Gebäude**).

Während es **handelsrechtlich** ausreicht, als Untergrenze nur die **Einzelkosten** des Herstellungsbereichs (Materialeinzelkosten, Fertigungseinzelkosten) zu berücksichtigen, enthält der **steuerliche** Herstellungskostenbegriff detaillierte Einbeziehungspflichten, -wahlrechte und -verbote.

Grundsätzlich sind die **Materialeinzelkosten**, **Materialgemeinkosten**, **Fertigungseinzelkosten** und **Fertigungsgemeinkosten verpflichtender** und die **Verwaltungsgemeinkosten wahlweiser** Bestandteil der steuerlichen Herstellungskosten.

Die Grundsteuer gehört zu den Betriebsausgaben und ist damit verpflichtend in die Herstellungskosten einzubeziehen. Für die **Vertriebskosten - Gemeinkosten** wie **Sondereinzelkosten** - besteht ein ausdrückliches **Einbeziehungsverbot**.

Das **Schaubild 45** wurde, fußend auf den Regelungen der Richtlinie 33 EStR, wie allgemein üblich auf der Basis der Zuschlagskalkulation entworfen. Es ist jedoch darauf hinzuweisen, daß der Herstellungskostenbegriff von der Kalkulationsform unabhängig ist; es kann die für den jeweiligen Einzelfall günstigste Kalkulationsform angewendet werden.

Besonders beachtenswert ist, daß das Zahlenwerk der Kostenrechnung für steuerbilanzielle Bewertungszwecke häufig korrigiert werden muß, wenn nämlich nicht aufwandsgleiche, sog. **kalkulatorische Kosten** durch tatsächliche bilanzielle Aufwendungen oder geplante durch Ist-Werte zu ersetzen sind.

Kosteneinteilung	Kostenbeispiele	Art und Weise der Einbeziehung
Materialeinzelkosten	Roh-, Hilfs- und Betriebsstoffe, Erzeugnisse	Pflicht
+ Materialgemeinkosten	Lagerhaltung, Materialprüfung, Transport nicht: Einkaufs- und Wareneingangskosten; siehe unter Verwaltungsgemeinkosten	Pflicht
+ Fertigungseinzelkosten	Fertigungslöhne, Lohnnebenkosten	Pflicht
+ Fertigungsgemeinkosten	– Fertigungsbetriebs- und Verwaltungskosten: Fertigungsvorbereitung und -kontrolle, techn. Betriebsleitung, Raumkosten, Sachversicherungen, Unfallschutz, Lohnbüro usw.	Pflicht
	– Abschreibungen auf Fertigungsanlagen: Normal-AfA AfaA, Teilwertabschreibungen, Sonderabschreibungen, erhöhte Absetzungen	 Pflicht Verbot Verbot
	– Kapitalkosten des Fertigungsbereichs: Eigenkapitalzinsen Fremdkapitalzinsen	Verbot Verbot (Grundsatz) Wahlrecht (Ausnahme)
	– Steuern des Fertigungsbereichs: Gewerbeertragsteuer Gewerbekapitalsteuer (bis 31.12.1997) Grundsteuer Vermögensteuer (bis 31.12.1996)	 Wahlrecht Pflicht Pflicht Verbot
	– bestimmte Sozialaufwendungen: betriebl. Altersversorgung, freiwillige Sozialleistungen, Ergebnisbeteiligungen	Wahlrecht
	– kalkulatorische Kosten (soweit über die tatsächlichen Kosten hinausgehend): kalkulatorische(r) Unternehmerlohn, Abschreibungen, Zinsen, Mieten, Wagnisse	Verbot
+ Sondereinzelkosten der Fertigung	Entwürfe, Modelle, Lizenzen	Pflicht
+ allgemeine Verwaltungskosten	Geschäftsleitung, Einkauf, Wareneingang, Betriebsrat, Werkschutz, Personalbüro, Nachrichten-, Ausbildungs-, Rechnungswesen einschließlich Betriebsabrechnung, Abschreibungen auf Verwaltungsgebäude	Wahlrecht
= Herstellungskosten **+ Vertriebsgemeinkosten**	Fertigwarenlager, Vertriebsabteilung, Vertriebsorganisation, Werbung, Abschreibungen auf Anlagen des Vertriebsbereichs	Verbot
+ Sondereinzelkosten des Vertriebs	Provisionen, Frachten, Versicherungen (soweit einzelnen Erzeugnissen zurechenbar)	Verbot
= Selbstkosten		

Schaubild 45: Zusammensetzung der steuerlichen Herstellkosten

2.3 Teilwert

392 An die Stelle des niedrigeren handelsbilanziellen Börsen- oder Marktwerts bzw. beizulegenden Werts als aktuellem Wert am Bilanzstichtag tritt in der Steuerbilanz der **Teilwert**. Die weitergehende handelsrechtliche Möglichkeit, den aktuellen Stichtagswert dadurch zu unterschreiten, daß noch niedrigere Werte zum Zwecke der Vermeidung künftiger Wertschwankungen (bei Gegenständen des Umlaufvermögens) oder nach vernünftiger kaufmännischer Beurteilung (bei allen Vermögensgegenständen) gewählt werden dürfen, findet im Steuerrecht keine Entsprechung. Die beiden letztgenannten Werte gelten also steuerbilanziell grundsätzlich nicht, es sei denn, sie entsprächen ausnahmsweise dem Teilwert.

Der Teilwert als **originär** steuerlicher Wert kommt bei **positiven** Wirtschaftsgütern nur in Betracht, wenn er **niedriger**, bei **negativen** Wirtschaftsgütern, wenn er **höher** ist als der **regelmäßige** Wert (Anschaffungs- oder Herstellungskosten).

Im Teilwert verkörpert sich das **Niederstwert (Höchstwert)prinzip (Tz 394, 403 ff.)**.

Als Teilwert bezeichnet § 6 (1) Nr. 1 Satz 3 EStG den "Betrag, den ein Erwerber des ganzen Betriebs im Rahmen des Gesamtkaufpreises für das einzelne Wirtschaftsgut ansetzen würde, dabei ist davon auszugehen, daß der Erwerber den Betrieb fortführt." Der Teilwert soll also eine Verbindung zwischen der Bewertung einzelner Wirtschaftsgüter und der Bewertung des Betriebes als Ganzem herstellen. Dieser Lösungsversuch scheitert jedoch v.a. an der jährlich durchzuführenden exakten Berechnung des Unternehmensgesamtwerts und an der Unmöglichkeit der Verteilung des Gesamtwerts auf die einzelnen Wirtschaftsgüter.

Für die Besteuerungspraxis hat die Rechtsprechung sog. **Teilwertvermutungen** aufgestellt, deren Bandbreite durch die **Wiederbeschaffungs(Wiederherstellungs)kosten** (obere Grenze) und den **Einzelveräußerungspreis** (untere Grenze) des zu bewertenden Wirtschaftsguts bestimmt wird. Die Vermutungen sollen grundsätzlich gelten, solange der Steuerpflichtige sie nicht widerlegt. Will er einen niedrigeren (bei negativen Wirtschaftsgütern höheren) Teilwert geltend machen, so trifft ihn die Beweislast.

Schaubild 46 demonstriert den Teilwert mit Hilfe der zu seiner Ermittlung ergangenen Vermutungen und zeigt die wesentlichen Gründe zu ihrer Widerlegung.

III. Durchführung der Bewertung

1. Die Grundkonzeption

393 Die für das gesamte Ertragsteuerrecht zentrale Bewertungsvorschrift stellt § 6 EStG dar. Sie unterteilt die Bewertungsobjekte des Betriebsvermögens in

Zeitpunkt der Bewertung	**Höhe des vermuteten Teilwerts**	**Schwankungsbreite des Teilwerts**
ZEITNAH ZUR ANSCHAFFUNG ODER HERSTELLUNG:	Anschaffungs-/ Herstellungskosten	→ **Obergrenze:** Wiederbeschaffungs-/ Wiederherstellungskosten
ZU SPÄTEREN ZEITPUNKTEN:		
Anlagevermögen (AV)		
–abnutzbares AV	Anschaffungs-/ Herstellungskosten abzüglich AfA	
–nicht abnutzbares AV	Anschaffungs-/ Herstellungskosten	
Umlaufvermögen		
–Vorräte	Wiederbeschaffungs-/ Wiederherstellungskosten	
–Forderungen, Zahlungsmittel,	Nennbetrag	
–Wertpapiere	Börsen- oder Marktpreis	→ **Untergrenze:** Einzelveräußerungspreis
Verbindlichkeiten	Rückzahlungsbetrag	

Gründe für die Widerlegung der Teilwertvermutungen
– nachhaltig **gesunkene** Wiederbeschaffungs-/Wiederherstellungskosten – **unzureichende Verkaufserlöse** (Selbstkosten + Gewinnaufschlag nicht gedeckt) – **Wertminderung** durch Mängel, techn. Veralten, Lagerschäden – Anschaffung oder Herstellung war eine **Fehlinvestition** – **mangelnde Rentabilität** des gesamten Betriebs

Schaubild 46: Ermittlung des Teilwerts

a. **Wirtschaftsgüter des Anlagevermögens**, die **der Abnutzung** unterliegen (§ 6 (1) Nr. 1 EStG) und
b. **alle anderen** (positiven und negativen) **Wirtschaftsgüter** (§ 6 (1) Nrn. 2 und 3 EStG).

1.1 Bewertung des abnutzbaren Anlagevermögens

394 Es gelten die folgenden Bewertungsregeln:

a. Grundsätzlich sind die **Anschaffungs-** oder **Herstellungskosten** abzüglich der AfA anzusetzen (fortgeschriebene Anschaffungs- oder Herstellungskosten); sie bilden immer die Wertobergrenze.

b. Ist der **Teilwert niedriger**, so **kann** er gewählt werden. Dieses Wahlrecht wandelt sich bei **voraussichtlich dauernder Wertminderung** unter dem Einfluß des Maßgeblichkeitsprinzips in ein **Abwertungsgebot (gemildertes Niederstwertprinzip)**.

c. Bei nicht dauernder Wertminderung können auch alle Werte zwischen den fortgeschriebenen Anschaffungs- oder Herstellungskosten und dem niedrigeren Teilwert gewählt werden.

d. Bei später wieder steigendem Teilwert durfte der letztjährige Bilanzansatz bis einschließlich 1989 nicht überschritten werden. Dieser sog. Grundsatz des **uneingeschränkten Wertzusammenhangs** für das abnutzbare Anlagevermögen wurde durch die Steuerreform 1990 aufgehoben. Die Bilanzierenden erhalten damit ein generelles Wahlrecht, den letzten Bilanzbetrag auf den gestiegenen Teilwert aufzustocken; wegen des Realisationsprinzips dürfen allerdings höchstens die Anschaffungs- oder Herstellungskosten bzw. die Werte bei Einlagen oder Betriebseröffnung, vermindert um die AfA, angesetzt werden. Die Rechtslage deckt sich mit derjenigen beim nicht abnutzbaren Anlagevermögen und beim Umlaufvermögen (§ 6 (1) Nr. 2 EStG; **Tz 403 f.**).

Beispiel:

A hat im Januar des Jahres 01 eine Maschine für 100.000 DM erworben, die er linear abschreibt (Nutzungsdauer: 10 Jahre). Am Ende des Jahres 02 ist der Teilwert auf 60.000 DM gesunken.

War der Grund für den niedrigeren Teilwert nur **vorübergehend**, so darf A die Maschine in der Bilanz zum 31.12.02 mit 80.000 DM (100.000 DM abzüglich 2 x AfA von je 10.000 DM) oder jedem Wert zwischen 80.000 DM und 60.000 DM bewerten.

Bei einer voraussichtlich **dauerhaften** Wertminderung **muß** der niedrigere Teilwert von 60.000 DM angesetzt werden.

Ein Heraufgehen über den gewählten bzw. erzwungenen Bilanzwert im Jahr 03 bei einem nachträglichen Wegfall des Abwertungsgrundes war bis 1989 wegen des Prinzips des uneingeschränkten Wertzusammenhangs nicht möglich.

Als Ergebnis der Steuerreform 1990 darf der letzte Bilanzbetrag nunmehr überschritten werden. Als Höchstwert kommen die Anschaffungskosten abzüglich der AfA für 3 Jahre in Frage, so daß der Bilanzbetrag am 31.12.03 mit maximal 70.000 DM resultiert.

395 Charakteristisch für das abnutzbare Anlagevermögen sind die **Abschreibungen (Schaubild 47)**. Sie werden durch ihren **Ausgangswert**, die **Abschreibungsdauer** und die **Abschreibungsmethode** bestimmt.

396 Der **Ausgangswert** sind regelmäßig die Anschaffungs- oder Herstellungskosten.

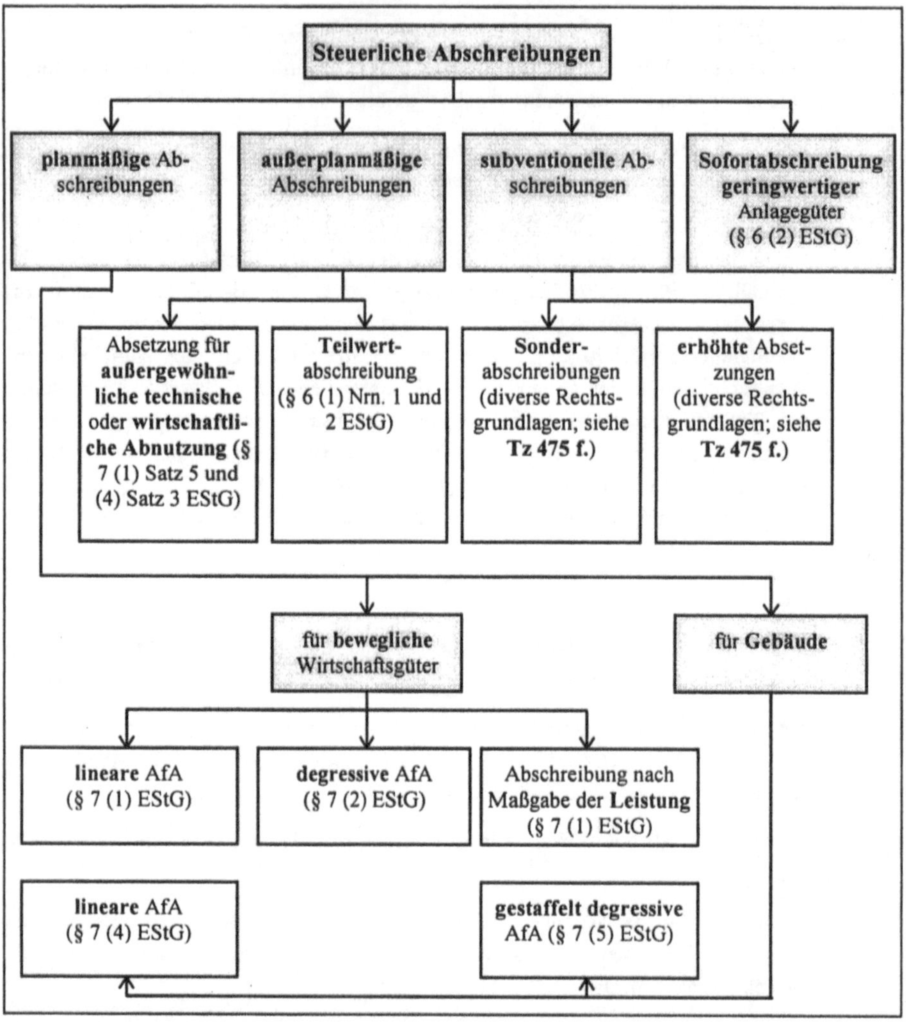

Schaubild 47: Überblick über die steuerlichen Abschreibungen des Anlagevermögens (ohne Absetzungen für Substanzverringerung nach § 7 (6) EStG)

397 Die **Abschreibungsdauer** wird bei **beweglichen** Wirtschaftsgütern wesentlich durch die sog. **betriebsgewöhnliche Nutzungsdauer** vorgegeben, für die die Finanzverwaltung **AfA-Tabellen** bereithält. Letztere werden von den Finanzämtern als "amtlich" angesehen, so daß dem Steuerpflichtigen die Beweislast aufgebürdet wird, wenn er eine abweichende - meist kürzere - Nutzungsdauer durchsetzen will. Für Gebäude hat der Gesetzgeber eine normierte Nutzungsdauer von 40 Jahren (vor 1925 erstellte Gebäude) bzw. 50 Jahren (nach 1924 erstellte Gebäude) geschaffen.

398 Die **Abschreibungsmethode** kann man als Verteilungsverfahren des Ausgangswertes über die Nutzungsdauer bezeichnen.

399 Als normale AfA-Methode sieht § 7 EStG die **gleichmäßige** Verteilung des Ausgangswertes auf die Nutzungsdauer an (**lineare** AfA; § 7 (1) Satz 1 EStG für bewegliche Wirtschaftsgüter und § 7 (4) EStG für Gebäude). Da die Nutzungsdauer für Immobilien normiert ist, bedeutet dies notwendigerweise jährliche AfA-Sätze von 2 bzw. 2,5%. Für Gebäude, die zu einem Betriebsvermögen gehören und nicht Wohnzwecken dienen und für die der Antrag auf Baugenehmigung **nach dem 31.3.1985** gestellt wurde, beträgt der Abschreibungssatz **4%**.

400 Anstelle der linearen gestattet § 7 EStG auch die **degressive** AfA. Bei **beweglichen** Wirtschaftsgütern erfolgt die Degression durch Anwendung eines konstanten Abschreibungssatzes auf den jeweils noch verbleibenden Restwert (**Buchwert**abschreibung oder **geometrisch-degressive** Abschreibung). Der Abschreibungssatz ist seit 1981 auf das Dreifache des entsprechenden linearen Satzes, höchstens 30%, begrenzt. Der Übergang auf die lineare Methode ist jederzeit möglich, ein Wechsel in umgekehrter Richtung allerdings nicht.

Beispiel:

Die Anschaffungskosten einer Maschine betragen 60.000 DM. Die betriebsgewöhnliche Nutzungsdauer wird mit 5 Jahren angenommen. Bei linearer Verteilung der Anschaffungskosten betrüge der Abschreibungssatz 20%. Der Degressionssatz als das Dreifache des linearen Satzes (60%) wird durch die absolute Grenze von 30% bestimmt.

	Afa ohne Übergang auf die lineare Methode	**Afa mit Übergang auf die lineare Methode**
	DM	DM
Anschaffungskosten	60.000	60.000
AfA	18.000	18.000
Restwert (1. Jahr)	42.000	42.000
AfA	12.600	12.600
Restwert (2. Jahr)	29.400	29.400
AfA	8.820	9.800
Restwert (3. Jahr)	20.580	19.600
AfA	6.170	9.800
Restwert (4. Jahr)	14.410	9.800
AfA	4.320	9.800
Abschreibung des verbleibenden Restwertes	10.090	-
Restwert (5. Jahr)	0	0

Für **Gebäude** ist eine **gestaffelte degressive AfA** zugelassen. Für den hier interessierenden Fall des Betriebsvermögens kann der Steuerpflichtige gemäß § 7 (5) Nr. 1 EStG für Gebäude, die aufgrund eines **vor dem 01.01.1994** gestellten Bauantrags hergestellt oder aufgrund eines vor diesem Zeitpunkt rechtswirksam abgeschlossenen obligatorischen Vertrags angeschafft worden sind, die folgenden Beträge als Absetzung für Abnutzung abziehen:

- im Jahr der Fertigstellung und in den folgenden 3 Jahren	jeweils 10%,
- in den folgenden 3 Jahren	jeweils 5%,
- und in den darauffolgenden 18 Jahren	jeweils 2,5%.

Daraus ergibt sich, daß die Möglichkeit der degressiven Abschreibung nach § 7 (5) Nr. 1 EStG für betrieblich genutzte Gebäude - sowohl im Betriebs- als auch im Privatvermögen - in Zukunft entfällt, soweit im Falle der Herstellung der Bauantrag **nach dem 31.12.1993** gestellt und im Falle der Anschaffung der notarielle Kaufvertrag rechtswirksam **nach dem 31.12.1993** abgeschlossen wurde. Lediglich für Gebäude, welche Wohnzwecken dienen und zu **keinem** Betriebsvermögen gehören, bleibt die degressive Abschreibung unter den bekannten Voraussetzungen auch in Zukunft möglich (§ 7 (5) Nr. 3b EStG).

401 Die Abschreibung **nach Maßgabe der Leistung** kommt nur für bewegliche Wirtschaftsgüter in Frage. Der Bestimmungsfaktor "Nutzungsdauer" spielt für die Ermittlung der jährlichen Abschreibungsbeträge keine Rolle; letztere hängen vielmehr von der Jahresausbringungsmenge ab.

Beispiel:

Die Anschaffungskosten einer Maschine betragen 60.000 DM. Die geschätzte Nutzungsdauer sei 5 Jahre, die Laufzeit pro Tag im Durchschnitt 8 Stunden. In dem Unternehmen wird an 250 Tagen im Jahr gearbeitet. Wegen guter Beschäftigungslage wurde die Maschine im ersten Jahr während 2.300 Stunden eingesetzt.

Gesamtnutzungsvorrat der Maschine:	8 Std. x 250 Tage x 5 Jahre = 10.000 Std.
Abschreibungsbetrag pro Maschinenstunde:	60.000 DM : 10.000 Std. = 6 DM/Std.
Abschreibung im ersten Jahr:	2.300 Std. x 6 DM/Std. = 13.800 DM.

Die bisher besprochenen **planmäßigen** Abschreibungen sind **obligatorisch**. Allerdings dürfen willkürlich unterlassene Abschreibungen nicht nachgeholt werden.

402 Die **außerplanmäßigen** und die **subventionellen** Abschreibungen sowie die **Sofortabschreibung** werden im Zusammenhang mit den Ausführungen zur Gestaltung des Bilanzergebnisses gesondert dargestellt (**Tz 473 ff.**).

1.2 Bewertung der übrigen Wirtschaftsgüter

403 Für andere als der Abnutzung unterliegende Anlagegüter gelten im Grundsatz folgende Bewertungsregeln (§ 6 (1) Nrn. 2 und 3 EStG):

a. Regelwerte sind die **Anschaffungs-** bzw. **Herstellungskosten**.
b. Ein **niedrigerer** Teilwert **kann** gewählt werden; bei **voraussichtlich dauernder Wertminderung muß** er angesetzt werden.
c. **Zwischenwerte** zwischen den Anschaffungs-/Herstellungskosten und dem **niedrigeren** Teilwert sind - vorausgesetzt, es handelt sich nicht um eine dauernde Wertminderung - möglich.
d. Den **uneingeschränkten Wertzusammenhang,** wie bis vor einiger Zeit beim abnutzbaren Anlagevermögen, gab es hier **nie**; der letzte Bilanzansatz darf also überschritten werden, solange der Bilanzwert nicht den Regelwert übersteigt.

404 Für die Wirtschaftsgüter des **Umlaufvermögens** gilt handelsrechtlich das **strenge Niederstwertprinzip** (§ 253 (3) HGB), welches anders als beim Anlagevermögen bereits bei kurzfristigen Wertminderungen zur Abwertung zwingt. Über den Maßgeblichkeitsgrundsatz wird es in die steuerliche Gewinnermittlung übertragen. Das "**kann**" in § 6 (1) Nr. 2 Satz 2 EStG wird somit zu einem "**muß**".

Beispiel:

Die Anschaffungskosten von Wertpapieren des Umlaufvermögens betrugen 100.000 DM im Jahre 01. Die Kurswerte entwickelten sich in der Folgezeit gegenläufig:

Kurswert am 31.12.02	80.000 DM
Kurswert am 31.12.03	110.000 DM

Es resultieren die folgenden Bilanzwerte:

31.12.02:		80.000 DM	(strenges Niederstwertprinzip)
31.12.03:	zwischen	80.000 DM	(Überschreiten des letzten Bilanzwerts
	und	100.000 DM	und Zwischenwerte möglich; begrenzt durch die ursprünglichen Anschaffungskosten)

405 **Feststehende Verbindlichkeiten** werden unter sinngemäßer Anwendung von § 6 (1) Nr. 2 EStG, also mit den Anschaffungskosten bewertet (§ 6 (1) Nr. 3 EStG). Dies ist der **Rückzahlungsbetrag** der Schuld. Ist bei einem Darlehen der Rückzahlungsbetrag höher als der Verfügungsbetrag, den der Darlehensnehmer von der Bank erhalten hat (bei langfristigen Darlehen die Regel), so muß der Differenzbetrag, das sog. **Disagio**, als aktiver Rechnungsabgrenzungsposten in der Bilanz ausgewiesen und als Aufwand auf die Gesamtlaufzeit des Darlehens verteilt werden.

Liegt der Teilwert der Schuld am Bilanzstichtag **unter** dem Rückzahlungsbetrag, so ist sein Ansatz unzulässig. Dies würde ja einer Abwertung der Schuld gleichkommen und zum Ausweis unrealisierter Gewinne führen.

Bei einem Ansteigen des Teilwerts **über** den Rückzahlungsbetrag wird aus dem bei positiven Wirtschaftsgütern geltenden Niederstwertprinzip ein **Höchstwertprinzip** gefolgert, das bei **kurzfristigen** Verbindlichkeiten in **strenger Form** (analog dem Umlaufvermögen) und bei **langfristigen** Verbindlichkeiten in **gemilderter** Weise (analog dem Anlagevermögen) Anwendung findet. Die nach der Fristigkeit der Verbindlichkeiten differenzierte Betrachtungsweise ist strittig. Insoweit wird der Ansatz des höheren Teilwerts u. E. auch bei langfristigen Verbindlichkeiten als zwingend betrachtet.

Beispiel:

Rückzahlungsbetrag eines Darlehens		100.000 $
Devisenkurs bei Kreditaufnahme		1,80 DM/$
Anschaffungskosten des Darlehens		180.000 DM
Devisenkurs am Bilanzstichtag		
(voraussichtlich dauernder Kursanstieg)		2,00 DM/$
Teilwert = Bilanzwert		200.000 DM
Devisenkurs am Bilanzstichtag		
(nur vorübergehender Kursanstieg)		1,90 DM/$
a. Bilanzwert bei langfristiger Verbindlichkeit	zwischen	180.000 DM
	und	190.000 DM
b. Bilanzwert bei kurzfristiger Verbindlichkeit		190.000 DM

406 Die Bewertung **nicht feststehender Verbindlichkeiten** (Rückstellungen) muß grundsätzlich mit den Anschaffungskosten erfolgen. Als Anschaffungskosten gilt die **voraussichtliche**, mit einiger Wahrscheinlichkeit zukünftig eintretende **Höhe der Inanspruchnahme**. Insbesondere für Pensionsrückstellungen bestehen besondere Regelungen (**Tz 419**).

1.3 Bewertung von Einlagen und Entnahmen

407 **Entnahmen** (Geld, Waren, sonstige Gegenstände, Nutzungen, Leistungen) werden grundsätzlich mit dem **Teilwert**, unabhängig von den ursprünglichen Anschaffungs- oder Herstellungskosten, bewertet (§ 6 (1) Nr. 4 Satz 1 EStG). Dies soll ungerechtfertigte Steuervorteile verhindern, kann jedoch auch zu einer Verminderung der Steuerbemessungsgrundlagen führen.

Beispiel:

Der Handwerksmeister A entnimmt seinem Betriebsvermögen einen betrieblichen Pkw, der einen Buchwert von 4.000 DM aufweist, zum Teilwert von 7.500 DM. Durch den Zwang zur Bewertung mit dem Teilwert muß der positive Differenzbetrag von 3.500 DM, der eine aufgelöste stille Rücklage darstellt, versteuert werden. Wäre der Teilwert 3.000 DM, so hätte der buchmäßige Verlust von 1.000 DM den steuerlichen Gewinn gemindert.

Der Teilwert einer **Leistungsentnahme** entspricht grundsätzlich dem Marktwert der Leistung ; ist letzterer nicht feststellbar, wird er durch die Selbstkosten der Leistung ersetzt.

Die Selbstkosten sind auch für die private Nutzung von Betriebsvermögen (**Nutzungsentnahme**) maßgebend.

408 **Einlagen** sind mit dem **Teilwert** im Zeitpunkt der Einlage zu bewerten (§ 6 (1) Nr. 5 EStG). Dadurch soll erreicht werden, daß außerbetriebliche Gewinne und Verluste nicht in den betrieblichen Bereich verlagert werden.

Wurde das eingelegte Wirtschaftsgut allerdings innerhalb der letzten 3 Jahre vor der Einlage angeschafft oder hergestellt, so stellen die Anschaffungs- oder Herstellungskosten die Bewertungsobergrenze dar. Hierin manifestiert sich der Versuch, ungerechtfertigten Steuervorteilen zuvorzukommen.

Beispiel:

Der Unternehmer B kauft in einem günstigen Zeitpunkt Aktien zum Nennwert von 100.000 DM für 150.000 DM. Er nimmt sie in sein Privatvermögen. Als nach 4 Jahren die Kurse erheblich gestiegen sind, legt er sie zum aktuellen Kurswert (Teilwert) von 250.000 DM ins Betriebsvermögen ein. Zwei Jahre später ist der Kurswert auf 160.000 DM gefallen. B nimmt eine Abschreibung auf den gesunkenen Teilwert vor (90.000 DM) und mindert seine Steuerschuld(ESt, GewSt, KiSt) um angemommen 50% = 45.000 DM.

Hätte B den Einbringungszeitpukt ins Betriebsvermögen weniger geschickt, nämlich innerhalb der ersten 3 Jahre nach der Anschaffung gewählt, so hätte die Bewertung zu den Anschaffungskosten von 150.000 DM erfolgen müssen. Eine Teilwertabschreibung und entsprechende Steuerminderung wäre dann nicht möglich gewesen.

1.4 Bewertung bei Eröffnung und Erwerb eines Unternehmens

409 Bei der **Eröffnung** eines Unternehmens sind die Vorschriften über die Einlagen entsprechend anzuwenden (§ 6 (1) Nr. 6 EStG).

Wird ein Unternehmen von einem Dritten **erworben,** so ist zwischen **entgeltlichem** und **unentgeltlichem** Erwerb zu unterscheiden.

410 Die Bewertung bei **entgeltlichem Erwerb** geschieht zum **Teilwert,** höchstens zu den **Anschaffungs-/Herstellungskosten** (§ 6 (1) Nr. 7 EStG). Der Erwerber hat eine Neubewertung durchzuführen.

Beispiel:

Der Metzgermeister M veräußert zum Ende des Jahres 01 seinen Gewerbebetrieb an F zum Kaufpreis von 600.000 DM. F zahlt den Kaufpreis bar und übernimmt die Verbindlichkeiten des M. Die Bilanz des M hat folgendes Aussehen:

Bilanz M zum 31.12.01

Aktiva			**Passiva**
	DM		DM
Grundstück	100.000	Eigenkapital	400.000
Gebäude	260.000	Fremdkapital	160.000
Betriebs- und			
Geschäftsausstattung	80.000		
Umlaufvermögen	120.000		
	560.000		560.000

Die in der Bilanz enthaltenen stillen Rücklagen bringt der nachstehende Status zum Ausdruck:

	Teilwert	**Buchwert**	**stille Rücklagen**
	DM	DM	DM
Grundstück	150.000	100.000	50.000
Gebäude	300.000	260.000	40.000
Betriebs- und Geschäftsausstattung	100.000	80.000	20.000
Umlaufvermögen	140.000	120.000	20.000
Fremdkapital (Neubewertung der Rückstellungen)	150.000	160.000	10.000
	540.000	400.000	140.000

Die Eröffungsbilanz des F enthält die Teilwerte. F hat mit dem Kaufpreis von 600.000 DM dem Verkäufer M 60.000 DM mehr entgolten, als es dem übernommenen bilanziellen Betriebsreinvermögen (400.000 DM) und den aufgedeckten stillen Rücklagen (140.000 DM) entspricht. Dieser entgeltlich erworbene Firmenwert muß aktiviert werden.

Eröffnungsbilanz F zum 1.1.02

Aktiva	DM	Passiva	DM
Grundstück	150.000	Eigenkapital	600.000
Gebäude	300.000	Fremdkapital	150.000
Betriebs- und Geschäftsausstattung	100.000		
Umlaufvermögen	140.000		
Firmenwert	60.000		
	750.000		750.000

411 Nach einem **unentgeltlichen** Erwerb des Unternehmens (Schenkung, Erbschaft) führt der Erwerber die Buchwerte seines Rechtsvorgängers fort (§ 7 EStDV). Die stillen Rücklagen werden in diesem Falle also nicht aufgelöst.

2. Wichtige Besonderheiten

412 Im Anschluß an die Bewertungskonzeption sollen nunmehr noch einige Besonderheiten häufig vorkommender Bilanzpositionen erläutert werden. Nicht behandelt werden an dieser Stelle die steuerfreien Rücklagen (**Tz 442 ff.**)

2.1 Grund und Boden/Gebäude

413 Betrieblicher **Grund und Boden** einerseits und **Gebäude** andererseits werden als eigenständige Wirtschaftsgüter getrennt bewertet.

Beim Kauf eines bebauten Grundstücks muß der Gesamtkaufpreis auf den (nicht abschreibungsfähigen) Grund und Boden und das (abschreibungsfähige) Gebäude im Verhältnis der jeweiligen Verkehrswerte aufgeteilt werden.

Beispiel:

Ein Unternehmer erwirbt ein bebautes Grundstück zum günstigen Preis von 500.000 DM. Nach dem Gutachten eines Sachverständigen betragen die Verkehrswerte des Bodens 120.000 DM und des Gebäudes 480.000 DM. Der Gesamtkaufpreis ist im Verhältnis 1/5 : 4/5 aufzuteilen. Grund und Boden gehen mit 100.000 DM und das Gebäude mit 400.000 DM in die Bilanz ein.

Gebäude werden grundsätzlich als einheitliche Wirtschaftsgüter bewertet und abgeschrieben. Dieser Grundsatz wird lediglich durchbrochen, wenn Gebäudeteile nicht in einem einheitlichen Nutzungs- und Funktionszusammenhang mit dem Gebäude, sondern mit dem in ihm betriebenen Gewerbebetrieb stehen. Dann ist von selbständigen Gebäudeteilen auszugehen, welche unabhängig vom Gebäude abgeschrieben werden. Die Folge sind kürzere Abschreibungsdauern (**Tz 488**).

Beispiele:

Betriebsvorrichtungen (Förderbänder, Klimaanlagen, Kühlanlagen, Arbeitsbühnen u.ä.), Laden- und ähnliche Einbauten, Mieterein- und -umbauten.

2.2 Firmenwert

414 Während bis 1986 ein entgeltlich erworbener **Firmenwert** steuerlich als nicht abnutzbar galt und deswegen nicht durch eine planmäßige Abschreibung, sondern allenfalls durch eine schwer durchsetzbare Teilwertabschreibung gemindert werden durfte, hat der Gesetzgeber ab dem Veranlagungszeitraum 1987 eine **planmäßige Abschreibung** innerhalb von 15 Jahren (AfA-Satz: 6 2/3%) vorgesehen (§ 7 (1) Satz 3 EStG). Daneben kann nach wie vor unter den angedeuteten strengen Nachweisbedingungen eine Teilwertabschreibung in Frage kommen.

2.3 Vorräte

415 Da die Anschaffungs-/Herstellungskosten der Lagerzugänge ständigen Schwankungen unterliegen, würde die Einzelbewertung der Vorräte kaum überwindbare Schwierigkeiten bereiten. Aus diesem Grunde erlangen **Bewertungsvereinfachungsverfahren** (Durchschnittsbewertung, Gruppenbewertung, Festbewertung, Verbrauchsfolgebewertung) für die Vorratsbewertung eine überragende Bedeutung. Sie werden im Zusammenhang mit der Gestaltung des Bilanzergebnisses erläutert (**Tz 460 ff.**).

416 Die Ermittlung des Teilwerts von Waren und Erzeugnissen muß für den Fall unzureichender Verkaufserlöse vom Absatzmarkt her angegangen werden (**retrograde** Wertermittlung).

Beispiel:

Ein Dekorateurmeister hat einen bestimmten Posten Gardinenstoff auf Lager, dessen Anschaffungskosten 1.000 DM betragen haben. Der erzielbare Verkaufspreis beträgt 1.100 DM. Die nach dem Bilanzstichtag noch anfallenden Aufwendungen (z.B. Zins-, Lager-, Verwaltungsaufwendungen) betragen 120 DM. Der durchschnittliche Gewinn wird mit 15% des Verkaufspreises angenommen. Der Teilwert errechnet sich vom Verkaufspreis ausgehend wie folgt:

		DM	DM
Voraussichtlicher Verkaufspreis			1.100
Anschaffungskosten zuzüglich noch		1.000	
anfallende Aufwendungen	= Selbstkosten	120	
durchschnittlicher Gewinn (15%)		165	-1.285
Fehlbetrag = Teilwertabschreibung			-185

Der Teilwert beträgt 815 DM (Anschaffungskosten abzüglich Teilwertabschreibung).

2.4 Forderungen

417 Die Anschaffungskosten von Forderungen sind regelmäßig ihr **Nennbetrag**. Da viele Forderungen als risikobehaftet anzusehen sind (Ausfallrisiken, Inkassokosten, Erlösminderungen usw.), kommt häufig der Ansatz des niedrigeren Teilwerts in Betracht. Zu seiner Ermittlung werden **Einzelwertberichtigungen** (das Risiko der jeweiligen konkreten Forderung betreffend) und **Pauschalwertberichtigungen** (das allgemeine Kreditrisiko des gesamten Forderungsbestands ausschließlich der bereits einzelwertberichtigten Forderungen betreffend) erforderlich. Die Wertberichtigungen sind vom Nettobetrag der Forderungen zu bilden, da die zusammen mit den Forderungen entstandenen Umsatzsteuerverbindlichkeiten nach Maßgabe des Ausfalls berichtigt werden können.

Forderungen in **ausländischer Währung** sind zum Geldkurs am Entstehungstag umzurechnen.

2.5 Rückstellungen

418 Rückstellungen sind steuerlich grundsätzlich auf der Grundlage der **voraussichtlichen** zukünftigen **Inanspruchnahme** zu bewerten. Bedenkt man den auf ihrer Zukunftsbezogenheit basierenden Schätzungsrahmen vieler Rückstellungen, so eröffnet sich hier ein besonders interessantes Feld für Gewinnverlagerungen. Dies gilt trotz der Tatsache, daß seit jeher strenge Maßstäbe an die steuerbilanzielle Bildung von Rückstellungen gelegt werden.

An dieser Stelle sollen - wegen ihrer besonderen Bedeutung für das Unternehmen und für die Arbeitnehmer (zu denen auch Familienangehörige zählen können) - nur die Pensionsrückstellungen kurz besprochen werden.

419 Pensionsrückstellungen stellen ungewisse Verbindlichkeiten für die den eigenen Arbeitnehmern zugesagten Betriebsrenten dar. Sie dürfen nur gebildet werden, wenn die Pensionszusage **rechtsverbindlich, ohne** schädlichen **Vorbehalt** und **schriftlich** erteilt wurde (Einzelheiten siehe § 6a EStG und R 41 EStR).

Die Bewertung richtet sich nach § 6a EStG. Danach darf eine Pensionsrückstellung höchstens mit dem **Teilwert** bewertet werden. Als Teilwert gilt der **Barwert** der zu erwartenden Rentenzahlungen bei Eintritt des Versorgungsfalles (Deckungskapital). Der Rentenbarwert wird versicherungsmathematisch ermittelt. Seine Höhe wird wesentlich beeinflußt durch den Rechnungszinsfuß, den der Gesetzgeber für die Steuerbilanz auf 6% festgelegt hat.

Die jährlichen gewinnmindernden Zuführungen zur Pensionsrückstellung ergeben sich durch eine Verteilung des Deckungskapitals auf den Zeitraum, in dem es angesammelt werden soll.

Die Rückstellung darf in einem Jahr maximal um den Unterschied zwischen dem Teilwert am Schluß des Wirtschaftsjahrs und am Schluß des vorangegangenen Wirtschaftsjahrs erhöht werden. War die Aufstockung geringer als zulässig, so ist der nicht ausgenutzte Betrag grundsätzlich nicht nachholbar.

In den Jahren der Pensionsanwartschaft sind die Pensionsrückstellungen für das Unternehmen als **Finanzierungsinstrument** interessant. Die jährlichen Zuführungen zur Rückstellung mindern nämlich als Aufwand den Gewinn, ohne zunächst ausgabewirksam zu sein. Die ersparten Steuern stehen bis zum Eintritt des Vorsorgungsfalls zur Verfügung und üben einen positiven Einfluß auf Liquidität und Rentabilität aus. Allerdings stellen die Zahlungen ab dem Versorgungsfall nur noch in Höhe des zinsbedingten Ertragsanteils steuermindernden Aufwand dar (versicherungsmathematische Auflösungsmethode), bzw. sie sind gar kein Aufwand, bis die Pensionszahlungen die Höhe der Rückstellungen übersteigen (buchhalterische Methode). Von diesem Zeitpunkt an sind bei der buchhalterischen Methode die gesamten Rentenzahlungen gewinnmindernd zu erfassen.

420 Die Bewertung der in großer Zahl vorkommenden übrigen Rückstellungen ist wesentlich davon abhängig, ob aus Vergangenheits- oder sonstigen Daten objektive Rechnungsgrundlagen bekannt sind oder nicht. Der Schätzungsspielraum steht in einem umgekehrten Verhältnis zur Quantifizierbarkeit des Rückstellungsrisikos.

Zu den **rechnerisch bestimmbaren** Rückstellungen gehören z.B. die **Steuerrückstellungen**, soweit es sich um die Abschlußzahlungen für das abgelaufene Wirtschaftsjahr handelt, die Rückstellungen für **Provisionen, Gratifikationen, Tantiemen, Prozeßkosten, Jahresabschlußkosten, rückständigen Urlaub** und - mit Einschränkungen - die Rückstellungen für **Garantieverpflichtungen**. Bei der Bemessung der Garantierückstellungen ist der Bilanzierende nicht unbedingt an die Vergangenheitsdaten als Rechnungsbasis gebunden; kann er für die Zukunft höhere Verpflichtungen glaubhaft machen, so darf er sie für die Rückstellungsberechnung berücksichtigen.

Beispiele für Rückstellungen mit **überwiegendem Schätzungscharakter** sind z. B. die Rückstellungen für **Steuerzahlungen** anläßlich von **Betriebsprüfungen** und für **Haftungsverpflichtungen**. Die in diesem Zusammenhang wichtigen **Rückstellungen für drohende Verluste aus schwebenden Geschäften** dürfen - obwohl handelsrechtlich passivierungspflichtig - **seit 1997** in der Steuerbilanz nicht mehr gebildet werden (§ 5 (4a) EStG).

IV. Zusammenfassendes Bewertungsschema

421 Die Anwendung der steuerlichen Wertmaßstäbe auf die wesentlichen Bilanzpositionen zeigt zusammenfassend **Schaubild 48**.

Wirtschaftsgüter, Rechnungsabgrenzungsposten (RAP), sonstige Posten	Grundsätzliche Bewertung	Abweichende Bewertung
A) **Der Abnutzung unterliegende Wirtschaftsgüter des Anlagevermögens** **Beispiele:** Gebäude, Maschinen, Betriebs- und Geschäftsausstattung, zeitlich begrenzte immaterielle Anlagegüter	**Anschaffungs-** oder **Herstellungskosten** abzüglich **AfA** = fortgeschriebene Anschaffungskosten (§ 6 (1) Nr. 1 EStG)	niedrigerer **Teilwert obligatorisch** bei voraussichtlich **dauernder Wertminderung; wahlweise** bei **nicht dauernder Wertminderung**; Zwischenwerte möglich (**gemildertes Niederstwertprinzip**; §§ 6 (1) Nr. 1 EStG; 253 (2) HGB i.V.m. § 5 EStG); Besonderheiten gelten für Kapitalgesellschaften
Besonderheiten: – Firmenwert	**Anschaffungskosten** = Unterschiedsbetrag zwischen dem Verkaufs- oder Übernahmewert einerseits und dem zu Teilwerten bewerteten Reinvermögen andererseits; **AfA** über **15 Jahre** (obligatorisch) (§ 6 (1) Nr. 1 i.V.m. § 7 EStG)	wie vorstehend
– geringwertige Anlagegüter	**Anschaffungs-** oder **Herstellungskosten** abzüglich **AfA** (§ 6 (1) i.V.m. § 7 EStG)	**wahlweise** vollständige Behandlung als **Aufwand** im Jahr der Anschaffung oder Herstellung (§ 6 (2) EStG)
B) **Sonstige (positive und negative) Wirtschaftsgüter** **I. Nicht der Abnutzung unterliegendes (Sach- und Finanz-) Anlagevermögen** **Beispiele:** Grundstücke, Beteiligungen, Wertpapiere des Anlagevermögens, zeitlich nicht begrenzte immaterielle Anlagegüter	**Anschaffungs-** oder **Herstellungkosten** (§ 6 (1) 2 EStG)	niedrigerer **Teilwert** auf der Basis des **gemilderten Niederstwertprinzips** wie unter A)

Schaubild 48: Bewertungsschema für die Steuerbilanz

Wirtschaftsgüter, Rechnungsabgrenzungsposten (RAP), sonstige Posten	Grundsätzliche Bewertung	Abweichende Bewertung
II. Umlaufvermögen **Beispiele:** Vorräte, Forderungen, Wertpapiere des Umlaufvermögens, flüssige Mittel	**Anschaffungs-** oder **Herstellungskosten** (§ 6 (1) Nr. 2 EStG)	niedrigerer **Teilwert obligatorisch (strenges Niederstwertprinzip**; §§ 6 (1) Nr. 2 EStG; 253 (3) HGB i.V.m. § 5 EStG)
III. Feststehende Verbindlichkeiten **Beispiele:** Verbindlichkeiten gegenüber Kreditinstituten, Verbindlichkeiten aus Lieferungen und Leistungen	**Anschaffungskosten = Rückzahlungsbetrag** (§ 6 (1) Nrn. 2 und 3 EStG)	höherer **Teilwert obligatorisch** bei **kurzfristigen Verbindlichkeiten** und bei **dauerhafter Schulderhöhung langfristiger Verbindlichkeiten; wahlweise** bei nur **vorübergehender Schulderhöhung langfristiger Verbindlichkeiten**; Zwischenwerte möglich (**Höchstwertprinzip** in entsprechender Anwendung des Niederstwertprinzips; §§ 6 (1) Nrn. 2 und 3 EStG; 253 (2) und (3) HGB i.V.m. § 5 EStG)
IV. Rückstellungen **Beispiele:** Rückstellungen für ungewisse Verbindlichkeiten, Kulanzrückstellungen, Rückstellungen für unterlassene Instandhaltung	**Anschaffungskosten** = nach kaufmännischen Gesichtspunkten ermittelte **voraussichtliche** zukünftige Inanspruch-nahme (§§ 249; 253 (1) HGB; § 6 (1) Nrn. 2 und 3 EStG)	-----------
Besonderheit: Rückstellungen für Pensionsverpflichtungen	**Teilwert = versicherungsmathematischer Barwert** der zu erwartenden Rentenzahlungen (§ 6a (3) EStG)	-----------

Schaubild 48: (Fortsetzung)

Wirtschaftsgüter, Rechnungsabgrenzungsposten (RAP), sonstige Posten	Grundsätzliche Bewertung	Abweichende Bewertung
C) Posten der Rechnungsabgrenzung		
I. Aktive Rechnungsabgrenzung Vorausleistungen des Bilanzierenden, insbesondere Disagio	keine Bewertung im eigentlichen Sinne, da keine Wirtschaftsgüter; Ansatz der vorausgeleisteten Ausgaben bzw. vorvereinnahmten Einnahmen in der Bilanz und zeitanteilige Aufwands- bzw. Ertragsverechnung (§ 250 HGB; § 5 (5) EStG)	-----------
II. Passive Rechnungsabgrenzung Vorausleistungen von Dritten		-----------
D) Sonstige Posten		
I. Privatentnahmen	**Teilwert** (§ 6 (1) 4 EStG)	-----------
II. Privateinlagen	**Teilwert** (§ 6 (1) 5 EStG)	**niedrigere Anschaffungs-** oder **Herstellungskosten**, wenn Anschaffung/ Herstellung innerhalb der **letzten 3 Jahre** erfolgte, **obligatorisch** (§ 6 (1) Nr. 5 EStG)

Schaubild 48: (Fortsetzung)

E. Korrekturen des Bilanzergebnisses

422 Das Steuerbilanzergebnis kommt durch den Vergleich zweier Reinbetriebsvermögen am Anfang und Ende eines Wirtschaftsjahres zustande. In ihm können Größen enthalten sein, die einer Korrektur bedürfen, bevor der endgültige steuerpflichtige Gewinn/Verlust feststeht.

I. Entnahmen und Einlagen

423 Die durch Entnahmen und Einlagen veranlaßten Betriebsvermögensminderungen bzw. -mehrungen sind **privater Art** und müssen durch Hinzurechnung bzw. Abzug neutralisiert werden. Die Bewertung der Entnahmen zum Teilwert bewirkt darüber hinaus, im betrieblichen Bereich entstandene stille Rücklagen beim Ausscheiden der entsprechenden Wirtschaftsgüter aus dem Betriebsvermögen zu erfassen. Zu diesem Themenkomplex siehe im übrigen **Tz 339, 407 f.**

II. Steuerfreie Erträge

424 Soweit Einnahmen aufgrund ausdrücklicher gesetzlicher Bestimmungen **steuerfrei** im Rahmen betrieblicher Einkünfte anfallen, wird eine Korrektur durch Abzug außerhalb der Bilanz erforderlich (Beispiel: steuerfreie Investitionszulage nach § 9 InvZulG 1999).

III. Nicht abzugsfähige Aufwendungen (§ 4 (5) und (7) EStG)

425 Bestimmte betriebliche Aufwendungen, die mit der **Repräsentation** und den **persönlichen Bedürfnissen** des Unternehmers in Verbindung stehen, hat der Gesetzgeber limitiert oder ganz vom Abzug ausgeschlossen. Da diese Aufwendungen i.d.R. gewinnmindernd verbucht werden, müssen sie nach Maßgabe ihrer Nichtabzugsfähigkeit außerhalb der Bilanz dem Gewinn wieder hinzugerechnet werden. Der Sinn und Zweck des § 4 (5) EStG ist die Verhinderung der willkürlicher Vermischung von betrieblicher und privater Sphäre. Die wesentlichen Arten nichtabzugsfähiger Aufwendungen enthält **Schaubild 49**.

Es wird insbesondere auf die Behandlung der **Bewirtungsaufwendungen** hingewiesen, die im Rahmen der Steuerreform 1990 eine einschränkende Änderung erfahren haben. Während unangemessene Teile von Bewirtungsaufwendungen für Personen, die nicht Arbeitnehmer des steuerpflichtigen Unternehmers sind, schon vorher als Kosten der Lebensführung nicht abzugsfähig waren, wurde der abzugsfähige Teil **ab 1990** auf **80%** begrenzt.

Beispiel:

Es seien Bewirtungsaufwendungen von 1.000 DM angefallen, von denen 250 DM als unangemessen angenommen werden. Als Betriebsausgaben sind 80% von 750 DM = 600 DM abzugsfähig.

Die Abzugsbeschränkung erstreckt sich auch auf an der Bewirtung teilnehmende Arbeitnehmer des bewirtenden Betriebs.

Neben der Voraussetzung, daß die Bewirtungsaufwendungen nach allgemeiner Verkehrsauffassung nicht als unangemessen anzusehen sind, ist weitere Voraussetzung, daß der Steuerpflichtige die Höhe und die betriebliche Veranlassung der Aufwendungen nachweist. Der Nachweis ist durch schriftliche Angaben über Ort, Tag, Teilnehmer und Anlaß der Bewirtung sowie Art und Umfang der Aufwendungen (die für den Vorsteuerabzug ausreichende Angabe „Speisen und Getränke“ genügt für Bewirtungen **nach dem 30.06.1994** für den Betriebsausgabenabzug nicht mehr, R 21 (8) Satz 9 EStR) nachzuweisen.

An der Nachweispflicht der Bewirtungsaufwendungen durch die Vorlage von Fremdrechnungen wird grundsätzlich festgehalten. Allerdings verzichtet man auf die Ausfüllung eines amtlichen Vordrucks und auf die Unterschrift des Inhabers der Gaststätte. Bei Bewirtungen **nach dem 31.12.1994** werden nur noch Rechnungen anerkannt, die maschinell erstellt und registriert wurden (R 21 (8) Satz 8 EStR).

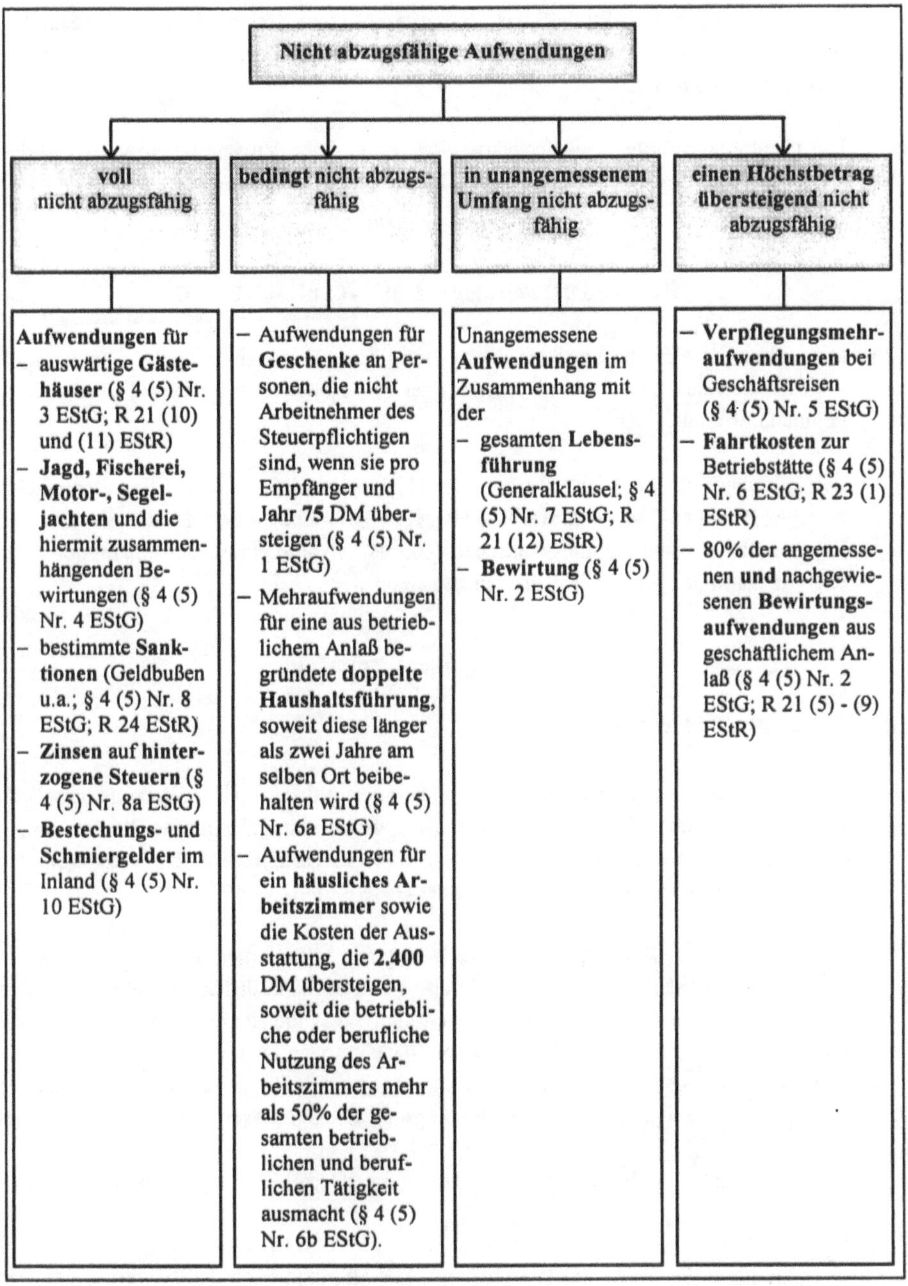

Schaubild 49: Arten nicht abzugsfähiger Aufwendungen

Nach § 4 (7) EStG sind Aufwendungen im Sinne des §§ 4 (5) Nrn. 1-5; 6b und 7 EStG **einzeln** und **getrennt** von den sonstigen Betriebsausgaben aufzuzeichnen.

Gemäß § 4 (5) Satz 2 EStG gilt das Abzugsverbot nicht, soweit die in § 4 (5) Satz 1 Nrn. 2 bis 4 bezeichneten Zwecke Gegenstand einer mit Gewinnabsicht ausgeübten Betätigung des Steuerpflichtigen sind.

Der nicht abzugsfähige Teil der betrieblich veranlaßten Aufwendungen wird von der Umsatzsteuer entlastet; er unterliegt also nicht der Eigenverbrauchsbesteuerung (§ 1 (1) Nr. 2c UStG; **Tz 269**).

F. Besonderheiten bei Gesellschaften

426 Die bisherigen Ausführungen zur Bilanzierung dem Grunde und der Höhe nach gingen von der Situation des Einzelunternehmers als der im Handwerk mit Abstand häufigsten Unternehmensform aus.

Schließen sich mehrere Handwerker oder ein Handwerksmeister mit Familienangehörigen zu einer Personengesellschaft (z. B. OHG, KG) zusammen, oder gründen sie eine bzw. beteiligen sich an einer Kapitalgesellschaft (GmbH), so sind einige Besonderheiten zu beachten, auf die in der gebotenen Kürze eingegangen wird.

I. Personengesellschaften

1. Bilanz der Gesellschaft

427 Als Grundlage der steuerlichen Gewinnermittlung von Personengesellschaften (Mitunternehmerschaften) dient die aus der Handelsbilanz abgeleitete Steuerbilanz, die in den meisten Fällen als Einheitsbilanz (**Tz 344**) aufgestellt wird. Die Gesellschaftsbilanz enthält nur das **Gesamthandsvermögen** der Gesellschaft.

Da nicht die Gesellschaft, sondern die einzelnen Mitunternehmer von der Einkommensteuer erfaßt werden, ist in einem weiteren Schritt der zunächst festgestellte Gesamtgewinn auf die einzelnen Mitunternehmer zu verteilen (gesonderte und einheitliche Feststellung nach §§ 179, 180 AO; **Tz 622**). Dabei muß beachtet werden, daß bestimmte handelsrechtliche Aufwendungen steuerrechtlich als Gewinnbestandteile aufgefaßt werden und infolgedessen den jeweiligen Beziehern als **Vorabgewinne** zugewiesen werden müssen (**Tz 28**).

Vorabgewinne, die ein Gesellschafter von seiner Gesellschaft beziehen kann, sind insbesondere

- Gehaltszahlungen für die Tätigkeit als Geschäftsführer,
- Zinsen für der Gesellschaft hingegebene Darlehen,
- Mieteinnahmen für der Gesellschaft vermietete Grundstücke, Maschinen usw.

Erst der nach Zuteilung der Vorabgewinne verbleibende Restgewinn wird dann den einzelnen Mitunternehmern zugewiesen. Als Verteilungsmaßstab dient der im Gesellschaftsvertrag vereinbarte Gewinnverteilungsschlüssel.

2. Sonderbilanzen der Gesellschafter

428 Gehören einzelne Wirtschaftsgüter nicht der Gesellschaft, sondern stehen im Eigentum einzelner Mitunternehmer, so sind sie zwar handelsrechtlich bei der Gesellschaft nicht bilanzierungsfähig, können aber aus steuerlicher Sicht sog. **Sonderbetriebsvermögen** darstellen. Wenn sie nämlich dem Betrieb der Gesellschaft oder der Beteiligung des jeweiligen Gesellschafters dienen, so werden sie in einer **Sonderbilanz** des Gesellschafters erfaßt.

Die Veränderungen des Sonderbetriebsvermögens sowie die mit ihm zusammenhängenden Aufwendungen und Erträge verlangen darüber hinaus eine **Sonder-GuV-Rechnung**.

429 Von den Sonderbilanzen zu unterscheiden sind die **Ergänzungsbilanzen**, die insbesondere nach Gesellschafterwechseln und bei Betriebseinbringungen erforderlich werden; auf sie kann hier nicht eingegangen werden.

3. Beispiel

Sachverhalt

430 Die beiden Handwerksmeister A und B sind zu je 50% an einer OHG beteiligt, die im Wirtschaftsjahr 01 einen Gewinn von 250.000 DM erzielt hat. A hat als Geschäftsführer ein Gehalt von 100.000 DM erhalten, das gewinnmindernd verbucht wurde. B vermietet ab 1.7.01 ein ihm gehörendes älteres privates Grundstück an die OHG, die es betrieblich nutzt. Von dem Teilwert des Grundstücks am 1.7.01 (500.000 DM) entfallen 100.000 DM auf Grund und Boden und 400.000 DM auf das Gebäude. Die an B überwiesene Miete von 36.000 DM für den Zeitraum Juli bis Dezember 01 behandelt die OHG als Aufwand. Die laufenden Aufwendungen (Grundbesitzabgaben, Reparaturen usw.) werden von B persönlich getragen; sie belaufen sich in 01 auf 8.000 DM.

Aufgabenstellung

431 Es ist der Gewinn der Mitunternehmerschaft und seine Verteilung auf A und B zum 31.12.01 zu ermitteln.

432 **a. Vorabgewinn A**

Die Tätigkeitsvergütung des A in Höhe von 100.000 DM stellt Vorabgewinn dar. Dieser erhöht zwar sein Kapital, das in einer Sonderbilanz als Mehrkapital ausgewiesen werden könnte. Da die Entnahme der Tätigkeitsvergütung das Mehrkapital jedoch sofort wieder in voller Höhe mindert, läßt sich der dem A zuzuweisende Vorabgewinn auch ohne Aufstellung einer Sonderbilanz einfach feststellen.

433 **b. Vorabgewinn B**

Eröffnungssonderbilanz zum 1.7.01

Das Grundstück des B wird am 1.7.01 aus seinem Privatvermögen zum Teilwert in das Sonderbetriebsvermögen eingelegt (§ 6 (1) Nr. 5 EStG).

Sonderbilanz des B zum 1.7.01

Aktiva	DM		DM **Passiva**
Grund und Boden	100.000	Mehrkapital	500.000
Gebäude	400.000		
	500.000		500.000

Sonderbilanz zum 31.12.01

Die von B getragenen Grundstücksaufwendungen stellen **Sonderbetriebsausgaben**, seine Mieteinnahmen **Sonderbetriebseinnahmen** dar, die sich in der Sonder-GuV-Rechnung auswirken.

In der Sonderbilanz werden die privat vereinnahmten Mieten als Entnahme aus dem, die privat gezahlten Unterhaltungsaufwendungen als Einlage in das Sonderbetriebsvermögen behandelt.

Sonderbilanz des B zum 31.12.01

Aktiva	DM	DM		DM	DM **Passiva**
Grund und Boden		100.000	Mehrkapital 1.7.01	500.000	
Gebäude 1.7.01	400.000		- Entnahmen	36.000	
- AfA	8.000	392.000	+ Einlagen	8.000	
			+ Vorabgewinn	20.000	492.000
		492.000			492.000

Sonder GuV-Rechnung des B vom 1.7. bis 31.12.01

Aufwendungen			**Erträge**
	DM		DM
AfA auf Gebäude	8.000	Erträge aus Vermietung	36.000
(1/2 von 4% von 400.000 DM;			
§ 7 (4) i.V.m. § 6 (1) Nr. 5 EStG)			
Unterhaltsaufwendungen	8.000		
Vorabgewinn	20.000		
	36.000		36.000

434 **c. Gewinn der Mitunternehmerschaft und seine Verteilung**

Vorabgewinne		entfallend auf	
		A	B
Gehalt des A	100.000 DM	100.000 DM	-
Gewinn laut Sonderbilanz des B	20.000 DM	-	20.000 DM
Gesellschaftsgewinn	250.000 DM	125.000 DM	125.000 DM
	370.000 DM	225.000 DM	145.000 DM

II. Kapitalgesellschaften

435 Für die Gewinnermittlung von Kapitalgesellschaften gelten die gleichen Grundregeln wie für Einzelunternehmen und Personengesellschaften (**Tz 116**).

Allerdings gibt es bei Kapitalgesellschaften in Ermangelung einer Privatsphäre keine Entnahmen und Einlagen. Ihnen entsprechen die **nicht abzugsfähigen Aufwendungen** (z. B. Körperschaftsteuer, 50% der Vergütungen für den Aufsichtsrat) sowie die **offenen** und **verdeckten Gewinnausschüttungen** einerseits und die **steuerfreien Vermögensmehrungen** (z.B. Investitionszulage) andererseits (**Schaubild 23**).

Da die steuerlich nicht abzugsfähigen Aufwendungen und die verdeckten Gewinnausschüttungen in Buchführung und Jahresabschluß als Aufwand erscheinen, müssen sie zur Feststellung des steuerlichen Gewinns **außerhalb der Bilanz hinzugerechnet** werden. Das Gleiche gilt für steuerfreie Vermögensmehrungen, wenn sie erfolgswirksam verbucht wurden; sie sind dann **außerhalb der Bilanz** vom **Bilanzergebnis abzusetzen**.

G. Möglichkeiten der Gestaltung des Bilanzergebnisses

I. Gestaltungsziel

436 Das Gestaltungsziel läßt sich auf den ersten Blick leicht formulieren: Der Bilanzierende sollte versuchen, im Rahmen der durch das Gesetz gezogenen Grenzen die **Steuerbelastung des Unternehmens** zu **minimieren**. Zu diesem Zweck wird er sich vornehmlich der nachstehend erläuterten Bilanzierungs- und insbesondere der Bewertungswahlrechte bedienen, um das Bilanzergebnis entsprechend zu steuern.

Diese lapidare Aussage reicht bei **progressivem** Einkommensteuertarif als Orientierungshilfe noch nicht aus. Zum besseren Verständnis stelle sich der Leser die folgende Situation vor: In einem Unternehmen mit schwankenden Jahresgewinnen werden unter Ausnutzung der erwähnten Wahlrechte stille Rücklagen in Jahren mit relativ niedrigen Gewinnen gebildet (steuersenkende Wirkung); die stillen Rücklagen lösen sich in späteren Jahren mit relativ hohen Gewinnen wieder auf (steuererhöhende Wirkung). Zweifellos entstehen in den gewinn- und damit steuerverschiebenden Anfangsjahren Liquiditätsvorteile und Zinsgewinne. Sie werden jedoch überkompensiert durch höhere Steuerzahlungen in der Phase der Rücklagenauflösung. Eine derartig kurzsichtig angelegte Politik der steuerlichen Gewinnminimierung wäre mithin - gemessen an der oben formulierten Zielsetzung - verfehlt, da die absolute Steuerbelastung der Gesamtphase höher wäre als bei einem Verzicht auf den Einsatz gestaltender Maßnahmen.

Wäre die Gewinnsituation, in der die Unternehmensleitung die gewinnverschiebenden Maßnahmen einleitet, hingegen umgekehrt, so würde sich eine **endgültige Steuerersparnis** einstellen.

Die eingangs formulierte Zielsetzung der Steuerbelastungsminimierung muß bei progressivem Tarifverlauf ergänzt werden. Die steuerbilanzpolitischen Instrumente sollen langfristig so eingesetzt werden, daß der überschaubare Gesamtgewinn längerer Perioden (3 bis 5 Jahre) möglichst gleichmäßig auf die einzelnen Wirtschaftsjahre verteilt wird; denn nur auf diese Weise wird die Gesamtsteuerbelastung minimiert (**Schaubild 50**).

	Fall 1			Fall 2			Fall 3		
Jahr	Gewinn DM	ESt (Gr) DM	ESt (Spl) DM	Gewinn DM	ESt (Gr) DM	ESt (Spl) DM	Gewinn DM	ESt (Gr) DM	ESt (Spl) DM
1	100.000	30.742	22.080	50.000	11.040	6.836	500.000	242.157	219.314
2	100.000	30.742	22.080	100.000	30.742	22.080	-	-	-
3	100.000	30.742	22.080	200.000	83.157	61.484	-	-	-
4	100.000	30.742	22.080	100.000	30.742	22.080	-	-	-
5	100.000	30.742	22.080	50.000	11.040	6.836	-	-	-
Summe	500.000	153.710	110.400	500.000	166.721	119.316	500.000	242.157	219.314

Höhere Gesamtsteuerbelastung gegenüber Fall 1:

	-	-	-	-	13.011 = 8,46%	8.916 = 8,08%	-	88.447 = 57,54%	108.914 = 98,65%

Durchschnittsbelastung des Gesamtgewinn:

	-	30,74%	22,08%	-	33,34%	23,86%	-	48,43%	43,86%

Gr = Grundtabelle 1998 Spl = Splittingtabelle 1998

Schaubild 50: Steuerersparnis durch gleichmäßige periodische Verteilung des Gesamtgewinns

Dieses als **Gesetz der Normallinie** bekannte Phänomen könnte in der betrieblichen Praxis nur dann exakt beachtet werden, wenn den Bilanzierenden die Gabe der Prophetie zu eigen wäre. Jegliche zielorientierte Steuerbilanzpolitik mit Hilfe des Einsatzes bilanzieller Wahlrechte kann also nur Näherungslösungen erbringen. Beachtet man das Gesetz der Normallinie jedoch gar nicht, so darf man sich nicht wundern, wenn gegenwärtige Steuerersparnisse manches Mal durch künftige Steuermehrbelastungen und eine insgesamt höhere Gesamtbelastung erkauft werden.

II. Gestaltungsinstrumente

1. Überblick

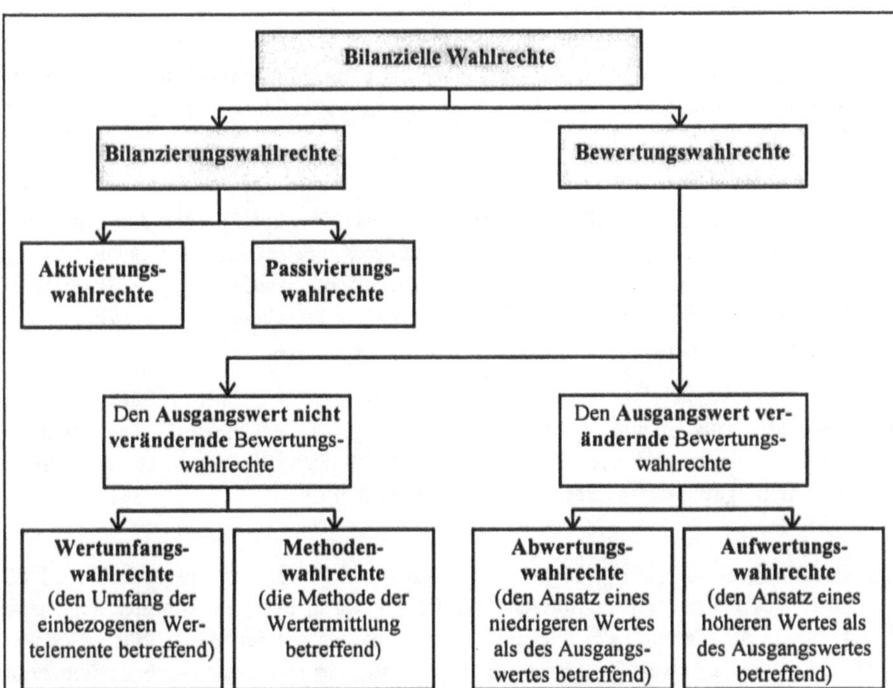

Schaubild 51: Überblick über die bilanziellen Gestaltungsinstrumente

437 Die wesentlichen Instrumente, das Jahresergebnis in der beschriebenen Weise gestaltend zu beeinflussen, liegen in den **Wahlrechten** begründet. In Hinblick auf die Bilanzierung dem Grunde nach spricht man von **Bilanzierungswahlrechten**, während bezüglich der Bilanzierung der Höhe nach von **Bewertungswahlrechten** die Rede ist.

Die Unterteilung der Bewertungswahlrechte in **Schaubild 51** wurde danach gewählt, ob sie den Ausgangwert (Anschaffungs- oder Herstellungskosten, Restbuchwerte) verändern oder nicht. Im ersten Fall kann bei **unverändertem Ausgangswert** (Wertart) die Werthöhe aufgrund **alternativer Einbeziehung** der wertbildenden **Elemente** oder durch Anwendung **verschiedener Bewertungs-** bzw. **Abschreibungsverfahren** unterschiedlich gewählt werden. Im zweiten Fall darf der **Ausgangswert** zur Durchsetzung des **Vorsichtsprinzips** oder v. a. zur Wahrung **steuerlicher Vorteile verändert** werden (sog. **echte** Bewertungswahlrechte).

2. Bilanzierungswahlrechte

2.1 Steuerliche Bedeutung

438 Die für die Handelsbilanz wichtige Gestaltungsalternative, Wirtschaftsgüter zu aktivieren bzw. zu passivieren oder nicht, besteht für die Steuerbilanz unter dem Einfluß des Maßgeblichkeitsprinzips und der steuerlichen Rechtsprechung dazu nur in eingeschränkter Weise (**Tz 384** und **Schaubild 43**).

Wie **Schaubild 43** verdeutlicht, verbleiben als bilanzpolitische Manövriermasse i.w. **Alt-Pensionsrückstellungen** und deren nach 1986 durchgeführte Erhöhungen sowie **steuerfreie Rücklagen**.

439 Steuerfreie Rücklagen stellen **subventionelle Steuervergünstigungen** dar. Dabei muß sich der Bilanzierende bereits bei der Aufstellung der Handelsbilanz an der steuerlichen Bilanzierungsweise orientieren (sog. umgekehrte Maßgeblichkeit, **Tz 344**, **387**). Stellt er eine Einheitsbilanz auf, erledigt sich das Problem mit der Entscheidung für die Bilanzierung der Rücklage von selbst.

440 Darüber hinaus ist noch solches Betriebsvermögen zu erwähnen, das der Bilanzierende aufgrund ihm zugestandener **Willkürungsfreiheit** zum Bilanzgegenstand erheben kann oder nicht (**gewillkürtes Betriebsvermögen**; **Tz 379 f.**).

441 Bedenkt man nun, daß Pensionsrückstellungen, welche auf Zusagen **nach** dem 31.12.1986 basieren, gebildet werden **müssen**, und daß die Wahlfreiheit im Hinblick auf das gewillkürte Betriebsvermögen nur solange erhalten bleibt, wie seine betriebliche Verwendung nicht überwiegt (was die Ausnahme ist), so reduziert sich die steuerliche Bedeutung der Bilanzierungswahlrechte doch erheblich. Letztlich sind es die steuerfreien Rücklagen, die als wesentlicher Gestaltungsfaktor übrigbleiben.

2.2 Steuerfreie Rücklagen

442 Als **steuerfreie Rücklagen** bezeichnet man solche Rücklagen, die ausnahmsweise nicht aus dem versteuerten, sondern aus dem **unversteuerten** Gewinn gebildet werden dürfen. Da die Besteuerung jedoch bei ihrer Auflösung nachgeholt wird, wäre es unmißverständlich, statt von steuerfreien von **steuerverschiebenden Rücklagen** zu sprechen.

Die steuerfreien Rücklagen bewirken auf jeden Fall **Steuerstundungen**, die positive Zins- und damit entsprechende Liquiditäts- und Rentabilitätswirkungen zeitigen. In einigen Fällen führen sie auch zu echten steuerlichen Begünstigungen.

Es ist jedoch immer zu beachten, daß die gestundeten Steuerzahlungen in späteren Jahren nachentrichtet werden müssen. Folglich muß die Entscheidung über die Bildung steuerfreier Rücklagen im Sinne des Gesetzes der Normallinie (**Tz 436**) an der gegenwärtigen und der in der überschaubaren Zukunft erwarteten Erfolgssituation orientiert werden, wenn die Ertragsteuerbelastung auf längere Sicht minimiert werden soll.

Aus der Vielzahl der steuerfreien Rücklagen stellt **Schaubild 52** diejenigen dar, die für das mittelständische Handwerksunternehmen Bedeutung erlangen können. Die wichtigsten von ihnen bedürfen einer kurzen Erläuterung.

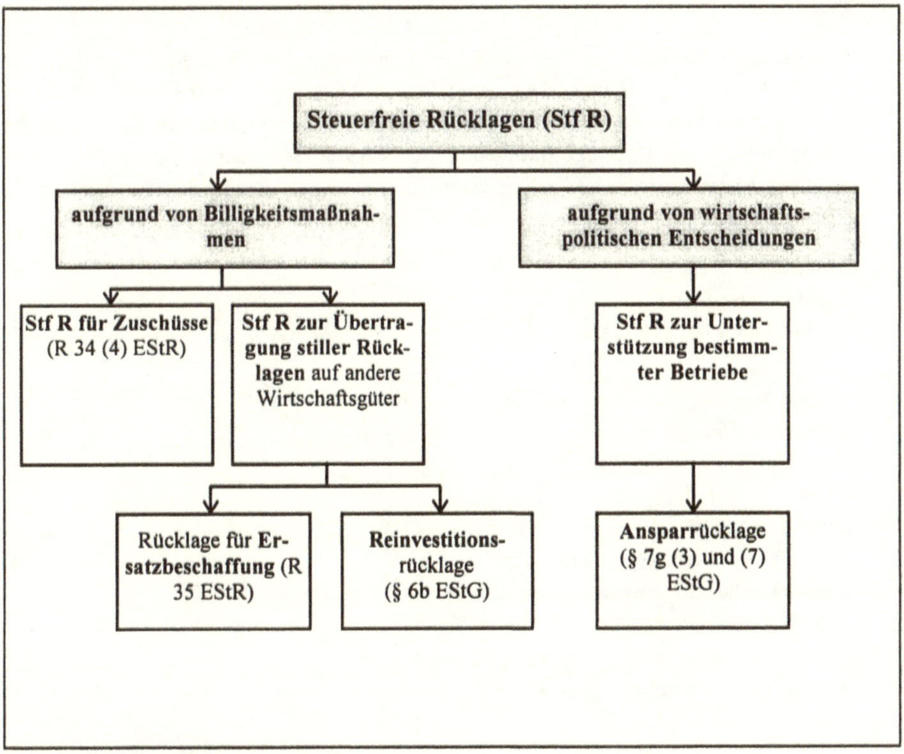

Schaubild 52: Wichtige steuerfreie Rücklagen

443 Der **Rücklage für Ersatzbeschaffung** ebenso wie der **Reinvestitionsrücklage** ist gemeinsam, daß beim Ausscheiden von Wirtschaftsgütern aus dem Betriebsvermögen sich auflösende stille Rücklagen, die normalerweise im gleichen Jahr versteuert werden müßten, durch Bildung von Passivposten und spätere Übertragung auf Ersatzwirtschaftsgüter bzw. Reinvestitionsgüter der sofortigen Besteuerung entzogen werden. Die Übertragung erfolgt in der Weise, daß die aufgedeckten und passivierten stillen Rücklagen von den Anschaffungs-/Herstellungskosten der ersatzbeschafften (reinvestierten) Wirtschaftsgüter abgezogen werden. Auf diese Weise wird das Aufwandspotential zukünftiger Jahre verkürzt. Erfolgt die Reinvestition im gleichen Jahr, so erübrigt sich der Umweg über die Rücklagenbildung.

444 Die **Bildung** von **Ersatzbeschaffungsrücklagen** setzt voraus, daß ein Wirtschaftsgut infolge höherer Gewalt (Brand, Hochwasser, Sturm, Diebstahl) oder infolge oder zur Vermeidung eines behördlichen Eingriffs aus dem Betriebsvermögen ausscheidet und daß aus der Entschädigungssumme ein funktionsgleiches Ersatzwirtschaftsgut angeschafft wird. Die **Auflösung** der Rücklage erfolgt im Zeitpunkt der Ersatzbeschaffung **erfolgsneutral**, bei nicht durchgeführter Ersatzbeschaffung bis zum Ende des nächsten Wirtschaftsjahrs (bei Grundstücken und Gebäuden bis zum Ende des übernächsten Wirtschaftsjahrs) jedoch mit **gewinnerhöhender** Wirkung.

Beispiel:

Eine Anfang 01 angeschaffte Maschine wird durch einen Brand im Dezember 02 zerstört. Im Mai 03 wird sie durch eine funktionsgleiche Anlage ersetzt. Die ursprünglichen Anschaffungskosten der Maschine betrugen 10.000 DM. Bei einer Nutzungsdauer von 5 Jahren und linearer AfA war die jährliche Abschreibung 2.000 DM. Der Buchwert Ende 02 beläuft sich auf 6.000 DM. Die Wiederbeschaffungskosten einer neuen Maschine werden mit 12.000 DM, die Entschädigungsleistung der Versicherung mit 8.000 DM angenommen.

Behandlung in 02:	DM
Entschädigungsleistung	8.000
Buchwert Ende 02	6.000
aufgedeckte stille Rücklage = Einstellung in die Rücklage für Ersatzbeschaffung	2.000

Behandlung in 03:	
Anschaffungskosten der neuen Maschine	12.000
abzüglich stille Rücklagen in Höhe der aufzulösenden Rücklage für Ersatzbeschaffung	2.000
Ausgangsbetrag für zukünftige AfA	10.000

Wird die Entschädigung nicht in voller Höhe für die Ersatzbeschaffung verwendet, so darf die Rücklage nur anteilig übertragen werden; der nicht verwendete Teil muß gewinnerhöhend behandelt werden.

Beispiel:

Im vorangegangenen Beispiel wird - unter sonst gleichen Bedingungen - aus der Versicherungsentschädigung eine Maschine von 6.000 DM angeschafft. Da von der gesamten Entschädigungssumme nur 3/4 benötigt werden, muß 1/4 der gebildeten Rücklage gewinnerhöhend aufgelöst werden.

Anschaffungskosten der neuen Maschine	6.000 DM
abzüglich 3/4 der steuerfreien Rücklage von 2.000 DM	1.500 DM
Ausgangsbetrag für zukünftige AfA	4.500 DM
Gewinn (1/4 der steuerfreien Rücklage)	500 DM

445 Die **Reinvestitionsrücklage** nach § 6b EStG, die rechnungstechnisch wie die Ersatzbeschaffungsrücklage behandelt wird, soll dazu beitragen, betriebswirtschaftlich begründete Maßnahmen der Umstrukturierung im Anlagevermögen zu erleichtern. Stille Rücklagen, die bei der Veräußerung von in § 6b EStG genau bezeichneten Wirtschaftsgütern des Anlagevermögens aufgelöst werden, können auf solche Wirtschaftsgüter übertragen werden, deren Nutzungsdauer nicht länger als die der veräußerten Objekte ist. Allerdings ist eine 100%ige Übertragung nur bei Veräußerung von Grund und Boden und Gebäuden möglich, während in den übrigen Fällen eine Begrenzung auf 50% besteht.

Erfolgt die Übertragung auf ein Reinvestitionsgut nicht innerhalb von 4 Jahren (Normalfall) bzw. 6 Jahren (Sonderfall für neue Gebäude), so muß die Rücklage gewinnerhöhend aufgelöst werden. Zusätzlich wird ein Zuschlag von 6% des Rücklagenbetrags für jedes Jahr, in dem die Rücklage bestanden hat, erhoben. Hierdurch soll der Steuerstundungsvorteil bei nicht bestimmungsgemäßer Verwendung der Rücklage beseitigt werden.

Der Veräußerungsgewinn kann auch dann auf ein Reinvestitionsgut übertragen werden, wenn die Investition bereits im Wirtschaftsjahr **vor der Veräußerung** getätigt wurde.

Beispiel:

Ein Unternehmer hat in 01 eine Maschine für 200.000 DM erworben, deren Buchwert am 31.12.01 170.000 DM beträgt. Im Jahre 02 veräußert er ein Betriebsgrundstück und erzielt dabei einen Veräußerungsgewinn von 100.000 DM.

Der Unternehmer braucht den Veräußerungsgewinn in 02 nicht zu versteuern, sondern kann ihn mit dem Buchwert der Maschine am 31.12.01 verrechnen. Das zukünftige Abschreibungspotential der Maschine verringert sich dadurch auf 70.000 DM (170.000 DM - 100.000 DM).

Wichtige Hinweise zu den Voraussetzungen und Gestaltungsmöglichkeiten des § 6b EStG enthält **Schaubild 53**.

Voraussetzungen (§ 6b (4) EStG)				
– Gewinnermittlung durch Betriebsvermögensvergleich – mindestens 6jährige Zugehörigkeit der veräußerten Wirtschaftsgüter zum inländischen Anlagevermögen – Zugehörigkeit der reinvestierten Wirtschaftsgüter zum inländischen Anlagevermögen – Steuerpflicht des Veräußerungsgewinns – Verfolgbarkeit in der Buchhaltung				
Gestaltungsmöglichkeiten durch Übertragung stiller Rücklagen (§ 6b (1) EStG)				
auf **von**	Grund und Boden	Gebäude	abnutzbares bewegliches Anlagevermögen	Anteile an Kapi-tal-gesellschaften
Grund und Boden	ja; 100%	ja; 100%	ja; 100%	nein
Gebäuden	nein	ja; 100%	ja; 100%	nein
abnutzbarem beweglichen Anlagevermögen mit einer Nutzungsdauer von mindestens 25 Jahren	nein	nein	ja; 50%	nein
Anteilen an Kapitalgesellschaften	nein	ja; 50%	ja; 50%	nein

Schaubild 53: Voraussetzungen und Gestaltungsmöglichkeiten der Reinvestitionsrücklage nach § 6b EStG

446 Sowohl die Ersatzbeschaffungs- als auch die Reinvestitionsrücklage führen nicht nur zu den bekannten steuerstundungsbedingten Vorteilen (**Tz 436**), sondern in manchen Fällen auch zu **echten steuerlichen Begünstigungen**. Dies ist der Fall, wenn die Nutzungsdauer des Wirtschaftsguts, auf das die Rücklage übertragen wird, länger ist als die **Rest**nutzungsdauer des aus dem Betriebsvermögen ausgeschiedenen Wirtschaftsguts. Der Grund liegt darin, daß sich die übertragenen stillen Rücklagen im Normalfall erst im Verlaufe der Nutzungsdauer des neuen Wirtschaftsguts auflösen.

447 Bei der Rücklage für Ersatzbeschaffung kann sich eine weitere Begünstigung ergeben. Fällt nämlich die Versicherungsentschädigung höher aus als der Teilwert der ausgeschiedenen Maschine, übersteigt sie also die aufgedeckten stillen Rücklagen, so darf dennoch die gesamte Differenz zwischen Versicherungsleistung und Buchwert in die Rücklage eingestellt werden. In einem solchen Falle wird also nicht nur die stille Rücklage, sondern "echter" Gewinn auf das Ersatzwirtschaftsgut übertragen.

Beispiel:

Eine Maschine ist durch Brand zerstört worden.

Buchwert:	6.000 DM		
Teilwert:	8.000 DM	aufgedeckte stille Rücklage:	2.000 DM
Versicherungsleistung:	9.000 DM	"echter" Gewinn:	1.000 DM

Die Rücklage für Ersatzbeschaffung in Höhe von 3.000 DM (9.000 DM ./. 6.000 DM) setzt sich aus der stillen Rücklage und "echtem" Gewinn zusammen. Die bei der Übertragung auf das Ersatzwirtschaftsgut sich ergebende steuerstundende Wirkung geht also über die Schonung der ungewollt aufgelösten stillen Rücklage hinaus.

448 Zur Förderung mittelständischer Unternehmungen wurde die sog. **Ansparrücklage** eingeführt (§ 7g EStG; **Tz 477 f.**). Im Vorgriff auf spätere Abschreibungsmöglichkeiten dient sie der Finanzierung künftiger Investitionen. Die Rücklage ist nicht personen-, sondern betriebs- und investitionsbezogen ausgestaltet. Sie darf bis zu einem Betrag in Höhe von 50% der geplanten Anschaffungs- und Herstellungskosten des begünstigten Wirtschaftsguts gebildet werden. Die Rücklage kann ohne Vorlage von Investitionsplänen bzw. konkrete Bestellungen gebildet werden. Für die Rücklagenbildung ist es - anders als bei der Ansparabschreibung - nicht erforderlich, daß das Wirtschaftsgut zu 90% betrieblich genutzt wird (weil sich § 7g (3) Nr. 2 EStG nur auf das Größenmerkmal 400.00 DM bezieht).

Im Jahr der Anschaffung oder Herstellung können von den begünstigten Wirtschaftsgütern Abschreibungen vorgenommen werden. Werden die Wirtschaftsgüter nach § 7 (2) und § 7g (1) EStG abgeschrieben, so können im Jahr der Anschaffung oder Herstellung **Abschreibungen** in Höhe von **bis zu 50%** der Anschaffungs- oder Herstellungskosten (Höchstbetrag) in Anspruch genommen werden, auch wenn dadurch ein Verlust entsteht oder sich erhöht.

Gebildete Rücklagen sind in Höhe des Höchstbetrags zwingend aufzulösen, wenn die begünstigten Wirtschaftsgüter bis zum Ende des zweiten auf ihre Bildung folgenden Wirtschaftsjahrs angeschafft oder hergestellt werden. Die Auflösung ist in dem Wirtschaftsjahr vorzunehmen, in dem für das begünstigte Wirtschaftsgut erstmals Abschreibungen vorgenommen werden dürfen.

Dem Ertrag, der sich durch die gewinnerhöhende Auflösung ergibt, stehen gewinnmindernde Abschreibungsbeträge gegenüber. Schreibt der Steuerpflichtige die begünstigten Wirtschaftsgüter nach § 7 (2) EStG und § 7g EStG ab, gleichen sich die anfallenden Abschreibungsbeträge und die Erträge aus den gewinnerhöhenden Rücklagenauflösungen grundsätzlich aus.

449 Ist die Rücklage bis zum Ende des zweiten auf ihre Bildung folgenden Wirtschaftsjahrs mangels ausreichender oder fehlender Investition noch vorhanden, so ist sie spätestens zu diesem Zeitpunkt in vollem Umfang gewinnerhöhend aufzulösen. Zur Vermeidung von

Mitnahmeeffekten ist ein Gewinnzuschlag in Höhe von 6% des aufgelösten Rücklagenbetrags in allen Fällen vorzunehmen, in denen eine überhöhte Rücklage gebildet worden ist. Mit dem Gewinnzuschlag soll der Steuerstundungseffekt ausgeglichen werden, der dadurch entsteht, daß zwar einerseits die Rücklage gewinnmindernd gebildet wurde, andererseits aber eine Investition, zu deren Finanzierung die Rücklage dienen sollte, nicht oder nicht in ausreichendem Umfang vorgenommen wurde.

Von der Möglichkeit der neuen Ansparabschreibung bzw. Rücklagenbildung kann erstmals für Wirtschaftsjahre Gebrauch gemacht werden, die **nach dem 31. 12. 1994 enden**.

Beispiel:

Grundfall
Ein Gewerbetreibender, dessen Unternehmen die Größenmerkmale des § 7 g EStG nicht überschreitet, beabsichtigt im Jahr 1998, in 1999 eine Maschine für DM 120.000 und in 2000 eine weitere Maschine für DM 80.000 anzuschaffen. Die Anschaffungen erfolgen wie geplant.

Bildung der Rücklage am 31. 12. 1998	DM
50% von DM 200.000 (DM 120.000 + DM 80.000)	100.000
Abschreibung der ersten Maschine für 1999	
Abschreibung nach § 7 (2) EStG 30% von DM 120.000	36.000
maximale Abschreibung nach § 7g EStG 20% von DM 120.000	24.000
Gesamtabschreibung für 1999	60.000
Abschreibung der zweiten Maschine für 2000	
Abschreibung nach § 7 (2) EStG 30% von DM 80.000	24.000
maximale Abschreibung nach § 7g EStG 20% von DM 80.000	16.000
Gesamtabschreibung für 2000	40.000
Rücklagenauflösung	
– am 31.12.1999 50% von DM 120.000	60.000
– am 31.12.1999 50% von DM 80.000	40.000
Rücklagenauflösung insgesamt	100.000
Gewinnauswirkungen	
1998: erfolgswirksame Rücklagenbildung	-100.000
1999: Abschreibung der ersten Maschine	- 60.000
Rücklagenauflösung	+60.000
2000: Abschreibung der zweiten Maschine	- 40.000
Rücklagenauflösung	+40.000

Das Beispiel verdeutlicht die Investitionsfinanzierung durch den Vorgriff auf spätere Abschreibungsmöglichkeiten.

variierter Fall

In Abwandlung des Grundfalles wird die geplante Anschaffung der beiden Maschinen in 1999 und 2000 nicht realisiert, die Rücklage jedoch am 31.12.1998 gebildet.

Auflösung der steuerfreien Rücklage

Die steuerfreie Rücklage ist spätestens am Ende des zweiten auf ihre Bildung folgenden Wirtschaftsjahres aufzulösen (§ 7g (4) EStG). Da sie am 31.12.1998 gebildet wurde, muß sie spätestens am Ende des Wirtschaftsjahres 2000, also am 31.12.2000 aufgelöst werden.

Gewinnzuschlag

Da die Auflösung der Rücklage nicht aufgrund einsetzender Abschreibungen erfolgt, muß für jedes volle Wirtschaftsjahr, in dem die Rücklage bestanden hat, ein Gewinnzuschlag von 6% des aufgelösten Rücklagenbetrags vorgenommen werden. Die Bemessungsgrundlage für den Gewinnzuschlag beträgt DM 100.000.
Bei Auflösung am 31.12. 2000 hat die Rücklage in den Jahren 1999 und 2000 voll bestanden. Der Gewinnzuschlag errechnet sich mit 2 x 6% von DM 100.000 = DM 12.000. Der Gewinn des Jahres 2000 ist also insgesamt um DM 112.000 zu erhöhen.

450 Für **nach dem 31.12.1996** endende Wirtschaftsjahre ist eine besondere Ansparabschreibung bzw. **Ansparrücklage für Existenzgründer** eingeführt worden (§ 7g (7) EStG). Durch diese Neuregelung, die noch unter dem Vorbehalt der Zustimmung der Europäischen Kommission steht, soll Existenzgründern die Möglichkeit eingeräumt werden, von der Ansparabschreibung mit entsprechender Rücklagenbildung in erweitertem Umfang Gebrauch zu machen. Danach beträgt der Höchstbetrag für die im sechsjährigen Gründungszeitraum gebildeten Rücklagen 600.000 DM. Der Gründungszeitraum umfaßt das Wirtschaftsjahr der Betriebseröffnung und die folgenden 5 Wirtschaftsjahre. Insofern kann die Rücklage im Wirtschaftsjahr der Betriebseröffnung und in den folgenden fünf Jahren auch gebildet werden, wenn die Investition erst für das fünfte Wirtschaftsjahr nach der Rücklagenbildung geplant ist. Dadurch soll ein kontinuierlicher Betriebsaufbau unterstützt werden.

451 Die Rücklage ist spätestens am Ende des fünften auf ihre Bildung folgenden Wirtschaftsjahres gewinnerhöhend aufzulösen. Werden keine Wirtschaftsgüter für die gebildete Rücklage angeschafft, so ist - im Gegensatz zur Ansparabschreibung nach § 7g (3) EStG - diese nicht zu verzinsen (§ 7g (7) Satz 1 letzter Halbsatz EStG).

452 Eine natürliche Person ist nur dann Existenzgründer, wenn sie innerhalb der letzten fünf Jahre vor dem Wirtschaftsjahr der Betriebseröffnung weder zu mehr als 10 % an einer Kapitalgesellschaft beteiligt war noch Gewinneinkünfte (aus Land- und Forstwirtschaft, aus Gewerbebetrieb und aus selbständiger Arbeit) erzielt hat.

453 Da die Genehmigung der Europäischen Kommission z. Zt. noch aussteht, wird die Ansparabschreibung bzw. Ansparrücklage für Existenzgründer im Rahmen der Steuerveranlagung noch nicht ergebniswirksam berücksichtigt. Allerdings werden die entsprechenden Veranlagungen seitens der Finanzbehörden in diesem Punkt für vorläufig erklärt. Existenzgründer haben dabei jedoch unverändert die Möglichkeit, anstelle der Rücklage nach § 7g (7) EStG eine solche nach § 7g (3) bis (6) zu beantragen, da hierfür bereits die Genehmigung der Europäischen Kommission vorliegt.

3. Bewertungswahlrechte

3.1 Steuerliche Bedeutung

454 Anders als die Bilanzierungswahlrechte, die wegen des Maßgeblichkeitsgrundsatzes nur eine untergeordnete steuerliche Rolle spielen (wesentliche Ausnahme: durch Umkehrung des Maßgeblichkeitsprinzips steuerfreie Rücklagen), verkörpern die Bewertungswahlrechte den eigentlichen Kern steuerlicher Bilanzpolitik.

Steuerliche Bewertungswahlrechte werden i.d.R. nicht durch das Maßgeblichkeitsprinzip behindert. Nur wenn ein handelsrechtlicher Wertansatz **zwingend** vorgeschrieben wird, ist er nach herrschender Auffassung trotz steuerlicher Wahlfreiheit maßgebend. Das wichtigste Beispiel hierfür ist die Übertragung des handelsrechtlich zwingenden Niederstwertprinzips ins Steuerrecht, wodurch die in § 6 EStG als Wahlrecht formulierte Abwertungsmöglichkeit vom Regelwert (Anschaffungs- oder Herstellungskosten) auf den niedrigeren Teilwert verdrängt und in einen Abwertungszwang umgedeutet wird (**Tz 394, 403 f.**).

Nimmt der Bilanzierende ein steuerliches Bewertungswahlrecht in Anspruch, so ist zwingend, daß steuerlicher und handelsrechtlicher Wertansatz übereinstimmen. Zur Wahrung des Steuervorteils, der mit der Wahrnehmung des Wahlrechts - i.w. subventionelle Steuervergünstigungen - verbunden ist, muß der Bilanzierende also die Handelsbilanz an der steuerlichen Bilanzierungsweise orientieren (**umgekehrte** Maßgeblichkeit). Die handelsrechtlichen Rechnungslegungsvorschriften bereiten den Boden für eine derart steuerlich determinierte Handelsbilanz in den §§ 247 (3), 254 HGB.

Handwerker, die in der großen Mehrzahl der Fälle Einheitsbilanzen aufstellen, haben mit der Wahl der steuerlichen Bewertungsfreiheit gleichzeitig die handelsbilanzielle Entscheidung getroffen.

3.2 Wertumfangswahlrechte

3.2.1 Überblick

455 Die wesentlichen steuerlichen Wertumfangswahlrechte enthält **Schaubild 54**. Sie verändern den Ausgangswert nicht, sondern ermöglichen unterschiedliche Ausgestaltungen des vorgegebenen Wertrahmens.

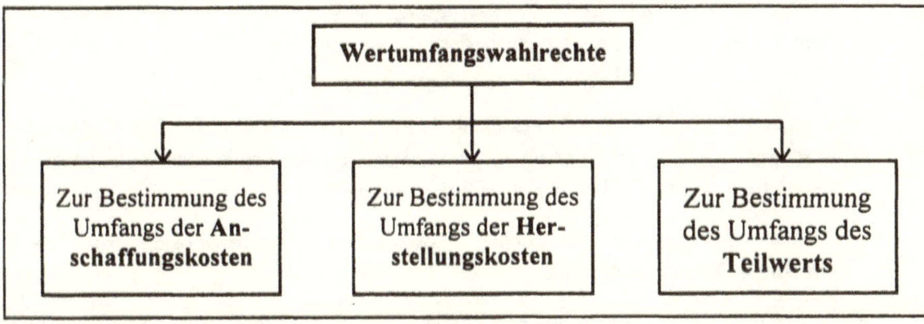

Schaubild 54: Steuerlich relevante Wertumfangswahlrechte

3.2.2 Erläuterungen

3.2.2.1 Anschaffungskosten

456 Die Anschaffungskosten sind weitgehend normiert (**Tz 390**). Einbeziehungswahlrechte bestehen jedoch für **nicht abzugsfähige Vorsteuerbeträge**, wenn die Bagatellgrenzen des § 9b (1) EStG nicht überschritten wurden und für echte **Zuschüsse** zu den Anschaffungskosten von dritter Seite.

Verschiedene Werthöhen der Anschaffungskosten können auch dadurch entstehen, daß zum einen eine **individuelle**, für jedes einzelne beschaffte Wirtschaftsgut durchgeführte oder zum anderen eine **pauschale Ermittlung der Anschaffungsnebenkosten** erfolgt. In letzterem Falle wird ein pauschaler Zuschlagssatz aus dem Verhältnis der gesamten Anschaffungsnebenkosten und der Einstandspreise eines längeren Zeitraums (z.B. des gesamten letzten Jahres) auf die Einstandspreise der Zugänge erhoben.

3.2.2.2 Herstellungskosten

457 Während die handelsrechtlichen Herstellungskosten nur wenige einbeziehungspflichtige, dafür umso mehr bilanzpolitisch verwertbare wahlfreie Bestandteile enthalten, ist der einbeziehungsverpflichtende Umfang der steuerlichen Herstellungskosten größer (**Tz 391**). Trotzdem verbleiben auch hier nicht unwesentliche Wahlrechte. Wie aus dem **Schaubild 45** ersichtlich, sind dies insbesondere:

a. **bestimmte Material-** und **Fertigungsgemeinkosten**

- **Fremdkapitalzinsen**, wenn der Kredit in unmittelbarem wirtschaftlichen Zusammenhang mit der Herstellung eines Wirtschaftsguts steht (und in der Handelsbilanz entsprechend verfahren wird).

- Kosten für **Einkauf** und **Wareneingang**. Obwohl dem Grunde nach Materialgemeinkosten, werden sie steuerlich den Verwaltungsgemeinkosten zugeordnet und eröffnen deswegen ein Einbeziehungswahlrecht.
- Kosten für die **Betriebsabrechnung**. Unter betriebswirtschaftlichen Gesichtspunkten wird man sie eher den Fertigungsgemeinkosten zuweisen müssen, steuerlich sind sie ebenfalls in die Verwaltungsgemeinkosten eingereiht.
- **Gewerbeertragsteuer**. Sie gehört zu den Fertigungsgemeinkosten; trotzdem besteht ein Einbeziehungswahlrecht.
- **bestimmte Sozialaufwendungen** (Altersversorgung, freiwillige Sozialleistungen, Ergebnisbeteiligungen, Kantinenkosten, Essenszuschüsse, Weihnachtsgeld usw.). Sie stellen entweder Material- oder Fertigungsgemeinkosten dar, dürfen jedoch im Rahmen der Herstellungskosten unberücksichtigt bleiben.

b. allgemeine Verwaltungsgemeinkosten

Es handelt sich i.w. um Kosten der Geschäftsleitung, des Einkaufs und des Wareneinkaufs, des Personalbüros, des Nachrichten- und Ausbildungswesens, des Rechnungswesens einschließlich der Betriebsabrechnung und um Abschreibungen auf Verwaltungsgebäude.

3.2.2.3 Teilwert

458 Der Teilwert bewegt sich in der Bandbreite zwischen den Wiederbeschaffungs-/ Wiederherstellungskosten einerseits und dem Einzelveräußerungspreis der zu bewertenden Wirtschaftsgüter andererseits (**Schaubild 46**).

Trotz der von der Rechtsprechung hierzu aufgestellten Teilwertvermutungen, mit deren Hilfe die Finanzverwaltung hohe Hürden errichtet und die Steuerpflichtigen immer wieder in Beweisnot bringt, verbleiben nicht unwesentliche Schätzungsreserven. Sie hängen ab von der Schlüssigkeit der Argumentation und der Dichte der vorgelegten Aufzeichnungen und sonstigen Unterlagen.

3.3 Methodenwahlrechte

3.3.1 Überblick

459 Die Methodenwahlrechte verkörpern eine weitere Kategorie von Bewertungswahlrechten, die den Ausgangswert zwar nicht verändern, wohl aber seine periodische Werthöhe maßgeblich beeinflussen können. Die steuerlich relevanten Wahlrechte enthält **Schaubild 55**.

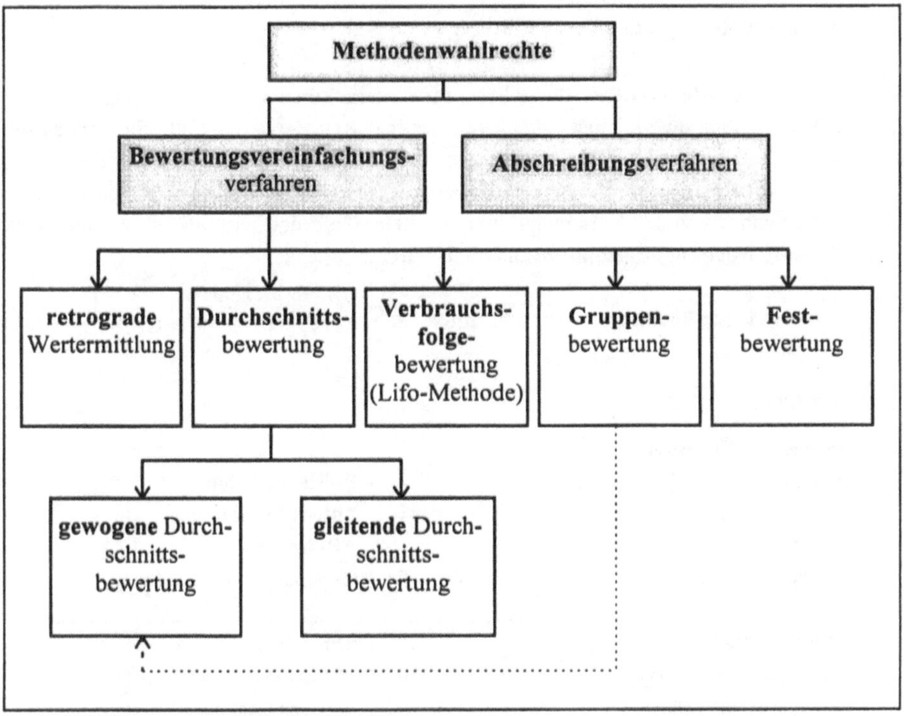

Schaubild 55: Steuerlich relevante Methodenwahlrechte

3.3.2 Erläuterungen

3.3.2.1 Bewertungsvereinfachungsverfahren

460 Im Normalfall müssen die Anschaffungs- oder Herstellungskosten nach dem vom Fundamentalsatz der Klarheit diktierten Prinzip der Einzelbewertung (siehe **Schaubild 41**) für jedes Wirtschaftsgut individuell ermittelt werden. In manchen Fällen - insbesondere bei der Vorratsbewertung - ist dies gar nicht oder nur unter Inkaufnahme unverhältnismäßig hoher Aufwendungen möglich.

Aus diesem Grunde wurden **Bewertungsvereinfachungsverfahren** entwickelt, die sowohl handels- als auch steuerrechtlich - hier zum überwiegenden Teil - zulässig sind (siehe **Schaubild 55**).

Obwohl der Vereinfachungszweck eindeutig im Vordergrund steht, eröffnen diese Näherungsverfahren wegen des mit ihnen verbundenen Schätzungscharakters bilanzpolitische Spielräume.

3.3.2.1.1 Retrograde Wertermittlung

461 Die **retrograde** Wertermittlung kann für Unternehmen interessant sein, deren Tätigkeit neben dem handwerklichen einen handelsorientierten Bereich umfaßt. Sie können unter der Voraussetzung, daß die Einzelbewertung zu hohe Aufwendungen erfordern würde, die Anschaffungskosten der Warenvorräte retrograd, d.h. rückwärts gerichtet durch Abzug des Rohgewinns von den Verkaufspreisen ermitteln. Gefordert wird allerdings eine hinreichende Aufgliederung des **Rohgewinns** nach Warengruppen.

Obwohl keine Rechtsgrundlage ersichtlich ist, billigen Rechtsprechung und Verwaltung das Verfahren.

Beispiel:

retrograde Ermittlung der Anschaffungskosten:	DM	**Preiskalkulation**:	DM
Verkaufspreis (ohne Umsatzsteuer)	141	Anschaffungskosten	100
+ Erlösminderungen	9	+ Rohgewinn (50%, angenommener Satz)	50
Brutto-Verkaufspreis	150	Brutto-Verkaufspreis	150
- Rohgewinn (33 1/3%)	50	- Erlösminderungen (6%; angenommener Satz)	9
Rohgewinnaufschlag: (1 + Rohgewinnaufschlag) = 0,5 : 1,5 = 0,33			
Anschaffungskosten	100	Verkaufspreis (ohne Umsatzsteuer)	141

Da Rohgewinnaufschlag und Erlösminderungen aus der Zusammenfassung von Warengruppen über einen längeren Zeitraum errechnet werden, gewährt das Verfahren mit Blick auf das zu bewertende einzelne Wirtschaftsgut - z.B. durch Änderung der Warenstruktur und/oder der Preise - einen mehr oder weniger großen bilanzpolitisch nutzbaren Schätzungsspielraum, der gegenüber der Einzelbewertung zu höheren oder niedrigeren Werten führen kann.

462 Besondere Bedeutung hat die retrograde Methode, wenn wegen **nicht ausreichender Verkaufspreise** die Waren und Erzeugnisse auf den niedrigeren Teilwert abgewertet werden müssen (**Niederstwertprinzip**); in dieser Situation soll sie die **verlustfreie Bewertung** am Bilanzstichtag sicherstellen.

3.3.2.1.2 Durchschnittsbewertung

463 Bei der **Durchschnittsbewertung**, die man mit Recht als steuerliche Standardmethode bezeichnen darf (sinngemäß R 36 (4) EStR), werden die Anschaffungskosten als gewogenes arithmetisches Mittel aus dem Anfangsbestand (nicht zwingend) und aus allen Zukäu-

fen (zwingend) einer i.w. art- und preisgleichen Waren- oder Rohstoffgruppe errechnet. Mit diesen durchschnittlichen Anschaffungskosten werden dann sowohl die Abgänge (Aufwendungen) als auch die in die Bilanz eingehenden Endbestände bewertet (**gewogene** Durchschnittsbewertung).

Die Ungenauigkeiten des Verfahrens können - falls bilanzpolitisch erwünscht - durch Anwendung der **gleitenden** Durchschnittsmethode gemildert werden. Hier werden die durchschnittlichen Anschaffungskosten nicht nur einmal im Jahr am Bilanzstichtag, sondern laufend nach jedem Zugang ermittelt. Die durchschnittlichen Anschaffungskosten werden unter Berücksichtigung der Abgänge bis zum Jahresende fortgeschrieben, so daß der bilanzielle Endbestand mit dem **zuletzt ermittelten** Durchschnittswert bewertet wird.

Die Verfahren eignen sich immer bei in etwa konstanten oder bei steigenden Einkaufspreisen. Bei rückläufigen Einkaufspreisen übersteigen die durchschnittlichen Anschaffungskosten den Tageswert = Teilwert am Bilanzstichtag; hier kommt ihr Ansatz wegen des Niederstwertprinzips nicht in Frage.

464 Der Steuerpflichtige ist in seiner Entscheidung für die eine oder die andere Methode frei. Beide Verfahren haben Schätzungscharakter, was ihnen die Eignung als bilanzpolitische Instrumente zur Beeinflussung des Jahresergebnisses verleiht.

Beispiel:

a. **gewogene** Durchschnittsmethode

Anfangsbestand	100 Stck. zu 100 DM = 10.000 DM
Zugang	100 Stck. zu 105 DM = 10.500 DM
Zugang	200 Stck. zu 110 DM = 22.000 DM
Zugang	100 Stck. zu 115 DM = 11.500 DM
Zugang	200 Stck. zu 120 DM = 24.000 DM
Durchschnittlicher Bestandswert:	78.000 DM : 700 Stck. = 111,43 DM/Stck.
Endbestand am Bilanzstichtag:	150 Stck.
Bilanzwert:	150 Stck. x 111,43 DM/Stck. ~ 16.715 DM
Abgänge (= Aufwendungen) :	550 Stck. x 111,43 DM/Stck. ~ 61.285 DM

b. **gleitende** Durchschnittsmethode

Anfangsbestand	100 Stck. zu 100,00 DM = 10.000 DM
Zugang	100 Stck. zu 105,00 DM = 10.500 DM
Bestand	200 Stck. zu 102,50 DM = 20.500 DM

Abgang	50 Stck. zu 102,50 DM = 5.125 DM
Bestand	150 Stck. zu 102,50 DM = 15.375 DM
Zugang	200 Stck. zu 110,00 DM = 22.000 DM
Bestand	350 Stck. zu 106,79 DM = 37.375 DM
Abgang	250 Stck. zu 106,79 DM = 26.696 DM
Bestand	100 Stck. zu 106,79 DM = 10.679 DM
Zugang	100 Stck. zu 115,00 DM = 11.500 DM
Bestand	200 Stck. zu 110,90 DM = 22.179 DM
Abgang	150 Stck. zu 110,90 DM = 16.634 DM
Bestand	50 Stck. zu 110,90 DM = 5.545 DM
Zugang	200 Stck. zu 120,00 DM = 24.000 DM
Bestand	250 Stck. zu 118,18 DM = 29.545 DM
Abgang	100 Stck. zu 118,18 DM = 11.818 DM
Endbestand am Bilanzstichtag:	150 Stck. zu 118,18 DM = 17.727 DM
Abgänge (= Aufwendungen):	550 Stck.; 60.273 DM

Der Vergleich der beiden Methoden zeigt bei den gewählten Mengen- und Preisannahmen, daß der Jahresgewinn bei Anwendung der gewogenen Durchschnittsmethode um 1.012 DM geringer ausfällt als beim gleitenden Durchschnittsverfahren.

3.3.2.1.3 Verbrauchsfolgeverfahren

465 Für die zur Ermittlung der Anschaffungs- oder Herstellungskosten gleichartiger Gegenstände des Vorratsvermögens entwickelten **Verbrauchsfolgeverfahren** ist charakteristisch, daß die Verbrauchsfolge der angeschafften oder hergestellten Güter **unabhängig** vom **tatsächlichen** Verbrauchsprozeß **unterstellt** wird.

Die am häufigsten unterstellten Verbrauchsfolgen sind **last in - first out (lifo)** und **first in - first out (fifo)**.

Bei Anwendung der **Lifo-Methode** geht man davon aus, daß die **zuletzt** beschafften Vorratsgüter **zuerst** verbraucht bzw. veräußert werden, während die **Fifo-Methode** unterstellt, daß die **zuerst** erworbenen Güter auch **zuerst** verbraucht bzw. veräußert werden.

Während die Verbrauchsfolgeverfahren - soweit sie den Grundsätzen ordnungsmäßiger Buchführung entsprechen und das Niederstwertprinzip beachtet wird - für Zwecke der handelsbilanziellen Bewertung Anwendung finden dürfen (§ 256 HGB), war ihre **steuerliche** Zulässigkeit grundsätzlich auf **Ausnahmefälle** beschränkt.

Im Rahmen der Steuerreform 1990 wurde das **Lifo-Verfahren** auch **steuerlich allgemein** akzeptiert. Die in § 6 (1) Nr. 2a EStG (siehe auch R 36a EStR) enthaltene Regelung nennt als Voraussetzungen

- die Gewinnermittlung nach § 5 EStG,
- die gleichzeitige Anwendung in der Handelsbilanz (was bei der Aufstellung von Einheitsbilanzen automatisch der Fall ist),
- keine Vornahme eines Importwarenabschlags (**Tz 481**).

Die Lifo-Methode ist deswegen von so großer praktischer Bedeutung, weil bei ständig steigenden Preisen auf den Beschaffungsmärkten (schleichende Inflation) mit den letzten zwangsläufig die teuersten Zugänge als Aufwand der Periode behandelt werden, während der Bilanzbestand zu den Anschaffungskosten der billigsten Partien bewertet wird. Mit Hilfe der Lifo-Bewertung können die Unternehmen die Ausschüttung und Besteuerung von Scheingewinnen, die bei steigender Preisentwicklung als Differenz zwischen den Anschaffungs- und den höheren Wiederbeschaffungskosten entstehen, zumindest teilweise vermeiden.

Beispiel:

Wendet man die Lifo-Methode auf das in **Tz 464** enthaltene Beispiel an, so ergibt sich folgendes:

Anfangsbestand	100 Stck. zu 100 DM	= 10.000 DM
Zugang	100 Stck. zu 105 DM	= 10.500 DM
Zugang	200 Stck. zu 110 DM	= 22.000 DM
Zugang	100 Stck. zu 115 DM	= 11.500 DM
Zugang	200 Stck. zu 120 DM	= 24.000 DM
Endbestand		
150 Stck	100 Stck. zu 100 DM	= 10.000 DM
	50 Stck. zu 105 DM	= 5.250 DM
Anschaffungskosten		15.250 DM
Abgänge (= Aufwendungen) 550 Stck.		62.750 DM

Die Lifo-Bewertung führt also in dem hier gewählten Beispiel zu höheren Aufwendungen = geringerem Gewinnausweis von

1.465 DM gegenüber der gewogenen Durchschnittsmethode und

2.477 DM gegenüber der gleitenden Durchschnittsmethode.

Um einen willkürlichen Übergang von der Lifo-Bewertung zur selbstverständlich weiterhin zulässigen Durchschnittsbewertung (**Tz 463 f.**) und umgekehrt zu verhindern, wird ein Methodenwechsel von der Zustimmung des Finanzamtes abhängig gemacht.

Weil der Gesetzgeber nicht wollte, daß der Vorratsbestand am Schluß des Wirtschaftsjahres, das der erstmaligen Anwendung der Lifo-Methode vorangeht, nach seiner Zugangsfolge zurückverfolgt werden muß, war in der Fassung des Steuerreformgesetzes 1990 dieser Bestand mit seinem Durchschnittswert als erster Zugang des neuen Wirtschaftsjahrs fingiert worden. Hier wurde in der Zwischenzeit eine aus der Sicht der Bilanzierenden wesentliche Nachbesserung erzielt: Als Anfangswert braucht kein besonderer Durchschnittswert ermittelt zu werden, sondern es gilt der Bilanzbetrag des Anfangsbestandes als erster Zugang des neuen Wirtschaftsjahres. Dabei darf ein etwaiger Importwarenabschlag den Ausgangswert für die Lifo-Bewertung vermindern. Allerdings muß die stufenweise Absenkung des Importwarenabschlags ab 1990 berücksichtigt werden (**Tz 481**).

Insgesamt signalisiert der mit der weiteren Anerkennung von Verbrauchsfolgeverfahren verbundene Zuwachs an bilanzpolitischer Manövriermasse eine begrüßenswerte Entwicklung im deutschen Bilanzsteuerrecht.

3.3.2.1.4 Gruppenbewertung

466 Die **Gruppenbewertung** erlaubt die Zusammenfassung von **gleichartigen Vorratsgütern** und **anderen gleichartigen** oder **annähernd gleichwertigen beweglichen Wirtschaftsgütern**.

Die Bewertung der in der Gruppe zusammengefaßten Güter muß mit dem **gewogenen Durchschnittswert** erfolgen (**Tz 463**).

Die Gruppenbewertung ist handelsrechtlich ausdrücklich erlaubt (§ 240 (4) i.V. mit § 256 HGB); steuerlich wird sie im Grundsatz ebenfalls akzeptiert (R 36 (4) EStR).

3.3.2.1.5 Festbewertung

467 Gegenstände des **Sachanlagevermögens** und **Roh-, Hilfs- und Betriebsstoffe** können zur Erleichterung der Inventur und der Buchführung mit einer **gleichbleibenden Menge** und einem **gleichbleibenden Wert** (**Festwert**) angesetzt werden, sofern ihr Bestand in **Größe**, **Wert** und **Struktur** nur geringen Änderungen unterliegt (§ 240 (3) HGB). Das Steuerrecht akzeptiert die Festbewertung ebenfalls (R 31 (3) Satz 2 und (4) EStR).

Beispiele für in einem Festwert zu erfassende Wirtschaftsgüter sind: Büroausstattungen, Brennstoffvorräte, Modelle, Werkzeuge, Gerüste, Schalungsteile im Baugewerbe u.a.

Neuzugänge zu den im Festwert erfaßten Beständen werden als laufende Aufwendungen behandelt; dafür dürfen vom Festwert keine Abschreibungen vorgenommen werden.

Im Abstand von **3** Jahren werden Inventuren erforderlich. Ergibt sich hierbei, daß der bisherige Festwert um mehr als 10% überschritten wird, ist eine gewinnerhöhende Anpassung obligatorisch. Bleibt der Anstieg unter 10%, so besteht ein Aufstockungswahlrecht. Liegt der neu ermittelte Festwert hingegen unter dem bisherigen, so wird eine aufwandswirksame Abstockung des alten Festwerts unumgänglich.

468 Auch wenn - wie eingangs erwähnt - der Zweck der Festwertbildung eindeutig in der Vereinfachung von Inventur und Buchführung liegt, so erschließt sich dem Steuerpflichtigen dennoch ein begrenzt wirksames bilanzpolitisches Potential.

Übersteigen z.B. die Zugänge während des dreijährigen Festwertansatzes die Abgänge, so werden zwischenzeitlich steuerverschiebende stille Rücklagen gelegt.

Vergleichbare Wirkungen kann die Festbewertung bei steigenden Preisen auf den Beschaffungsmärkten auslösen, weil dieses Verfahren die sofortige Aufwandsverrechnung der Ersatzbeschaffungen mit ihren aktuellen Wiederbeschaffungspreisen ermöglicht. Begrenzt auf die im Festwert zusammengefaßten Güter des Anlage- und Vorratsvermögens kann so das ansonsten im Steuerrecht immer noch streng gehütete Nominalprinzip unterlaufen werden.

3.3.2.2 Abschreibungsverfahren

469 Neben den Bewertungsvereinfachungsverfahren gehören die **Abschreibungsverfahren** (gleichbedeutend: Abschreibungsmethoden) zu den vom Bilanzierenden innerhalb der gesetzlichen Grenzen frei wählbaren Methodenwahlrechten.

Aus den Erläuterungen zum abnutzbaren Anlagevermögen geht hervor, daß das Abschreibungsverfahren den Ausgangswert (Anschaffungs- oder Herstellungskosten) über die betriebsgewöhnliche Nutzungsdauer verteilt (**Tz 397.**). Während Ausgangswert und Nutzungsdauer im Steuerrecht weitgehend normiert sind, bietet die Wahl des Abschreibungsverfahrens begrenzte bilanzpolitische Möglichkeiten.

Je nach der gewählten planmäßigen Abschreibungsmethode - lineare, degressive, leistungsbedingte Abschreibung - fallen die in der GuV-Rechnung verrechneten Aufwendungen und entsprechend die in der Bilanz fortgeführten Anschaffungs- oder Herstellkosten unterschiedlich hoch aus. Dabei kann die Wahl des Verfahrens für Neuinvestitionen immer wieder neu erfolgen.

Zu warnen ist freilich vor der irrigen Annahme, die Beschleunigungswirkung der degressiven Abschreibung habe grundsätzlich gewinn- und steuerverschiebende Wirkungen. Eher dürfte es dem Normalfall entsprechen, daß mit der Entscheidung für die degressive AfA der wirkliche, an den vielfältigen Abschreibungsursachen orientierte Aufwand verrechnet wird. Nur wenn im Einzelfall der Abschreibungs- dem Nutzungsverlauf voraus geht, läßt sich ein Steueraufschub erreichen.

470 Zur Wahlfreiheit des Steuerpflichtigen gehören die **Übergangsmöglichkeiten zwischen** den einzelnen **Abschreibungsverfahren**.

Während ein Wechsel zur degressiven AfA unzulässig ist, ist der Übergang von der linearen AfA auf die Leistungsabschreibung und umgekehrt möglich.

Auch ist der Wechsel von der degressiven zur linearen AfA jederzeit gestattet. Er empfiehlt sich unter der Voraussetzung einer entsprechenden Ertragslage des Unternehmens, sobald die linear ermittelten die degressiv errechneten jährlichen Abschreibungsbeträge übersteigen.

471 Schließlich sei ein kurzer Hinweis auf die sog. **Periodizität** der Abschreibungen erlaubt. Im Zugangsjahr eines abnutzbaren Anlageguts müssen die Abschreibungen grundsätzlich **zeitanteilig** (pro rata temporis) ermittelt werden. Hierbei genügt eine monatsgenaue Rechnung. Als wichtigste Ausnahme von der Pro-rata-temporis-Regel läßt R 44 (2) Satz 3 EStR bei Investitionen beweglicher Wirtschaftsgüter in der 1. Jahreshälfte eine **volle** Jahres -AfA und in der 2. Jahreshälfte eine **halbe** Jahres-AfA zu.

Während in großen Unternehmungen mit altersmäßig gemischtem Anlagenpark und kontinuierlichen Ersatzbeschaffungsterminen dieses Vereinfachungsverfahren gegenüber der zeitanteiligen Berechnung steuerlich weniger bedeutsam ist, eröffnet sich kleinen und mittleren mittelständischen Unternehmen ein gewisser bilanzpolitischer Spielraum.

Sofern die Investitionstermine hinreichend flexibel gestaltet werden können, geht der Abschreibungs- dem Nutzungsverlauf um etwa ein halbes Jahr voraus. Dies wirkt sich wie eine einmalige Abschreibungsbeschleunigung gewinnverlagernd aus.

472 Die Wirkungen der den Ausgangswert verändernden **außerplanmäßigen** und **subventionellen** Abschreibungen sowie der **Sofortabschreibung** auf geringwertige Anlagegüter werden in **Tz 473 ff.** erörtert.

3.4 Abwertungswahlrechte

3.4.1 Überblick

Die wesentlichen Abwertungswahlrechte gehen aus **Schaubild 56** hervor.

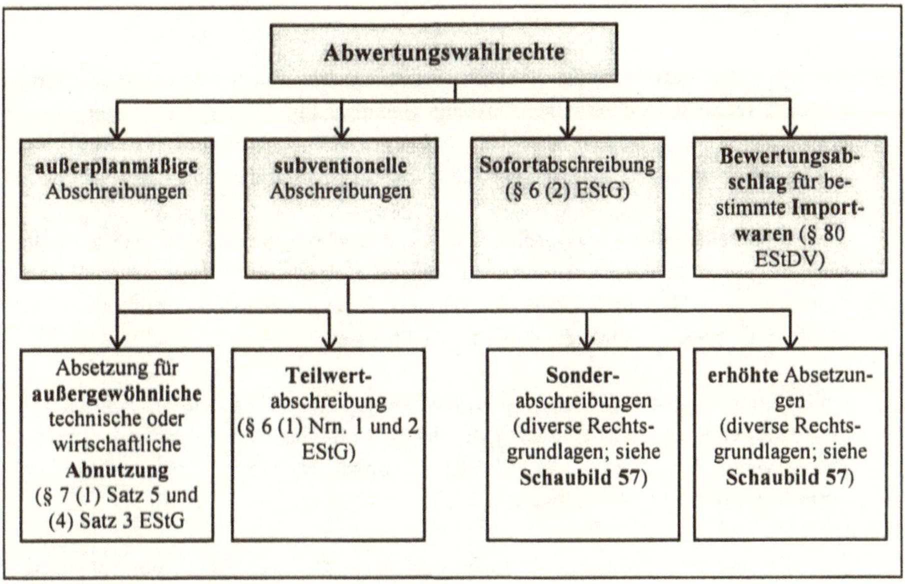

Schaubild 56: Steuerliche Abwertungswahlrechte

Im Gegensatz zu den Wertumfangs- und Methodenwahlrechten bieten die **Abwertungswahlrechte** die Möglichkeit des Ansatzes eines niedrigeren als des Ausgangswerts.

Die Gründe für diese Bewertungsalternativen liegen i. w. im **Vorsichtsgrundsatz** und in der Absicht des Gesetzgebers, **steuerliche Vorteile** zu gewähren.

Es ist zu beachten, daß echte handels- und steuerrechtliche Bewertungswahlrechte nur einheitlich ausgeübt werden dürfen.

Wird also keine Einheitsbilanz, sondern neben der Steuer- auch eine Handelsbilanz aufgestellt, so setzt die Wahrnehmung des Wahlrechts in der Steuerbilanz einen entsprechenden handelsbilanziellen Wertansatz voraus.

Hierin drückt sich das umgekehrte Maßgeblichkeitsprinzip aus (**Tz 384**), das in nicht seltenen Fällen zu einer Deformierung der handelsbilanziellen Aussagegehalts führt.

3.4.2 Erläuterungen

3.4.2.1 Außerplanmäßige Abschreibungen

3.4.2.1.1 Absetzung für außergewöhnliche technische oder wirtschaftliche Abnutzung (AfaA)

473 Die **AfaA** darf **neben** der Normal-AfA vorgenommen werden, wenn eine besondere, nicht planbare **technische** oder **wirtschaftliche** Beeinträchtigung der zukünftigen Nutzungsfähigkeit eintritt. Das Verbot, eine AfaA bei **degressiv** abgeschriebenen **beweglichen** Anlagegütern vorzunehmen, läßt sich durch den Übergang auf die lineare AfA leicht umgehen.

Eine außergewöhnliche **technische** Abnutzung liegt vor, wenn sich durch besondere Umstände ein erhöhter Verschleiß oder Substanzverzehr an einem abnutzbaren Wirtschaftsgut vollzogen hat (z.B. durch Brand, Hochwasser, Sturm, Explosion, Unfall eines LKW, zusätzliche Inanspruchnahme durch Mehrschichtbetrieb).

Unter einer außergewöhnlichen **wirtschaftlichen** Abnutzung wird die durch besondere Umstände verursachte Beeinträchtigung der wirtschaftlichen Verwendbarkeit von Anlagegütern verstanden (z.B. durch technischen Fortschritt, Mode- und Geschmackswechsel, wirtschaftspolitische Maßnahmen).

Im Falle außergewöhnlicher technischer oder wirtschaftlicher Abnutzung verringert sich in der Regel die **Restnutzungsdauer des Wirtschaftsgutes**. Das Wahlrecht wandelt sich in einen **Abwertungszwang**, wenn ein Anlagegut ganz aus dem Betriebsvermögen ausscheidet oder völlig wertlos geworden ist.

3.4.2.1.2 Teilwertabschreibung

474 Unter **Teilwertabschreibung** versteht man das Herabgehen vom letzten Bilanzwert auf den niedrigeren Teilwert.

Der Begriff "Abschreibung" darf hier nicht als Verteilungsmethode des Ausgangswerts eines Anlageguts mißverstanden werden, sondern es handelt sich um eine reine Bewertungsmaßnahme. Wie bereits bekannt, gilt für Wirtschaftsgüter des Umlaufvermögens das strenge Niederstwertprinzip, wonach ein am Bilanzstichtag vorliegender niedrigerer Teilwert angesetzt werden **muß**. Ein echtes Abwertungswahlrecht besteht also nur für das Anlagevermögen (bei Kapitalgesellschaften nur für das Finanz-Anlagevermögen). Und auch hier gilt die Einschränkung, daß sich das Wahlrecht bei voraussichtlich dauernder Wertminderung in ein Abwertungsgebot wandelt (**Tz 394, 403**)

Teilwertabschreibungen mindern die Bemessungsgrundlage für die zukünftigen Normalabschreibungen; der nach der Teilwertabschreibung resultierende Buchwert wird auf die restliche Nutzungsdauer verteilt.

3.4.2.1.3 Abgrenzung der AfaA von der Teilwertabschreibung

Trotz der gleichen Wirkungen, die von beiden Spielarten außerplanmäßiger Abschreibungen auf die Gewinnermittlung ausgehen, bestehen einige wissenswerte Unterschiede.

a. Die AfaA kennt zwei Abschreibungsursachen, die entweder zur mengenmäßigen Verringerung der Kapazität eines Anlageguts oder - bei gleichbleibender Kapazität - zu seiner wirtschaftlichen Entwertung führen. Die Teilwertabschreibung ist hingegen bei jeder Art von Wertminderung, insbesondere bei Preisrückgängen, anwendbar. Insoweit wird bei der Teilwertabschreibung die Preisentwicklung am Markt berücksichtigt, in den Fällen der außergewöhnlichen technischen oder wirtschaftlichen Abnutzung verringert sich in der Regel die Restnutzungsdauer des Wirtschaftsgutes.
b. Während die AfaA auf das abnutzbare Anlagevermögen beschränkt ist, sind Teilwertabschreibungen bei allen Wirtschaftsgütern des Anlage- und Umlaufvermögens möglich.
c. Im Gegensatz zur AfaA sind Teilwertabschreibungen unabhängig vom angewandten Abschreibungsverfahren zulässig.

3.4.2.2 Subventionelle Abschreibungen

475 Wird mit Hilfe planmäßiger und außerplanmäßiger Abschreibungen der Versuch unternommen, den Abschreibungs- dem Nutzungsverlauf der Anlagen anzupassen, so verfolgt der Gesetzgeber mit den **subventionellen Abschreibungen** einen ganz anderen Zweck. Die Unternehmungen sollen zu einem bestimmten wirtschaftspolitisch erwünschten Verhalten angereizt werden und dürfen durch bewußte Vorverlagerung des Abschreibungsverlaufs gegenüber dem Nutzungsverlauf stille Rücklagen bilden.

Als **Sonderabschreibungen** dürfen diese Steuersubventionen **neben** der Normal-AfA oder als **erhöhte Absetzungen anstelle** der Normal-AfA angewandt werden.

§ 7a EStG enthält **gemeinsame Vorschriften** für beide Abschreibungsarten, die bei ihrer Inanspruchnahme zu beachten sind.

Die steuerverschiebende Wirkung der subventionellen Abschreibungen ist in zahlreichen Fällen erheblich. Es sei aber noch einmal daran erinnert, daß der vorübergehende Aufschub nach Ablauf des Begünstigungszeitraums durch geringere Abschreibungsbeträge kompensiert wird. Eine mittelfristige Steuerplanung, die sich am Gesetz der Normallinie (**Tz 436**) orientiert, ist daher unumgänglich, um vor unangenehmen Überraschungen sicher zu sein.

476 In **Schaubild 57** sind von den derzeit noch geltenden subventionellen Abschreibungen diejenigen aufgeführt, die für das mittelständische Handwerksunternehmen Bedeutung erlangen können. Die Abschreibungsvergünstigungen für Wohnbauten sind in der Aufstellung nicht enthalten (siehe hierzu **Schaubild 18**).

Art und Zielrichtung der Abschreibung	**begünstigte Wirtschaftsgüter**	**Zeitraum der Abschreibung**	**Höhe der Abschreibung** (in % der Anschaffungs- bzw. Herstellungskosten)
I. Subventionelle Abschreibungen zur **Unterstützung bestimmter Betriebe** und **Personen**			
Kleine und **mittlere** Gewerbebetriebe sowie Selbständige, deren Betriebs-vermögen nicht mehr als 400.000 DM beträgt (§ 7g EStG)	neue **bewegliche Wirtschaftsgüter des Anlagevermögens**, die ausschließlich im Unternehmen des Steuerpflichtigen genutzt werden und die mindestens 1 Jahr nach ihrer Anschaffung oder Herstellung in einer inländischen Betriebstätte des Unternehmens verbleiben	Jahr der Anschaffung oder Herstellung und folgende 4 Jahre	bis zu 20% **neben** der AfA nach § 7 (1) oder (2) EStG
II. Subventionelle Abschreibungen zur **Beeinflussung der Standortwahl**			
Förderung der **neuen Bundesländer** einschließlich **Berlin** (§ 4 FördG) - 1991 beginnend, 1998 auslaufend -	**bewegliche Wirtschaftsgüter des Anlagevermögens** sowie **nachträgliche Herstellungsarbeiten** hieran, die für mindestens 3 Jahre in einer Betriebstätte des Fördergebiets verbleiben; **abnutzbare unbewegliche Wirtschaftsgüter** sowie **Modernisierungsmaßnahmen** und **nachträgliche Herstellungsarbeiten** hieran	Jahr der Anschaffung oder Herstellung und folgende 4 Jahre; Verteilung beliebig;	Höhe der Abschreibung richtet sich nach dem Zeitpunkt der Investition (**vgl. Kapitel V**). Die Abschreibungen können **neben** der AfA nach § 7 (1) bzw. (4) EStG vorgenommen werden.

Schaubild 57: Wichtige subventionelle Abschreibungen

477 Von den in **Schaubild 57** aufgeführten subventionellen Abschreibungen bedarf die Sonderabschreibung nach § 7g EStG, da sie ausschließlich mittelständische Unternehmen begünstigen will, einer besonderen Erläuterung.

Nach dieser Vorschrift haben kleine und mittlere Unternehmen die Möglichkeit, für neue bewegliche Wirtschaftsgüter des Anlagevermögens im Jahr der Anschaffung oder Herstellung neben der Abschreibung nach § 7 (1) bzw. § 7 (2) EStG eine **Sonderabschreibung** bis zu 20% der Anschaffungs- oder Herstellungskosten vorzunehmen. Bei Wahrnehmung der Möglichkeit degressiver Abschreibung (§ 7 (2) EStG; maximal 30%) kann sich somit im Erstjahr eine Gesamtabschreibung von 50% ergeben.

478 Voraussetzung für die Inanspruchnahme ist für gewerbliche Unternehmen, daß das **Betriebsvermögen,** zu dessen Anlagevermögen das investierte Wirtschaftsgut gehört, zum Schluß des der Anschaffung oder Herstellung vorangehenden Wirtschaftsjahres **nicht mehr als 400.000 DM** beträgt. Daneben muß das Wirtschaftsgut ausschließlich oder fast ausschließlich (d. h. zu 90%) betrieblich genutzt werden (§ 7g (2) Nr. 2b EStG).

Die beschriebene Sonderabschreibung kann als sog. **Ansparabschreibung** bereits zur Finanzierung **zukünftiger Investitionen** genutzt werden, indem für die künftige Anschaffung oder Herstellung von Wirtschaftsgütern eine den Gewinn mindernde Rücklage (Ansparrücklage) gebildet werden darf. Zur steuerfreien Ansparrücklage wird auf **Tz 448** verwiesen.

479 Die Sonderabschreibung nach dem **Fördergebietsgesetz**, welche Investitionen in den neuen Bundesländern begünstigen soll, wird in einem gesonderten Kapital behandelt (**Tz 671 ff.**).

3.4.2.3 Sofortabschreibung

480 Für sog. **geringwertige Anlagegüter** räumt § 6 (2) EStG ein Wahlrecht ein, sie entweder in der Bilanz zu aktivieren und über die betriebsgewöhnliche Nutzungsdauer abzuschreiben oder sie im Jahr der Anschaffung oder Herstellung als Aufwand zu verrechnen.

Die Sofortabschreibung hat insbesondere die folgenden Voraussetzungen:

a. Es muß sich um abnutzbare **bewegliche** Anlagegüter handeln.
b. Die Anlagegüter müssen **selbständig nutzungsfähig** sein und dürfen in **keinem** notwendigen **Funktionszusammenhang** mit anderen Wirtschaftsgütern stehen. Aus diesem Grunde gelten z.B. **nicht** als geringwertige Anlagegüter: Autoreifen, Autoradios, Maschinenteile, Fenster, Türen, genormte Gerüst- und Schalungsteile. Bejaht hat die Rechtsprechung hingegen z.B. die eigenständige Nutzungsfähigkeit von Schreibmaschinen, Schreibtischen, Bürostühlen, Musterbüchern und Musterkollektionen im Tapeten- und Tuchhandel, Paletten und Mindestbuchstabensätzen von Druckereien.

c. Die Anschaffungs- oder Herstellungskosten - in jedem Fall gekürzt um die Vorsteuer - dürfen **800 DM** nicht übersteigen.

Neben der Vereinfachung der Buchführungsarbeiten steht die gewinn- und steuerverschiebende Wirkung der Sofortabschreibung im Vordergrund. Durch kontinuierliche Ersatzbeschaffungen können in einer gewissen Höhe ständig stille Rücklagen gebildet werden.

3.4.2.4. Bewertungsabschlag für bestimmte Importwaren

481 Bestimmte Wirtschaftsgüter des Umlaufvermögens, die im **Ausland** hergestellt, nach ihrer Beschaffung **weder be-** noch **verarbeitet** wurden und in der **Anlage 3 zur EStDV** aufgeführt sind, dürfen bis zu 10% unter ihren Anschaffungskosten oder dem niedrigeren Marktpreis am Bilanzstichtag bewertet werden (**Importwarenabschlag**; § 80 EStDV).

Mit der Steuerreform 1990 wurde der ursprünglich 20%ige Abschlag stufenweise abgesenkt. Das Datum der Anschaffung und die Höhe der Anschaffungskosten müssen jederzeit aus der Buchführung nachweisbar sein. Mit Hilfe des Importwarenabschlags soll die Vorratshaltung von Gütern mit stark schwankenden Weltmarktpreisen erleichtert werden.

3.5 Aufwertungswahlrechte

3.5.1 Begriff, Arten und Konsequenzen bilanzieller Aufwertung

482 Eine bilanzielle Aufwertung stellt eine **wertmäßige**, keine mengenmäßige Erhöhung eines Bilanzansatzes dar. Statt Aufwertung werden auch die Begriffe "Zuschreibung" oder "Wertaufholung" verwendet.

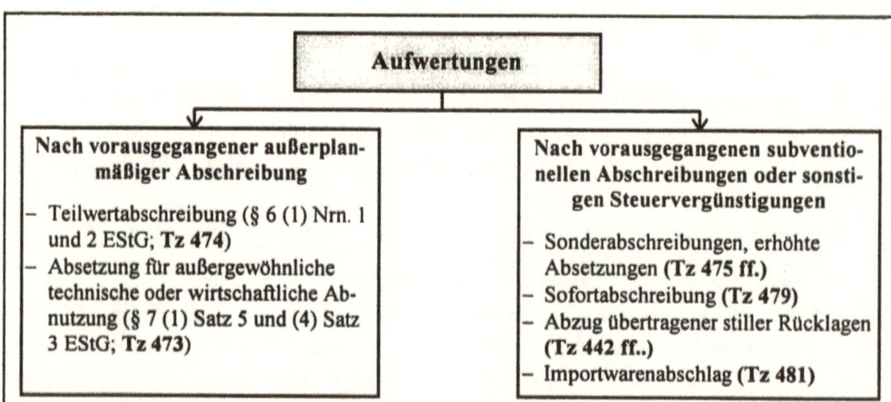

Schaubild 58: Steuerliche Aufwertungen

Bilanzielle Aufwertungen machen **außerplanmäßige** oder **subventionelle** Abschreibungen oder **sonstige Abwertungen** positiver Wirtschaftsgüter aufgrund von **Steuervergünstigungen** rückgängig. Zur nachträglichen Korrektur **planmäßiger** Abschreibungen dürfen Aufwertungen **nicht** erfolgen. **Schaubild 58** zeigt diesen Zusammenhang.

Fragt man nach den Konsequenzen steuerlicher Aufwertung, so lautet die Antwort: Im Aufwertungsjahr wird ein Gewinn erhöht bzw. ein Verlust verringert. Ein derartiges bilanzpolitisches Verhalten kann durchaus sinnvoll sein.

Es empfiehlt sich zum Beispiel, unter Beachtung des Gesetzes der Normallinie (**Tz 436**) trotz Inkaufnahme einer gegenwärtigen Gewinnerhöhung zukünftiges Aufwandspotential (z.B. durch höhere zukünftige Abschreibungen oder durch höheren nächstjährigen Warenaufwand) zu schaffen, wenn dadurch die mittel- oder langfristige **Gesamtsteuerbelastung** verringert werden kann.

3.5.2 Aufwertungswahlrechte und Unternehmensform

3.5.2.1 Aufwertungswahlrechte bei Einzelunternehmen und Personengesellschaften

483 Im Rahmen der **Handelsbilanz** besteht für Einzelunternehmen und Personengesellschaften im Falle, daß vorausgegangene außerplanmäßige Abschreibungen oder subventionelle Abwertungen nachträglich gegenstandslos werden, ein **uneingeschränktes Aufwertungswahlrecht**.

484 Für die **Steuerbilanz** gilt im Anschluß an die Steuerreform 1990 grundsätzlich das gleiche, während es bis zu diesem Zeitpunkt Einschränkungen beim abnutzbaren Anlagevermögen gab, dessen Wertansatz nicht über den letztjährigen Bilanzbetrag hinausgehen durfte. Nunmehr können Zuschreibungen bei allen positiven Wirtschaftsgütern - gleichgültig ob sie abnutzbar oder nicht abnutzbar sind - vorgenommen werden. Da in Handwerksunternehmen überwiegend Einheitsbilanzen aufgestellt werden, in denen handels- und steuerrechtliche Wahlrechte nicht anders als deckungsgleich ausgeübt werden können, wird auch das Gebot der umgekehrten Maßgeblichkeit (**Tz 344, 387, 439**) sozusagen automatisch beachtet.

3.5.2.2 Aufwertungswahlrechte bei Kapitalgesellschaften

485 Im Grundsatz existiert für Kapitalgesellschaften beim Wegfall der Gründe für vorausgegangene außerplanmäßige oder subventionelle Abwertungen ein **handelsrechtliches Aufwertungsgebot**. Da diese Verpflichtung jedoch wegen des Maßgeblichkeitsgrundsatzes auf die Steuerbilanz durchschlagen und entsprechend zusätzliche Steuerbelastungen hervorrufen würde, sind gesetzliche Ausnahmetatbestände vorgesehen worden (§ 280 (2) HGB), die das handelsrechtliche Aufwertungsgebot faktisch in ein Wahlrecht wandeln.

Mit Blick auf die Steuerbilanz entsprechen die Aufwertungsmodalitäten bei Kapitalgesellschaften denjenigen, die für Einzelunternehmen und Personengesellschaften gelten; Zuschreibungen sind bei allen positiven Wirtschaftsgütern zulässig. Das Zuschreibungswahlrecht ist daran gebunden, daß es in der Handels- und in der Steuerbilanz - in Kapitalgesellschaften werden keine Einheitsbilanzen erstellt - **einheitlich** ausgeübt wird (umgekehrte Maßgeblichkeit).

Eine ausschließliche Aufwertung in der Handelsbilanz, die beispielsweise zur Erhöhung der Gewinnausschüttung vorgenommen wird, bei gleichzeitiger Beibehaltung des niedrigeren Steuerbilanzwerts ist also nicht möglich. Durch eine entsprechende Zuschreibung in der Steuerbilanz müßte der ursprünglich erreichte Vorteil aus der steuersubventionellen Unterbewertung oder der im nachhinein ungerechtfertigten Teilwertabschreibung wieder rückgängig gemacht werden.

3.5.3 Die Höhe des Aufwertungsbetrags

486 Aus dem Grundsatz, daß der Bilanzwert eines Wirtschaftsguts nicht über seine Anschaffungs- oder Herstellungskosten hinausgehen darf (Anschaffungskostenprinzip; **Tz 390**), läßt sich die höchstzulässige Aufwertung als **Unterschiedsbetrag** zwischen dem **niedrigeren Buchwert** am Bilanzstichtag und den ursprünglichen **Anschaffungs**- oder **Herstellungskosten** bestimmen.

Soll eine frühere Teilwertabschreibung rückgängig gemacht werden, so sind auch **Zwischenwerte** zwischen dem Buchwert und den Anschaffungs- oder Herstellungskosten zulässig (**Tz 394, 403**). In anschaulicher Weise verdeutlicht dies das Beispiel in **Tz 404**.

Werden subventionelle Abwertungen in einem folgenden Jahr in der Handelsbilanz rückgängig gemacht, so orientiert sich der steuerbilanzielle Aufwertungsbetrag an der Höhe der handelsrechtlichen Zuschreibung. Bei der Aufstellung von Einheitsbilanzen erfolgen handels- und steuerrechtliche Aufwertung in einem Schritt.

Abschnitt 2:
Möglichkeiten der Gestaltung bei besonderen Anlässen

A. Die Behandlung von Grundbesitz

I. Vermögenszuordnung von Grundstücken und Grundstücksteilen

1. Grundsätzliches

487 Bebaute und unbebaute **Grundstücke** sowie **Grundstücksteile** gehören steuerlich entweder zum **Betriebsvermögen** oder zum **Privatvermögen (Tz 376 ff.)**. Grundstücksteile werden dabei grundsätzlich wie das Basisgrundstück behandelt mit der Folge, daß Gebäudeteile in der gleichen Weise wie das Gesamtgebäude abgeschrieben werden.

488 Es gibt jedoch Ausnahmen, wenn Gebäudeteile soweit verselbständigt sind, daß sie in keinem direkten Zusammenhang mit der eigentlichen Gebäudenutzung stehen. Dies ist insbesondere bei **Betriebsvorrichtungen** (Beispiele: Arbeitsbühnen, Maschinenfundamente, Förder- und Transportbänder, Lastenaufzüge, dem Gewerbe dienende Klima- und Kühlanlagen u.a., H 42 EStH) und bei **besonderen Einrichtungen**, die in der Richtlinie 13 (3) erschöpfend aufgezählt werden, der Fall (z.B. Einbauten für vorübergehende Zwecke nach R 42 (4) EStR, Ladeneinbauten, Schaufensteranlagen, Mietereinbauten, **sonstige selbständige Gebäudeteile**). Die von den Steuerpflichtigen i.a. begrüßte Konsequenz dieser Ausnahmeregelung liegt in den gegenüber der Gebäudeabschreibung (**Schaubild 18**) oftmals wesentlich höheren jährlichen Abschreibungsbeträgen.

489 Besonderes Interesse beanspruchen die **sonstigen selbständigen Gebäudeteile**. Während bewegliche Wirtschaftsgüter, die gemischt - d.h. teils betrieblich, teils privat - genutzt werden, nur **insgesamt** als Betriebs- oder als Privatvermögen behandelt werden dürfen (**Tz 380**), ist es gestattet, Gebäude in einzelne selbständige Wirtschaftsgüter zu zerlegen, soweit sie teils **eigenbetrieblich**, teils **fremdbetrieblich** (d.h. zu gewerblichen Zwecken vermietet), teils zu **fremden Wohnzwecken** (d.h. zu Wohnzwecken vermietet) und teils zu **eigenen Wohnzwecken** genutzt werden. Die Verteilung der Anschaffungs- oder Herstellungskosten des Gesamtgebäudes auf die Gebäudeteile wird nach dem Verhältnis der Nutzflächen der Gebäudeteile zur Gesamtfläche des Gebäudes vorgenommen.

Für die Beantwortung der Frage, ob ein selbständiger Gebäudeteil dem Betriebs- oder Privatvermögen zuzuordnen ist, gelten die folgenden Regeln (siehe R 13 EStR):

a. Für **eigenbetriebliche Zwecke** genutzte Grundstücke und Grundstücksteile zählen zum **notwendigen Betriebsvermögen**. Hiervon werden nur dann Ausnahmen gemacht, wenn der Wert des eigenbetrieblich genutzten Grundstücksteils im Verhältnis zum Wert des gesamten Grundstücks von untergeordneter Bedeutung ist. Dies ist der Fall, wenn er weder mehr als ein Fünftel des Werts des Gesamtgrundstücks noch mehr als 40.000 DM beträgt.

b. **Fremdbetrieblich** und zu **fremden Wohnzwecken** genutzte Grundstücke und Grundstücksteile dürfen als **gewillkürtes Betriebsvermögen** behandelt werden, wenn sie in einem gewissen objektiven Zusammenhang mit dem Betrieb stehen und ihn zu fördern bestimmt und geeignet sind.

c. Zu **eigenen Wohnzwecken** genutzte Grundstücke und Grundstücksteile gehören zum **notwendigen Privatvermögen**.

d. Ist ein Grundstück zu **mehr als der Hälfte** dem Betriebsvermögen zuzurechnen, so durfte es bis 1986 in seiner Gesamtheit als Betriebsvermögen behandelt werden. Dies führte zu dem eigenartigen Ergebnis, daß zu eigenen Wohnzwecken genutzter Grundbesitz, der als notwendiges Privatvermögen grundsätzlich keine Bilanzierungsfähigkeit besitzt, dennoch in die Bilanz aufgenommen werden konnte. Wegen der Aufgabe der Nutzungswertbesteuerung ab 1987 (**Tz 75**) können zu eigenen Wohnzwecken genutzte und unentgeltlich zu Wohnzwecken an Dritte überlassene Grundstücksteile nicht mehr als Betriebsvermögen behandelt werden.

Beispiel: (Es handelt sich hier um ein etwas abgewandeltes Beispiel nach Hinweis 13 (10) EStH)

Ein Handwerksunternehmer, der seinen Gewinn nach § 5 (1) EStG ermittelt, unterhält in einem Teil seines Grundstücks (Grund und Boden mit Gebäude) eine Schreinerwerkstatt und ein Ladengeschäft, in dem er selbstgefertigte Stilmöbel verkauft. Einen Teil des Gebäudes hat er im Interesse seines Geschäftes an einen Einzelkaufmann vermietet, der sein Möbelprogramm durch den Verkauf kunstgewerblicher Artikel ergänzt. Den übrigen Teil des Gebäudes nutzt er teils zu eigenen, teils zu fremden Wohnzwecken. Der gemeine Wert des ganzen Grundstücks beträgt 600.000 DM, der Wert der eigen- bzw. fremdbetrieblich genutzten Grundstücksteile beläuft sich auf je 200.000 DM. Der Wert des eigenen Wohnzwecken dienenden Gebäudeteils beträgt 120.000, der des zu fremden Wohnzwecken genutzten Gebäudeteils 80.000 DM.

Die einzelnen Gebäudeteile stellen **4 selbständige Wirtschaftsgüter** dar, die in der nachstehenden Weise bilanziert werden können:

a. Der Handwerksunternehmer bilanziert nur den eigenbetrieblich genutzten Grundstücksteil, der notwendiges Betriebsvermögen darstellt (200.000 DM).

b. Er weist den eigenbetrieblich genutzten Grundstücksteil als notwendiges und den an den Einzelhändler vermieteten (fremdbetrieblich genutzten) Grundstücksteil als gewillkürtes Betriebsvermögen aus (400.000 DM).

c. Er weist den eigenbetrieblich genutzten Grundstücksteil als notwendiges Betriebsvermögen und (nur) den fremden Wohnzwecken dienenden Gebäudeteil als gewillkürtes Betriebsvermögen aus, soweit im Hinblick auf letzteren - beispielsweise durch Vermietung an Mitarbeiter - ein Zusammenhang mit dem Betrieb besteht (280.000 DM).

d. Er weist den eigenbetrieblich genutzten Grundstücksteil als notwendiges Betriebsvermögen und den fremdbetrieblich genutzten sowie den fremden Wohnzwecken dienenden Gebäudeteil als gewillkürtes Betriebsvermögen aus (480.000 DM).

Die Behandlung des zu eigenen Wohnzwecken genutzten Gebäudeteils als Betriebsvermögen ist nicht mehr möglich.

2. Besonderheiten bei Gesellschaften

2.1 Personengesellschaften

490 Grundbesitz, der zum **Gesellschaftsvermögen (Gesamthandsvermögen; Tz 427)** einer Personengesellschaft gehört und auf ihren Namen im Grundbuch eingetragen ist, zählt grundsätzlich zum **notwendigen Betriebsvermögen**. Allerdings muß eine gewisse objektive Beziehung zum Betrieb bestehen.

Die geforderte objektive Beziehung wird von Anfang an verneint bzw. hört auf zu bestehen, wenn der Erwerb eines Grundstücks in das Gesamthandsvermögen aus außerbetrieblichen Erwägungen erfolgte oder ein zum Gesamthandsvermögen gehörendes Grundstück später einem, mehreren oder allen Mitunternehmern unentgeltlich zur privaten Nutzung überlassen wird.

491 Hiervon zu unterscheiden sind diejenigen Fälle, bei denen Grundbesitz, der auf den Namen eines, mehrerer oder aller Mitunternehmer im Grundbuch eingetragen ist, der Gesellschaft im Rahmen eines schuldrechtlichen Vertrages zur Verfügung gestellt wird.

Derartiger Grundbesitz gilt als **Sonderbetriebsvermögen** der einzelnen Gesellschafter (**Tz 428**) und unterliegt den gleichen Regeln, wie sie unter **Tz 430 ff.** bereits erläutert wurden.

2.2 Kapitalgesellschaften

492 Auf den Namen einer inländischen Kapitalgesellschaft im Grundbuch eingetragener Grundbesitz gehört, da Kapitalgesellschaften als juristische Personen keine Privatsphäre besitzen, stets zum notwendigen Betriebsvermögen.

Grundbesitz der Gesellschafter einer Kapitalgesellschaft wird grundsätzlich deren Privatvermögen zugeordnet.

Eine wichtige Ausnahme hiervon gilt für **Betriebsaufspaltungen (Tz 572 ff.)**, bei denen eine Eigentumsverflechtung zwischen der "privaten" Besitzgesellschaft und der gewerblichen Betriebsgesellschaft besteht. Hier schlägt die gewerbliche Betätigung der Kapitalgesellschaft auf das ihr zur Verfügung gestellte Vermögen durch und hat zur Folge, daß letzteres als Betriebsvermögen eingestuft wird.

II. Gestaltungshinweise

1. Betriebsvermögen kontra Privatvermögen

493 Wie aus der Grundlagendarstellung des Einkommensteuerrechts bekannt (**Tz 14**), werden bei Wirtschaftsgütern des Privatvermögens nur deren laufende Überschüsse steuerlich erfaßt, während Veräußerungsgewinne (-verluste) im Zusammenhang mit privatem Grundbesitz grundsätzlich unbeachtlich sind.

494 Gehören Grundstücke und Grundstücksteile hingegen zum Betriebsvermögen, so schlagen sich einmal die laufenden Grundstücksüberschüsse im gewerblichen Gewinn nieder und unterliegen somit der Einkommensteuer und der Gewerbesteuer.

Darüber hinaus wird bei Veräußerungen oder Entnahmen von Grundstücken aus dem Betriebsvermögen die gesamte Wertänderung - meist eine Werterhöhung - am ruhenden Vermögen als Gewinn erfaßt. Die Höhe des Gewinns errechnet sich aus der Differenz zwischen dem Veräußerungserlös (bei Entnahmen: dem Teilwert) und dem Buchwert.

Geht man von der realistischen Annahme aus, daß die Verkehrswerte von bebauten Grundstücken auf lange Sicht weiter ansteigen werden, so öffnet sich die Schere zwischen dem bei Veräußerungen oder Entnahmen realisierten Wert und dem durch jährliche Abschreibungen sich ständig verringernden Gebäude-Buchwert (zuzüglich Grund und Boden) kontinuierlich.

Die ertragsteuerliche Konsequenz einer späteren Grundstücksveräußerung oder Nutzungsänderung wird also im Zeitablauf immer belastender. Der Kulminationspunkt ist erreicht, wenn das ganze Unternehmen verkauft werden soll. Zwar gewährt der Gesetzgeber anläßlich einer Betriebs- oder Teilbetriebsveräußerung wesentliche Steuererleicherungen (**Tz 528 ff.**); trotzdem führt das Aufdecken der stillen Rücklagen gerade bei größerem betrieblichen Grundbesitz oft zu enormen steuerlichen Belastungen.

Der aufgezeigten steuerverschärfenden Tendenz steht die Tatsache gegenüber, daß beim Betriebsvermögen durch gestaltende Maßnahmen, insbesondere mittels Bilanzierungs- und Bewertungswahlrechten, steuerverschiebende oder hin und wieder sogar echte steuersparende Wirkungen (z. B. durch Steuersatzänderungen) erzielt werden können.

Auch ist die Umsatzsteuererstattung bei gewerblich genutzten Grundstücken zu beachten.

Wägt man die gegenläufigen Tendenzen sorgfältig gegeneinander ab, so dürfte in zahlreichen Fällen die aus der Aufdeckung der stillen Rücklagen resultierende Steuerverschärfung schwerer wiegen. Deshalb gebührt i.d.R. einer Lösung, welche es gestattet, dem Betrieb den für sein Funktionieren erforderlichen Grundbesitz aus einem Privatvermögen heraus zur Verfügung zu stellen, der Vorzug.

2. Lösungsansatz

495 Der Ansatz zur Lösung des gestellten Problems liegt zum einen darin, **willkürungsfähige** Gebäudeteile eben **nicht** ins Betriebsvermögen zu übernehmen. Dies bereitet keine Schwierigkeiten, wenn die Willensbekundung gegenüber der Finanzverwaltung eindeutig erfolgt.

496 Weniger einfach stellt sich das Problem jedoch dar, wenn es darum geht, **notwendiges** Betriebsvermögen zu **vermeiden**; denn die gewerbliche Nutzung und die nicht zu unterschreitende Fläche von Grundstücken sind meist objektive Größen.

Da die Betriebsvermögenseigenschaft daran geknüpft ist, daß der Grundbesitz

- für **gewerbliche Zwecke** eingesetzt wird,
- **nicht** von **untergeordneter** Bedeutung ist und
- dem Unternehmer **selbst** (rechtlich oder wirtschaftlich) **gehört,**

wird eine Verlagerung auf die Ebene des Privatvermögens nur über die Nichterfüllung der letzten Voraussetzung möglich sein.

Gerade in mittelständischen Handwerksbetrieben lassen sich die Eigentumsverhältnisse oftmals so gestalten, daß Grundstückseigentum und Unternehmereigenschaft nicht zusammenfallen.

3. Vermeidung von Grundbesitz im Betriebsvermögen

497 Will man bereits bei der Gründung oder beim Kauf eines Unternehmens den gewerblich genutzten Grundbesitz aus dem Betriebsvermögen heraushalten, so sollte er von nicht unternehmerisch tätigen **Mitgliedern der Familie** erworben und aus deren Privatvermögen heraus an das Unternehmen vermietet werden. Bei allen denkbaren Konstruktionen muß immer bedacht werden, daß neben den steuerlichen gewichtige zivilrechtliche und ökonomische Probleme auftreten können. Sowohl die Konsequenzen einer eventuellen späteren Scheidung als auch unbedachte Entschlüsse volljährig werdender Kinder wollen vorab sorgfältig überlegt sein; zusammen mit einem neutralen rechtlichen und steuerlichen Berater lassen sich meist Lösungen finden.

Wird der betrieblich genutzte Grundbesitz von **einzelnen** nichtunternehmerischen Familienmitgliedern erworben, so kommt hierfür in erster Linie der **Ehepartner** in Frage. Durch eine entsprechende Mittelausstattung werden auch **Kinder** in die Lage versetzt, an einem derartigen Familienmodell teilzunehmen.

Wenn der Ehepartner als Käufer von Grundbesitz auftritt, so wird sich in nicht wenigen Fällen die folgende Vorgehensweise anbieten: Der Ehepartner erwirbt oder baut die gewerblich genutzten Gebäudeteile (Werkstatt, Laden, Büro) und vermietet sie an den Unternehmer-Ehegatten.

Der Unternehmer-Ehegatte baut oder erwirbt die privat, zu fremden Wohnzwecken oder fremdbetrieblich genutzten Teile des Gebäudes.

Wird der Eigenkapitaleinsatz auf den privat genutzten Bereich konzentriert (Fremdkapitalzinsen im Zusammenhang mit der eigengenutzten Wohnung sind ab 1987 mit Übergangsregelung bis 1998 nicht mehr abzugsfähig; **Tz 75**) und das entsprechend höhere Fremdkapital für die gewerblich und zu fremden Wohnzwecken genutzten Räume eingesetzt, so entsteht ein weiterer interessanter Steuerspareffekt.

498 Bei den soeben dargestellten Familien- und insbesondere den Ehegattenmodellen gilt es, durch rechtzeitige Einschaltung des Beraters und der Finanzverwaltung der Gefahr einer sog. **faktischen Mitunternehmerschaft** zu begegnen. Danach würde ein Dienst-, Darlehens- oder Pachtvertrag umqualifiziert werden, wenn die Vertragsbeziehung wirtschaftlich als faktisches Gesellschaftsverhältnis i. S. d. § 705 BGB anzusehen ist (R 138 (1) EStR). Würde nämlich der nicht unternehmerisch tätige Ehegatte, ohne daß ein rechtsförmliches Gesellschaftsverhältnis vereinbart ist, im Veranlagungsverfahren zum **faktischen** Mitunternehmer (**ungewollte Mitunternehmerschaft**) erklärt, so würde der Grundbesitz in Betriebsvermögen umgedeutet, und alle Mühe wäre vergebens gewesen.

Die Gefahr der Konstruktion einer faktischen Mitunternehmerschaft durch die Finanzverwaltung ist nicht mehr so groß, seit der BFH in jüngerer Zeit seine diesbezügliche Rechtsprechung verschiedentlich korrigiert hat. Die neuere BFH-Rechtsprechung verneint deshalb inzwischen überwiegend das Vorliegen einer faktischen Mitunternehmerschaft.

499 Als Alternative zu den bislang dargestellten Familienmodellen könnte auch eine **Familiengrundbesitzgesellschaft bürgerlichen Rechts** gegründet werden, die die Vermietung übernimmt. Die Möglichkeiten zieladäquater gesellschaftsvertraglicher Lösungen sind hier recht vielfältig.

Auch diese Variante enthält eine Fußangel: um vor unangenehmen Überraschungen sicher zu sein, sollte der Unternehmer selbst nicht an der Gesellschaft beteiligt sein. Nur so besteht die Sicherheit, daß der Grundbesitz nicht über die Annahme einer (nicht gewollten) **Betriebsaufspaltung** doch wieder als Betriebsvermögen angesehen wird. Entsprechend dürfen neben der Vermietungstätigkeit auch keine gewerblichen Einkünfte der GbR vorliegen, da ansonsten die Vermietungstätigkeit gewerblich „infiziert" wird und dann **in vollem Umfang gewerbliche Einkünfte** mit entsprechendem Betriebsvermögen vorliegen (§ 15 (3) Nr. 1 EStG).

4. Herauslösung von Grundbesitz aus vorhandenem Betriebsvermögen

500 Befindet sich - wie bei den meisten mittelständischen Unternehmen - der Grundbesitz bereits im Betriebsvermögen, so bedarf seine Herauslösung und Überführung ins Privatvermögen einer langfristigen Planung.

Sollen nichtunternehmerische Familienmitglieder diesen Grundbesitz aus ihrem Privatbesitz an das Unternehmen vermieten, so muß er ihnen vorher schenkungsweise übertragen worden sein. Die Entnahme aus dem Betriebsvermögen setzt aber zwangsläufig die stillen Rücklagen frei.

Wählt man einen Veranlagungszeitraum mit einem größeren Verlust oder stehen gar Verlustvorträge aus Vorjahren zur Verrechnung an (**Tz 540**), so lassen sich die ungünstigen Steuerfolgen verhindern oder zumindest erheblich mindern.

In manchen Fällen wird es möglich sein, die Rücklagen aufdeckende Entnahme von Grundstücken aus dem Betriebsvermögen auf mehrere Veranlagungszeiträume zu verteilen, um auf diese Weise die Wirkung des Progressionstarifs zu mildern.

501 Schließlich wäre im Zusammenhang mit der Übertragung des Unternehmens auf die nächste Generation eine Konzeption zu überdenken, die die gängigen Nachfolgeregelungen (Schenkung, Erbschaft) durch eine **Betriebsaufgabe** der Eltern- mit anschließender **Neugründung** durch die Kindergeneration ersetzt.

Hat der den Betrieb Aufgebende das 55. Lebensjahr vollendet, so kommt er in den Genuß der in § 16 EStG vorgesehenen Freibetragsregelung und der Tarifbegünstigung (**Tz 528 ff.**). Eventuell läßt sich die Betriebsaufgabe sogar in eine Verlustphase plazieren.

Der Nachfolger wird im Zuge der Neugründung des Unternehmens den Grundbesitz (Werkstatt, Ladengeschäft) aus dem Privatvermögen des Vaters (der Mutter) anmieten, während er das bewegliche Anlagevermögen und das Umlaufvermögen käuflich erwirbt. Führt der Nachfolger sein Unternehmen in der Rechtsform der Einzelunternehmung oder einer Personenhandelsgesellschaft, so holt ihn allerdings der Grundbesitz in Gestalt notwendigen Betriebsvermögens wieder ein, wenn er ihn später erbt. Dieses Ergebnis läßt sich vermeiden, wenn für das neugegründete Unternehmen kein personenorientiertes Rechtskleid gewählt, sondern eine GmbH gegründet wird.

5. Gewerblicher Grundstückshandel

502 Vom gewerblichen Grundstückshandel wird gesprochen, wenn die Grenze der privaten Vermögensverwaltung (**siehe Tz 31 f.**) zur Gewerblichkeit im Zusammenhang mit der Veräußerung von Immobilien überschritten wird.

Die Voraussetzungen für eine gewerbliche Tätigkeit im Sinne des § 15 (2) EStG sind in **Tz 25** dargestellt. Gewerblicher Grundstückshandel liegt vor, wenn diese Tatbestandsmerkmale erfüllt sind. Die wirtschaftliche Betätigung muß also den Rahmen privater Vermögensverwaltung überschritten haben.

503 Im Vergleich mit der privaten Vermögensverwaltung kann die Gewerblichkeit für den Steuerpflichtigen zu erheblichen steuerlichen Nachteilen führen. Im Einzelnen ergeben sich die folgenden **Konsequenzen**:

- Die Veräußerungsgewinne sind einkommen-/körperschaft- und gewerbesteuerpflichtig.
- Die betroffenen Immobilien werden dem Umlaufvermögen zugeordnet, was zur Folge hat, daß für die Dauer des gewerblichen Grundstückshandels keine Abschreibungen in Anspruch genommen werden können. Durch die Umgliederung des Anlagevermögens zu Umlaufvermögen müssen Abschreibungen sogar rückgängig gemacht werden.
- Die nach Herauskürzung der Abschreibungen ermittelten laufenden Überschüsse aus der Bewirtschaftung der Immobilien unterliegen der Gewerbesteuer.

Zunächst ist zu prüfen, wann bei einer Veräußerung von gewerblichem Grundstückshandel gesprochen werden kann. Dazu sind im einzelnen die Voraussetzungen des § 15 (2) EStG zu prüfen. Dabei ist insbesondere auf die Nachhaltigkeit einzugehen.

504 **Nachhaltigkeit** ist eine Tätigkeit, die auf Wiederholung angelegt ist, d. h., daß sie von der Absicht getragen sein muß, sie zu wiederholen und daraus eine ständige Erwerbsquelle zu machen. Gemäß der steuerlichen Rechtsprechung (BFH-Urteil vom 13.12.1995, BStBl. 1996 II, S. 232) kann aber bereits eine **einmalige Tätigkeit** nachhaltig sein, wenn sie lediglich mit einem Willen zur Nachhaltigkeit ausgeübt wird.

505 Von der Rechtsprechung wurde die sogenannte **Drei-Objekt-Grenze** entwickelt, der sich die Finanzverwaltung im wesentlichen angeschlossen hat. Danach liegt gewerblicher Grundstückshandel dann vor, wenn in einem Zeitraum von 5 Jahren **mehr als drei Objekte** veräußert werden.

506 Gewerblicher Grundstückshandel liegt dagegen i. d. R. **nicht** vor, wenn

- die Veräußerung von Immobilien mit einem **zeitlichen Abstand von 10 Jahren** nach **Errichtung, Erwerb** oder **nicht unerheblicher Modernisierung** erfolgt,
- nicht mehr als drei Objekte in einem engen zeitlichen Zusammenhang mit **Errichtung, Erwerb** oder **nicht unerheblicher Modernisierung** veräußert wurden (Drei-Objekt-Grenze).

507 Die neuere Tendenz der steuerlichen Rechtsprechung zielt nunmehr darauf ab, daß die unterschiedlichen Tatbestände der Errichtung, des Erwerbes und der nicht unerheblichen

Modernisierung nicht mehr gleichberechtigt beurteilt werden, sondern die **Herstellungsfälle** (i. S. einer Errichtung und Veräußerung der Immobilien) im Hinblick auf die Anwendung der Drei-Objekt-Grenze restriktiver zu beurteilen sind als die Fälle des Erwerbs und der anschließenden Veräußerung.

508 In den folgenden beiden Fällen wird die Gewerblichkeit daraus abgeleitet, ob sich der Steuerpflichtige durch An- und Verkauf im wesentlichen unveränderter Immobilien wie ein **Händler** verhält oder ob er durch die **Errichtung** und den **Verkauf** von Immobilien wie ein **Bauträger** handelt. So kann bereits die Errichtung eines einzigen Gebäudes nachhaltig im Sinne des § 15 (2) EStG sein, da die Erledigung eines Bauauftrags mehrere (Einzel-) Tätigkeiten erfordert.

509 Nach Ansicht der Finanzverwaltung kommt im **Errichtungsfall** die Drei-Objekt-Grenze für Großobjekte in keinem Fall zur Anwendung (BMF 20.12.1990, BStBl. I 1990, S. 884) mit der Folge, daß bereits bei der Veräußerung **eines** einzigen Objektes Gewerblichkeit vorliegen kann (siehe auch BFH vom 14.01.1998, BStBl. II 1998, S. 346; vorher BFH 24.01.1996, BStBl. II 1996, S. 303).

510 Vor diesem Hintergrund wird deutlich, daß die Anwendung der sog. Drei-Objekt-Grenze von der steuerlichen Rechtsprechung teilweise aufgegeben wurde bzw. nur noch in stark differenzierter Sichtweise Anwendung findet. Es ist dabei das Bestreben erkennbar, auf der Grundlage der **Tatbestandsmerkmale des § 15 (2) EStG** tendenziell gewerblichen Grundstückshandel abzuleiten. Bei allen denkbaren Gestaltungsvarianten ist ein Gespräch mit dem steuerlichen Berater dringend anzuraten, da die weitere Entwicklung der Rechtsprechung und der Verwaltungsauffassung als unsicher eingestuft werden muß.

B. Die Veräußerung ganzer Komplexe

I. Grundsätzliches

511 Während im Abschnitt 1 dieses Kapitels die steuerbilanzielle Erfassung der Erfolgsbeiträge von Veräußerungsgeschäften einzelner Wirtschaftsgüter und Dienstleistungen unser Interesse beanspruchte, stehen nunmehr Vorgänge im Mittelpunkt, die den Verkauf **ganzer Komplexe** zum Gegenstand haben. Gemeint sind insbesondere die Veräußerung von **ganzen Gewerbebetrieben, Teilbetrieben** (z.B. Filialen) und **Anteilen an Mitunternehmerschaften** (z. B. Kapitalanteile der Komplementäre oder der Kommanditisten einer KG).

512 Im Unterschied zur Veräußerung einzelner Wirtschaftsgüter gilt es, einige wichtige Besonderheiten zu beachten:

a. Ein aus dem Verkauf ganzer Komplexe resultierender Veräußerungsgewinn wird innerhalb bestimmter Grenzen durch die Gewährung eines **Freibetrages** von der Besteuerung freigestellt (§ 16 (4) EStG).

b. Der Veräußerungsgewinn stellt eine **außerordentliche Einkunft** (§ 34 (2) Nr. 1 EStG) dar und wird deswegen grundsätzlich innerhalb bestimmter zeitlicher und betragmäßiger Grenzen (nur) mit dem **halben durchschnittlichen Steuersatz** belegt.
c. Im Gegensatz zum laufenden Gewinn unterliegt der Veräußerungsgewinn bei natürlichen Personen und Personengesellschaften **nicht** der **Gewerbesteuer**.
d. Darüber hinaus kann in besonderen Fällen eine Ermäßigung nach § 35 EStG in Frage kommen, wenn der veräußerte Komplex innerhalb der letzten 5 Jahre vor der Veräußerung **erbschaftsteuerpflichtig erworben wurde**.

513 Es sei besonders darauf hingewiesen, daß die Veräußerung von Komplexen im Rahmen der **Steuerreform 1999/2000/2002 zu Lasten der Unternehmungen** geändert werden soll (**Tz 735, 743**).

II. Die steuerbegünstigten Veräußerungsvorgänge

514 Die bevorzugte Behandlung der Veräußerung von Komplexen ergibt sich aus §§ 16; 17 EStG. Danach sind begünstigt:

- die Veräußerung eines **ganzen Gewerbebetriebs** (§ 16 (1) Nr. 1 EStG)
- die Veräußerung eines **gewerblichen Teilbetriebs** (§ 16 (1) Nr. 1 EStG)
- die Veräußerung eines **Mitunternehmeranteils** (§ 16 (1) Nr. 2 EStG)
- die **Betriebsaufgabe** (§ 16 (3) EStG)
- evtl. die **Betriebsverpachtung** (Richtlinie 139 (5) EStR)
- die Veräußerung von im **Privatvermögen** gehaltenen **wesentlichen Beteiligungen** an Kapitalgesellschaften (§ 17 EStG).

516 Eine Veräußerung des **ganzen gewerblichen Betriebs** liegt vor, wenn der Betrieb mit seinen **wesentlichen Grundlagen** gegen Entgelt in der Weise auf einen Erwerber übertragen wird, daß der Betrieb als geschäftlicher Organismus fortgeführt werden kann.

Was als wesentliche Grundlage anzusehen ist, kann letztlich nur im Einzelfall bestimmt werden. Jedoch wird man davon auszugehen haben, daß zumindest das Anlagevermögen zu den Geschäftsgrundlagen gehört. Auch ist an Wirtschaftsgüter zu denken, die erhebliche stille Rücklagen enthalten. In vielen Handwerksunternehmungen, die neben der Be- oder Verarbeitung von Gütern auch Handel betreiben, muß auch das Umlaufvermögen oder wenigstens wesentliche Teile davon dazugerechnet werden.

Bei Betriebsveräußerungen werden häufig einzelne Wirtschaftsgüter nicht mit verkauft, sondern ins Privatvermögen des Veräußerers überführt (z.B. Teile des Umlaufvermögens, aber auch Grundstücke). Im Hinblick auf das Erfordernis der Wesentlichkeit ist hier Vorsicht geboten. Im Zweifel sollten Berater und/oder Finanzverwaltung eingeschaltet werden; eine falsche Entscheidung zeitigt die unangenehme Konsequenz, daß der Veräußerungsgewinn als laufender Gewinn gilt und dem vollen Steuersatz unterliegt. Nur wenn sichergestellt ist, daß die ins Privatvermögen übernommenen oder einzeln veräußerten Wirtschaftsgüter im Gesamtorganismus des Unternehmens von untergeordneter Bedeutung waren, treten die dargestellten Vergünstigungswirkungen ein.

517 Eine **gewerbliche Teilbetriebsveräußerung** wird angenommen, wenn ein **wirtschaftlich eigenständiger** Betriebsteil verkauft wird (z.B. eine Filiale oder eine Zweigniederlassung). Es müssen auch hier alle wesentlichen, die Geschäftsgrundlage bildenden Wirtschaftsgüter des Teilbetriebs veräußert werden.

Als Teilbetrieb gilt auch die 100%ige Beteiligung an einer Kapitalgesellschaft (§ 16 (1) Nr. 1 2. Halbsatz EStG).

518 Verkauft ein **Mitunternehmer** einen Kapitalanteil, so wird dieser Vorgang als der Teilbetriebsveräußerung vergleichbar steuerbegünstigt behandelt. Es ist nicht erforderlich, daß er seinen ganzen Kapitalanteil abgibt; die Steuersatzvergünstigung bleibt auch erhalten, wenn er in mehreren Veranlagungszeiträumen Teilanteile an verschiedene oder denselben Erwerber veräußert. Hingegen wird der Freibetrag dem Steuerpflichtigen nur einmal gewährt (§16 (4) Satz 2 EStG).

519 Die **Betriebsaufgabe** wird steuerlich der Betriebsveräußerung gleichgesetzt. Um die Steuervergünstigung nicht zu gefährden, muß sich die Betriebsaufgabe innerhalb eines **kurzen Zeitraums** als **wirtschaftlich einheitlicher Vorgang** vollziehen. Dieser Vorgang ist von der langwierigen (und nicht steuerbegünstigten) Betriebsabwicklung zu trennen. Es ist nicht erforderlich, daß der den Betrieb aufgebende Unternehmer später selbst nicht mehr gewerblich tätig wird. Hat der bisherige Betrieb zu bestehen aufgehört, darf er sogar ohne steuerschädliche Wirkungen für den Aufgabegewinn ein Unternehmen der gleichen Art eröffnen.

520 Wird ein Betrieb **verpachtet**, so kann der Verpächter wählen, ob er diesen Vorgang als **Betriebsaufgabe** mit den beschriebenen Steuerfolgen oder den Betrieb als **fortbestehend** behandelt wissen und weiterhin Einkünfte aus Gewerbebetrieb beziehen will (R 139 (5) EStR). Allerdings besteht das dem Verpächter gewährte Wahlrecht, ob er ohne Realisierung der stillen Rücklagen weiterhin „Unternehmer" bleiben oder ob er die stillen Rücklagen realisieren und in Zukunft privater Verpächter sein will, nur dann, wenn eine **Betriebsverpachtung** und nicht eine Vermietung einzelner Wirtschaftsgüter des Betriebsvermögens vorliegt, so daß im Ergebnis der wirtschaftliche Organismus Betrieb in seinen wesentlichen Grundlagen weiterbestehen muß

521 Wenn eine **Beteiligung** (Aktien, Geschäftsanteile) an einer **Kapitalgesellschaft** (AG, GmbH), die bisher im **Betriebsvermögen** gehalten wurde, verkauft wird, so gelten die allgemeinen Regeln über die Veräußerung einzelner Wirtschaftsgüter: Der Veräußerungserfolg unterliegt als Teil des laufenden Jahresergebnisses dem vollen Steuersatz (Ausnahme: 100%ige Beteiligung **Tz 517**).

522 Befand sich die Beteiligung hingegen in einem **Privatvermögen**, und ist sie außerdem als **"wesentlich"** im Sinne von § 17 (1) EStG anzusehen, so wird die Veräußerung eines Komplexes unterstellt und der dabei entstehende Überschuß zu einem steuerbegünstigten Gewinn aus Gewerbebetrieb erklärt. In dieser Vorschrift manifestiert sich die neben der Besteuerung von Spekulationsgewinnen (**Tz 109**) zweite wesentliche Ausnahme von dem Grundsatz, daß Wertänderungen am ruhenden Privatvermögen einkommensteuerlich unbeachtlich sind (**Tz 14**).

Das Vorliegen einer wesentlichen Beteiligung setzt voraus, daß der Veräußerer unmittelbar oder mittelbar zu mehr als 25% am Nennkapital der Kapitalgesellschaft beteiligt war (§ 17 (1) Satz 4 EStG; R 140 (2) EStR). Ist die Voraussetzung nicht erfüllt, so greift die Grundsatzregelung, die den Veräußerungsgewinn gar nicht erst in die Steuerbemessungsgrundlage einbezieht.

III. Die Ermittlung des Veräußerungsgewinns

523 Die Ermittlung der bei den einzelnen Veräußerungsvorgängen entstehenden Gewinne fußt auf besonderen Berechnungsverfahren (§§ 16 (2); 17 (2) EStG).

Grundsätzlich gilt die Formel:

	Veräußerungspreis
-	Veräußerungskosten
-	Wert des veräußerten Betriebsvermögens (buchmäßiges Eigenkapital)
=	Veräußerungsgewinn

524 Der **Veräußerungspreis** läßt sich leicht feststellen, wenn er in einem einmal zu zahlenden festen Betrag besteht (für den Fall laufender Rentenzahlungen siehe **Tz 534 ff.**). Er enthält alles, was der Veräußerer im wirtschaftlichen Zusammenhang mit dem Verkauf erlangt, gleichgültig, ob die Zahlungen vom Erwerber selbst oder von Dritten stammen. Der Veräußerungspreis kann auch dadurch gekennzeichnet sein, daß der Erwerber Schulden des Veräußerers außerhalb des erworbenen Betriebsvermögens tilgt.

Wenn ein Betrieb aufgegeben wird, fehlt es immer dann, wenn Wirtschaftsgüter ins Privatvermögen überführt werden, an einem Veräußerungspreis. Dieser ist dann durch den **gemeinen Wert (Tz 192)** zu ersetzen. Der Aufgabegewinn ergibt sich mithin wie folgt:

	Erlös der verkauften Wirtschaftsgüter
+	gemeine Werte der ins Privatvermögen überführten Wirtschaftsgüter
-	Kosten der Betriebsaufgabe
-	Wert des aufgegebenen Betriebsvermögens (buchmäßiges Eigenkapital)
=	Betriebsaufgabegewinn

525 Als **Veräußerungskosten** sind alle unmittelbar mit der Veräußerung zusammenhängenden Kosten anzusehen (Beispiele: Makler-, Notariatsgebühren, Anwalts- und Gerichtskosten, Beraterhonorare, Reisekosten, Zeitungsinserate, Telefonkosten u.a.). Der **Wert des veräußerten bzw. aufgegebenen Betriebsvermögens** wird durch das Betriebsreinvermögen (buchmäßiges Eigenkapital) im Veräußerungszeitpunkt repräsentiert. Er ist nach den allgemeinen Gewinnermittlungsvorschriften festzustellen.

IV. Die zeitliche Erfassung des Veräußerungsgewinns

526 Für die zeitliche Erfassung des Veräußerungsgewinns kommt es grundsätzlich weder auf die Datierung des Kaufvertrags noch auf den Zeitpunkt der Kaufpreiszahlung an. Entscheidend ist der Übergang des **wirtschaftlichen Eigentums (Tz 374 f.)** auf den Käufer. Diese Gewinnrealisation auf der Basis wirtschaftlicher Zuordnung kann nicht verwundern, da die dargestellten besonderen Veräußerungsvorgänge als gewerbliche Einkünfte den Grundregeln der Gewinneinkunftsarten zu folgen haben.

Lediglich bei der Veräußerung einer im **Privatvermögen** gehaltenen wesentlichen Beteiligung an einer Kapitalgesellschaft gilt der Abschluß des Kaufvertrags als Realisationszeitpunkt. Im Zeitpunkt der Veräußerung wird zwar Betriebsvermögen konstruiert; das bedeutet jedoch nicht, daß auch die Vorschriften über die Gewinnermittlung anzuwenden wären.

527 Die **Planbarkeit** der Veräußerung ganzer Komplexe mündet fast zwangsläufig in **steuergestaltende Überlegungen** im Hinblick auf den zu wählenden Veranlagungszeitraum.

Verfügt ein verkaufswilliger Unternehmer nachhaltig über so hohe laufende Einkünfte aus unterschiedlichen Einkunftsarten, daß er den Spitzensteuersatz (53%) nicht vermeiden kann, so spielt der Veräußerungszeitpunkt keine Rolle. Die tarifermäßigte Besteuerung des Veräußerungsgewinns hat dann stets eine wesentliche Steuerersparnis zur Folge; der Veräußerungsgewinn wird innerhalb der zeitlichen und betragsmäßigen Grenzen nur mit 26,5% gegenüber 53% ohne die Tarifbegünstigung belastet.

Stellt sich die Einkommenssituation des potentiellen Verkäufers hingegen als erfahrungsgemäß schwankend dar, so erscheint es zweckmäßig - wenn nicht außersteuerliche Erwägungen etwas anderes verlangen - den Veräußerungstermin in eine Periode niedriger Einkünfte bzw. in eine Verlustphase zu verlagern.

Beispiel:

Ein Unternehmer erzielt einen steuerbegünstigten Veräußerungsgewinn von 150.000 DM aus der Veräußerung eines Teilbetriebs; aus seinem Gesamtbetrieb ergibt sich ein laufender Verlust von 100.000 DM. Im gleichen Jahr erzielt er einen Überschuß aus Vermietung und Verpachtung von 20.000 DM.

Unter Durchbrechung des Grundsatzes, daß der interne (horizontale) dem externen (vertikalen) Verlustausgleich vorgeht (**Tz 539**), darf der laufende gewerbliche Verlust zunächst mit den positiven Einkünften aus Vermietung und Verpachtung aufgerechnet werden. Der dann verbleibende Verlust wird mit dem Veräußerungsgewinn saldiert.

	DM
laufender Verlust aus Gewerbebetrieb	- 100.000
Einkünfte aus Vermietung und Verpachtung	+ 20.000
Saldo (= verbleibender Verlust aus Gewerbebetrieb)	- 80.000
Veräußerungsgewinn aus Gewerbebetrieb	+ 150.000
Gesamtbetrag der Einkünfte (= begünstigte Einkünfte aus Gewerbebetrieb)	+ 70.000

Durch geschickte Wahl des Veräußerungszeitpunkts hat der Unternehmer erreicht, daß die im Veräußerungspreis aufgedeckten stillen Rücklagen nur zum Teil erfaßt werden. Seine gesamten noch verbleibenden Einkünfte werden zum halben durchschnittlichen Satz versteuert.

Wäre zusätzlich ein Verlustvortrag aus einem zurückliegenden Verlustentstehungsjahr vorhanden, so könnte dieser zusätzlich geltend gemacht werden.

V. Steuervergünstigungen

528 Die Vergünstigung der Veräußerungsgewinne besteht in einer **Tarifermäßigung** (§ 34 EStG) und in der Gewährung eines **Freibetrags** innerhalb einer **Freigrenze** (§ 16 (4) EStG).

529 Die **Tarifermäßigung** wird grundsätzlich dadurch bewirkt, daß der durchschnittliche Steuersatz, der sich ergeben würde, wenn die Einkommensteuer nach dem gesamten zu versteuernden Einkommen einschließlich des Veräußerungsgewinns berechnet würde, **halbiert** wird.

Für Veräußerungsgewinne wird der **halbe** Durchschnittsteuersatz jedoch nur eingeschränkt gewährt. Im Einzelnen sind nach § 34 (1) EStG die folgenden Veräußerungsgewinne (außerordentliche Einkünfte) betrags- und zeitmäßig wie folgt tarifbegünstigt:

- Veräußerungsgewinne, die **nach dem 31.07.1997** anfallen, sind bis zu einem Betrag von **DM 15 Mio.** tarifbegünstigt.
- Haben die **bis 31.07.1997** erzielten außerordentlichen Einkünfte **DM 15 Mio.** überschritten, kommt ein ermäßigter Steuersatz für **nach dem 31.07.1997** erzielte Einkünfte nicht in Betracht.
- Waren die außerordentlichen Einkünfte **niedriger** als **DM 15 Mio.**, wird die Ermäßigung nur für den noch nicht ausgeschöpften Teilbetrag gewährt.

- Haben die **bis 31.07.1997** angefallenen außerordentlichen Einkünfte **DM 30 Mio. oder mehr** betragen, kommt ein ermäßigter Steuersatz für **nach dem 31.07.1997** angefallene Einkünfte nicht in Betracht.
- Außerordentliche Einkünfte, die **ab dem Jahr 2001** anfallen, sind nur noch bis **DM 10 Mio.** steuerbegünstigt (§ 52 (24a) Nr. 2 EStG).

Im nachfolgenden **Schaubild 59** ist der Sachverhalt noch einmal zusammenfassend dargestellt.

Zeitraum	01.01. - 31.07.1997	01.08. - 31.12.1997	1998 - 2000	2001 ff.
halber Durchschnitt-steuersatz für Einkünfte bis zu max.	DM 30 Mio.	DM 15 Mio.	DM 15 Mio.	DM 10 Mio.

Schaubild 59: Tarifbegünstigte außerordentliche Einkünfte

530 Der **Freibetrag** soll sicherstellen, daß Gewinne aus der Veräußerung oder der Aufgabe kleiner Unternehmen aus der Einkommensteuerpflicht ganz herausgelöst werden. Bei Steuerpflichtigen, die ihren Betrieb nach Vollendung des 55. Lebensjahres oder wegen dauernder Berufsunfähigkeit im sozialversicherungsrechtlichen Sinne verkaufen, wird der Veräußerungsgewinn gemäß § 16 (4) EStG **auf Antrag** nur zur Einkommensteuer herangezogen, soweit er 60.000 DM übersteigt. Der Freibetrag vermindert sich bei Überschreiten der **Veräußerungsgewinnfreigrenze** von 300.000 DM um den darüber hinausgehenden Betrag (**Schaubild 60**).

Fallgruppe	Veräußerungs-gewinn	Freibetrag	tarfifbegünstigter steuerpflichtiger Veräußerungsgewinn
Freibetrag:	DM	DM	DM
60.000 DM	50.000	50.000	0
	80.000	60.000	20.000
	130.000	60.000	70.000
Freigrenze:			
300.000 DM bis 360.000 DM Veräußerungsgewinn	310.000	50.000	260.000
	320.000	40.000	280.000
	330.000	30.000	300.000
	340.000	20.000	320.000
	350.000	10.000	340.000
	360.000	0	(360.000)

Schaubild 60: Freibeträge und Freigrenzen bei Betriebsveräußerung/Betriebsaufgabe

531 Der Freibetrag ist dem Steuerpflichtigen nur einmal zu gewähren. Es kann jedoch per Antrag gewählt werden, bei welcher Betriebsveräußerung er steuerlich angesetzt werden soll. Der Freibetrag kann auf Antrag auch von dem Gewinn abgezogen werden, der bei der

Auflösung einer gewerblich tätigen Personengesellschaft oder bei der Veräußerung eines Mitunternehmeranteils erzielt wird.

532 Werden Teilbetriebe oder Mitunternehmeranteile veräußert, so sind die Freibeträge und Freigrenzen **anteilig** zu mindern.

Unterstellt man einmal die Veräußerung eines Teilbetriebs, der 20% des Gesamtbetriebs verkörpert, so ergibt sich das folgende Bild (**Schaubild 61**):

Fallgruppe	Veräußerungs-gewinn	Freibetrag	tarifbegünstigter steuer-pflichtiger Veräuße-rungsgewinn
Freibetrag:	DM	DM	DM
12.000 DM	8.000	8.000	0
	16.000	12.000	4.000
	26.000	12.000	14.000
Freigrenze:			
60.000 DM bis	62.000	10.000	52.000
72.000 DM Veräuße-	64.000	8.000	56.000
rungsgewinn	.	.	.
	.	.	.
	70.000	2.000	68.000
	72.000	0	(72.000)

Schaubild 61: Anteilige Freibeträge und Freigrenzen bei Veräußerung eines Teilbetriebs, der 20% des Gesamtbetriebs ausmacht

533 Veräußerungserfolgen, die beim Verkauf privater wesentlicher Beteiligungen an Kapitalgesellschaften entstehen, sind ein Freibetrag von 20.000 DM und eine Freigrenze von 80.000 DM (bei 100%iger Beteiligung) zugeordnet (§ 17 (3) EStG)). Der Freibetrag entfällt also bei einem Veräußerungsgewinn von 100.000 DM. Beim Verkauf nicht 100%iger Beteiligungen vermindern sich Freibetrag und Freigrenze anteilig.

Zusammenfassendes Beispiel:

Ein lediger Handwerksmeister hat am 30.9.01 seinen Betrieb für 636.000 DM verkauft. Die Veräußerungskosten beliefen sich auf 6.000 DM.

In der Zeit vom 1.1.01 bis 30.9.01 wurde ein laufender Gewinn von 50.000 DM erzielt (Betriebsreinvermögen am 30.9.01 = 560.000 DM; Betriebsreinvermögen am 1.1.01 = 510.000 DM).

Darüber hinaus erhielt der Unternehmer im Veranlagungszeitraum 01 Einkünfte aus Vermietung und Verpachtung von 35.000 DM.

An Sonderausgaben und außergewöhnlichen Belastungen macht er 5.000 DM geltend.

Die steuerliche Belastung des Jahres 01 errechnet sich wie folgt:

a. Ermittlung des steuerpflichtigen Veräußerungsgewinns

		DM
	Veräußerungserlös	636.000
-	Veräußerungskosten	6.000
		630.000
-	Betriebsreinvermögen am 30.09.01	560.000
	Veräußerungsgewinn	70.000
-	Freibetrag	60.000
	steuerpflichtiger Veräußerungsgewinn	10.000

b. Ermittlung des halben durchschnittlichen Steuersatzes

In einem ersten Schritt wird die Einkommensteuer für das gesamte zu versteuernde Einkommen nach dem allgemeinen Tarif ermittelt. [Das gesamte zu versteuernde Einkommen wird auf den Eingangsbetrag der betreffenden Tabellenstufe abgerundet (R 198 Satz 3 EStR)]. Daraufhin wird der durchschnittliche Steuersatz aus dem Verhältnis der Tabellensteuer zu dem abgerundeten gesamten zu versteuernden Einkommen ermittelt (R 198 Satz 3 EStR). Der ermäßigte Steuersatz ergibt sich aus der Halbierung des durchschnittlichen Steuersatzes.

		DM
	laufender Gewinn	50.000
	Veräußerungsgewinn	10.000
	Einkünfte aus Vermietung und Verpachtung	35.000
	Summe der Einkünfte = Gesamtbetrag der Einkünfte	95.000
-	Sonderausgaben und außergewöhnliche Belastungen	-5.000
	zu versteuerndes Einkommen (einschließlich des tarifbegünstigten Veräußerungsgewinns)	90.000
	zu versteuerndes Einkommen nach der Grundtabelle 1998	89.964
	Einkommensteuer hierauf	26.207
	durchschnittlicher Steuersatz (26.207 : 89.964 x 100)	29,13 %
	halber durchschnittlicher Steuersatz	14,57 %

c. **Ermittlung der Einkommensteuerbelastung**

In einem weiteren Schritt sind der nicht begünstigte Teil des zu versteuernden Einkommens sowie hierauf die Einkommensteuer nach dem allgemeinen Tarif zu ermitteln. Daraufhin erfolgt - unter Anwendung des ermäßigten Steuersatzes - die Ermittlung der Einkommensteuer für die begünstigten Einkünfte.

		DM	DM
	zu versteuerndes Einkommen	90.000	
-	tarifbegünstigter Veräußerungsgewinn	- 10.000	
	zum Normaltarif zu versteuerndes Einkommen	80.000	
	Aufrundung nach der Grundtabelle 1998	80.027	
	Einkommensteuer hierauf		21.976
	zu versteuerndes Einkommen	90.000	
-	bereits versteuerter Betrag	80.027	
	tarifbegünstigte Einkünfte	9.973	
	Einkommensteuer hierauf (9.973 x 0,1457)		1.453
	Einkommensteuer insgesamt		23.429

d. **Ermittlung der tarifermäßigungsbedingten Steuerersparnis**

		DM
	Einkommensteuer auf das gesamte zu versteuernde Einkommen **ohne** Tarifermäßigung	26.207
-	Durchschnittsbelastung 29,13 % -	
	Einkommensteuer auf das gesamte zu versteuernde Einkommen **mit** Tarifermäßigung	23.429
-	Durchschnittsbelastung 26,05 % -	
	absolute Steuerersparnis	2.778
	relative Steuerersparnis	10,6 %

IV. Betriebsveräußerung gegen Rentenzahlungen

534 Es kommt im Wirtschaftsleben relativ häufig vor, daß Betriebe nicht gegen Zahlung eines Einmalbetrages, sondern gegen Gewährung einer Rente veräußert werden. Die in den §§ 16 und 34 EStG enthaltenen Begünstigungen des Veräußerungsgewinns sind zwar nicht von der Form der vereinbarten Gegenleistung abhängig; dennoch gibt es beachtenswerte Besonderheiten.

535 Verkauft jemand seinen Betrieb unter Beachtung des kaufmännischen Prinzips der Ausgewogenheit von Leistung (Wert des Gewerbebetriebs) und Gegenleistung (Wert der Rentenverpflichtung) - wie in der Praxis bei der Vereinbarung von Renten üblich - gegen eine **Leibrente (Schaubild 22)**, so eröffnet sich ihm hinsichtlich der Versteuerung des Veräußerungsgewinns und der laufenden Rentenzahlungen ein **Wahlrecht** (siehe hierzu auch R 139 (11) EStR).

a. Sofortversteuerung

Der Rentenberechtigte versteuert den **Veräußerungsgewinn** als Unterschied zwischen dem bewertungsrechtlichen Barwert der Rente (Veräußerungserlös) abzüglich der Veräußerungskosten und dem Betriebsreinvermögen (Buchwert) des veräußerten Betriebs. Der Rentenberechtigte hat den Rentenbarwert zwingend nach den Vorschriften des Bewertungsgesetzes zu ermitteln. Der Barwert der Rente kann beim Verpflichteten abweichend von den §§ 12 ff. BewG auch nach versicherungsmathematischen Grundsätzen berechnet werden (R 32a EStR). Der Veräußerungsgewinn ist freibetrags- und tarifbegünstigt, sofern die Voraussetzungen des § 16 (4) erfüllt sind.

Die **jährlichen Rentenzahlungen** stellen Einnahmen im Rahmen der Einkunftsart "Sonstige Einkünfte" dar (**Tz 100**), die mit dem **Ertragsanteil** (**Tz 102**) erfaßt werden.

b. Nachversteuerung

Der rentenberechtigte Veräußerer ermittelt gar keinen Veräußerungsgewinn im Sinne des § 16 EStG, sondern verrechnet die erhaltenen Rentenzahlungen mit dem Buchwert des veräußerten Betriebs. Dadurch entstehen zunächst keinerlei steuerliche Wirkungen. Erst wenn der Buchwert zuzüglich der Veräußerungskosten durch die Rentenzahlungen überschritten wird, erzielt der Veräußerer in voller Höhe **nachträgliche Einkünfte aus Gewerbebetrieb** (§§ 15, 24 Nr. 2 EStG). Sie sind allerdings **nicht steuerbegünstigt**.

Beispiel:

Ein 56jähriger Unternehmer veräußert seinen Betrieb, der ein buchmäßiges Eigenkapital von 750.000 DM repräsentiert, gegen eine lebenslange Rente von jährlich 80.000 DM. Es entstanden 6.900 DM Veräußerungskosten.

a. Unter Zugrundelegung von Anlage 9 zu § 14 BewG wird der bewertungsrechtliche Barwert der Rentenzahlung mit 920.480 DM ermittelt [Veräußerungspreis 80.000 (Jahreswert) x 11,506]. Der Veräußerungsgewinn gemäß § 16 (2) EStG beträgt dann 920.480 DM - 6.900 DM - 750.000 DM = 163.580 DM - 60.000 DM (Freibetrag gemäß § 16 (4) EStG) = 103.580 DM. Es kommt der halbe durchschnittliche Steuersatz gemäß § 34 EStG zur Anwendung.

   Die jährlichen Rentenzahlungen sind mit dem Ertragsanteil (37% von 80.000 DM; § 22 Nr. 1 Satz 3 a EStG) = 29.600 abzüglich 200 DM (§ 9a Nr. 1 EStG) zu erfassen. Einkünfte gemäß § 22 Nr. 1 Satz 3 a EStG: DM 29.400.

b. Entscheidet sich der Unternehmer für die Nachversteuerung, so kann er 9 Jahre lang die Renteneinnahmen gegen das buchmäßige Eigenkapital des verkauften Betriebs verrechnen; die

Rentenbezüge bleiben also während dieses Zeitraums steuerlich ohne Auswirkung. Im 10. Jahr sind 43.100 DM (80.000 DM - restliches zu verrechnendes buchmäßiges Eigenkapital - Veräußerungskosten), ab dem 11. Jahr die vollen 80.000 DM als nachträgliche gewerbliche Einkünfte ungemildert der Einkommensteuer zu unterwerfen (§§ 15, 24 Nr. 2 EStG).

Gewerbesteuerpflicht besteht nicht, da es keinen stehenden Gewerbebetrieb mehr gibt.

Fragt man nun, welche der beiden Gestaltungsalternativen - Sofortversteuerung oder Nachversteuerung - die günstigere ist, so läßt sich eine generelle Antwort nicht geben. Ohnehin kann die Gestaltungsfrage nur sinnvoll gestellt werden, wenn die Wahlfreiheit überhaupt besteht. In manchen Fällen wird die Sofortversteuerung nämlich gar nicht ins Auge gefaßt werden können, weil die liquiden Mittel zur Begleichung der Steuerschuld auf den Veräußerungsgewinn nicht vorhanden sind. Denn im Veräußerungszeitpunkt erhält der Rentenberechtigte ja keine Gegenleistung, aus der er die Steuern entrichten könnte.

Für die weitere Erörterung wird die Liquidität als ausreichend unterstellt.

536 Betrachtet man vor diesem Hintergrund den praxisrelevanten Fall der Vereinbarung einer **Leibrente**, so kann man zunächst in allgemeiner Weise feststellen, daß der anfängliche Vorteil der Nachversteuerung umso frühzeitiger in einen Nachteil umschlägt, je mehr die Freibetragswirkung zu Buche schlägt. Jenseits der Freibeträge gilt die gleiche Tendenz mit steigendem Veräußerungsgewinn (größeren aufgedeckten stillen Rücklagen) und im Zusammenhang damit höheren jährlichen Renteneinnahmen. Sobald die Summe der Steuerzahlungen bei Nachversteuerung diejenige bei Sofortversteuerung übersteigt, kann die nachteilige Wirkung in Abhängigkeit von den jährlichen Rentenbezügen und der Tarifbelastung beträchtliche Ausmaße erlangen.

Unter Beachtung der Tatsache, daß die **tatsächliche Lebenserwartung** und die **durchschnittliche Tarifbelastung** des Gesamteinkommens - letztere unterstellt die Kenntnis der zukünftigen übrigen Einkunftsquellen des Steuerpflichtigen - in Wirklichkeit **ungewisse Größen** darstellen, wird deutlich, daß die Entscheidung im Einzelfall ganz wesentlich von persönlichen Einschätzungen abhängt. Sie wird vielfach eher von optimistischen oder pessimistischen Zukunftserwartungen, Risikofreudigkeit oder Risikoscheu usw. als von einem Vorteilhaftigkeitskalkül bestimmt, in den unbekannte Zukunftsgrößen als Konstante eingehen.

Genauere Aussagen lassen sich für einige Sondersituationen treffen.

537 Im Fall der Nachversteuerung nimmt der Steuerpflichtige neben dem Verlust der Steuervergünstigung einen weiteren gewichtigen Nachteil in Kauf, wenn der Buchwert im Vergleich zum realisierten wirklichen Wert gering ist und der Rentenberechtigte wegen seines hohen Alters nur noch eine kurze effektive Lebenserwartung besitzt. Die Besteuerung setzt dann bereits frühzeitig in voller Höhe ein, ohne daß durch die zeitliche Streckung der Rentenbezüge eine nennenswerte Steuerverschiebung erreicht worden wäre.

Beispiel:

Ein Unternehmer verkauft am 1.1.01 seinen Betrieb (Buchwert 50.000 DM) gegen eine Leibrente von 250.000 pro Jahr. Seine Lebenserwartung, die mit der effektiven restlichen Lebensdauer übereinstimmen soll, beträgt wegen des hohen Alters des Unternehmers nur noch ein Jahr.

Bei der Nachversteuerung müssen 200.000 DM (250.000 DM Veräußerungserlös (= Rentenbezug eines Jahres) - 50.000 DM Buchwert) dem vollen Steuersatz unterworfen werden; eine Steuerstundung wird nicht erreicht.

Die Wahl der Sofortversteuerung hätte die Besteuerung des Veräußerungsgewinns zum halben durchschnittlichen Steuersatz und eine nur geringe Belastung des jährlichen Rentenzuflusses zur Folge gehabt, da die Ertragsanteilsbesteuerung mit zunehmendem Alter geringer wird.

538 Bei der Wahl der Sofortversteuerung trägt der Veräußerer allein das steuerliche Risiko des vorzeitigen Todes, d.h. des Todes vor Ablauf der statistischen Lebenserwartung. Die Versteuerung wird nicht etwa deswegen rückgängig gemacht, weil der Veräußerungsgewinn wegen des Wegfalls der jährlichen Renteneinnahmen geringer ist als der ursprünglich sofortversteuerte Betrag. Selbst wenn durch den frühzeitigen Tod des Rentenberechtigten statt eines Veräußerungsgewinns tatsächlich ein Verlust entstehen sollte, bleibt die einmal begründete Steuer in ihrer gesamten Höhe bestehen.

Beispiel:

Ein Unternehmer verkauft sein Unternehmen mit einem Buchwert von 100.000 DM gegen eine jährliche Leibrente von 40.000 DM. Der Rentenbarwert beträgt 333.280 DM. Ein Jahr später stirbt der Veräußerer.

Die Sofortversteuerung bewirkt, daß der Veräußerungsgewinn von 233.280 DM tarifbegünstigt versteuert werden muß. Diese Besteuerung bleibt bestehen, obwohl gar kein Veräußerungsgewinn erzielt wurde, sondern wegen des Zurückbleibens der tatsächlichen gegenüber der statistischen Lebenserwartung ein Veräußerungsverlust von 60.000 DM entstanden ist (40.000 DM - 100.000 DM = - 60.000 DM).

C. Die Behandlung von Verlusten

I. Die gesetzlich vorgesehene Berücksichtigung von Verlusten

1. Verlustausgleich

539 Im Rahmen der ersten einkommensteuerlichen Ermittlungsphase, der Einkunftsermittlung (**Tz 12 ff.**), kann ein Steuerpflichtiger neben positiven auch negative Einkünfte verwirklichen. Als Resultat stellt dann die **Summe der Einkünfte** einen Saldo dar, in dem die positiven und negativen Ergebnisse der betroffenen Einkunftsarten miteinander verrechnet werden. Dieser **Verlustausgleich** wirkt sich also innerhalb **eines Veranlagungszeitraums** aus.

Es werden zunächst positive und negative Einkünfte ein und derselben Einkunftsart ausgeglichen (**interner** oder **horizontaler** Verlustausgleich).

Beispiel:

Ein Handwerksunternehmer hat einen gewerblichen Gewinn von 100.000 DM erzielt; aus der Beteiligung an einer KG entfällt auf ihn ein steuerlich zu berücksichtigender Verlust von 50.000 DM.

Die positiven Einkünfte (Gewinn) aus Gewerbebetrieb betragen 50.000 DM.

Verbleiben nach Durchführung des internen Verlustausgleichs nicht verrechenbare Verluste, so sind sie mit den übrigen positiven Einkünften aus den anderen Einkunftsarten zu saldieren (**externer** oder **vertikaler** Verlustausgleich).

Beispiel:

Der Unternehmer des vorstehenden Beispiels hat neben seinen Einkünften aus Gewerbebetrieb von 50.000 DM noch Einkünfte aus Kapitalvermögen (Überschuß) von 10.000 DM, aus Vermietung und Verpachtung (Verlust) von 25.000 DM und sonstige Einkünfte (Überschuß) von 5.000 DM.

Die Summe der Einkünfte beläuft sich auf 40.000 DM.

Von der Regel, daß der interne dem externen Verlustausgleich vorangestellt ist, gibt es eine bedeutsame Ausnahme bei solchen Einkünften, die nach § 34 EStG tarifbegünstigt sind. Hier soll der Ausgleich nach Möglichkeit zunächst extern geschehen, damit die Tarifbegünstigung so weitgehend wie möglich erhalten bleibt (siehe hierzu das Beispiel in **Tz 527**).

2. Verlustabzug

540 Übersteigen die Verluste eines Veranlagungszeitraums die Gewinne bzw. Überschüsse, so ist ein voller Verlustausgleich nicht möglich. Der nicht ausgeglichene Verlustbetrag darf als sogenannter **Verlustabzug** (§ 10d EStG)

- vom Gesamtbetrag der Einkünfte der **beiden vorangegangenen Jahre** (bis zu einem Betrag von 10 Mio. DM; **Verlustrücktrag**)

und, soweit dies nicht möglich ist, weil die Verluste die Höchstgrenze von 10 Mio. DM oder das positive Verrechnungspotential der beiden Vorjahre übersteigen

- vom Gesamtbetrag der Einkünfte der **folgenden Jahre (Verlustvortrag**) abgezogen werden.

Sollten für die Verlustrücktragsjahre bereits Veranlagungen erfolgt sein, so sind sie zu ändern; bereits gezahlte Einkommensteuer (sowie ggf. Solidaritätszuschlag und Kirchensteuer) ist zu erstatten.

541 Der Verlustabzug ist zeitlich und betragsmäßig normiert. Er muß grundsätzlich in der angegebenen zeitlichen Reihenfolge, nicht aber hinsichtlich des Rücktrags mit dem höchstmöglichen jährlichen Verrechnungsbetrag durchgeführt werden. Im Rahmen des Verlustrücktrags sind betragsmäßige Vorgaben des Steuerpflichtigen möglich (§ 10d (1) Sätze 4 und 5 EStG). So ist im Falle eines Verlustrücktrages eine betragsmäßige Begrenzung des zu verrechnenden Verlustbetrages bis zu einem sich ergebenden zu versteuernden

Einkommen in Höhe des Grundfreibetrags (z. B. in 1998 bei Ledigen 12.365 DM, § 32a EStG) sinnvoll, da dadurch Verlustverrechnungspotential für die Zukunft gespart wird und trotzdem im angesprochenen Rücktragsjahr die gesamte Einkommensteuer erstattet wird. In gleicher Weise kann im Rücktragsfall seitens des Steuerpflichtigen angegeben werden, ob überhaupt in einem der beiden vergangenen zwei Jahre ein zurückzutragender Verlust berücksichtigt werden soll.

Hinsichtlich des Verlustvortrages sind allerdings keine Vorgaben möglich, ein verbleibender Verlust würde ohne jegliche betragsmäßige oder zeitliche Begrenzung sofort mit einem entstandenen positiven Gesamtbetrag der Einkünfte verrechnet werden müssen.

Der am Schluß eines Veranlagungszeitraums verbleibende Verlustabzug wird durch einen **Feststellungsbescheid** gesondert festgestellt.

Beispiel:

Ein Unternehmer (ledig, ohne Kinder) erzielt im Jahr 03 einen Gesamtbetrag der Einkünfte (Verlust) in Höhe von DM - 90.000. Im Jahr 01 hat er einen Gesamtbetrag der Einkünfte in Höhe von DM 50.000 und im Jahr 02 in Höhe von DM 35.000 erzielt. An Sonderausgaben und außergewöhnlichen Belastungen werden in den Jahren 01 und 02 jeweils DM 6.000 geltend gemacht.

Nach § 10d (1) Sätze 4 und 5 EStG kann der Steuerpflichtige zugunsten des Verlustvortrags ganz oder teilweise auf den Verlustrücktrag verzichten. Der Steuerpflichtige kann daher wählen, ob er überhaupt den Verlust zurücktragen will, und falls er sich für den Verlustrücktrag entscheidet, in welchem Jahr er den Verlust und ggf. mit welchem Betrag abziehen will. Insoweit besteht die Möglichkeit, nur bestimmte Teilbeträge zurückzutragen. Es muß daher das Ziel des Steuerpflichtigen sein, das Rücktragswahlrecht so auszuüben, daß nach Abzug von Sonderausgaben und außergewöhnlichen Belastungen (**Tz 440**) möglichst das zu versteuernde Einkommen dem Grundfreibetrag entspricht.

Bezogen auf das Beispiel sollte der Steuerpflichtige also einen Verlustrücktrag in das Jahr 01 bis zur Höhe von DM 31.635 vornehmen. In das Jahr 02 sollten DM 16.635 zurückgetragen werden. Der vortragsfähige Verlust beträgt demnach DM 41.730 (DM 90.000 ./. DM 31.635 ./. DM 16.635). Durch den Verlustrücktrag bis zum Grundfreibetrag (1998: DM 12.365) in das Jahr 01 und 02 hat der Steuerpflichtige insgesamt DM 24.730 Verlustverrechnungspotential zur späteren Nutzung erhalten.

3. Einschränkungen des Verlustausgleichs und des Verlustabzugs

542 Von dem Grundsatz, daß Verluste ausgeglichen werden dürfen, gibt es Ausnahmen, die auch auf den Verlustabzug durchschlagen. So wird nach folgenden Vorschriften die Verlustberücksichtigung eingeschränkt:

- Verluste, die mit steuerfreien Einnahmen im Zusammenhang stehen (§ 3c EStG)
- Verluste aus gewerblicher Tierzucht und Tierhaltung (§ 15 (4) EStG)
- Verluste aus Spekulationsgeschäften (§ 22 Nr. 2 i.V. mit § 23 (4) Satz 4 EStG)
- Verluste im Zusammenhang mit "sonstigen Leistungen" (§ 22 Nr. 3 Satz 3 EStG)

- Verluste aus bestimmten ausländischen Einkünften (§ 2a (1) EStG)
- Verluste bei beschränkter Haftung von Mitunternehmern (§ 15a (1) EStG).

Von entscheidender Bedeutung sind die beiden letztgenannten Ausgleichsbeschränkungen; sie werden im folgenden skizziert.

543 Bestimmte Verluste aus **ausländischen Engagements** bleiben vom inländischen Verlustausgleich bzw. Verlustabzug ausgeschlossen; sie dürfen nur mit positiven ausländischen Einkünften der jeweils selben Art aus demselben Staat ausgeglichen werden. Von der Einschränkung erfaßt werden insbesondere:

- Verluste aus ausländischen gewerblichen Betriebstätten, die im steuerlichen Sinne als nicht produktiv gelten (§ 2a (1) und (2) EStG),
- Verluste aus zum Betriebsvermögen gehörenden Anteilen an ausländischen Körperschaften,
- Verluste aus der Beteiligung als stiller Gesellschafter an ausländischen Unternehmen,
- Verluste aus Vermietung und Verpachtung von im Ausland belegenen Immobilien.

Ist ein Verlustausgleich mit positiven Einkünften derselben Art und aus demselben Land nicht möglich, so kann der verbleibende Verlust vorgetragen und mit zukünftigen art- und ländergleichen positiven Einkünften verrechnet werden.

Beispiel:

Ein Unternehmer hat im Jahr 01 die folgenden in- und ausländischen Einkünfte:

	DM	DM
Inland		
gewerbliche Einkünfte (Gewinn)		120.000
Ausland		
gewerbliche Einkünfte (Verlust) aus einer nicht produktiven Betriebstätte	- 50.000	
Einkünfte (Überschuß) aus der Beteiligung als stiller Gesellschafter		20.000
Einkünfte (Verlust) aus Vermietung und Verpachtung von Immobilien	- 15.000	
zu berücksichtigende Einkünfte		140.000
nicht zu berücksichtigende Einkünfte (Verluste)	- 65.000	

Die nicht zu berücksichtigenden Verluste aus der Betriebstätte (50.000 DM) können zukünftig mit Gewinnen aus derselben oder einer anderen (eventuell neugegründeten) Betriebstätte im selben Land verrechnet werden.

Entsprechendes gilt für die Verluste aus Vermietung und Verpachtung.

Ein weiteres wichtiges Hemmnis der Verlustverrechnung betrifft v.a. **beschränkt haftende Gesellschafter** von **gewerblichen Mitunternehmerschaften** (§ 15a EStG; in der Mehrzahl der Fälle Kommanditisten und atypische stille Gesellschafter) und **typische stille Gesellschafter** (§§ 20 (1) Nr. 4 Satz 2; 15a EStG).

544 Verlustanteile an einer Gesellschaft, die zur Entstehung oder Erhöhung eines **negativen Kapitalkontos** von beschränkt haftenden Gesellschaftern führen, dürfen nicht in die Summe der Einkünfte einbezogen werden und bleiben deshalb im Verlustentstehungsjahr ohne Auswirkung. Die Verluste gehen dem jeweils beschränkt Haftenden allerdings insofern nicht verloren, als er sie zeitlich und betragsmäßig unbeschränkt in späteren Jahren mit Gewinnen aus der Beteiligung verrechnen darf.

Beispiel:

	DM
Kapitalkonto eines Kommanditisten zu	
Beginn des Jahres 01	50.000
dem Kommanditisten zugerechneter Verlustanteil	- 80.000
Kapitalkonto am Ende des Jahres 01	- 30.000

Der Verlustanteil ist nur in Höhe von 50.000 DM mit anderen positiven Einkünften ausgleichsfähig. In Höhe von 30.000 DM entsteht ein negatives Kapitalkonto. Dieser Teil des Verlustes wirkt sich in 01 nicht aus; er wird zum verrechenbaren Verlust für zukünftige Jahre.

Kapitalkonto zu Beginn des Jahres 02	- 30.000
dem Kommanditisten zugerechneter Gewinnanteil	20.000
Kapitalkonto am Ende des Jahres 02	- 10.000

Der in 01 nicht ausgeglichene Verlust von 30.000 DM wird in 02 mit dem Gewinnanteil verrechnet; es verbleibt ein verrechenbarer Verlust von 10.000 DM.

Kapitalkonto zu Beginn des Jahres 03	- 10.000
dem Kommanditisten zugerechneter Gewinnanteil	40.000
Kapitalkonto am Ende des Jahres 03	30.000

Der verrechenbare Verlust von 10.000 DM mindert den Gewinnanteil des Jahres 03. Die steuerpflichtigen Einkünfte aus der Mitunternehmerschaft betragen 30.000 DM.

Um die Zielsetzung der gesetzlichen Regelung nicht zu gefährden, werden Einlage- und Haftungsminderungen als (fiktiver) Gewinn angesehen, der früher geltend gemachte Verluste rückgängig macht (§ 15a (3) EStG).

4. Die Wirkungen im Verlustausgleichs- bzw. Verlustabzugsjahr

545 Resultiert nach Ausgleich der positiven und negativen Einkünfte ein Gesamtbetrag der Einkünfte von Null oder unter Null (**Verlustausgleich**), so gehen in diesem Veranlagungszeitraum (Verlustentstehungsjahr) alle steuerlichen Vergünstigungen unterhalb des Gesamtbetrages der Einkünfte verloren (siehe auch **Schaubild 4**). Dies sind insbesondere:

- Sonderausgaben (bis 1995 einschließlich der Steuerbegünstigung der zu eigenen Wohnzwecken genutzten Wohnung)
- außergewöhnliche Belastungen
- Kinderfreibetrag (288 DM/576 DM monatlich pro Kind)
- Haushaltsfreibetrag für Alleinstehende mit Kindern (5.616 DM)
- Grundfreibetrag (12.365 DM/24.731 DM)
- Abzugsbeträge von der Steuerschuld (z.B. ausländische Steuern nach § 34c (1) EStG und § 12 AStG; Steuerermäßigung nach § 34e EStG; Baukindergeld nach § 34f EStG; Steuerermäßigung bei Mitgliedsbeiträgen und Spenden an politische Parteien nach § 34g EStG; Steuerermäßigung bei Belastung mit Erbschaftsteuer nach § 35 EStG)

Beim **Verlustabzug** bleiben zwar - sowohl beim Rück- als auch beim Vortrag - die Sonderausgaben und außergewöhnlichen Belastungen im Abzugsjahr erhalten. Die übrigen in dieser **Tz 545** aufgeführten Abzugsbeträge können sich auch hier nicht auswirken.

5. Beispiel

546 Das nachstehende Beispiel (**Schaubild 62**) zeigt in vereinfachender Weise den Zusammenhang von Verlustausgleich und Verlustabzug. Der Verlustausgleich vollzieht sich jeweils zwischen den Einkunftsarten eines Jahres und konkretisiert sich in der Summe der Einkünfte bzw. dem Gesamtbetrag der Einkünfte.

Der Verlustabzug hingegen wirkt jahresübergreifend als Rücktrag und als Vortrag (siehe Zeile: Verlustabzug nach § 10d EStG). Das Beispiel unterstellt einen Einzelunternehmer, der neben gewerblichen Einkünften noch solche aus Kapitalvermögen und aus Vermietung und Verpachtung bezieht.

Der Verlustausgleich des Jahres 03 gelingt nur in Höhe von 10.000 DM; es verbleibt ein nicht ausgeglichener Verlust von 110.000 DM.

Ein Verlustrücktrag in das Jahr 01 ist nicht möglich. Hingegen können 35.000 DM (von Amts wegen) in das Jahr 02 rückgetragen werden. Zur Einsparung von Verlustverrechungspotential könnten allerdings auch auf Antrag nur 23.000 DM in das Jahr 02 zurückgetragen werden, da auch in diesem Fall keine Einkommensteuer auf den verbleibenden Grundfreibetrag in 02 (durch Steuerfreistellung des Existenzminimums) erhoben werden würde. Eine bereits erfolgte Veranlagung wäre zu ändern und die für 02 gezahlte Einkommensteuer vom Finanzamt zurückzuerstatten.

	Jahr 01	Jahr 02	Jahr 03	Jahr 04	Jahr 05	Jahr 06	Jahr 07	Jahr 08	Jahr 09
	TDM	TDM	TDM	TDM	TDM	TDM	TDM	TDM	TDM
Gewinn/Verlust aus Gewerbebetrieb	- 15	+ 25	- 120	+ 10	+ 8	+ 30	+ 5	- 2	+ 45
Einkünfte aus Kapitalvermögen	+ 5	+ 6	+ 2	+ 3	+ 2	+ 5	+ 2	+ 1	+ 5
Einkünfte aus Vermietung und Verpachtung	+ 15	+ 9	+ 8	+ 12	- 14	+ 2	+ 1	+ 8	+ 10
Summe der Einkünfte (Gesamtbetrag der Einkünfte)	+ 5	+ 40	- 110	+ 25	- 4	+ 37	+ 8	+ 7	+ 60
Sonderausgaben und außergewöhnliche Belastungen	- 5	- 5	- 5	- 5	- 5	- 5	- 5	- 5	- 5
Einkommen (vor Verlustabzug)	0	+ 35	- 115	+ 20	- 9	+ 32	+ 3	+ 2	+ 55
Verlustabzug nach § 10d EStG	-	- 35	-	- 20	-	- 32	- 3	- 2	- 22
Einkommen	0	0	- 115	0	- 9	0	0	0	+ 33
Rücktrag aus dem Jahr 03	-	- 35							
Stand der vortragsfähigen Verluste									
- aus dem Jahr 03			- 75	- 55	- 55	- 23	- 20	- 18	0
- aus dem Jahr 05					- 4	- 4	- 4	- 4	0

Schaubild 62: Darstellung von Verlustausgleich und Verlustabzug

Der Verlust des Entstehungsjahres 03 - vermindert um den zurückgetragenen Teil – muß ohne betragsmäßige und zeitliche Beschränkung auf zukünftige Jahre vorgetragen werden. Die Verrechnung des Verlustes mit positiven Einkünften der folgenden Jahre führt zu dem Ergebnis, daß die Restkompensation erst im Jahr 09 erfolgt.

Im Jahr 05 tritt zu dem vortragsfähigen Verlust des Entstehungsjahrs 03, von dem noch 55.000 DM übriggeblieben sind, ein weiterer nicht ausgleichsfähiger Verlust in Höhe von 4.000 DM hinzu. Da er mangels entsprechenden Verrechnungspotentials nicht nach 03 und 04 rückgetragen werden kann, erhöht er den Verlustvortrag auf insgesamt 59.000 DM.

Der Verlust des Entstehungsjahres 05 kann in dem gewählten Beispiel wie derjenige aus dem Jahr 03 in 09 abgezogen werden. In den Jahren 06 bis 08 war dies nicht möglich, da der Abzug des früher entstandenen Verlustes vorging.

II. Gestaltungsmöglichkeiten

1. Gestaltungsziele

547 Sind Verluste einmal entstanden, so können sie mit steuermindernder oder -vermeidender Wirkung ausgeglichen, rück- oder vorgetragen werden. Lediglich beim Verlustrücktrag besteht ein Entscheidungsspielraum, da entschieden werden kann, ob überhaupt (in welches einzelne Jahr) und wieviel Verluste betragsmäßig zurückgetragen werden sollen. Die individuelle Liquidität und die persönliche Steuersituation, die zukünftige Steuersatzentwicklung (durch die Gesetzgebung) incl. Nebensteuern (z. B. Kirchensteuer, Solidaritätszuschlag), aber auch die zukünftige Geschäftsentwicklung (z. B. Vermeidung der Steuerprogression) können dabei eine Entscheidungshilfe sein.

Eine echte Gestaltungsmaßnahme ist dem Steuerpflichtigen damit jedoch nicht an die Hand gegeben, da das Gesetz die Verrechnungsmodalitäten darüber hinaus zwingend vorschreibt.

Echte Gestaltungen müssen also bereits vor der Verlustentstehung einsetzen; rechtzeitiges Handeln ist dabei von großer Bedeutung.

Mittel- und langfristig sollten sich die steuergestaltenden Handlungen (Steuerpolitik) am Gesetz der Normallinie orientieren, wonach beim geltenden progressiven Einkommensteuertarif eine Mehrbesteuerung jährlich stark schwankender Einkünfte gegenüber der "Normallinie" stattfindet (**Tz 436**). Besonders steuerschädlich ist ein starker Rückschlag in einem Jahr, namentlich das Entstehen von Verlusten. Auf längere Sicht ist nämlich eine überproportionale Nachversteuerung die Folge. Das wesentliche Gestaltungsziel ist also die tendenzielle Einebnung der jährlichen Einkünfte.

2. Grundzüge zielerreichender Maßnahmen

548 Zeichnen sich für die Unternehmensleitung Rückschläge ab, die ohne Gegensteuern gar in eine Verlustphase einmünden könnten, so müssen im Sinne einer optimalen Realisierung des dargestellten Gestaltungszieles neben den erforderlichen betriebswirtschaftlichen Maßnahmen zur Umsatzsteigerung bzw. Aufwandsverringerung die zur Verfügung stehenden steuerlichen Instrumente eingesetzt werden. Diese sind insbesondere

- die zieladäquate Ausnutzung von Wahlrechten,
- die Aufdeckung stiller Rücklagen mittels Veräußerung oder Entnahme von Wirtschaftsgütern oder
- die Aufdeckung stiller Rücklagen im Rahmen einer Umwandlung (= Änderung der Rechtsform des Unternehmens).

Auch im Rahmen der Überschußeinkünfte sind Gestaltungsmaßnahmen denkbar, wenn auch die Spielräume erheblich enger sind.

2.1 Zieladäquate Ausnutzung von Wahlrechten

549 Gestaltungen, die die Ausnutzung von Wahlrechten zum Gegenstand haben, sind insbesondere bei den gewerblichen Einkünften möglich **(Tz 436 ff.)**. Das bilanzpolitische Ziel muß sein, das Ergebnis so zu beeinflussen, daß vorhandene stille Rücklagen aufgedeckt und keine neuen Rücklagen gebildet werden.

Die nachstehenden Beispiele sollen einen Eindruck von den vielfältigen zu Gebote stehenden Möglichkeiten vermitteln:

Wahrnehmung von Bilanzierungswahlrechten

- keine Bildung bzw. erfolgswirksame Auflösung steuerfreier Rücklagen (z.B. Reinvestitionsrücklage nach § 6b EStG, Ersatzbeschaffungsrücklage nach R 35 EStR)

Wahrnehmung von Bewertungswahlrechten

Wertumfangswahlrechte

- Aktivierung aller steuerlich möglichen Wertelemente, insbesondere Einbeziehung der Verwaltungsgemeinkosten in die Herstellungskosten (R 33 EStR)
- bei Zuschüssen zu Anlagegütern von dritter Seite erfolgswirksame (gewinnerhöhende) Behandlung und keine Kürzung der Anschaffungs- oder Herstellungskosten (R 34 (2) EStR)

Methodenwahlrechte

- keine degressive AfA auf bewegliche Anlagegüter (§ 7 (2) EStG)
- Übergang von der degressiven auf die lineare AfA (jederzeit möglich), wenn dadurch die jährlichen Abschreibungsbeträge niedriger ausfallen; ansonsten Fortsetzung der degressiven AfA (§ 7 (3) EStG)
- keine Anwendung der Vereinfachungsregel bei Aufnahme neuer beweglicher Anlagegüter ins Betriebsvermögen (R 44 (2) EStR)

Abwertungswahlrechte

- keine Sofortabschreibung geringwertiger Anlagegüter (§ 6 (2) EStG), sondern Aktivierung und lineare AfA (§ 7 (1) EStG)
- keine Teilwertabschreibung auf Anlagegüter bei nur vorübergehender Wertminderung (§ 6 (1) Nr. 1 Satz 2 EStG i.V. mit handelsrechtlichen GoB)
- keine Vornahme subventioneller Abschreibungen (siehe Schaubild 68)
- kein Bewertungsabschlag für Importwaren (§ 80 EStDV)

Aufwertungswahlrechte

- Aufwertung bis zu den Anschaffungs- oder Herstellungskosten nach vorausgegangener Teilwertabschreibung (§ 6 (1) Nr. 1 Satz 4 und § 6 (1) Nr. 2 Satz 3 EStG)
- Aufwertung nach vorausgegangenen subventionellen Abschreibungen oder sonstigen Steuervergünstigungen

Bei den **Überschußeinkünften** sind die Gestaltungsspielräume erheblich enger. Als Beispiele seien erwähnt:

Einkünfte aus nichtselbständiger Arbeit

- Sofortvereinnahmung statt dreijähriger Verteilung bei Entgelt für mehrjährige Tätigkeit (§ 34 (3) EStG)

Einkünfte aus Vermietung und Verpachtung

- keine gestaffelt degressive AfA nach § 7 (5) EStG, sondern lineare AfA nach § 7 (4) EStG (Bindungswirkung beachten; ein späterer Wechsel der Abschreibungsmethode ist nicht möglich.)
- Verzicht auf die Werbungskostenpauschalierung nach § 9a Nr. 2 EStG bei nur geringen Erhaltungsaufwendungen (nach Lage des Einzelfalles)
- Verteilung größeren Erhaltungsaufwands bei Wohngebäuden auf maximal 5 Jahre (§ 82b EStDV)
- vorübergehender Verzicht auf den Sonderausgabenabzug nach § 10e EStG mit Nachholungsmöglichkeit bis zum Ende des Abzugszeitraums (§ 10e (3) EStG), wenn mit der Herstellung/Anschaffung vor dem 1.1.1996 begonnen wurde (Nachwirkung bis 2002).

2.2 Aufdeckung stiller Rücklagen mittels Veräußerung oder Entnahme von Wirtschaftsgütern

550 Soweit sich im Betriebsvermögen Wirtschaftsgüter, insbesondere Grundstücke, befinden, deren Teilwerte ihre Buchwerte übersteigen, so können die sich hierin äußernden stillen Rücklagen durch Entnahme (Bewertung zum Teilwert, **Tz 392**) oder Veräußerung aufgedeckt werden.

Zum notwendigen Betriebsvermögen zählende Grundstücke (**Tz 489**) können zwecks Schenkung an den Ehegatten oder die Kinder entnommen und von dem (den) Beschenkten anschließend aus deren Privatvermögen heraus an den Betrieb des Unternehmerehegatten vermietet werden (siehe auch **Tz 500**).

Bei gemischt genutzten Grundstücken (**Tz 489**) sind darüber hinaus die fremdbetrieblich und zu fremden Wohnzwecken genutzten Gebäudeteile, die als Betriebsvermögen gewillkürt wurden, ohne weiteres entnahmefähig.

551 Im Falle von Mitunternehmerschaften (**Tz 490**) können stille Rücklagen durch Übertragung von Grundstücken aus dem Gesamthandsvermögen (Gesellschaftsvermögen) in das Sonderbetriebsvermögen einzelner Gesellschafter (**Tz 491**) und umgekehrt aufgelöst werden. Geschieht dies durch Veräußerung wie unter fremden Dritten, so entsteht in der Differenz zwischen dem Veräußerungserlös und dem Buchwert ein Gewinn. Erfolgt die Übertragung hingegen gegen Gewährung oder Minderung von Gesellschaftsrechten (Erhöhung oder Minderung des handelsrechtlichen Kapitals), so kann das Grundstück, das ja auf jeden Fall im Betriebsvermögen verbleibt, mit dem Teilwert, dem Buchwert oder einem Zwischenwert zwischen beiden bewertet werden. Der Ansatz des Teilwerts oder eines Zwischenwerts läßt einen Gewinn entstehen, der dem Unterschiedsbetrag zwischen dem Teilwert bzw. dem Zwischenwert und dem Buchwert entspricht.

2.3 Aufdeckung stiller Rücklagen im Rahmen einer Umwandlung

552 Unter dem Einfluß von Verlustsituationen kann sich die Frage einer Umwandlung (= Änderung der Rechtsform des bestehenden Unternehmens) stellen.

Bei der Umwandlung eines Einzelunternehmens in eine Mitunternehmerschaft (OHG, KG) oder in eine GmbH (und umgekehrt von der GmbH in ein Personenunternehmen) gewährt das Umwandlungssteuergesetz u. a. (§§ 24 bzw. 20 UmwStG) grundsätzlich ein dreifaches Wahlrecht, das eingebrachte Betriebsvermögen mit dem Buchwert, dem Teilwert oder einem Zwischenwert zwischen beiden zu bewerten. Die Wahl des Teilwerts oder eines Zwischenwerts führt zur Vollauflösung bzw. Teilauflösung der vorhandenen stillen Rücklagen. Der entstehende Gewinn kann nunmehr mit vorhandenen Verlusten verrechnet werden.

Beispiel:

Der 40jährige A führt ein großes handwerkliches Einzelunternehmen. Im Betriebsvermögen befinden sich stille Rücklagen, die mit 50.000 DM auf Grund und Boden und mit 200.000 DM auf Gebäude entfallen.

Im laufenden Jahr droht trotz Einsatzes bilanzpolitischer Maßnahmen ein Verlust von 200.000 DM.

A will dies durch Umwandlung seines Einzelunternehmens in eine Mitunternehmerschaft vermeiden. Es bietet sich die Umwandlung in eine OHG, KG oder GmbH & Co. KG an. (Will jemand keine weiteren Gesellschafter neben sich dulden, so steht die Möglichkeit offen, das Einzelunternehmen in eine Ein-Mann-GmbH & Co. KG umzuwandeln.)

Nach der Regelung des § 24 UmwStG ergeben sich folgende Alternativen:

a. A bewertet das eingebrachte Betriebsvermögen zum Teilwert und löst auf diese Weise **alle** stillen Rücklagen auf. Bei unterschiedlichen Personen auf der Seite des Veräußerers und des Erwerbers würde im Hinblick auf das neue Gesellschaftsverhältnis ein freibetrags- und tarifbegünstigter Veräußerungsgewinn entstehen. Wenn auf der Seite des Veräußerers und des Erwerbers die gleichen Personen Unternehmer bzw. Mitunternehmer sind (z.B. bei der Ein-Mann-GmbH & Co. KG), gilt der entstehende Gewinn insoweit als laufender Gewinn und ist daher nicht steuerbegünstigt (§ 16 (2) Satz 3 EStG; § 24 (3) Satz 3 UmwStG).

b. A entscheidet sich für einen Zwischenwert, bei dem nur die stillen Rücklagen des Gebäudes aufgedeckt werden. Diese entsprechen gerade dem Verlust.

Bei nur **teilweiser** Auflösung der stillen Rücklagen wird die Tarif- und Freibetragsbegünstigung des Veräußerungsgewinns versagt (Umkehrschluß aus § 24 (3) Satz 2 UmwStG); dies wirkt sich im Beispielfall jedoch nicht ungünstig aus, da der Veräußerungsgewinn von 200.000 DM durch die Verrechnung mit dem gleich hohen Verlust der Besteuerung ganz entzogen wird.

Bei Umwandlung des Einzelunternehmens in eine Kapitalgesellschaft - z.B. eine GmbH - ergeben sich im wesentlichen die gleichen Konsequenzen.

D. Gestaltungsmöglichkeiten durch Einkommensverlagerung auf Familienmitglieder

I. Grundsätzliches zur Vorteilhaftigkeit der Gestaltungsmaßnahmen

553 Handwerksbetriebe werden nach wie vor in der weit überwiegenden Mehrzahl als Einzelunternehmen geführt. Dies ist unter **privatrechtlichen** Gesichtspunkten wegen der unbeschränkten Haftung für die betrieblichen Verbindlichkeiten mit dem gesamten Betriebs- und Privatvermögen recht risikoreich und im Hinblick auf den **steuerlichen** Aspekt vielfach unvorteilhaft. Entsprechend dem Anliegen dieses Buches beschränken wir uns i.w. auf die Erörterung der Steuerproblematik.

Durch die Begründung eines **Gesellschaftsverhältnisses** zwischen dem Handwerksunternehmer und seinen (nahen) Angehörigen - Ehefrau, Kindern - und/oder durch den Abschluß von **Arbeitsverträgen** zwischen den Ehegatten bzw. zwischen dem (den) Arbeitgeber-Ehegatten und den Kindern lassen sich infolge von Einkommensverlagerungen wesentliche Ersparnisse bei der **laufenden** Besteuerung erzielen[*]. Ähnliches gilt z.B. für Kauf-, Miet-, Pacht-, Darlehens- oder - mit Einschränkungen - Nießbrauchverträge zwischen Angehörigen.

Gestützt auf die Rechtsprechung hat die Finanzverwaltung hinsichtlich der steuerlichen Anerkennung von Rechtsbeziehungen zwischen Familienangehörigen hohe Hürden aufgebaut. Hierauf wird in einem besonderen Abschnitt eingegangen (**Tz 609 ff.**).

---

[*] Die bei Gründungsvorgängen und bei einem erforderlich werdenden Wechsel der Rechtsform (=Umwandlung) von einem Einzelunternehmen in eine Personen- oder eine Kapitalgesellschaft einmalig auftretenden Steuerfolgen können hier nicht behandelt werden. Beide Umwandlungsfälle können ertragsteuerfrei gestaltet werden (§§ 20-24 UmwStG; siehe auch das Beispiel in **Tz 450**).

554 Eine Prüfliste, welche die Vorteilhaftigkeit einer konkreten ins Auge gefaßten Gestaltungsmaßnahme zu erfassen in der Lage ist, müßte die nachstehend gestellten Fragen beantworten:

1. Wird die **Einkommensteuerschuld** im Sinne einer Minimierung der gemeinsamen Steuerlast vermindert?

   Erreicht wird dies v.a. dadurch, daß mit der Einkommensverlagerung eine **Kappung der Steuerprogression** eintritt. Außerdem stehen jedem Einkunftsempfänger wenigstens die **Individualfreibeträge** (Grundfreibetrag, Sonderausgaben-Pauschbetrag) zu.

2. Läßt sich gleichzeitig mit der Einkommensteuer- die **Gewerbesteuerschuld** vermindern?

3. Können **erbschaftsteuerliche/schenkungsteuerliche** Vorteile erzielt werden?

II. Darstellung geeigneter Gestaltungsmaßnahmen

1. Gestaltungen auf gesellschaftsrechtlicher Basis (Familiengesellschaften)

1.1 Mögliche Unternehmensrechtsformen

555 Das Zivilrecht stellt eine Reihe von Unternehmensformen zur Verfügung, auf die Handwerksunternehmen zurückgreifen können. Dabei handelt es sich grundsätzlich entweder um **Personengesellschaften** oder um mit eigenständiger Rechtspersönlichkeit ausgestattete **Kapitalgesellschaften**.

Darüber hinaus haben die Bedürfnisse der Wirtschaftspraxis im Gesetz nicht ausdrücklich vorgesehene, von der Rechtsprechung jedoch akzeptierte Formen hervorgebracht. **Schaubild 63** enthält die wesentlichen zur Auswahl stehenden Möglichkeiten.

Gesellschaftsformen mit Außenwirkung		
Personengesellschaften	Kapitalgesellschaften	Doppelgesellschaften
Gesellschaft bürgerlichen Rechts (GbR) Offene Handelsgesellschaft (OHG) Kommanditgesellschaft (KG) GmbH & Co. KG*	Aktiengesellschaft (AG) Kommanditgesellschaft auf Aktien (KGaA) Gesellschaft mit beschränkter Haftung (GmbH)	Betriebsaufspaltung*

* Die so gekennzeichneten Rechtsformen sind gesetzlich nicht ausdrücklich geregelt.

Schaubild 63: Wesentliche Unternehmensformen

Gesellschaftsformen nur mit Innenwirkung
stille Gesellschaft – typische stille Gesellschaft – atypische stille Gesellschaft* Unterbeteiligung* – typische (stille) Unterbeteiligung – atypische (stille) Unterbeteiligung

* Die so gekennzeichneten Rechtsformen sind gesetzlich nicht ausdrücklich geregelt.

Schaubild 63: Wesentliche Unternehmensformen (Fortsetzung)

1.2 Für den Handwerksbetrieb geeignete Rechtsformen

556 Von den in **Schaubild 63** aufgezeigten Rechtsformen scheiden lediglich die AG und die KGaA als dem Handwerksbetrieb nicht angemessen von vornherein aus.

1.2.1 Geeignete Personengesellschaften (GbR, OHG, KG, GmbH & Co. KG)

557 Die **GbR** (§§ 705 ff. BGB) ist die Grundform aller Personenvereinigungen, die keine eigene Rechtsfähigkeit erlangt. Sie kann zu jedem gesetzlich zulässigen Zweck gegründet werden. Sie kommt v.a. für kleine Handwerker in Betracht.

558 In diesem Zusammenhang ist zu beachten, daß im Zuge der Modernisierung des Handelsrechts (durch das Handelsrechtsreformgesetz 1998) der Kaufmannsbegriff wesentlich geändert sowie eine grundlegende Umgestaltung im Firmenrecht vorgenommen wurde. In gleicher Weise hat das GmbH-Gesetz wichtige Änderungen erfahren.

559 Da nunmehr **jeder Gewerbebetrieb als Handelsgewerbe** und damit als **Kaufmann** i. S. des Handelsgesetzbuches gilt, **wenn** das Unternehmen einen **nach Art und Umfang in kaufmännischer Weise eingerichteten Geschäftsbetrieb** erfordert, wird jeder Gewerbetreibende **ohne Rücksicht auf seine ggf. handwerkliche Tätigkeit** als Kaufmann angesehen. Ist ein in kaufmännischer Weise eingerichteter Geschäftsbetrieb nicht erforderlich, so kann sich der Gewerbetreibende **freiwillig** ins **Handelsregister** eintragen lassen. Auf diese Weise können selbst kleinstgewerbliche Handwerksbetriebe ihre Kaufmannseigenschaft als Einzelkaufmann oder Personenhandelsgesellschaft herbeiführen.

Beispiel:

A und B schließen sich zusammen, um ein Maler - und Anstreichergeschäft zu gründen. Soweit ein in kaufmännischer Weise eingerichteter Geschäftsbetrieb nicht zur Berufsausübung erforderlich ist, würde keine Kaufmannseigenschaft begründet werden. A und B bilden zunächst eine GbR nach § 705 ff. BGB.

Handwerkliche Kleingewerbetriebe haben allerdings die Möglichkeit zur freiwilligen Eintragung ins Handelsregister, und zwar sowohl als Einzelkaufleute als auch im Zusammenschluß (z. B. als OHG oder KG), wodurch sie insgesamt zum Kaufmann werden (sog. Eintragungsoption für Kleingewerbetreibende - § 2 HGB). Konsequenz einer entsprechenden Eintragung wäre dann z. B. die Beachtung der Vorschriften über die Gerichsstandvereinbarungen (§ 38 ZPO), der Regelungen über die formlosen Bürgschaften (§ 350 HGB) bzw. der verschärften Untersuchungs- und Rügepflichten beim Handelskauf (§§ 377, 378 HGB) und die Berücksichtigung der auf den kaufmännischen Rechtsverkehr zugeschnittenen Allgemeinen Geschäftsbedingungen (§ 24 AGB-Gesetz).

560 Die einmal getroffene Entscheidung eines kleingewerblichen Handwerksbetriebs für die Anmeldung der Eintragung zum Handelsregister ist **nicht unwiderruflich**, da nach § 2 Satz 3 HGB die Löschung der Eintragung auch auf Antrag erfolgt - selbstverständlich unter der Voraussetzung, daß das Unternehmen nicht oberhalb der „Grenzwerte" von § 1 (2) HGB liegt, also einen in **kaufmännischer Weise eingerichteten Geschäftsbetrieb** erfordert.

561 Die wesentliche Eingrenzung der **OHG** gegenüber der GbR besteht darin, daß sie auf den Betrieb eines **(vollkaufmännischen) Handelsgewerbes unter gemeinschaftlicher Firma** gerichtet ist (§ 105 (1) HGB).

Beispiel:

Die GbR des vorangehenden Beispiels wird, sobald sie in einen in kaufmännischer Weise eingerichteten Geschäftsbetrieb hineinwächst, "automatisch" eine OHG, auch wenn die Anmeldung zum Handelsregister unterlassen wurde. Im Verhältnis zu Dritten kann sie dies auch durch Eintragung ins Handelsregister zeigen.

562 Während die Gesellschafter einer GbR oder einer OHG ihren Gläubigern sowohl mit dem Gesellschaftsvermögen (Betriebsvermögen) als auch mit ihrem gesamten anderen Vermögen (Privatvermögen) persönlich, unmittelbar und unbeschränkt **haften**, ist bei der **KG** - einer Unterform der OHG - diese weitgehende Haftung nur für den (die) Komplementär(e) vorgesehen; die Haftung des (der) Kommanditisten ist auf seine (ihre) nach dem Gesellschaftsvertrag zu erbringende Vermögenseinlage beschränkt (§ 171 (1) HGB).

563 Alle bislang aufgeführten Personengesellschaften sind von der gesetzlichen Regelungstypik her durch das starke persönliche Engagement der Gesellschafter charakterisiert. Lediglich die Kommanditisten bilden hier eine Ausnahme. Die sich hieraus ableitenden Bestimmungsfaktoren größtmöglicher **Haftungsumfang, Geschäftführungs-** und **Vertretungsbefugnis** nur für Gesellschafter und erschwerte **Unternehmensnachfolge** haben zu einer in der Wirtschaftspraxis sehr häufig vorkommenden kapitalistischen Organisationsform der KG, nämlich der **GmbH & Co. KG**, geführt. **Bis zur Körperschaftsteuerreform 1977** waren auch **Steuerersparnisgründe** ein häufiges Gründungsmotiv.

564 Die **GmbH & Co. KG** ist eine Kommanditgesellschaft, deren persönlich haftende Gesellschafterin keine natürliche, sondern eine juristische Person, nämlich eine GmbH, ist. Hierdurch wird erreicht, daß nicht nur die Kommanditisten beschränkt haften, sondern daß auch die Haftung der GmbH als Komplementärin auf deren Gesellschaftsvermögen reduziert wird. Da sich darüber hinaus auch die Geschäftsführungs- und die Nachfolgeregelung wie bei Kapitalgesellschaften lösen lassen, könnte man meinen, daß die Rechtsfigur der GmbH & Co. KG als Kapitalgesellschaft zu behandeln sei. Dem ist nicht so: Die Rechtsprechung qualifiziert die GmbH & Co. KG eindeutig als Personengesellschaft.

Besonders verbreitet sind die **identische GmbH & Co. KG**, bei der sämtliche Kommanditisten zugleich - in demselben Anteilsverhältnis - die Gesellschafter der Komplementär-GmbH sind, und die **Einheits-GmbH & Co. KG.** Letztere ist dadurch gekennzeichnet, daß die KG Eigentümerin ihrer eigenen Komplementär-GmbH ist.

565 Was die **steuerliche Einordnung** der Personengesellschaften angeht, so kommt es wesentlich darauf an, ob eine **Mitunternehmerschaft** i. S. von § 15 (1) Nr. 2 EStG vorliegt (siehe auch **Tz 28**):

"Einkünfte aus Gewerbebetrieb sind die Gewinnanteile der Gesellschafter einer Offenen Handelsgesellschaft, einer Kommanditgesellschaft und einer anderen Gesellschaft, bei der der Gesellschafter als Unternehmer (Mitunternehmer) anzusehen ist, und die Vergütungen, die der Gesellschafter von der Gesellschaft für seine Tätigkeit im Dienst der Gesellschaft oder für die Hingabe von Darlehen oder für die Überlassung von Wirtschaftsgütern bezogen hat."

566 Der Mitunternehmerbegriff ist ein offener Typusbegriff, der sich nicht einfach durch das abschließende Aufzählen von gesetzlichen Tatbestandsmerkmalen kennzeichnen läßt. Als Merkmale für mitunternehmerisches Engagement gelten insbesondere das Tragen von **Mitunternehmerrisiko** (Erbringen einer Einlage, Gewinn- und Verlustbeteiligung, Vermögensbeteiligung einschließlich der stillen Rücklagen und eines eventuellen Firmenwerts, Recht zur Entnahme für private Zwecke) und **Mitunternehmerinitiative** (Mitwirkungs- und Mitspracherechte, die ein nur schuldrechtlich mit dem Unternehmen liierter Darlehensgeber nicht hätte). Letztlich ist in jedem konkreten Falle auf das Gesamtbild der Verhältnisse abzustellen; so kann z.B. ein Mehr an Unternehmerrisiko durch ein Weniger an Unternehmerinitiative (und umgekehrt) kompensiert werden (im einzelnen siehe R 138 EStR).

567 **Typische** Formen der Mitunternehmerschaft sind die **OHG** und die **KG**. Die Gesellschafter einer OHG und die Komplementäre einer KG gelten schon wegen ihrer persönlichen unbeschränkten Haftung als Mitunternehmer; auch die Kommanditisten werden in aller Regel als Mitunternehmer angesehen.

Die Gesellschafter einer **GbR** sind dann Mitunternehmer, wenn die GbR ein **gewerbliches Unternehmen** betreibt. Dies ist z.B. der Fall, wenn sich kleinere Gewerbetreibende zusammenschließen, ohne Kaufleute i. S. des HGB zu sein.

Die **GmbH & Co. KG** stellt stets eine Mitunternehmerschaft dar.

Auch **stille Gesellschafter** und **Unterbeteiligte** können Mitunternehmer sein, wenn ihre Stellung im Unternehmen so ausgestaltet ist, daß sie der Typik eines Mitunternehmers entspricht. Die Fachsprache bezeichnet ein derartiges Vertragsverhältnis als **atypische stille Gesellschaft** bzw. als **atypische (stille) Unterbeteiligung**.

568 Der in der Mitunternehmerschaft von allen Mitunternehmern erwirtschaftete Erfolg wird **einheitlich und gesondert** festgestellt und für Zwecke der **Einkommen**steuer den einzelnen Mitunternehmern gemäß den gesellschaftsvertraglichen Vereinbarungen zugeteilt (**Tz 622**). Hier zeigt sich, daß die Mitunternehmerschaft selbst nicht einkommensteuerpflichtig ist; Steuersubjekte sind die einzelnen Mitunternehmer.

569 Andere Regelungen gelten für die **Gewerbesteuer** und die **Umsatzsteuer**. Hier ist die Gesellschaft selbst Objekt der Gewerbesteuer (§ 5 (1) Satz 3 GewStG) bzw. Unternehmer i. S. des Umsatzsteuerrechts (§ 2 UStG).

1.2.2 Geeignete Kapitalgesellschaft: GmbH

570 Die **GmbH** ist eine mit eigener Rechtspersönlichkeit ausgestattete Gesellschaft. Handelsrechtlich ist sie ohne Rücksicht auf den verfolgten Zweck stets eine Handelsgesellschaft, steuerrechtlich vermittelt sie ausschließlich gewerbliche Einkünfte. Die Gesellschafter sind mit ihren Einlagen an dem in Stammanteile zerlegten Stammkapital (Mindestkapital: 50.000 DM) beteiligt. Den Gläubigern haftet nur die Gesellschaft mit ihrem Vermögen, während im Normalfall die Gesellschafter lediglich gegenüber ihrer Gesellschaft für die Einzahlung der Einlagen haften.

Ihre im Unterschied zur AG eher personalistische Struktur hat die GmbH zu einer interessanten Rechtsform auch für mittelständische Unternehmen gemacht.

571 Das Steuerrecht knüpft an die **rechtliche Selbständigkeit** der GmbH an. Als Kapitalgesellschaft ist sie selbst steuerpflichtig; sie unterliegt einer besonderen "Einkommensteuer", nämlich der Körperschaftsteuer (**Tz 115 ff.**).

Aus der steuerlichen Selbständigkeit der GmbH erwächst die Besonderheit, daß sich ihre Besteuerung in grundsätzlich getrennter Weise auf zwei Ebenen vollzieht, nämlich auf der **Gesellschafts-** und auf der **Gesellschafterebene**. Von diesem Trennungsgrundsatz gibt es zwei wichtige Ausnahmen:

1. Gelangen Gewinne von der Gesellschaftsebene durch Ausschüttung in die Gesellschafterebene, so darf die **Ausschüttungs-Körperschaftsteuer** auf die **Einkommensteuer** der empfangenden Gesellschafter **angerechnet** werden. Die Körperschaftsteuer verliert insoweit ihren selbständigen Charakter.

2. Die von der GmbH für Rechnung ihrer Gesellschafter einbehaltene und ans Finanzamt abgeführte **Kapitalertragsteuer** darf von den Gesellschaftern als **Vorauszahlung** auf ihre **Einkommensteuerschuld** behandelt werden.

1.2.3 Doppelgesellschaft: Betriebsaufspaltung

572 Aus wirtschaftlichen, zivil- und steuerrechtlichen Überlegungen entstand die gesetzlich nicht geregelte **Betriebsaufspaltung**. In ihrer typischen Erscheinungsform ist sie dadurch gekennzeichnet, daß eine als **Besitzunternehmen** bezeichnete Personenunternehmung (Einzelunternehmen, Personengesellschaft) ihr Grundvermögen oder sogar das gesamte Anlagevermögen an eine **Betriebs-Kapitalgesellschaft** - meist eine GmbH - verpachtet (klassische oder strukturelle Betriebsaufspaltung). Dabei ist erforderlich, daß die Besitzunternehmung dem Betriebsunternehmen wenigstens **eine** wesentliche Betriebsgrundlage überläßt.

573 Die in der Verpachtung von Wirtschaftsgütern bestehende vermögensverwaltende - und damit nicht gewerbliche - Betätigung des Besitzunternehmens wird wegen der engen **sachlichen** und **personellen** Verflechtung zwischen den beiden Unternehmungen in eine **gewerbliche** Aktivität umgedeutet. Diese Beurteilung hat ihren Grund v.a. darin, daß die hinter dem Besitz- und dem Betriebsunternehmen stehenden Personen einen **einheitlichen geschäftlichen Betätigungswillen** dokumentieren, der über das gewerblich tätige Betriebsunternehmen insgesamt auf die Ausübung einer gewerblichen Betätigung gerichtet ist.

Der einheitliche geschäftliche Betätigungswille tritt sicher am deutlichsten im Falle der **Beteiligungsidentität** zutage, wenn also an beiden Unternehmen dieselben Personen im gleichen Verhältnis beteiligt sind. Es reicht aber bereits aus, wenn die maßgebende Personengruppe mehr als 50% der Stimmrechte in beiden Unternehmen innehat und die Beteiligungsquoten der einzelnen Mitglieder der Gruppe in beiden Unternehmen nicht in extremer Weise voneinander abweichen. In Familiengesellschaften werden die Anteile minderjähriger Kinder i.d.R. denjenigen der Eltern zugerechnet, weil hinsichtlich der Ausübung der Gesellschaftsrechte ein Interessengleichlauf vermutet wird. Die Anteile der Ehegatten werden jedoch nicht (mehr) zusammengerechnet.

574 Besitz- und Betriebsunternehmen werden steuerlich entsprechend ihrer Rechtsformen unabhängig voneinander erfaßt; allerdings gelten die Anteile am Betriebsunternehmen als notwendiges Betriebsvermögen derjenigen Gesellschafter, die gleichzeitig am Besitzunternehmen beteiligt sind.

578 Weiterhin ist der Anwendungsbereich des § 15 (3) Nr. 1 EStG zu beachten. Sofern die Personengesellschaft **unter anderem** eine gewerbliche Tätigkeit entfaltet, ist die **gesamte** Tätigkeit der Personengesellschaft (Besitzgesellschaft) als Gewerbebetrieb anzusehen. Als Konsequenz hieraus werden auch Gesellschafter der Besitzgesellschaft, die nicht Gesellschafter des Betriebsunternehmens sind, Gewerbetreibende. Insoweit sind auch die Wirtschaftsgüter dieser Personen als gewerbliches Betriebsvermögen zu behandeln.

579 Umsatzsteuerlich ist die Betriebsaufspaltung unbeachtlich, weil die Verpachtungsleistung der Besitz- an die Betriebsunternehmung einen nicht steuerbaren Innenumsatz darstellt.

1.2.4 Innengesellschaften

1.2.4.1 Stille Gesellschaft

580 Die **stille Gesellschaft** hat als reine Innengesellschaft keinerlei Wirkung nach außen. Das Gesellschaftsverhältnis bleibt unerkannt; es ist weder aus der Firma noch aus dem Handelregister ableitbar.

Die Einlage des stillen Gesellschafters geht in das Vermögen des Inhabers des Handelsgeschäfts ein. Letzterer ist dem stillen Gesellschafter schuldrechtlich verpflichtet.

581 Die stille Gesellschaft kommt in der Wirtschaftspraxis in **typischer** und **atypischer** Form vor.

Als **typisch** ist die stille Gesellschaft anzusehen, wenn die vertraglichen Vereinbarungen dem gesetzlichen Regelstatut entsprechen (§§ 230 ff. HGB; 705 ff. BGB). Hiernach ist der stille Gesellschafter nicht unternehmerisch tätig. Er ist grundsätzlich von der Geschäftsführung ausgeschlossen und haftet nicht persönlich, auch nicht mit seiner Einlage. Er ist grundsätzlich am Gewinn und Verlust der Unternehmung, nicht aber an den stillen Reserven bzw. am Liquidationserlös beteiligt. Wird die Teilnahme an Verlusten ausgeschlossen - ein in der Praxis häufig vorkommender Fall - so hat der stille Gesellschafter bei wirtschaftlicher Betrachtung den Status eines Darlehensgebers.

Wird dem Stillen hingegen ein maßgebender Einfluß auf die Leitung des Unternehmens und/oder eine Beteiligung am Gesellschaftsvermögen als solchem und damit an den stillen Rücklagen eingeräumt, so liegt ein **atypisches** stilles Gesellschaftsverhältnis vor.

582 Stiller Gesellschafter kann jede natürliche Person, aber auch eine Personen- oder eine Kapitalgesellschaft sein. Die stille Beteiligung kann an einem Einzelunternehmen, einer Personen- und einer Kapitalgesellschaft bestehen. In jedem dieser Fälle ist als wesentliche Bedingung zu beachten, daß die Beteiligung in das betriebliche Vermögen eines **Kaufmanns** erfolgen muß.

583 Die steuerliche Einordnung knüpft an die Unterscheidung in typische und atypische stille Gesellschaftsverhältnisse an. Während die atypische stille Gesellschaft als Mitunternehmerschaft nach den hierfür bekannten Regeln erfaßt wird (**Tz 28**), wird der typische stille Gesellschafter wie ein Darlehensgeber behandelt, der nicht gewerbliche, sondern Kapitaleinkünfte bezieht (**Tz 48**). Im Unternehmen verkürzt sich der steuerliche Gewinn um die dem typischen Stillen zustehenden Gewinnanteile.

Gewerbesteuerlich sind diese Gewinnanteile jedoch dem Gewerbeertrag wieder zuzurechnen (**Schaubild 28**).

1.2.4.2 Unterbeteiligung

584 Die **Unterbeteiligung** stellt die **Beteiligung an einer Beteiligung** dar. Sie kommt häufiger bei Personengesellschaften vor, ist aber auch bei Kapitalgesellschaften denkbar. Wie die stille Gesellschaft, der sie in vielerlei Hinsicht ähnelt, ist die Unterbeteiligung eine reine Innengesellschaft.

585 Bei der **typischen** (stillen) Unterbeteiligung hat der Unterbeteiligte einen schuldrechtlichen Anspruch gegenüber dem Hauptbeteiligten, nicht gegenüber der Hauptgesellschaft.

586 Zeigt die Vertragsgestaltung eine unternehmerische Ausprägung - z.B. durch die Teilhabe des Unterbeteiligten an den stillen Rücklagen - so kann das Unterbeteiligungsverhältnis einen **atypischen** Charakter bekommen.

587 Steuerlich werden die typische Unterbeteiligung und die atypische Unterbeteiligung an Anteilen von Kapitalgesellschaften wie typische stille Beteiligungen behandelt. Besteht die atypische Unterbeteiligung allerdings an einer wesentlichen Beteiligung, so sind eventuelle Veräußerungsgewinne einkommensteuerpflichtig (§ 17 EStG).

Die atypische Unterbeteiligung an Beteiligungen an Personengesellschaften läßt zwei Mitunternehmerschaften entstehen, nämlich die Hauptgesellschaft und die Unterbeteiligungsgesellschaft.

1.3 Steuerliche Konsequenzen in vergleichender Betrachtung

588 Die mit den dargestellten Gesellschaftsformen verknüpften steuerlichen Konsequenzen werden nachfolgend auf der Grundlage der in **Tz 554** vorgestellten Prüfliste herausgestellt und gleichzeitig einer vergleichenden Betrachtung unterzogen.

1.3.1 Einkommensteuer

589 Durch die Rechtsformwahl einer **Personengesellschaft (Mitunternehmerschaft)** läßt sich mit Hilfe der Gesellschafterstellung von Kindern die **Tarifprogression glätten**. Der Ehegatte als Gesellschafter bewirkt keine Tarifmilderung, da Ehegatten normalerweise zusammenveranlagt und bereits nach dem Splittingtarif besteuert werden (**Tz 21**).

Durch arbeits- oder sonstige vertragliche Gestaltungen lassen sich wegen § 15 (1) Nr. 2 EStG keine weiteren Vorteile erzielen (**Tz 28**).

590 Da die betrieblich genutzten Grundstücke von Mitunternehmern, gleichgültig ob sie zum Gesellschaftsvermögen oder zum Vermögen einzelner Gesellschafter gehören, Betriebsvermögen darstellen, müssen bei ihrem Ausscheiden aus dem Betrieb (Veräußerung, Entnahme) vorhandene stille Rücklagen versteuert werden. Insoweit ergibt sich kein Unterschied zu Einzelunternehmern.

591 Im Falle der GmbH & Co. KG stellen die Anteile der Kommanditisten an der Komplementär-GmbH notwendiges Sonderbetriebsvermögen der Kommanditisten dar; die von der GmbH bezogenen Geschäftsführervergütungen sowie die Gewinnausschüttungen der GmbH sind nicht etwa Einkünfte aus nichtselbständiger Arbeit bzw. aus Kapitalvermögen, sondern solche aus Gewerbebetrieb. Auf diese Weise wird die Gleichstellung der GmbH & Co. KG mit den übrigen Mitunternehmerschaften sichergestellt.

592 Durch die Beteiligung von Familienangehörigen, insbesondere Kindern, an einer **GmbH** kann letztlich die Einkommensteuerprogression ebenso wie bei Personengesellschaften gemildert werden. Bei der Gewinnverteilung auf die einzelnen Familienmitglieder bestehen in der GmbH keine steuerlichen Beschränkungen wie bei Personengesellschaften (siehe **Schaubild 64**). Die Angemessenheit der Gewinnverteilung bei der Familien-GmbH wird allein unter dem Gesichtspunkt einer möglichen verdeckten Gewinnausschüttung beurteilt (**Tz 117**). Zwar wird die GmbH als eigenständige Rechtsperson von einer besonderen Steuer, der Körperschaftsteuer, erfaßt, die jedoch hinsichtlich der Gewinne, die durch Ausschüttung in die Gesellschafterebene gelangen, letztlich wie eine Einkommensteuervorauszahlung der empfangenden Gesellschafter wirkt (**Tz 115**). Der Nachteil, daß nicht ausgeschüttete Gewinne zunächst mit 45% KSt belastet bleiben, läßt sich bei Familiengesellschaften auf einfache Weise durch Anwendung des Schütt-aus-hol-zurück-Verfahrens vermeiden (**Tz 136**).

Zusätzliche Vorteile lassen sich bei der GmbH dadurch erzielen, daß Vertragsgestaltungen zwischen der Gesellschaft und ihren Gesellschaftern steuerlich grundsätzlich anerkannt werden. Die einkommensteuerlichen Spareffekte sind insbesondere durch bestimmte Befreiungstatbestände aus dem Katalog des § 3 EStG und durch Freibeträge und Abzugspauschalen innerhalb der Einkunftsarten charakterisiert (z.B. §§ 9a; 19 (2); 19a (1); 20 (4) EStG). Darüber hinaus wirkt sich für jeden Einkunftsbezieher der Grundfreibetrag (Steuerfreistellung des Existenzminimums) steuermindernd aus. Zu den Einschränkungen steuerlich anerkannter Vertragsgestaltungen zwischen Angehörigen wird für den sehr wichtigen Bereich arbeitsvertraglicher Vereinbarungen auf **Tz 615 f.** verwiesen.

593 Von den Gesellschaftern aus ihrem Privatvermögen heraus an die GmbH vermietete Grundstücke werden grundsätzlich nicht Betriebsvermögen. Diese Beurteilung gilt allerdings nicht mehr, wenn der überlassende Gesellschafter mehrheitlich (> 50%) an der GmbH beteiligt ist und das Grundstück **eine** wesentliche Betriebsgrundlage der GmbH darstellt. Da bei der Beurteilung der Mehrheitlichkeit die Anteile von **Eltern** und **minderjährigen Kindern zusammengerechnet** werden, ist die Vermeidbarkeit der Besteuerung stiller Rücklagen bei Grundstücksveräußerungen wesentlich eingeschränkt.

594 Die Veräußerung von im Privatvermögen gehaltenen **nicht** wesentlichen Anteilen an Kapitalgesellschaften (< 25%) ist steuerfrei (**Tz 14; 522**).

595 Aus der Steuerrechtsfähigkeit der GmbH kann im Verlustfalle ein Nachteil gegenüber Einzelunternehmen/Personengesellschaften erwachsen: Ein Verlust der GmbH darf einkommensteuerlich nicht im gleichen Veranlagungszeitraum mit anderen positiven Einkünften verrechnet werden. Eine Abhilfe bietet hier die stille Beteiligung des GmbH-Gesellschafters an seiner GmbH, kurz **GmbH & Still** genannt. Der GmbH-Gesellschafter nimmt als stiller Gesellschafter am laufenden Verlust der GmbH teil und kann die auf ihn entfallenden Verluste - in den Grenzen des § 15a EStG - bei der Ermittlung der Summe der Einkünfte mit anderen positiven Einkünften verrechnen.

596 Die **Betriebsaufspaltung** gestattet es, durch Aufteilung des Unternehmensgewinns auf die Familienmitglieder die Progression zu mildern. Dabei sind die Pachteinnahmen des Besitzunternehmens gewerbliche Einkünfte (nicht Einkünfte aus Vermietung und Verpachtung) und die Anteile an der Betriebs-GmbH (Sonder)betriebsvermögen beim Besitzunternehmen.

597 Weil die an die Betriebs-GmbH verpachteten Grundstücke Betriebsvermögen darstellen, sind die bei Veräußerungsvorgängen entstehenden Gewinne einkommensteuerpflichtig.

598 Im Falle von Verlusten der Betriebs-GmbH entsteht die mißliche Situation, daß die positiven Einkünfte, welche die Anteilseigner des Besitzunternehmens aus der Verpachtung erzielen, nicht mit den Verlusten aus ihrer GmbH-Beteiligung verrechnet werden dürfen. Eine Kompensation ist nur im Wege des Verlustrück- bzw. Verlustvortrags möglich. Zu den Gestaltungsmöglichkeiten im Rahmen der GmbH & Still siehe **Tz 595.**

599 Die einkommensteuerlichen Wirkungen der beiden **Innengesellschaften** - stille Gesellschaft und Unterbeteiligung - hängen entscheidend von deren Einordnung als typische oder atypische Gesellschaften ab.

Die **atypischen** Formen werden als Mitunternehmerschaften (mit Ausnahme der atypischen Unterbeteiligung am Anteil an einer GmbH) angesehen; es gelten mithin die Ausführungen zu den Personengesellschaften (**Tz 28**).

Bei den **typischen** Formen tritt neben die Möglichkeit tarifsenkender Einkommensverlagerung auf die Familienmitglieder als weiterer Steuerspareffekt, daß vertragliche Gestaltungen zwischen der Gesellschaft (bzw. dem Hauptbeteiligten) und dem stillen Gesellschafter (bzw. dem Unterbeteiligten) steuerliche Billigung finden.

Vom stillen Gesellschafter bzw. vom Unterbeteiligten dem Unternehmen vermietete/verpachtete Grundstücke stellen Privatvermögen dar. Aus diesem Grunde sind Veräußerungsgewinne bei Beachtung der §§ 22 Nr. 2; 23 EStG einkommensteuerfrei.

1.3.2 Gewerbesteuer

600 Unter dem Blickwinkel der **Gewerbesteuer** ergeben sich für diejenigen **Personengesellschaften**, die steuerlich als **Mitunternehmerschaften** qualifiziert werden, keinerlei Vorteile, da alle Bezüge eines Mitunternehmers gewerbliche Einkünfte und alle von ihm der Gesellschaft zur Verfügung gestellten Wirtschaftsgüter Betriebsvermögen darstellen. Folglich wird die gewerbesteuerliche Bemessungsgrundlage Gewerbeertrag entsprechend erhöht. Das gilt auch für die GmbH & Co. KG; denn selbst ein Dienstverhältnis, welches ein Kommanditist nicht mit der GmbH & Co. KG, sondern mit der geschäftsführenden GmbH eingeht, vermittelt gewerbliche Einkünfte.

Wie für Einzelunternehmer gilt auch für Personengesellschaften - nicht jedoch für Kapitalgesellschaften - ein gewerbeertragsteuerlicher Freibetrag von 48.000 DM (**Schaubild 27**).

601 Da Verträge zwischen der **GmbH** als eigener Rechtsperson und ihren Gesellschaftern steuerlich akzeptiert werden, bewirkt die gewinnmindernde Verbuchung von gesellschafterbezogenen Gehältern, Zinsen, Miet- und Pachtzahlungen sowie von Zuführungen zu Pensionsrückstellungen zugunsten der Gesellschafter gleichzeitig eine Minderung des Gewerbeertrags. Langfristige Schulden und die hiermit im Zusammenhang stehenden Zinsen müssen allerdings hälftig als sog. Dauerschuldzinsen dem Gewinn wieder hinzugerechnet werden (**Tz 146**).

Im Vergleich mit den Personengesellschaften ist zu beachten, daß die steuersparende Wirkung erst jenseits des gewerbeertragsteuerlichen Freibetrags von 48.000 DM einsetzt.

Beispiel:

Der geschäftsführende Gesellschafter einer GmbH hat dieser ein Grundstück vermietet. Die von der GmbH zu zahlende Miete beträgt jährlich 36.000 DM. Das Geschäftsführergehalt beläuft sich auf 8.000 DM pro Monat.

Der Gewerbeertrag der GmbH wird um 132.000 DM (36.000 DM + 96.000 DM) gemindert. Hätte es sich z.B. um eine KG gehandelt, wären sowohl die Geschäftsführerbezüge als auch die Miete - da gewerbliche Einkünfte beim Gesellschafter der KG - in den Gewerbeertrag eingegangen. Unter Berücksichtigung des gewerbeertragsteuerlichen Freibetrags von 48.000 DM ist der Gewerbeertrag der KG gegenüber demjenigen der GmbH jedoch nicht um 132.000 DM, sondern nur um 84.000 DM höher. Die steuersparende Wirkung der GmbH läge im Beispielsfall bei einem angenommenen Hebesatz von 400% in Abhängigkeit von der Höhe des gesamten Gewerbeertrags zwischen 6.621 DM und maximal 14.000 DM. Vor 1993 wäre sie - bei einem Freibetrag von 36.000 DM und ohne Staffeltarif - 16.000 DM gewesen.

Die Vereinbarungen zwischen der GmbH und den Familiengesellschaftern müssen im Hinblick auf die vertraglichen Begründungen, Höhe und Fristen sehr sorgfältig aufgezeichnet und entsprechend durchgeführt werden, da sie einer besonderen finanzamtlichen Kontrolle unterliegen (**Tz 615 f.**).

602 Im Falle der **Betriebsaufspaltung** entstehen die beschriebenen gewerbesteuerlichen Vorteile bei der Betriebs-GmbH. Die als gewerblich qualifizierten Verpachtungserträge des Besitzunternehmens jedoch unterliegen der Gewerbesteuer, soweit sie den Freibetrag von 48.000 DM überschreiten.

Eine doppelte gewerbesteuerliche Erfassung der Gewinne, welche die Betriebs-GmbH an die Anteilseigner der Besitzunternehmung ausschüttet bzw. der zum Betriebsvermögen der Besitzunternehmung gehörenden Beteiligung an der Betriebs-GmbH unterbleibt (siehe hierzu § 9 Nr. 2a GewStG).

603 Die **Innengesellschaften** in ihrer **atypischen** Form werden grundsätzlich gewerbesteuerlich wie Mitunternehmerschaften behandelt und sind damit gegenüber der GmbH benachteiligt.

Die **typischen** Formen der stillen Gesellschaft und der Unterbeteiligung, aber auch die atypische Unterbeteiligung am Anteil an einer GmbH, bieten hingegen die Möglichkeit, durch die Vereinbarung von Dienst-, Miet/Pacht- oder Darlehensverhältnissen zwischen dem Unternehmen und still beteiligten Familienmitgliedern die gewerbesteuerlichen Bemessungsgrundlagen zu mindern. Die dem still Beteiligten zustehenden Gewinnanteile allerdings stellen zwar einkommen- und körperschaftsteuerlich abzugsfähige Betriebsausgaben dar, müssen jedoch in den Gewerbeertrag wieder einbezogen werden (**Schaubild 28**).

1.3.3 Erbschaft- und Schenkungsteuer

604 Die Verlagerung von Einkünften auf die Kinder setzt normalerweise voraus, daß die Eltern ihnen die zur Gesellschaftereigenschaft erforderlichen Mittel zuvor geschenkt haben. Hierbei wirkt sich vorteilhaft aus, daß beide Eltern bei Ausschöpfung der geltenden Freibeträge je 400.000 DM schenkungsteuerfrei an jedes Kind übertragen können. Nach Ablauf von jeweils 10 Jahren entfalten die Freibeträge ihre Wirkung erneut (**Tz 230 ff.**).

Die erbschaft-/schenkungsteuerlichen Vorteile der Beteiligung von Familienangehörigen lassen sich grundsätzlich bei **allen** zur Wahl stehenden Rechtsformen erzielen. Dabei sind als Betriebsvermögen Einzelunternehmen, Anteile an Personengesellschaften sowie wesentliche Beteiligungen an GmbHs erbschaft-/schenkungssteuerlich begünstigt, da neben einem Freibetrag in Höhe von DM 500.000 (z. B. nutzbar für einen Betriebsübergang innerhalb von 10 Jahren) für den darüber hinausgehenden Betrag ein Bewertungsabschlag von 40% zur Anwendung kommt.

1.3.4 Zusammenfassung

- Alle als für den Handwerksbetrieb geeignet dargestellten Unternehmensformen gestatten es, die Steuerprogression durch Einkommensverlagerung zu mildern.
- Die als Mitunternehmerschaften eingestuften Gesellschaften befinden sich im Hinblick auf die Gewerbesteuer gegenüber der GmbH im Nachteil.

- Die Betriebsaufspaltung nutzt neben einer Haftungsbegrenzung den gewerbesteuerlichen Freibetrag u. U. zweimal aus. In der Haftungsbegrenzung mag ein wesentlicher Grund für ihre Beliebtheit in der Wirtschaftspraxis liegen.
- Für den hier besonders interessierenden Kreis mittelständischer Unternehmen ist beachtenswert, daß sich ihre gewerbesteuerlichen Belastungen ab 1993 spürbar gemindert haben. Weitere Entlastungen im Bereich der Unternehmenssteuern sind bereits angekündigt. Über die weitere Erhebung der Gewerbesteuer ist verfassungsrechtlich noch nicht entschieden worden. Vor diesem Hintergrund ist nicht auszuschließen, daß die steuerliche Attraktivität der Betriebsaufspaltung in naher Zukunft sich verändern kann.
- Unter dem Blickwinkel der Erbschaft- und Schenkungsteuer bieten alle Gestaltungen Vorteile, die die Kinder frühzeitig und wiederholt (alle 10 Jahre) in die Lage versetzen, sich am elterlichen Unternehmen zu beteiligen.

2. Gestaltungen auf arbeitsrechtlicher Basis

2.1 Grundsätzliches

605 Arbeitsrechtliche Vereinbarungen zwischen Familienangehörigen - sowohl zwischen den Ehegatten als auch zwischen Eltern und Kindern - werden steuerlich grundsätzlich anerkannt (R 19 EStR, H 126 EStH). Um die nachstehend beschriebenen Steuervorteile wirksam werden zu lassen, ist allerdings Voraussetzung, daß zwischen den Beteiligten keine Mitunternehmerschaft besteht. Der Grund liegt darin, daß die Mitunternehmerschaft stets gewerbliche Einkünfte vermittelt (**Tz 28**). Ein bestehendes Gesellschaftsverhältnis im Rahmen einer GbR, OHG, KG, GmbH & Co. KG oder einer atypischen Innengesellschaft schließt also die steuerliche Anerkennung von Lohnarbeitsverhältnissen der Gesellschafter aus. Das gleiche gilt, wenn Eheleute in Gütergemeinschaft leben; sie gelten nämlich dann als Mitunternehmer.

2.2 Steuerliche Konsequenzen

2.2.1 Überblick

606 Die steuerlichen Vorteile anerkannter Arbeitsverhältnisse **zwischen Ehegatten** liegen insbesondere bei der **Gewerbesteuer**. Die Leistungen an den Arbeitnehmer-Ehegatten mindern als Betriebsausgaben den Gewinn und damit den **Gewerbeertrag**.

Beim Arbeitnehmer-Ehegatten stellen die Bezüge aus dem Dienstverhältnis **Einkünfte aus nichtselbständiger Arbeit** dar. Damit stehen ihm alle arbeitnehmerspezifischen Freibeträge und Vergünstigungen zu.

607 Werden Arbeitsverhältnisse zwischen **Eltern und Kindern** vereinbart, so sind die gleichen Steuerspareffekte wie bei Verträgen zwischen Ehegatten möglich. Hinzu tritt der bekannte Progressionsmilderungseffekt.

Arbeitnehmer-Ehegatten bzw. Kinder können betrieblich zu nutzende Grundstücke erwerben und dem Unternehmen aus ihrem Privatvermögen heraus vermieten. Neben gewerbesteuerlichen Einsparungen schlägt besonders zu Buche, daß eventuelle Veräußerungsgewinne grundsätzlich steuerfrei bleiben.

2.2.2 Darstellung wesentlicher Einzelheiten

608 Von den vielfältigen Gestaltungsvarianten im Zusammenhang mit Arbeitsverträgen zwischen Familienangehörigen und den hieraus resultierenden Steuerfolgen seien die wichtigsten kurz erläutert.

- Die vom Arbeitgeber-Ehegatten bzw. vom Unternehmen an Familienmitglieder gezahlten **Vergütungen** (zuzüglich der arbeitgeberseits getragenen Sozialversicherungsaufwendungen) sind **abzugsfähige Betriebsausgaben**. Den Empfängern stehen in jedem Falle der Arbeitnehmer-Pauschbetrag und die Vorsorgepauschale zu. Diese Vergünstigungen können auch bei einer nur vorübergehenden Mitarbeit und bei Teilzeitbeschäftigung in Anspruch genommen werden.
- Besondere Zahlungen wie **Heirats- und Geburtsbeihilfen** oder **Jubiläumszuwendungen** mindern als Betriebsausgaben den Gewinn; bei den Empfängern sind sie steuerfrei.
- Nach § 19a EStG können den Familien-Arbeitnehmern bestimmte **Vermögensbeteiligungen** steuerfrei überlassen werden, soweit der Vorteil nicht den halben Wert der Beteiligung, höchstens 300 DM, übersteigt.
- Zugunsten von Familienmitgliedern können **Pensionsrückstellungen** gebildet werden, wenn die Pensionszusage nicht aufgrund privater, sondern zweifelsfrei aufgrund **betrieblicher** Veranlassung gegeben wurde. Die Pensionszusage muß **der Höhe nach angemessen** (Betriebs- und Sozialversicherungsrente dürfen 75% des letzten Arbeitsentgelts nicht übersteigen) und ihre **tatsächliche Einlösung** darf nicht unwahrscheinlich sein.
- Bei **kurzfristiger Beschäftigung** und insbesondere bei **Teilzeitbeschäftigung** mit geringer Vergütung besteht die Möglichkeit, daß der Arbeitgeber die mit 25%, 20% bzw. 5% pauschalierte Lohnsteuer des Arbeitnehmers übernimmt und sie zusammen mit dem ausgezahlten Arbeitsentgelt als Betriebsausgaben geltend macht, während der pauschal versteuerte Arbeitslohn und die pauschale Lohnsteuer bei der Einkommensteuer-Veranlagung (bzw. Antrags-Veranlagung) des Empfängers außer Ansatz bleiben (§ 40a EStG).
- Unter den Bedingungen des § 40b EStG (20-prozentige pauschale Lohnsteuer) und der weiteren Voraussetzung, daß der Nachweis der betrieblichen Veranlassung erbracht werden kann, können die gleichen Vergünstigungen, wie sie zu § 40a EStG beschrieben wurden, erzielt werden, wenn der Arbeitgeber **Direktversicherungen** (Lebensversicherungen) auf das Leben des Arbeitnehmers abschließt.

3. Besondere Anerkennungsvoraussetzungen für vertragliche Vereinbarungen zwischen Familienangehörigen

609 Während bei Gesellschafts-, Arbeits- oder sonstigen Vertragsverhältnissen **zwischen Fremden** ein natürlicher **Interessengegensatz** besteht, der das zivilrechtlich Vereinbarte und das tatsächlich Gewollte und Durchgeführte in Übereinstimmung bringt, ist es unter **Familienangehörigen** nicht von vornherein auszuschließen, daß die unter dem Blickwinkel der gemeinsamen Steuerlast zustandegekommenen Verträge keine echte wirtschaftliche Basis haben. Rechtsprechung und Verwaltung vermuten deswegen einen - widerlegbaren - **Interessengleichlauf**, der bezüglich der steuerlichen Akzeptanz eine besondere **Angemessenheitsprüfung** erforderlich macht. Diese Prüfung erstreckt sich zunächst darauf, ob das Vertragsverhältnis steuerlich **überhaupt** anzuerkennen ist (Anerkennung dem Grunde nach). Im positiven Falle wird weiterhin geprüft, ob die **Höhe** des vereinbarten Gewinnanteils, Arbeitsentgelts usw. angemessen ist (Anerkennung der Höhe nach). Zu Einzelheiten wird insbesondere auf R 138a EStR hingewiesen.

3.1 Anerkennungsvoraussetzungen für Familiengesellschaften

3.1.1 Voraussetzungen für die Anerkennung dem Grunde nach

610 Der Beurteilungsmaßstab der geschilderten Angemessenheitsprüfung ist der Vergleich mit den wirtschaftlichen Aktionen fremder Dritter (**Fremdvergleich**). So werden für die Anerkennung von Familiengesellschaften dem Grunde nach vorausgesetzt:

- **der rechtswirksame Abschluß eines Gesellschaftsvertrags**
  (z.B. notarielle Beurkundung, bei minderjährigen Kindern Bestellung eines Ergänzungspflegers, eventuell Einholung vormundschaftsgerichtlicher Genehmigung),
- **die Einräumung einer echten Gesellschafterstellung**
  (z.B. gesetzlich vorgesehene Stimmrechte, Widerspruchsrechte, Einsichts- und Kontrollrechte, Kündigungsrechte),
- **der tatsächliche Vollzug der Vereinbarungen**
  (z.B. tatsächliche Gutschrift der Gewinnanteile).

Die Intensität der Angemessenheitsprüfung ist bei der Familien-KG und den Innengesellschaften größer als bei der Familien-OHG. Wegen der unbeschränkten Haftung für die Gesellschaftsschulden ist die Anerkennung als Mitunternehmerschaft hier normalerweise unstreitig. Die Familien-GmbH unterliegt als Kapitalgesellschaft bislang keiner besonderen Angemessenheitsprüfung.

3.1.2 Voraussetzungen für die Anerkennung der Höhe nach

611 Unabhängig von der Anerkennung der Familiengesellschaft dem Grunde nach prüft die Finanzverwaltung in einem zweiten Schritt, ob die von der Gesellschaft vorgenommene Gewinnverteilung in ihrer Höhe akzeptabel erscheint.

612 Die Prüfung richtet sich zunächst auf die Angemessenheit der **Tätigkeitsvergütungen** der mitarbeitenden Gesellschafter, der **Zins-** und **Nutzungsvergütungen** für dem Unternehmen überlassenes Kapital bzw. zur Verfügung gestellte Wirtschaftsgüter und der **Abgeltung des Haftungsrisikos**. Erst danach erstreckt sie sich auf die angemessene Verteilung des **verbleibenden Restgewinns (Tz 28)**.

613 Unter **fremden Dritten** geschieht die Restgewinnverteilung im Normalfall im Verhältnis der Beteiligungsquoten, wie es in den Kapitalkonten zum Ausdruck kommt.

Bei Gesellschaftsverhältnissen **unter nahen Angehörigen** wird die Gewinnverteilung - wenn nicht besondere Umstände dagegen sprechen - dann nicht beanstandet, wenn das beteiligte Familienmitglied

- als Gesellschafter **voll haftet** oder
- die Einlage aus **eigenen Mitteln** (nicht von den Eltern geschenkten Mitteln) erbringt oder
- eine **mitarbeitende**, insbesondere eine **unternehmerische Tätigkeit** in der Gesellschaft ausübt.

614 Die in der Praxis nicht seltenen Gesellschafterkonstellationen, welche durch die Beteiligung **nicht mitarbeitender** Kinder bzw. Ehegatten gekennzeichnet sind, werden von der Rechtsprechung besonders argwöhnisch betrachtet. Vor dem Hintergrund des Drittvergleichs hat sie Obergrenzen für die steuerliche Gewinnverteilung festgelegt. **Schaubild 64** zeigt dies in schematisierter Weise.

Beteiligte Personen	**Finanzierung der Beteiligung**	**Gewinnobergrenze** bei **mitunternehmerischer Beteiligung** (als Kommanditist; atypischer stiller Gesellschafter bzw. Unterbeteiligter)	**Gewinnobergrenze** bei **typischer stiller Beteiligung** bzw. **Unterbeteiligung**
nicht mitarbeitende Kinder bzw. Ehegatten	durch **Schenkung** (seitens der Eltern bzw. des anderen Ehegatten)	**15%** des **tatsächlichen Beteiligungswerts**	**15%** des **tatsächlichen Werts der Einlage**; bei Ausschluß von der Verlustbeteiligung **12%**
	durch **eigene Mittel**	im Rahmen des Drittvergleichs **keine** Obergrenze	**35%** des **tatsächlichen Werts der Einlage**; bei Ausschluß von der Verlustbeteiligung **25%**

Schaubild 64: Obergrenzen für die steuerliche Gewinnermittlung in Familienpersonengesellschaften

Zur Ermittlung des **tatsächlichen Beteiligungswerts** muß der Gesamtwert des Unternehmens einschließlich der Rücklagen und des Firmenwerts festgestellt und nach einem festen Maßstab - z.B. nach den Kapitalkonten - auf die Gesellschafter verteilt werden.

Unangemessen hohe Gewinnverteilungsabreden führen nicht etwa dazu, daß das gesamte Gesellschaftsverhältnis in steuerlicher Hinsicht in Frage gestellt wird. Vielmehr werden die die Angemessenheitsgrenze übersteigenden Gewinnanteile den anderen Gesellschaftern zugerechnet.

3.2 Anerkennungsvoraussetzungen für arbeitsvertragliche Vereinbarungen

615 Für arbeitsvertragliche (wie auch für die übrigen vertraglichen) Vereinbarungen zwischen Familienangehörigen gelten die bereits bekannten Grundsätze: Rechtsprechung und Verwaltung machen die steuerliche Anerkennung dem Grunde und der Höhe nach davon abhängig, daß die vertraglichen Regelungen dem Fremdvergleich standhalten (**Tz 610**). Mit anderen Worten muß die betriebliche Veranlassung zweifelsfrei sein. Das bedeutet insbesondere:

- Der Vertrag muß **eindeutig** und **ernsthaft** zustandegekommen und gewollt sein (z.B. keine Rückwirkung, Einhaltung der zivilrechtlich vorgeschriebenen Form, Beschreibungen der Tätigkeit nach Art und Umfang, Höhe des Entgelts, Urlaubsregelung u.ä.).
- Der Vertrag muß **tatsächlich** erfüllt werden (z.B. wirkliche Durchführung der Dienstleistung und der Gehaltszahlung). Es ist besonders darauf zu achten, daß die Vergütung in die alleinige Verfügungsmacht des mitarbeitenden Familienmitglieds gelangt.

616 Besondere Beachtung verdienen die - vorausgesetzt, es liegt keine Mitunternehmerschaft vor - auch bei Familienarbeitsverhältnissen steuerlich zulässigen **Pensionsrückstellungen**. Neben der betrieblichen Veranlassung, der eindeutigen Vertragsabfassung und der angemessenen Höhe der Pensionszusage verlangt die Finanzverwaltung, daß mit der **tatsächlichen Inanspruchnahme** aus der Pensionsverpflichtung gerechnet werden muß. Sie bestreitet dies z.B., wenn der pensionsberechtigte Arbeitnehmerehegatte wesentlich jünger als der Unternehmer ist.

Kapitel IV: Handwerksbetrieb und Finanzverwaltung (Grundzüge)

A. Allgemeiner Überblick über das Besteuerungsverfahren

617 Wie **Schaubild 65 - I. Teil** zeigt, ist das **normale** Besteuerungsverfahren durch die aufeinanderfolgenden Schritte **Steuerermittlung, Steuerfestsetzung** und **Steuererhebung** gekennzeichnet. Die beiden ersten Schritte werden als **Veranlagungsverfahren** bezeichnet.

Von **Fall zu Fall** können sich noch **besondere Verfahren** anschließen: Für die Lösung von Konfliktfällen zwischen Steuerpflichtigen und Finanzverwaltung sind ein **außergerichtliches** und - falls keine einvernehmliche Lösung erzielt wird - ein besonderes **finanzgerichtliches Rechtsbehelfsverfahren** vorgesehen; zur Ahndung von Steuerdelikten schließlich sieht das Gesetz ein **Steuerstraf-** bzw. **Steuerordnungswidrigkeitenverfahren** vor (siehe **Schaubild 65 - II. Teil**).

– Steuerermittlung

618 Im **allgemeinen Steuerermittlungsverfahren** werden zunächst die steuerpflichtigen (natürlichen und juristischen) Personen erfaßt. Hierbei treffen die Steuerpflichtigen Erklärungs- (§ 149 AO), Mitwirkungs- (§ 135 AO) sowie Anzeige- und Anmeldepflichten (§§ 137-139 AO).

Sind die Steuerpflichtigen identifiziert, so müssen für alle in Frage kommenden Steuerarten die jeweiligen Besteuerungsgrundlagen ermittelt werden. In diesem Zusammenhang haben die Steuerpflichtigen einerseits ein **Beratungs- und Auskunftsrecht** durch die Finanzbehörde (§ 89 AO), andererseits aber auch **Mitwirkungspflichten** bei der Sachverhaltsermittlung (§ 90 AO). Die wichtigsten Mitwirkungspflichten sind die Verpflichtung zur Abgabe von Steuererklärungen und die Pflicht zur Führung von Büchern und Aufzeichnungen sowie zu deren Aufbewahrung (**Tz 345 ff.**)

Zur Sicherung der Steuerermittlung kann das Finanzamt Beweismittel heranziehen (§ 92 AO). Insbesondere kann es Auskünfte jeder Art von den Beteiligten und anderen Personen einholen, Sachverständige zuziehen, Urkunden und Akten beiziehen und den Augenschein einnehmen (Einzelheiten in §§ 93 - 100 AO).

619 In manchen Fällen reichen die Maßnahmen der allgemeinen Steuerermittlung nicht aus. Wenn die Prüfungsintensität der Besteuerungsgrundlagen gesteigert werden soll - z.B. weil die Prüfungsmöglichkeiten vom Schreibtisch der Finanzbehörde aus unergiebig sind oder weil der Verdacht einer Steuerstraftat oder -ordnungswidrigkeit besteht - so kommen als **besondere** Steuerermittlungsverfahren die **Außenprüfung** (§§ 193 ff. AO), die

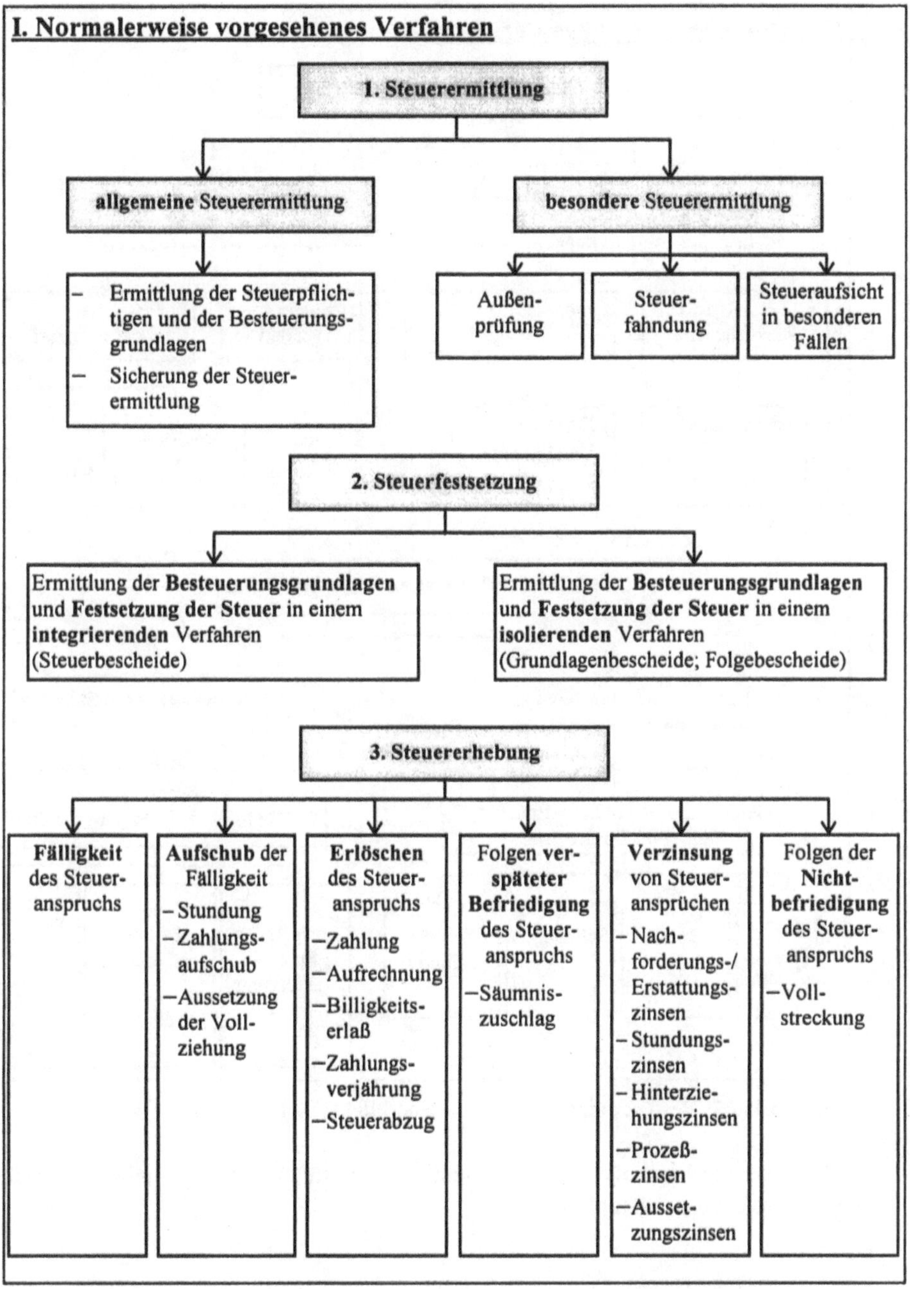

Schaubild 65: Besteuerungsverfahren im Überblick - I. Teil

Steuerfahndung (§ 208 AO) und die **Steueraufsicht in besonderen Fällen** (§§ 209 ff. AO) in Frage.

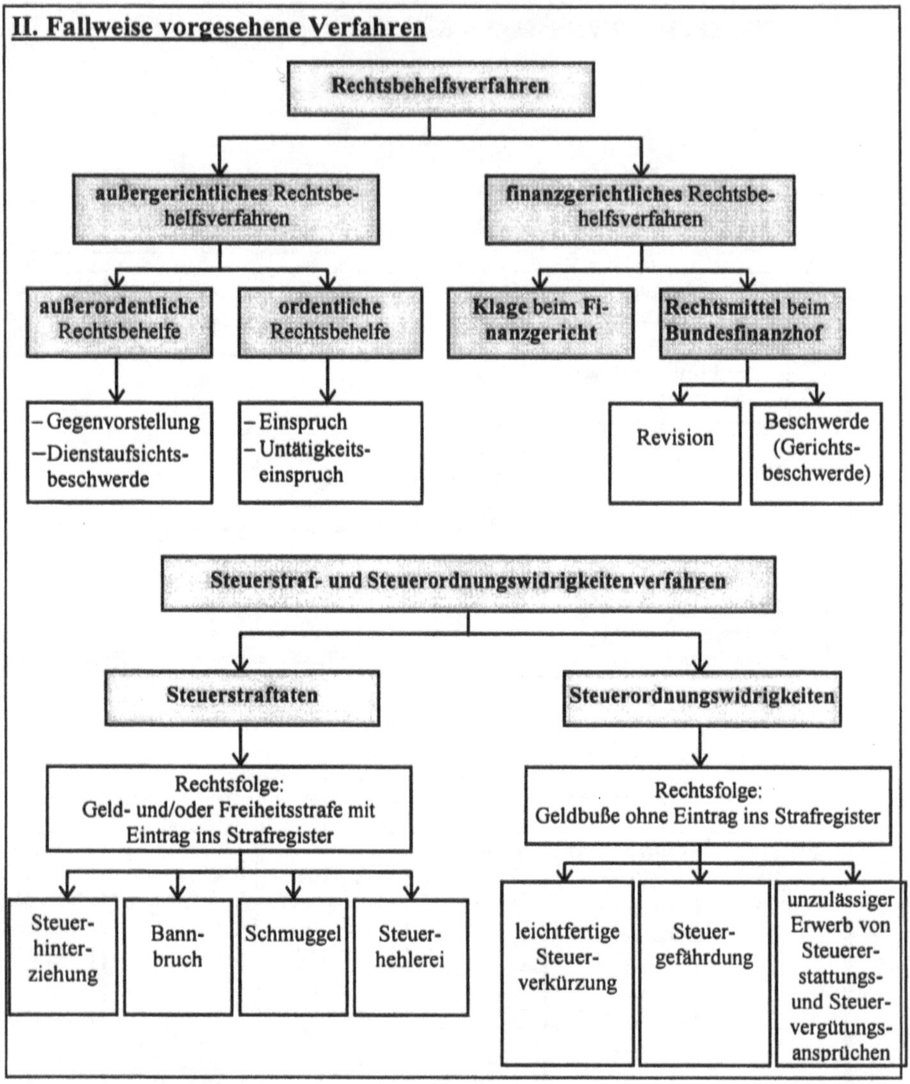

Schaubild 65: Besteuerungsverfahren im Überblick - II. Teil

Wegen der herausgehobenen Bedeutung der Außenprüfung für den Handwerksbetrieb wird sie besonders behandelt (**Tz 629 ff.**).

– Steuerfestsetzung

620 Das Steuerfestsetzungsverfahren manifestiert sich i.d.R. in einem **Steuerbescheid**, in dem in einem **integrierenden Verfahren** die Besteuergrundlagen und die Steuer selbst festgesetzt werden. Die Steuerbescheide können mit **sofortiger rechtlicher Bestandskraft** (Normalfall; § 155 AO) ausgestattet, unter dem **Vorbehalt der Nachprüfung** (§ 164 AO) oder **vorläufig** (§ 165 AO) ergangen sein.

Jeder Steuerbescheid muß eine **Rechtsbehelfsbelehrung** enthalten; fehlt sie oder ist sie unrichtig, so verlängert sich die Frist für die Einlegung des Rechtsbehelfs erheblich (§ 356 AO; siehe auch **Tz 652 ff.**)

621 Es gibt Fälle, in denen die Besteuerungsgrundlagen und die Steuerfestsetzung in einem voneinander **isolierten Verfahren** ermittelt und bekannt gemacht werden. Als besondere **Grundlagenbescheide** werden sog. **Feststellungsbescheide** (mit Wirkung für verschiedene Steuerarten), **Steuermeßbescheide** und **Zerlegungsbescheide** (mit Wirkung für die Grund- und Gewerbesteuer) erlassen, denen ein inhaltlich konkretisierter Steuerbescheid erst folgt (**Folgebescheide**). Grundlagenbescheide müssen **selbständig angefochten** werden, wenn man bei divergierender Auffassung gegenüber dem Finanzamt vermeiden will, daß ihr Inhalt für die Folgebescheide bindend wird (§ 182 (1) AO).

622 Von wesentlicher praktischer Bedeutung sind Feststellungsbescheide mit gesonderter Feststellung der Besteuerungsgrundlagen nach §§ 179 - 183 AO. Sind mehrere Personen an den Besteuerungsgrundlagen beteiligt, so erfolgt die Feststellung einheitlich (**einheitliche** und **gesonderte Feststellung**; siehe auch **Tz 427**).

Beispiel:

An einer OHG sind die Gesellschafter A und B je zur Hälfte beteiligt. A wohnt in Herford, B in Osnabrück. Die Geschäftsleitung der OHG ist in Bielefeld. In diesem Fall wird der Gewinn einheitlich und gesondert durch das Betriebsfinanzamt Bielefeld festgestellt und den Wohnsitzfinanzämtern Herford und Osnabrück mitgeteilt. Letztere übernehmen das Ergebnis der Feststellungsbescheide für die von ihnen zu erteilenden Steuerbescheide.

Ein wesentlicher Vorteil dieses Verfahrens ist - neben verwaltungsökonomischen Gesichtspunkten - daß Auffassungsunterschiede zwischen den beteiligten Finanzämtern im Hinblick auf den Gewinn der OHG und seine Verteilung auf die Gesellschafter nicht entstehen können.

Sind die Gesellschafter mit der Gewinnfeststellung und -verteilung nicht einverstanden, so müssen sie ihren Einspruch gegen den Feststellungsbescheid (Grundlagenbescheid) des Betriebsfinanzamtes richten, wenn sie vermeiden wollen, daß die Übernahme in die Steuerbescheide seitens der Wohnsitzfinanzämter (Folgebescheide) rechtliche Bestandskraft erhält.

– Steuererhebung

623 Die sich an die Steuerermittlung und -festsetzung anschließende **Steuererhebung** betrifft die Realisierung der Steuerschuld.

Die Realisierung des Steueranspruchs setzt dessen Fälligkeit voraus. Die einzelnen Steuergesetze sehen hierfür unterschiedliche Fristen vor (z.B. 1 Monat für ESt-, GewSt- und USt-Schlußzahlungen; 10 Tage für die Abführung der vom Arbeitgeber einbehaltenen Lohnsteuer; 3 Monate für ESt-Vorauszahlungen jeweils zum 10.3., 10.6., 10.9., 10.12.; ebenfalls 3 Monate für GewSt-Vorauszahlungen jeweils zum 15.2., 15.5., 15.8., 15.11.).

624 Besteht keine Möglichkeit, die Fälligkeit der Steuerschuld hinauszuschieben (siehe **Schaubild 65 - I. Teil**), so erlöschen die fälligen Steueransprüche des Finanzamtes i.d.R. durch Zahlung. Die gleiche Wirkung haben die Aufrechnung (§ 226 AO), der Billigkeitserlaß (§ 227 AO), die Zahlungsverjährung (§ 232 AO) sowie der Steuerabzug, bei dem für Rechnung des Steuerschuldners die Steuer einbehalten und an das Finanzamt abgeführt wird (z.B. Lohn- und Kapitalertragsteuer).

Wird eine geschuldete und fällige Steuer nicht fristgerecht entrichtet, so ist ein Säumniszuschlag zu zahlen, der für jeden angefangenen Monat der Säumnis 1% der rückständigen Steuersumme beträgt (§ 240 (1) AO).

625 In insgesamt 5 Fällen schreibt der Gesetzgeber eine Verzinsung von Ansprüchen aus dem Steuerschuldverhältnis vor (§§ 233a - 237 AO). In allen Fällen beträgt der Zinsfuß 0,5% für jeden vollen Monat (§ 238 AO). Besonders erwähnt werden sollen die Zinsen auf Nachforderungen bzw. Erstattungen, die im Zuge der Steuerreform 1990 unter dem Stichwort **Vollverzinsung** eingeführt wurden.

626 Die Vollverzinsung regelt die **Verzinsung von Steuernachforderungen und Steuererstattungen** für alle wesentlichen Steuerarten (ESt, KSt, VSt, USt, GewSt), die nach dem 31.12.1988 entstanden sind (Art. 97 § 15 (4) EGAO, § 233a AO). Sie soll einen Ausgleich dafür schaffen, daß die Steuern bei den einzelnen Steuerpflichtigen zu unterschiedlichen Zeitpunkten festgesetzt und fällig werden. Die Vollverzinsung gilt dabei nicht für die Festsetzung von Vorauszahlungen und von Steuerabzugsbeträgen sowie für steuerliche Nebenleistungen (§§ 233 Satz 2, 3 (3) AO).

Der Zinslauf **beginnt** allerdings erst nach Ablauf einer **Karenzzeit von 15 Monaten**, nachdem die Steuer **entstanden** ist (§ 233a (2) AO). Für die ESt 1996 beginnt daher der Zinslauf am 1.4.1998, da sie im Regelfall mit Ablauf des Kalenderjahres entsteht (siehe dazu auch § 36 (1) EStG). Die Karenzzeit orientiert sich an der längstmöglichen allgemeinen Verlängerung der Fristen zur Abgabe von Steuererklärungen.

Der Zinslauf **endet** grundsätzlich mit Ablauf des Tages, an dem die Steuerfestsetzung **bekanntgegeben** und damit wirksam geworden ist, spätestens vier Jahre nach seinem Beginn (§ 233a (2) Satz 3 AO). Der Verzinsungszeitraum beträgt daher **höchstens vier Jahre**. Der Tag der Bekanntgabe zur Bestimmung des Zinslaufendes kann auch auf einen Samstag, Sonntag oder Feiertag fallen. Es kommt grundsätzlich nicht darauf an, wann der Zeitpunkt der Zahlung oder Fälligkeit der Steuernachforderung ist.

627 Ein **voller Zinsmonat** ist erreicht, wenn der Tag, an dem der Zinslauf endet, hinsichtlich seiner Zahl dem Tag entspricht, der dem Tag vorangeht, an dem die Frist begann. Bei Steuererstattungen gilt allerdings die Besonderheit, daß im Rahmen der Zeitraumbestimmung nur die Zeit zwischen der **tatsächlichen Zahlung** des zu erstattenden Betrages – falls dieser Zeitpunkt **nach** dem Beginn des Zinslaufes (Ablauf der Karenzzeit) liegt – und dem Ende

des Zinszeitraumes der Zinsberechnung zugrunde gelegt wird. Freiwillige und überhöhte Vorauszahlungen bleiben insoweit grundsätzlich für Verzinsungszwecke außer Ansatz.

628 Nachzahlungszinsen sind allerdings aus sachlichen Billigkeitsgründen ungeachtet etwaiger Mißbräuche zu erlassen, soweit der Steuerpflichtige auf die sich aus der Steuerfestsetzung ergebende Steuerzahlungsforderung bereits vor Wirksamkeit der Steuerfestsetzung **freiwillige Geldleistungen** an das Finanzamt erbracht hat und das Finanzamt diese Leistung angenommen und behalten hat (so auch BMF, BStBl. I 1996, S. 371). Nachzahlungszinsen sind daher nur noch - nach entsprechendem Zinserlaß - für den Zeitraum bis zum Eingang der freiwilligen Leistung zu erheben. Dies bedeutet im Ergebnis, daß in einem solchen Fall Nachzahlungszinsen nur noch für den Zeitraum zwischen dem Ablauf der 15 monatigen Karenzzeit und dem Eingang der freiwilligen Leistung erhoben werden (siehe dazu auch § 233a AEAO, Tz 70).

Im folgenden wird die Verzinsung einer Steuernachforderung sowie eines Steuererstattungsanspruchs beispielhaft gezeigt.

Beispiel für die Verzinsung einer Steuernachforderung:
(Prinzip der Sollverzinsung)

Einkommensteuer 1996		DM
a.	Vorauszahlungen zu den unterschiedlichen Fälligkeitszeitpunkten	26.000
b.	Steuerfestsetzung 1996 vom 7.12.1998, bekanntgegeben am 10.12.1998 (§§ 124 (1), 122 AO) und fällig am 10.1.1999	40.000
	Unterschiedsbetrag (Mehr)	14.000
	nachzuzahlen 14.000 DM	
	Nachzahlungszinsen für die Zeit vom 1.4.1998 - 10.12.1998 (8 volle Monate x 0,5% von 14.000 DM)	560

Beispiel für die Verzinsung eines Steuererstattungsanspruchs:
(Prinzip der Istverzinsung)

Einkommensteuer 1996		DM
a.	Vorauszahlungen zu den unterschiedlichen Fälligkeitszeitpunkten, allerdings wird die 4. Vorauszahlung erst zum 03.05.1998 bezahlt.	40.000
b.	Steuerfestsetzung 1996 vom 7.12.1998, bekanntgegeben am 10.12.1998 (§§ 124 (1), 122 AO) und fällig am 30.1.1999	26.000
	Unterschiedsbetrag (Weniger)	14.000
	zu erstatten 14.000 DM	
	Erstattungszinsen für die Zeit vom 01.04.1998 - 10.12.1998 (8 volle Monate x 0,5% von 4.000 DM)	160
	Erstattungszinsen für die Zeit vom 03.05.1998 - 10.12.1998 (7 volle Monate x 0,5% von 10.000 DM, § 233a (3) Satz 3 AO))	350

Wenn eine fällige Steuerschuld endgültig nicht gezahlt wird, so stehen der Finanzbehörde Vollstreckungsmaßnahmen zu Gebote, die die zügige Beitreibung sicherstellen (im einzelnen siehe §§ 249 - 346 AO).

– **außergerichtliches und finanzgerichtliches Rechtsbehelfsverfahren**

Die Rechtsbehelfsverfahren werden nachstehend eingehender erörtert (**Tz 648 ff.**).

– **Steuerstraf- und Steuerordnungswidrigkeitenverfahren**

Steuerstraftaten (§§ 369 - 376 AO) werden strafregisterlich erfaßt, während **Steuerordnungswidrigkeiten** (§§ 377 - 384 AO) lediglich einen Verstoß gegen das Ordnungsrecht darstellen.

Die schwerwiegendste Straftat ist die **Steuerhinterziehung** (§ 370 AO); bereits der Versuch ist strafbar (§ 370 (2) AO). Das Strafmaß beträgt bis zu 5 Jahren - in besonders schweren Fällen bis zu 10 Jahren - Freiheitsstrafe oder wird mit Geldstrafe – aufgrund des Tagessatzsystems (§ 40 StGB) – bis zu 3,6 Mio. DM geahndet.

Als die häufigste Ordnungswidrigkeit gilt die leichtfertige Steuerverkürzung (§ 378 AO). Sie wird mit einer Geldbuße bis zu 100.000 DM geahndet.

Wird rechtzeitg Selbstanzeige erstattet (§ 371 bzw. § 378 (3) AO), so tritt Straffreiheit ein bzw. wird eine Geldbuße nicht festgesetzt.

B. Darstellung wichtiger Teilbereiche des Besteuerungsverfahrens

I. Steuerliche Außenprüfung

1. Begriff, Motive, Arten

629 Unter steuerlichen Außenprüfungen versteht man die **Ermittlung** der steuerlichen **Bemessungsgrundlagen beim Steuerpflichtigen selbst** durch entsprechend ausgebildete amtliche **Prüfer**. Die Rechtsgrundlagen finden sich in den §§ 193 - 207 AO und der Betriebsprüfungsordung (BPO).

630 Ein wichtiges **Motiv** für diese besonders intensiven Prüfungen liegt in der Tatsache, daß die Ermittlung wesentlicher Besteuerungsgrundlagen wie Gewinn, Vermögen oder Umsatz ansonsten ausschließlich den Steuerpflichtigen allein überlassen bliebe. Darüber hinaus spielen die Kompliziertheit der zu erfassenden Sachverhalte und die ständigen Gesetzesänderungen eine wichtige Rolle.

631 Es lassen sich verschiedene **Arten** von Außenprüfungen unterscheiden: Die **ordentlichen**, turnusmäßig wiederkehrenden **Außenprüfungen** beinhalten **einen allgemeinen** Prüfungstatbestand und **zwei besondere** Prüfungstatbestände.

- Die **allgemeine Außenprüfung** oder **Betriebsprüfung** erfaßt in mehr oder weniger regelmäßigen zeitlichen Abständen diejenigen Steuerpflichtigen, die ein **Betriebsvermögen** besitzen (§ 193 (1) AO). Grundsätzlich unterliegt demnach jeder Handwerksbetrieb der Betriebsprüfung.
- Eine **besondere Außenprüfung** ist vorgesehen bei solchen Steuerpflichtigen, die für Rechnung anderer Personen Steuern einzubehalten und zu entrichten haben (z.B. Einbehaltung und Abführung der Lohnsteuer; § 193 (2) Nr. 1 AO).
- Zum Zwecke einer punktuellen Aufklärung von steuerrelevanten Sachverhalten kann eine weitere **besondere Außenprüfung** bei jedem Steuerpflichtigen durchgeführt werden, wenn die Prüfung an Amtsstelle nach Art und Umfang nicht zweckmäßig erscheint (§ 193 (2) Nr. 2 AO).

632 An **sonstigen Außenprüfungen** sind **abgekürzte Prüfungen** und **Sonderprüfungen** vorgesehen.

- **Abgekürzte Außenprüfungen** (§ 203 AO) werden vorgenommen, wenn die Finanzbehörde eine turnusmäßige Überprüfung nicht für erforderlich hält. Es werden insbesondere kleinere Betriebe und Steuerpflichtige mit z.B. umfangreichen Einkünften aus Vermietung und Verpachtung oder aus Kapitalvermögen erfaßt.
- Den Betriebsprüfungsstellen können schließlich **Sonderprüfungen** sowie andere Tätigkeiten mit Prüfungscharakter übertragen werden (§ 2 (2) BpO). In Frage kommen v.a. Lohnsteueraußenprüfungen, Umsatzsteuersonderprüfungen und Liquiditätsprüfungen. So können z.B. neben der die Umsatzsteuer einbeziehenden ordentlichen Außenprüfung zusätzliche Umsatzsteuersonderprüfungen stattfinden. Als typische Prüfungsfelder sind das Bauhaupt- und Baunebengewerbe, der Vorsteuerabzug bei der Vermietung von Gebäuden, Grundstücksverkäufe, Geschäftsveräußerungen und der Exportbereich zu nennen.

2. Betriebsprüfung (allgemeine Außenprüfung)

2.1 Bedeutung der Betriebsgröße für die Prüfungsdurchführung

633 Die der Betriebsprüfung unterliegenden Betriebe werden in die Größenklassen

- Großbetriebe (G),
- Mittelbetriebe (M),
- Kleinbetriebe (K) und
- Kleinstbetriebe (K_{St})

untergliedert. Die derzeit geltenden Einteilungskriterien für Handels-, Fertigungs- und andere Leistungsbetriebe (XVI. Prüfungsturnus) werden in **Schaubild 66** dargestellt. Alle übrigen Betriebe, die die Einteilungskriterien der Kleinbetriebe unterschreiten, gehören zu den Kleinstbetrieben.

Betriebsart	Einteilungskriterien	Größenklassen		
		Großbetrieb (G)	Mittelbetrieb (M)	Kleinbetrieb (K)
Handelsbetriebe	Jahresumsatz oder steuerlicher Gewinn	> 11,8 Mio. DM > 460 000 DM	> 1,4 Mio. DM > 90 000 DM	> 250 000 DM > 48 000 DM
Fertigungsbetriebe	Jahresumsatz oder steuerlicher Gewinn	> 6,7 Mio. DM > 410 000 DM	> 825 000 DM > 90 000 DM	> 250 000 DM > 48 000 DM
Freie Berufe	Jahresumsatz oder steuerlicher Gewinn	> 6,7 Mio. DM > 875 000 DM	> 1,25 Mio. DM > 200 000 DM	> 250 000 DM > 48 000 DM
andere Leistungsbetriebe	Jahresumsatz oder steuerlicher Gewinn	> 8,25 Mio. DM > 460 000 DM	> 1,1 Mio. DM > 90 000 DM	> 250 000 DM > 48 000 DM
sonstige Fallart	Erfassungsmerkmale	Erfassung in der Betriebskartei als Großbetrieb		
Verlustzuweisungsgesellschaften	Personenzusammenschlüsse	alle		
Bauherrengemeinschaften	Gesamtobjekte)	alle		

Schaubild 66: Betriebsgrößenklassen für Zwecke der Betriebsprüfung (XVI. Prüfungsturnus)

634 Die Einteilung in Größenklassen, die i.d.R. in einem Turnus von 3 Jahren überprüft und angepaßt wird, hat Bedeutung für die **Prüfungszuständigkeit**, die **Prüfungshäufigkeit** und den zeitlichen wie sachlichen **Prüfungsumfang** (Vollständigkeit).

635 Großbetriebe werden von den **Großbetriebsprüfungsstellen** geprüft, die für mehrere regional zusammengefaßte Finanzamtsbereiche zuständig sind.

Die Prüfung der Klein- und Mittelbetriebe wird normalerweise von den **Amtsbetriebsprüfungsstellen** durchgeführt. Sie gehören zu den Finanzämtern.

Was die **Prüfungshäufigkeit** betrifft, so werden **Großbetriebe** im Bundesdurchschnitt etwa alle **4 Jahre**, **Mittelbetriebe** etwa alle **12 Jahre** geprüft. Bei **Klein-** und **Kleinstbetrieben** erfolgt eine **regelmäßige Prüfung** wegen der Personallage der Prüfungsstellen nicht.

636 Der **zeitliche Prüfungsumfang** ist bei Großbetrieben am größten, weil zur Sicherstellung einer lückenlosen Prüfung jeder folgende an den vorhergehenden Prüfungszeitraum anschließen soll (§ 4 (2) BpO). Bei den übrigen Betrieben soll der Prüfungszeitraum i.d.R. nicht über die letzten drei Besteuerungsabschnitte zurückreichen, für die bis zur Unterzeichnung der Prüfungsanordnung Steuererklärungen für die Ertragsteuern abgegeben wurden (§ 4 (3) BpO).

637 Im Hinblick auf den **sachlichen Umfang** ist die Finanzbehörde frei, ob sie eine oder mehrere Steuerarten in die Prüfung einbeziehen will (§ 194 (1) AO). Zumindest bei den Großbetrieben, wenn möglich auch bei den anderen Betrieben, sollen alle Steuerarten mit den Bemessungsgrundlagen **Gewinn**, **Umsatz** und **Vermögen** geprüft werden (ESt, KSt, GewSt, USt und die VSt bis einschl. Veranlagungszeitraum 1996).

2.2 Grundzüge der Prüfungsdurchführung

2.2.1 Prüfungsanordnung

638 Die Finanzbehörde bestimmt den Umfang der Außenprüfung in einer schriftlich zu erteilenden **Prüfungsanordnung** (§ 196 AO) mit Rechtsbehelfsbelehrung (§ 356 AO). Sie enthält folgende Bestandteile (**Schaubild 67**):

Die Prüfungsanordnung ist dem Steuerpflichtigen **angemessene Zeit vor Beginn der Prüfung** bekanntzugeben. Als angemessen werden für Großbetriebe 4 Wochen, für Mittelbetriebe 2 Wochen angesehen. Bei Vorliegen wichtiger Gründe soll der Beginn der Prüfung verschoben werden (§ 197 (2) AO). Als wichtige Gründe gelten z.B. die Erkrankung des Steuerpflichtigen oder seines Steuerberaters, nicht aufschiebbare Geschäftsreisen oder zu erwartende - etwa saisonal bedingte - beträchtliche Betriebsstörungen.

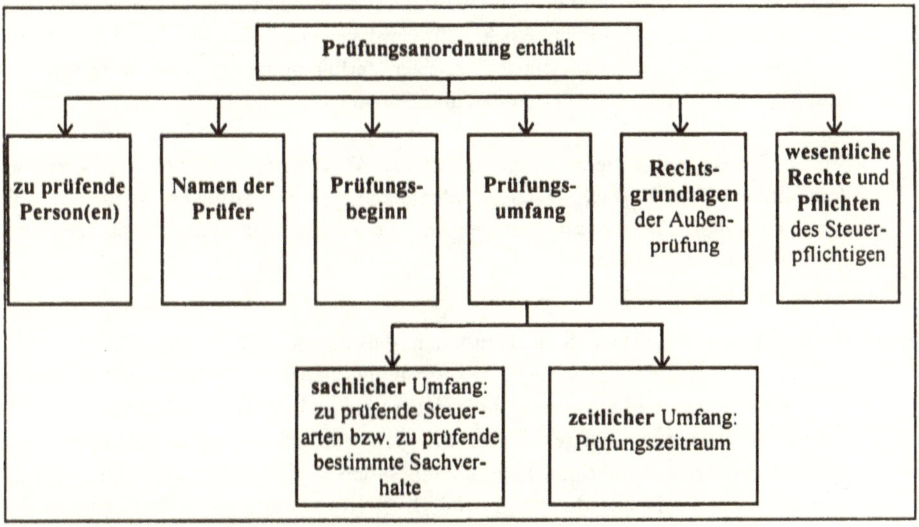

Schaubild 67: Bestandteile einer Prüfungsanordnung

Werden die steuerlichen Verhältnisse von Gesellschaftern einer Personen- oder Kapitalgesellschaft mit geprüft, so ist für jeden Beteiligten eine besondere Prüfungsanordnung zu erteilen.

2.2.2 Mitwirkungspflichten des Steuerpflichtigen

639 Der Steuerpflichtige ist in aktiver Weise zur Mitwirkung verpflichtet (§ 200 AO). Er selbst, von ihm benannte Angestellte oder sein Steuerberater haben alle angeforderten Aufzeichnungen, Bücher, Geschäftspapiere und sonstigen Urkunden vorzulegen und die notwendigen erläuternden Auskünfte zu erteilen. Die Betriebsprüfer dürfen weitere Auskunftspersonen erst dann befragen, wenn die Sachverhaltsaufklärung auf andere Weise nicht möglich erscheint.

640 Ergibt sich während einer Betriebsprüfung der Verdacht einer Steuerstraftat des Steuerpflichtigen, so unterrichtet der Prüfer unverzüglich die Strafsachenstelle der Finanzbehörde. Gegen den Steuerpflichtigen darf erst weiter ermittelt werden, wenn ihm die Einleitung des Strafverfahrens bekannt gemacht worden ist. Er ist besonders darauf hinzuweisen, daß seine Mitwirkung nunmehr - da er sich nicht selbst zu belasten braucht - nicht mehr erzwungen werden kann (§ 9 BpO).

2.2.3 Prüfungsumfang

641 Auf die **sachliche** und **zeitliche** Bestimmung des Prüfungsumfangs wurde bereits hingewiesen (**Tz 636 f.**). Der Betriebsprüfer untersteht dabei dem Diktat der **Wesentlichkeit** der Prüfung (§ 6 BpO), welches ihn zwingt, die Prüfung auf diejenigen Sachverhalte zu beschränken, die zu endgültigen Steuerausfällen (bzw. Erstattungen) oder zu langfristigen Gewinnverschiebungen führen können. Bedenkt man, daß einem Prüfer durchschnittliche Prüfungszeiträume von 4 bis 6 Wochen für Großbetriebe, 2 Wochen für Mittelbetriebe und eine Woche für Klein- und Kleinstbetriebe zur Verfügung stehen, so wird deutlich, daß die Bildung von **Prüfungsschwerpunkten** unerläßlich ist.

Solche Schwerpunkte stellen insbesondere die Abgrenzung zwischen dem **privaten** und dem **betrieblichen Bereich**, Nutzungsänderungen bei **Grundstücken**, Vertragsverhältnisse zwischen **nahen Familienangehörigen** und die Aufdeckung **stiller Rücklagen** (z.B. bei Betriebsveräußerungen) dar.

642 Der Prüfer hat grundsätzlich sicherzustellen, daß die steuerrechtlichen Vorschriften - v.a. die Vorschriften zur Bilanzierung dem Grunde und der Höhe nach (**Tz 363 ff.**) - eingehalten wurden. Dabei bedient er sich insbesondere bei kleinen und mittleren Betrieben häufig **indirekter Prüfungsmethoden** (Betriebsvergleiche, Verprobungsmethoden), die die **Plausibilität** der Erfolgsermittlung kontrollieren sollen. Bei Großbetrieben hingegen müssen angesichts der Fülle des Buchungs- und Bilanzierungsstoffes die Prüfungsschwerpunkte weitgehend mit Hilfe von **Stichproben** (aufgrund **bewußter Auswahl** oder aufgrund von **Zufallsauswahl**) bestimmt werden.

643 Werden anläßlich einer Betriebsprüfung Verhältnisse anderer Steuerpflichtiger festgestellt, deren Kenntnis für die Besteuerung von Bedeutung ist, so ist deren Auswertung durch Ausschreiben von **Kontrollmitteilungen** und die Weiterleitung an die zuständige Finanzbehörde zulässig (§ 194 (3) AO). Kontrollmitteilungen werden häufig dann gefertigt, wenn eine gewisse Wahrscheinlichkeit nicht ordnungsmäßiger Erfassung beim Geschäftspartner besteht (Beispiele: Provisionszahlungen, Beratungshonorare, Zahlungen im Zusammenhang mit Gelegenheitsgeschäften, Darlehensgewährungen, Schmiergelder). Außer den Finanzbehörden erstellen auch **andere Behörden** - z.B. Bauämter - Kontrollmitteilungen über bei ihnen eingegangene Rechnungen bzw. geleistete Zahlungen.

644 Ein Steuerpflichtiger kann hinsichtlich der künftigen steuerlichen Behandlung bestimmter für die Vergangenheit geprüfter Sachverhalte ein Interesse daran haben, **verbindliche Zusagen** vom Finanzamt zu erhalten. Nach § 204 AO soll die Finanzbehörde derartige verbindliche Zusagen auf Antrag des Steuerpflichtigen erteilen. Unter den Bedingungen der §§ 206, 207 AO wird das Finanzamt durch schriftlich erteilte verbindliche Zusagen gebunden.

2.2.4 Prüfungsergebnis

645 Über das Ergebnis der Betriebsprüfung wird eine **Schlußbesprechung** abgehalten (§ 201 AO). Hierbei werden insbesondere strittige Sachverhalte sowie die rechtliche Beurteilung der Prüfungsfeststellungen und ihre steuerlichen Auswirkungen erörtert. Die Einrichtung der Schlußbesprechung hat sich in zahlreichen Fällen als ein wirksames Mittel erwiesen, Betriebsprüfungen ohne anschließendes Rechtsmittelverfahren zu beenden.

646 Schließlich erstellt die Prüfungsstelle einen schriftlichen **Prüfungsbericht**, der die festgestellten Sachverhalte und die sich hieraus ergebenden steuerlichen Folgen im Rahmen der geprüften Steuerarten aufzeigt (§ 202 AO).

Die Betriebsprüfung mündet am Ende in die berichtigten Steuerbescheide für die geprüften Steuerarten und Besteuerungszeiträume, die ggf. im Rahmen des außergerichtlichen Rechtsbehelfsverfahren angefochten werden können.

2.3 Ergebnis der steuerlichen Außenprüfung

647 Den statistischen Aufzeichnungen der obersten Finanzbehörden der Länder ist zu entnehmen, daß die Betriebsprüfungen im Jahr 1997 zu rechtskräftigen Mehrsteuern von annähernd 18,9 Mrd. DM geführt haben (BMF-Finanznachrichten 22/98 v. 18.08.1998). Geprüft wurden gewerbliche Unternehmen, freiberuflich Tätige, land- und forstwirtschaftliche Betriebe aller Größenordnungen sowie Bauherrengemeinschaften und sonstige Steuerpflichtige.

1997 wurden insgesamt 6.022.805 Betriebe erfaßt. Im Einzelnen handelt es sich um 159.747 Großbetriebe, 718.556 Mittelbetriebe, 1.085.588 Kleinbetriebe und 4.058.914 Kleinstbetriebe. Die Zahl der abgeschlossenen Prüfungsfälle betrug 1997 bei den Großbetrieben 34.828 (Prüfungsturnus 4,6 Jahre), bei den Mittelbetrieben 56.071 (Prüfungsturnus 12,8 Jahre) und bei den Klein- und Kleinstbetrieben 105.414. Der größte Teil der Mehrsteuern ergab sich aus der Prüfung der Großbetriebe. **Schaubild 68** gibt einen Überblick über die Aufteilung der Mehrsteuern nach Betrieben und nach Steuerarten.

Betriebsart	Aufteilung der Mehrsteuern (in Mio. DM)			
	1994	1995	1996	1997
Großbetriebe	12 424	11 673	12 694	14 504
Mittelbetriebe	1 585	1 678	1 800	2 216
Kleinbetriebe	655	701	746	911
Kleinstbetriebe	515	518	738	849
Steuerart	Mehrsteuern nach Steuerarten (in Mio. DM)			
	1994	1995	1996	1997
Umsatzsteuer	1 148	1 316	1 369	2 073
Einkommensteuer	3 827	3 641	3 798	4 406
Körperschaftsteuer	5 533	5 190	5 937	6 564
Gewerbesteuer	3 431	3 189	3 465	3 892
Vermögensteuer	481	410	499	392
Sonstige Steuern	759	823	911	1 153
Insgesamt (Diff. durch Rundung)	**15 179**	**14 569**	**15 979**	**18 480** [1]

Schaubild 68: Übersicht über das Ergebnis der steuerlichen Außenprüfung

[1] Dem Betrag sind noch rd. 380 Mio. DM Mehrsteuern hinzuzurechnen, die aus der Prüfung von Bauherrengemeinschaften bzw. sonstigen Steuerpflichtigen stammen und sowohl den Steuerarten als auch den Größenklassen nicht eindeutig zugeordnet werden können.

II. Rechtsbehelfsverfahren

1. Überblick

648 Aus **Schaubild 65 - II. Teil** geht hervor, daß das Gesetz ein **außergerichtliches** und ein **finanzgerichtliches Rechtsbehelfsverfahren** vorsieht. Diese Verfahren haben den Sinn, die Steuerpflichtigen vor eventuellen rechtswidrigen Handlungen der Finanzbehörden zu schützen.

649 Die **außerordentlichen außergerichtlichen** Rechtsbehelfe können jederzeit - form- und kostenlos, nicht fristgebunden - eingelegt werden. Sie können jedoch den Eintritt der rechtlichen Bestandskraft eines Steuerbescheides nicht verhindern. Die **Gegenvorstellung** bezweckt, der Behörde, die den Verwaltungsakt erlassen hat, eine abweichende Rechtsauffassung mitzuteilen. Mit der **Dienstaufsichtsbeschwerde** wendet sich der Steuerpflichtige an die vorgesetzte Behörde, um sie zu veranlassen, das Verhalten der nachgeordneten Behörde abzustellen oder eine Änderung zu veranlassen. Der Steuerpflichtige kann jedoch keine bestimmte Maßnahme erzwingen.

650 Der frist- und - in Grenzen - formgebundene **ordentliche außergerichtliche** Rechtsbehelf **Einspruch** stellt ein gesetzlich normiertes Vorverfahren dar, das die Finanzbehörde in die Lage versetzen soll, einen von ihr selbst erlassenen und vom Steuerpflichtigen beanstandeten Verwaltungsakt ohne Einschaltung des Gerichts zu revidieren. Ist eine einvernehmliche Lösung erzielbar, so wird dem Steuerpflichtigen auf diese Weise am schnellsten und kostengünstigsten geholfen.

651 Führt das außergerichtliche Rechtsbehelfsverfahren aus der Sicht des Steuerpflichtigen nicht zum Erfolg, so stehen ihm die **finanzgerichtlichen Rechtsbehelfe** zu Gebote, nämlich in erster Instanz die **Klage** beim **Finanzgericht** und - falls noch erforderlich und gewollt - unter bestimmten Voraussetzungen im Anschluß daran die **Revision** beim **Bundesfinanzhof**. Die darüber hinaus in bestimmten, seltener vorkommenden Fällen mögliche **Gerichtsbeschwerde** beim Bundesfinanzhof wird nur kurz behandelt. Über den normalen Rechtsbehelfsweg hinaus gibt es dann noch einen weiteren besonderen Rechtsbehelf zur Überprüfung der Verfassungsmäßigkeit von Verwaltungsakten und Gerichtsentscheidungen, die **Verfassungsbeschwerde** (Art. 93 (1) Nr. 4a GG; §§ 90-95 BVerfGG), auf die im folgenden nicht eingegangen werden soll.

2. Die ordentlichen außergerichtlichen Rechtsbehelfe (Einspruch und Untätigkeitseinspruch)

2.1 Rechtsbehelfsvoraussetzungen

652 Ob ein Rechtsbehelf wirksam eingelegt werden kann, hängt von seiner **sachlichen Begründetheit** und seiner **rechtsformalen Zulässigkeit** ab.

Da es in diesem Abschnitt um den **formalrechtlichen** Aspekt geht, seien einige wichtige Voraussetzungen für die Zulässigkeit eines Einspruches genannt (§§ 347 ff. AO).

- Es muß sich um einen finanzamtlichen Verwaltungsakt handeln, gegen den der Rechtsbehelf des Einspruchs gesetzlich vorgesehen ist (**Tz 653 ff.**). Keine Verwaltungsakte sind z. B. die Niederschlagung (§ 261 AO) oder der Prüfungsbericht im Anschluß an die Außenprüfung (§ 202 (1) Satz 1 AO).

- Der Rechtsbehelf muß bei der **zuständigen Behörde** - i.d.R. beim Finanzamt, dessen Verwaltungsakt angefochten wird - **schriftlich** eingereicht oder **zur Niederschrift** erklärt werden.
- Der Rechtsbehelf muß **fristgerecht** eingelegt sein. Die Frist beträgt **einen Monat** nach Bekanntgabe des Verwaltungsaktes. Sollte der angefochtene Verwaltungsakt keine oder eine unrichtige Rechtsbehelfsbelehrung enthalten, so verlängert sich die Frist auf **ein Jahr**.
- Nur wer geltend machen kann, durch einen Verwaltungsakt oder dessen Unterlassung **beschwert** zu sein, ist zur Einlegung des Rechtsbehelfs befugt.
- Der Steuerpflichtige darf **nicht** - schriftlich oder zur Niederschrift erklärt - auf die Einlegung eines Rechtsbehelfs **verzichtet** haben.

2.2 Einspruch

653 Der am häufigsten vorkommende außergerichtliche Rechtsbehelf ist der **Einspruch** (§ 347 AO). Er ist insbesondere gegen Steuer-, Feststellungs-, Steuermeß-, Zerlegungs- (**Tz 621**) und sonstige Bescheide (z. B. Haftungs- und Duldungsbescheide) sowie gegen eine Reihe weiterer Verwaltungsakte (z. B. verbindliche Zusagen; Aufforderungen zur Auskunftserteilung (§ 93 AO) und Urkundenvorlage (§ 97 AO)) gegeben, die § 347 AO in ihrem Anwendungsbereich abschließend aufzählt. Der Einspruch ist weiterhin möglich, wenn einer der aufgezählten Verwaltungsakte **aufgehoben** oder **geändert** und wenn ein Antrag auf **Erlaß**, **Aufhebung** oder **Änderung** eines Verwaltungsaktes abgelehnt wird.

654 Wichtig ist, daß Entscheidungen in einem Grundlagenbescheid nur durch Einspruch hiergegen, nicht durch Einspruch gegen den Folgebescheid angegriffen werden können (**Tz 621**).

Beispiel:

Das Finanzamt hat in einem Gewerbesteuermeßbescheid (Grundlagenbescheid) den Steuermeßbetrag auf 200.000 DM festgesetzt. Der Steuerpflichtige, der gewichtige Einwendungen gegen den Ansatz der Dauerschuldzinsen vorbringen kann, rührt sich jedoch zunächst nicht. Erst nachdem die Gemeinde ihm den Gewerbesteuerbescheid (Folgebescheid) zugestellt und ihn zur Zahlung aufgefordert hat, will er sich mit einem Einspruch gegen den Gewerbesteuerbescheid zur Wehr setzen.

Das Vorgehen des Steuerpflichtigen ist falsch. Er hätte, wenn er die Dauerschuldeigenschaft bestreiten wollte, gegen den Meßbescheid = Grundlagenbescheid des Finanzamts vorgehen müssen. Der Einspruch (Widerspruch) gegen den Steuerbescheid = Folgebescheid kann dessen rechtliche Bestandskraft nicht mehr aufheben (§ 351 (2) AO). Sofern allerdings der Meßbescheid zutreffend angefochten werden soll, wäre es (auch) möglich gewesen, den Einspruch bei der Gemeinde (statt zutreffend beim Finanzamt) einzulegen (§ 357 (2) Satz 2 AO). Der Rechtsbehelf ist in diesen Fällen der zuständigen Stelle zu übermitteln.

Die Einspruchsbefugnis bei der einheitlichen Feststellung regelt § 352 AO. Durch diese Vorschrift wird die Einspruchsbefugnis bei Feststellungsbescheiden auf bestimmte Personen beschränkt, um eine Eindämmung der Rechtsbehelfe und eine Straffung der Einspruchsverfahren zu erreichen.

655 Von besonderer Bedeutung ist, daß das Finanzamt im Falle des Einspruchs die Sache **in vollem Umfang** erneut zu prüfen hat, was sich für den Steuerpflichtigen gegenüber der ursprünglichen Veranlagung zu seinen Gunsten, aber auch zu seinem Nachteil auswirken kann (sog. **Verböserung**). Damit der Steuerpflichtige nicht von einer verbösernden Entscheidung überrascht wird, muß die Finanzbehörde ihn unter Angabe von Gründen auf die Verschlechterungsmöglichkeit hinweisen und ihm eine angemessene Frist (i.d.R. einen Monat) zur Äußerung gewähren (§ 367 (2) AO). Der Steuerpflichtige kann die verbösernde Entscheidung vermeiden, wenn er den Rechtsbehelf zurücknimmt.

Zur **Erledigung** eines zulässigen Einspruchs durch die Finanzbehörde sind grundsätzlich zwei Fälle denkbar:

- Das Finanzamt hält den Einspruch für sachlich begründet. Es hebt den ursprünglichen Verwaltungsakt auf.
- Das Finanzamt hält den Einspruch für sachlich unbegründet (insgesamt oder zum Teil). Es muß nun eine rechtsförmliche Einspruchsentscheidung treffen, durch die der Einspruch als unbegründet zurückgewiesen wird. Die für ihn negative **Einspruchsentscheidung** kann der Steuerpflichtige innerhalb eines Monats nach Zustellung mit der **Klage** vor dem **Finanzgericht** angreifen (**Tz 664**).

Daneben sind zur **Beendigung** eines Einspruches **ohne förmliche** Sachentscheidung folgende zwei Fälle möglich:

- Wenn der Steuerpflichtige seinen Einspruch zurücknimmt, bedarf es keiner Sachentscheidung mehr, denn das Verfahren ist mit der Rücknahme beendet.
- Eine förmliche Entscheidung erübrigt sich auch dann, wenn das Finanzamt bereit ist, den Anträgen des Einspruchsführers zu folgen. In einem solchen Fall wird das Einspruchsverfahren durch den sog. **Abhilfebescheid** beendet (§ 367 (2) Satz 3 AO).

656 Die rechtzeitige Einlegung eines Einspruches hemmt allerdings regelmäßig nicht die Vollziehung des angefochtenen Verwaltungsaktes, insbesondere wird die **Erhebung der Steuerabgabe** nicht aufgehalten. Diese Regelung soll – einem alten Grundsatz des Abgabenrechts entsprechend – verhindern, daß Steuerpflichtige nur deshalb Einspruch einlegen, um einen Stundungseffekt zu erzielen.

657 Als Ausnahme besteht daher die Möglichkeit der **Aussetzung der Vollziehung** (§ 361 AO), die neben dem Einspruch **gesondert** beantragt werden kann. Ob die Finanzbehörde die Vollziehung aussetzt, liegt grundsätzlich in ihrem eigenen **Ermessen** (§ 361 (2) AO). Die Aussetzung der Vollziehung beseitigt einstweilen alle Wirkungen des angefochtenen Verwaltungsaktes. Eine entsprechende (Teil-) Verzinsung ist die Folge (§§ 236, 237 AO).

Ist der Verwaltungsakt schon (z. B. durch vorzeitige Bezahlung) vollzogen, so tritt an die Stelle der Aussetzung der Vollziehung die **Aufhebung der Vollziehung**.

Bei Steuerbescheiden sind die Aussetzung und die Aufhebung der Vollziehung auf die festgesetzte Steuer, vermindert um die anzurechnenden Steuerabzugsbeträge, um die anzurechnende KSt und um die festgesetzten Vorauszahlungen, beschränkt.

2.3 Untätigkeitseinspruch

658 Eine besondere Art des außergerichtlichen Rechtsbehelfs ist der sog. **Untätigkeitseinspruch** (§ 347 (1) Satz 2 AO). Er ist möglich, wenn jemand geltend macht, daß die Finanzbehörde über einen bei ihr gestellten Antrag auf Erlaß eines Verwaltungsaktes nicht innerhalb einer angemessenen Frist sachlich entschieden hat (§ 347 (2) Satz 2 AO). Welche Frist angemessen ist, muß unter Berücksichtigung des Zeit- und Arbeitsaufwandes im einzelnen Fall untersucht werden.

Beispiel:

Der angestellte Handwerksmeister beantragt einen ESt-Erstattungsbescheid (§ 46 Abs. 2 Nr. 8 EStG), jedoch wird das Finanzamt nicht in angemessener Zeit tätig.

Vor diesem Hintergrund kann der Steuerpflichtige zur Durchsetzung seines Antrages einen Untätigkeitseinspruch einlegen.

659 Bei Nichtentscheidung über einen Einspruch ist allerdings bereits die Untätigkeitsklage möglich (§ 46 FGO).

2.4 Aussetzung/Ruhen von Rechtsbehelfsverfahren

Nach § 363 (1) AO kann die Finanzbehörde die Entscheidung über das Verfahren so lange aussetzen, bis eine für den Steuerstreit verbindliche Vorfrage in einem anderen Prozeß rechtskräftig entschieden ist.

660 § 363 (2) AO regelt die Voraussetzungen für ein Ruhen von Rechtsbehelfsverfahren. Nach Absatz 2 Satz 1 kann - mit Zustimmung des Einspruchsführers - ein Ruhen des Verfahrens eintreten, wenn dies aus wichtigen Gründen zweckmäßig erscheint. Voraussetzungen sind zum einen der Gesichtspunkt der Zweckmäßigkeit, zum anderen kann ein Ruhen des Verfahrens nach Absatz 2 Satz 2 auch kraft Gesetzes eintreten, wenn der Einspruchsführer seinen Einspruch auf ein beim EuGH, beim BVerfG oder bei einem obersten Bundesgericht anhängiges Verfahren wegen der Verfassungsmäßigkeit einer Rechtsnorm oder wegen einer Rechtsfrage stützt, und soweit nicht im Hinblick auf dieses anhängige Verfahren die Steuer nach § 165 (1) Satz 2 Nr. 3 AO vorläufig festgesetzt wurde. Mit dieser Vorschrift trägt der Gesetzgeber in aller Regel den Interessen des Einspruchsführers und der Finanzbehörde Rechnung, den Ausgang des gerichtlichen Verfahrens abzuwarten.

Ein ruhendes Rechtsbehelfsverfahren ist fortzusetzen, wenn der Einspruchsführer dies beantragt oder die Finanzbehörde dies dem Einspruchsführer mitteilt (§ 363 (2) Satz 4 AO). Die 'Zwangsruhe' schränkt daher die Rechte des Einspruchsführers nicht unzumutbar ein.

661 § 363 (3) AO bestimmt im Interesse der Verfahrensökonomie, daß die Ablehnung eines Antrags auf Aussetzung/Ruhen des Verfahrens oder der Widerruf einer Verfahrensaussetzung/Verfahrensruhe nicht selbständig, sondern nur mit der Klage gegen die Einspruchsentscheidung (§ 367 AO) angegriffen werden kann.

2.5 Mündliche Erörterung

662 Die Regelung des § 364a AO sieht eine **mündliche Erörterung des Sach- und Rechtsstandes** vor Erlaß einer Einspruchsentscheidung mit dem Ziel vor, eine einvernehmliche Erledigung des Einspruchsverfahrens zu fördern und Streitfälle vom Finanzgericht fernzuhalten.

2.6 Befristung des nachträglichen Tatsachenvortrags

663 § 364b AO soll dem Mißbrauch des außergerichtlichen und gerichtlichen Rechtsbehelfsverfahrens zu rechtsbehelfsfremden Zwecken entgegenwirken. Häufig wird Einspruch oder Klage erhoben, um - ggf. erst nach Jahren - Steuererklärungen oder sonstige steuerlich relevante Erklärungen erstmals abzugeben. Die Finanzbehörden und die Finanzgerichtsbarkeit werden mit solchen Verfahren erheblich belastet. Zur Vermeidung dieser Mißbrauchsfälle kann das Finanzamt dem Einspruchsführer eine **Frist mit ausschließlicher Wirkung** setzen zur Erklärung und Angabe von Tatsachen sowie zur Bezeichnung von Beweismitteln bzw. zur Vorlage von Urkunden (§ 364b AO). Von einer Mindestfrist hat der Gesetzgeber abgesehen, um zu ermöglichen, daß eine dem Einzelfall entsprechend angemessene Frist gesetzt werden kann. Nach Ablauf dieser Frist kann das Finanzamt dann nach Aktenlage über den Einspruch entscheiden; ein „Nachschieben" von Erklärungen und Beweismitteln ist insoweit im Rechtsbehelfsverfahren nicht mehr möglich. Dies gilt auch für ein ggf. nachfolgendes gerichtliches Verfahren (§ 76 (3) FGO).

Da allerdings § 364b AO nur im Einspruchsverfahren Anwendung findet, können verspätet vorgebrachte Erklärungen und Beweismittel insoweit (nur noch) Berücksichtigung finden, als die Voraussetzungen der steuerlichen Korrekturverfahren (§§ 172 ff. AO) erfüllt werden. Das wäre beispielsweise bei nachträglich bekanntgewordenen neuen Tatsachen der Fall, wenn den Steuerpflichtigen kein grobes Verschulden am verspäteten Vorbringen trifft (§ 173 (1) Nr. 2 AO).

3. Die finanzgerichtlichen Rechtsbehelfe

3.1 Die Klage beim Finanzgericht

664 Konnte der Steuerpflichtige sich im außergerichtlichen Vorverfahren mit seiner Auffassung nicht durchsetzen, so steht ihm in der ersten Instanz die **Klage** beim **Finanzgericht** offen (§ 35 FGO), die er **innerhalb eines Monats** nach Bekanntgabe der Entscheidung über den außergerichtlichen Rechtsbehelf beim Gericht oder bei der Finanzbehörde einreichen muß (§ 47 FGO).

Von den verschiedenen gesetzlich vorgesehenen Arten der Klage (§§ 40; 41 FGO) ist die **Anfechtungsklage** die weitaus häufigste. Mit ihrer Hilfe begehrt der Steuerpflichtige, einen zu seinen Ungunsten ergangenen Verwaltungsakt aufzuheben oder zu ändern.

Zu den **Prozeßvoraussetzungen** gehören die Zulässigkeit des Finanzrechtswegs (§ 33 FGO) und die Erfüllung der (im Vergleich zum außergerichtlichen Rechtsbehelfsverfahren strengeren) Formvoraussetzungen bei der Klageerhebung. Die Klage muß **schriftlich** oder **zur Niederschrift** erklärt werden und muß dabei den **Kläger**, den **Beklagten** (§ 65 FGO), den **Gegenstand des Klagebegehrens** und (bei Anfechtungsklagen) den **angefochtenen Verwaltungsakt** bezeichnen sowie einen **Antrag** enthalten. Fehlt eine der genannten Voraussetzungen des § 65 FGO, so kann diese innerhalb einer vom Gericht festzusetzenden Frist nachgeholt werden. Das **Fehlen der Unterschrift** ist hier aber – im Gegensatz zum Vorverfahren – nicht heilbar.

665 Das Finanzgericht entscheidet durch **Urteil** (§ 95 FGO). Da es bei seiner Urteilsfindung nicht über das Klagebegehren hinausgehen darf (§ 96 (1) FGO), kann es im finanzgerichtlichen Verfahren **keine Verböserung** (**Tz 655**) geben.

Ein durch das Finanzgericht rechtskräftig ergangenes Urteil bindet die Finanzbehörde und den Steuerpflichtigen in gleicher Weise. Rechtskraft erlangt das Urteil, wenn es entweder **nicht revisionsfähig** ist oder wenn **innerhalb eines Monats** nach Zustellung des Urteils **von keiner Partei** Revision eingelegt wurde.

3.2 Rechtsbehelfe beim Bundesfinanzhof

666 Als zweite und letzte Instanz des finanzgerichtlichen Verfahrens kann der Bundesfinanzhof mit Sitz in München angerufen werden.

3.2.1 Die Revision

667 Gegen das Urteil eines Finanzgerichtes können die Beteiligten - der Steuerpflichtige oder das Finanzamt - unter bestimmten Voraussetzungen **innerhalb eines Monats** nach Zustellung des Urteils **schriftlich** Revision beim Finanzgericht einlegen (§§ 115; 120 FGO).

668 Nachdem die sog. **Streitwertrevision** (ab einem Streitwert von 1.000 DM war die Revision immer möglich) ausgesetzt wurde (Art. 1 Nr. 5 BFH-EntlG), ist die Revision nur noch mit Zulassung des Finanzgerichts möglich (Ausnahmen: Revision gegen Urteile mit besonderen Verfahrensmängeln und gegen Urteile in Zolltarifsachen; § 116 FGO).

Das Finanzgericht muß die Revision zulassen,

- wenn das Urteil des Finanzgerichts von einer Entscheidung des BFH abweicht (**Divergenzrevision**), oder
- wenn die Rechtssache grundsätzliche Bedeutung hat (**Grundsatzrevision**), oder

- wenn die angefochtene Entscheidung des Finanzamtes auf einem geltend gemachten Verfahrensmangel beruhen kann (**Verfahrensrevision**).

Wenn das Finanzgericht die Revision nicht zuläßt, ist dieser Teil der Entscheidung selbständig mit der sog. **Nichtzulassungsbeschwerde** anfechtbar (§ 115 (3) FGO), die die Rechtskraft des Urteils hemmt.

Klageänderungen sind im Revisionsverfahren nicht zulässig (§ 123 FGO). Sollte allerdings das Finanzamt während des Revisionsverfahrens den angefochtenen Verwaltungsakt ändern, kann der BFH das angefochtene Urteil aufheben und die Sache zurückverweisen (§ 127 FGO). Andererseits kann der Kläger die Hauptsache für erledigt erklären oder den neuen Verwaltungsakt zum **Gegenstand des Verfahrens** machen (§§ 68, 123 Satz 2 FGO).

Der BFH entscheidet grundsätzlich durch **Urteil**. Über die die Verfahrensbeteiligten bindende Wirkung hinaus kommt den BFH-Urteilen **faktisch** eine allgemeine Bedeutung zu, weil sie von der Finanzbehörde in gleichgearteten Fällen normalerweise als maßgebend betrachtet werden. Manche dieser richtungweisenden Urteile werden in die Steuerrichtlinien aufgenommen.

3.2.2 Die Beschwerde

669 Gegen Entscheidungen des Finanzgerichts, die nicht Urteile sind, und gegen Entscheidungen des Gerichtsvorsitzenden können die Verfahrensbeteiligten **Beschwerde** (Gerichtsbeschwerde) beim BFH einlegen (§ 128 (1) FGO). Die Frist beträgt 2 Wochen (§ 129 (1) FGO).

Anwendungsfälle sind i. w. die **Anordnung einer Beiladung** (§ 60 FGO) und die **Versagung einer Wiedereinsetzung in den vorigen Stand**, wenn dies in einer selbständigen Verfügung erfolgt (§ 56 FGO).

Das Finanzgericht oder dessen Vorsitzender können der Beschwerde im Sinne des Steuerpflichtigen **abhelfen**; im anderen Falle ist die Beschwerde dem BFH unverzüglich vorzulegen (§ 130 (1) FGO).

Der BFH entscheidet über die Beschwerde durch Beschluß (§ 132 FGO).

4. Kosten der Rechtsbehelfe

670 Während für das **außergerichtliche** Rechtsbehelfsverfahren **keine Kostenpflicht** besteht, sind die **finanzgerichtlichen** Rechtsbehelfe **kostenpflichtig**.

Grundsätzlich trägt die unterliegende Partei die Kosten des Verfahrens (§ 135 (1) FGO). Maßgebend ist das **endgültige** Ergebnis des Rechtsstreits; unterlegen ist demnach auch derjenige, der zwar im Klageverfahren beim Finanzgericht obsiegt hat, im Rechtsmittelverfahren beim BFH jedoch unterlegen ist.

Der **Umfang** und die **Höhe** der Kosten werden durch die **Gerichtskosten** i.S. der Gebühren bzw. Auslagen des Gerichts und durch die **Aufwendungen des Steuerpflichtigen** (z.B. Gebühren und Auslagen des Steuerberaters, Reisekosten, Verdienstausfall) zur zweckentsprechenden Rechtsverfolgung oder Rechtsverteidigung bestimmt (§ 139 (1) FGO; Anlage zum GKG). Die einzelne Gebühr bemißt sich nach dem Streitwert und der Anlage zu § 11 GKG. **Die Aufwendungen der Finanzbehörde** sind nicht zu erstatten (§ 139 (2) FGO).

Die Kostenentscheidung wird vom Gericht gefällt (§ 143 FGO). Sollten bestimmte Kosten durch Verschulden eines Beteiligten entstanden sein, so können sie nach § 137 FGO diesem Beteiligten auferlegt werden.

Auf Antrag setzt der Urkundsbeamte die dem Kläger von der Finanzbehörde zu erstattenden Aufwendungen fest. Dagegen wäre innerhalb von zwei Wochen der Rechtsbehelf der Erinnerung mit nachfolgendem Beschluß des Gerichts gegeben (§ 149 FGO).

Kapitel V: Steuerliche Besonderheiten in den neuen Bundesländern

A. Grundzüge der verschiedenen steuerlichen Förderungsmaßnahmen bis zum 31.12.1998

671 Wesentliche Impulse für die steuerliche Förderung in den neuen Bundesländern brachte das **Steueränderungsgesetz 1991** und hierin insbesondere das Gesetz über Sonderabschreibungen und Abzugsbeträge im Fördergebiet (**Fördergebietsgesetz**). Darüber hinaus ist das **Investitionszulagengesetz** von Bedeutung.

Ziel des Gesetzgebers ist es, durch das Fördergebietsgesetz und das Investitionszulagengesetz in seinen verschiedenen Fassungen die betrieblichen Investitionen durch erhöhte Abschreibungen und durch Investitionszulagen zu fördern. Darüber hinaus soll die private Bautätigkeit angeregt werden. Die Fördermaßnahmen waren zunächst bis zum 31.12.1994 befristet. In der Folgezeit wurden sie - letztmalig durch das Jahressteuergesetz 1996 - mehrmals verlängert, wobei es Einschränkungen und tatbestandliche Veränderungen gab.

672 Die Fördermaßnahmen nach den genannten Gesetzen gelten nunmehr für Investitionen, die **vor dem 01.01.1999** abgeschlossen werden. Sollten **vor** dem 01.01.1999 noch **Anzahlungen** auf Anschaffungskosten geleistet werden oder **Teilherstellungskosten** entstehen für Baumaßnahmen, die **nach dem 31.12.1998** abgeschlossen werden, so können hierfür nach dem FördG noch Sonderabschreibungen in Anspruch genommen werden.

I. Förderung im Bereich der Unternehmen

1. Fördergebietsgesetz (FördG)

1.1 Begünstigter Personenkreis und Fördergebiet

673 Im Unternehmensbereich sind alle unbeschränkt und beschränkt **Einkommensteuer**- oder **Körperschaftsteuerpflichtigen** anspruchsberechtigt. Bei Personengesellschaften (Mitunternehmerschaften) wird klargestellt, daß nicht der einzelne Gesellschafter, sondern die Gesellschaft als solche berechtigt ist, die Förderungsmaßnahmen zu nutzen (§ 1 FördG). Die Inanspruchnahme der Vergünstigung setzt nicht voraus, daß der anspruchsberechtigte Steuerpflichtige im Beitrittsgebiet ansässig ist; es genügt vielmehr, daß er dort die begünstigten Investitionen durchführt.

Das **Fördergebiet** besteht aus den Ländern Berlin, Brandenburg, Mecklenburg-Vorpommern, Sachsen, Sachsen-Anhalt und Thüringen (§ 1 (2) FördG).

1.2 Begünstigte Investitionen

674 Begünstigte Investitionen sind die **Anschaffung** und die **Herstellung** von **abnutzbaren beweglichen und unbeweglichen Wirtschaftsgütern** (§§ 2, 3 FördG). Bewegliche Wirtschaftsgüter müssen allerdings zu einem Anlagevermögen gehören.

Aus dem bislang Gesagten folgt, daß **nicht abnutzbare Wirtschaftsgüter** - gleichgültig ob bewegliche oder unbewegliche Wirtschaftsgüter - nicht in die Förderung einbezogen sind. Dazu gehören insbesondere Grund und Boden, Beteiligungen (z. B. GmbH-Anteile und Aktien) sowie Wertpapiere.

Aufgrund der Tatsache, daß das Gesetz nur bewegliche und unbewegliche Wirtschaftsgüter begünstigt, werden die **immateriellen** Wirtschaftsgüter ausgeschlossen. Das gilt insbesondere für den Firmenwert, Patentrechte, Konzessionen, Know-how u.ä.

1.2.1 Bewegliche Wirtschaftsgüter

675 Die begünstigten **beweglichen Wirtschaftsgüter** des Anlagevermögens können neu oder gebraucht sein. Ist zweifelhaft, ob ein Wirtschaftsgut als beweglich zu qualifizieren ist, so sind die einschlägigen einkommensteuerlichen Vorschriften heranzuziehen (R 42 (2) EStR). Wichtig ist dies insbesondere für die **Betriebsvorrichtungen (Tz 488)**, die zu den beweglichen Wirtschaftsgütern gezählt werden. Das gilt auch dann, wenn sie im Einzelfall wesentlicher Bestandteil eines Grundstücks und damit im technischen Sinn unbeweglich sind (R 42 (3) EStR). Anders als bei der Investitionszulage sind geringwertige Wirtschaftsgüter und PKWs nicht von der Begünstigung ausgenommen. Insbesondere bei geringwertigen Wirtschaftsgütern dürfte die Begünstigung jedoch wenig praktische Bedeutung haben, da hier nach § 6 (2) EStG ein Wahlrecht besteht, die gesamten Anschaffungskosten im Jahr der Anschaffung als Aufwand geltend zu machen (**Tz 479**).

676 Die Begünstigung beweglicher Wirtschaftsgüter ist an **Verbleibensvoraussetzungen** (§ 2 Nr. 2 FördG) geknüpft. Die Wirtschaftsgüter müssen mindestens 3 Jahre nach ihrer Anschaffung oder Herstellung zum Anlagevermögen einer Betriebstätte des Steuerpflichtigen im Fördergebiet gehören und während dieser Zeit dort verbleiben. Die Frist ist taggenau zu berechnen. Fristbeginn ist der Tag der Anschaffung/Herstellung bzw. der Beendigung eventuell nachträglicher Herstellungsaufwendungen.

Beispiel:

Ein Wirtschaftsgut wird am 21.11.1994 angeschafft bzw. hergestellt. Die Dreijahresfrist läuft mit Ablauf des 21.11.1997 ab (§ 108 (1) AO; §§ 187 (1), 188 (2) BGB).

Für die Auslegung der Verbleibensfrist ist wesentlich, daß unter "Verbleiben" zwar eine **dauerhafte räumliche Beziehung** des Wirtschaftsguts zu dem Betrieb bzw. der Betriebstätte zu verstehen ist, dies jedoch nicht in jedem Falle bedeuten muß, daß das Wirtschaftsgut in dem räumlich abgegrenzten Bereich des Betriebs bzw. der Betriebstätte verbleiben muß (siehe hierzu die BMF-Schreiben vom 31.12.1986 und vom 31.05.1991; BStBl 1987 I S. 51, Tz 41 und BStBl 1991 I S. 531, Abschn. 3 Abs. 2). Scheidet das Wirtschaftsgut vor Ablauf der Dreijahresfrist aus dem Anlagevermögen des Steuerpflichtigen aus, so entfällt die Vergünstigung rückwirkend. Als **steuerschädlich** ist danach z.B. anzusehen:

- die Veräußerung des betreffenden Wirtschaftsguts
- die Veräußerung des Betriebs bzw. der Betriebstätte
- die Verpachtung des betreffenden Wirtschaftsguts
- die Verpachtung des Betriebs bzw. der Betriebstätte
- die Überführung des Wirtschaftsguts in einen anderen Betrieb oder eine andere Betriebstätte des Steuerpflichtigen außerhalb des Fördergebiets
- die Überführung des Wirtschaftsguts ins Umlaufvermögen
- die Entnahme des Wirtschaftsguts in das Privatvermögen.

Als **steuerunschädlich** gelten hingegen z.B. die folgenden Sachverhalte:

- das vorzeitige Ausscheiden des Wirtschaftsguts durch Ablauf der Nutzungsdauer
- das vorzeitige Ausscheiden durch höhere Gewalt (z.B. Brand oder Diebstahl)
- das vorzeitige Ausscheiden durch wirtschaftlichen Verbrauch oder einen Totalschaden
- die unentgeltliche Übertragung des Betriebs bzw. der Betriebstätte
- die Verwendung von Wirtschaftsgütern des Besitzunternehmens in einer Betriebstätte des Betriebsunternehmens, welche im Fördergebiet liegt.
- die Verlagerung eines Wirtschaftsguts von der einen in eine andere Betriebstätte des Steuerpflichtigen, wenn letztere ebenfalls im Fördergebiet belegen ist.

677 Für bewegliche Wirtschaftsgüter gilt darüber hinaus, daß sie in jedem Jahr des Dreijahreszeitraums vom Steuerpflichtigen zu **nicht mehr als 10% privat** genutzt werden (§ 2 Nr. 3 FördG). Die Begrenzung bezieht sich nur auf die **Privatnutzung** durch den Steuerpflichtigen selbst. Von besonderer Bedeutung dürfte die private Kraftfahrzeugnutzung sein. Sie ist für jeden Kalendermonat mit 1% des inländischen Listenpreises im Zeitpunkt der Erstzulassung zuzüglich der Kosten für Sonderaustattungen einschließlich der USt anzusetzen. Die Privatnutzung kann jedoch auch mit den auf die Privatfahrten entfallenden Aufwendungen angesetzt werden, wenn die für das KFZ insgesamt entstehenden Aufwendungen durch Belege und das Verhältnis der privaten zu den übrigen Fahrten durch ein ordnungsgemäßes Fahrtenbuch nachgewiesen werden (§ 6 (1) Nr. 4 EStG). Es muß also bei Kraftfahrzeugen ein besonderer Nachweis geführt werden, wenn die steuerliche Förderung nicht an der Voraussetzung der nur geringfügigen Privatnutzung scheitern soll. Die Überlassung an Dritte zur privaten Nutzung ist unschädlich; jedoch muß beachtet werden, daß das Wirtschaftsgut weiterhin einer Betriebstätte des Steuerpflichtigen zugeordnet bleibt.

678 Es werden auch **nachträgliche Herstellungsarbeiten** an abnutzbaren beweglichen Wirtschaftsgütern des Anlagevermögens gefördert. Solche liegen vor, wenn an einem bereits

gelieferten oder fertiggestellten Wirtschaftsgut Arbeiten ausgeführt werden, welche - im Gegensatz zu den bloß konservierenden Erhaltungsaufwendungen - das Wirtschaftsgut in seiner Substanz vermehren, in seinem Wesen erheblich verändern oder über seinen bisherigen Zustand hinaus deutlich verbessern (siehe hierzu **Tz 57**).

1.2.2 Unbewegliche Wirtschaftsgüter

679 Neben den beweglichen Wirtschaftsgütern des Anlagevermögens begünstigt der Gesetzgeber solche Baumaßnahmen, welche die **Anschaffung** und die **Herstellung** von sowie **Modernisierungsmaßnahmen** und andere **nachträgliche Herstellungsarbeiten** an abnutzbaren **unbeweglichen** Wirtschaftsgütern betreffen (§ 3 FördG). Zu den unbeweglichen Wirtschaftsgütern zählen neben den Gebäuden auch Außenanlagen und Gebäudeteile (R 13 EStR).

680 Die Anschaffung ist nur begünstigt, wenn das Wirtschaftsgut nach dem Jahr der Fertigstellung und **vor dem 01.01.1994** angeschafft worden ist. Soweit das Wirtschaftsgut **nach dem 31.12.1993** angeschafft worden ist, muß es mindestens **fünf Jahre** nach seiner Anschaffung zu eigenbetrieblichen Zwecken verwendet werden (§ 3 Satz 2 Nr. 2 FördG).

Modernisierungsmaßnahmen und andere nachträgliche Herstellungsarbeiten sind nur begünstigt, soweit das modernisierte Wirtschaftsgut nach dem Jahr der Fertigstellung aufgrund eines **nach dem 31.12.1991** rechtswirksam abgeschlossenen schuldrechtlichen Vertrages oder eines gleichstehenden Rechtsaktes angeschafft worden ist und die Arbeiten erst nach dem Abschluß dieses Vertrages durchgeführt worden sind. (§ 3 Satz 2 Nr. 3 FördG).

Modernisierungsmaßnahmen sind alle Arbeiten, die dazu dienen, den Gegenstand in einen Zustand zu versetzen, der derzeitigen Nutzungsanforderungen entspricht.

Nachträgliche Herstellungsarbeiten liegen dann vor, wenn nach bereits erfolgter Fertigstellung eines Objektes etwas bisher nicht Vorhandenes geschaffen wird (Beispiele: Errichtung eines Anbaus, Ausbau eines Dachgeschosses).

Unter die nachträglichen Herstellungsarbeiten fallen auch die sog. **anschaffungsnahen Aufwendungen** (R 157 (4) EStR). Gerade mit Blick auf die anschaffungsnahen Aufwendungen an Gebäuden und anderen unbeweglichen Wirtschaftsgütern im Fördergebiet erweist es sich als besonders günstig, daß sie bei der Ermittlung der Einkünfte über einen Zeitraum von 10 Jahren abgesetzt werden können (§ 4 (3) FördG). Der Restwert ist von dem Jahr an, in dem die Sonderabschreibungen nicht mehr vorgenommen werden können - spätestens aber vom fünften Jahr nach Beendigung der Herstellungsarbeiten an - bis zum Ende des neunten Jahres nach dem Jahr der Beendigung der Herstellungsarbeiten gleichmäßig abzusetzen.

Beispiel:

Im Jahr 1992 fallen in einem Unternehmen nachträgliche Herstellungsarbeiten bzw. anschaffungsnahe Aufwendungen in Höhe von 100.000 DM an. Die zulässigen Sonderabschreibungen können beliebig auf die Jahre 1992 - 1996 verteilt werden.

Daneben kann die lineare AfA von regelmäßig 2% gleich 2.000 DM p.a. geltend gemacht werden. Ab dem Jahr 1997 ist der Restwert gleichmäßig auf 5 Jahre (10 - 5 Jahre) zu verteilen, da die Gesamtabschreibungsdauer immer 10 Jahre betragen muß (§ 4 (3) FördG).

1.3 Der Begünstigungszeitraum

681 Die Förderung durch Sonderabschreibungen wird gewährt für diejenigen begünstigten Wirtschaftsgüter, die **nach dem 31.12.1990** und **vor dem 1.1.1999** angeschafft oder hergestellt werden. Anzahlungen und Teilherstellungskosten sind ebenfalls begünstigt, wenn sie **nach dem 31.12.1990** und **vor dem 1.1.1999** geleistet werden oder entstehen.

Eine besondere Regelung galt für Investitionen in Berlin (West). Bei beweglichen Wirtschaftsgütern, die im Zeitpunkt der Anschaffung oder Herstellung zum Anlagevermögen einer Betriebstätte in Berlin (West) gehörten und bei unbeweglichen Wirtschaftsgütern in Berlin (West) war Voraussetzung für die Förderung, daß der Steuerpflichtige die Wirtschaftsgüter nach dem 30.6.1991 bestellt oder herzustellen begonnen hat; das gleiche galt für nachträgliche Herstellungsarbeiten an einem Gebäude. Hierdurch wurde sichergestellt, daß das für das gesamte Fördergebiet geltende Gesetz im Gebiet von Berlin (West) in dem Zeitpunkt wirksam wurde, in dem die Förderung nach § 14 Berlin-FG entfiel.

Die Begünstigungen für Berlin (West) sind entsprechend einer Entscheidung der EU-Kommission zum 31.12.1994 ausgelaufen. **Bestimmte** Wirtschaftsgüter, die **nach dem 31.12.1995** und **vor dem 01.01.1999** angeschafft oder hergestellt worden sind, sind jedoch wieder in die Sonderabschreibungen einbezogen worden.

1.4 Die Sonderabschreibungen

682 Die **Sonderabschreibungen** betragen bis zu **50%** der Anschaffungs- oder Herstellungskosten bzw. der nachträglichen Herstellungskosten, wenn die Investitionen **nach dem 31.12.1990** und **vor dem 01.01.1997** abgeschlossen wurden (§§ 4 (1) Satz 1, (2) Satz 1 Nr. 1 FördG). Wenn Investitionen **nach dem 31.12.1996** und **vor dem 01.01.1999** abgeschlossen wurden, betragen die Abschreibungen nur insoweit **50%**, als für diese Wirtschaftsgüter **vor dem 01.01.1997** Anzahlungen geleistet worden oder Teilherstellungskosten entstanden sind.

683 Für Investitionen, die **nach dem 31.12.1996** und **vor dem 01.01.1999** abgeschlossen werden, betragen die Sonderabschreibungen, soweit die Bemessungsgrundlage die Anzahlungen auf Anschaffungskosten bzw. Teilherstellungskosten, die vor dem 01.01.1997 geleistet wurden, übersteigt (§ 4 (2) Satz 1 Nr. 2 FördG)

a. grundsätzlich bis zu **40%**.
b. bis zu **25%** für Baumaßnahmen (außer Modernisierungskosten und nachträgliche Herstellungskosten), wenn das Objekt mindestens 5 Jahre zu Wohnzwecken genutzt wird.
c. bis zu **20%** für Baumaßnahmen (außer Modernisierungskosten und nachträgliche Herstellungskosten),
   - wenn das Objekt weniger als 5 Jahre zu Wohnzwecken genutzt wird;
   - wenn das Objekt weniger als 5 Jahre eigenbetrieblich in einem Betrieb des verarbeitenden Gewerbes genutzt wird.

684 Die **Sonderabschreibungen** betragen bis zu **50%** der Anschaffungs- oder Herstellungskosten bzw. der nachträglichen Herstellungskosten, wenn die Investitionen **nach dem 31.12.1998** abgeschlossen werden, soweit für diese Wirtschaftsgüter **nach dem 31.12.1990** und **vor dem 01.01.1997** Anzahlungen auf Anschaffungskosten geleistet wurden bzw. Teilherstellungskosten entstanden sind. Für Investitionen, die **nach dem 31.12.1998** abgeschlossen werden, betragen die Sonderabschreibungen, soweit für diese Wirtschaftsgüter **nach dem 31.12.1996** und **vor dem 01.01.1999** Anzahlungen auf Anschaffungskosten geleistet worden bzw. Teilherstellungskosten entstanden sind (§ 4 (2) Satz 1 Nr. 3 FördG)

a. grundsätzlich bis zu **40%**.
b. bis zu **25%** für Baumaßnahmen (außer Modernisierungskosten und nachträgliche Herstellungskosten), wenn das Objekt mindestens 5 Jahre zu Wohnzwecken genutzt wird.
c. bis zu **20%** für Baumaßnahmen (außer Modernisierungskosten und nachträgliche Herstellungskosten),
   - wenn das Objekt weniger als 5 Jahre zu Wohnzwecken genutzt wird;
   - wenn das Objekt weniger als 5 Jahre eigenbetrieblich in einem Betrieb des verarbeitenden Gewerbes genutzt wird.

Für Investitionen in **Berlin (West)** kommen **nach dem 31.12.1995** und **vor dem 01.01.1999** angeschaffte oder hergestellte bewegliche oder unbewegliche Wirtschaftsgüter für Sonderabschreibungen in Betracht, sofern die folgenden Voraussetzungen erfüllt werden:

- Unbewegliche Wirtschaftsgüter müssen mindestens 5 Jahre nach ihrer Anschaffung/Herstellung in einem Betrieb des verarbeitenden Gewerbes eigenbetrieblichen Zwecken dienen.

- Bewegliche Wirtschaftsgüter müssen mindestens drei Jahre nach ihrer Anschaffung/Herstellung zum Anlagevermögen eines Betriebes des verarbeitenden Gewerbes oder eines eingetragenen Handwerksbetriebes gehören und in einem solchen Betrieb des Steuerpflichtigen verbleiben.

- Es muß sich um Erstinvestitionen handeln.

- Der Betrieb darf zu Beginn des Wirtschaftsjahres, in dem die Wirtschaftsgüter angeschafft/hergestellt werden, nicht mehr als 250 Arbeitnehmer beschäftigen.

- Die Betriebstätte muß sich in einem Gebiet befinden, das im jeweils gültigen Rahmenplan nach dem Gesetz über die Gemeinschaftsaufgabe „Verbesserung der regionalen Wirtschaftsstruktur“ enthalten ist.

685 Die Sonderabschreibungen können in beliebiger Aufteilung im Jahr der Anschaffung oder Herstellung bzw. der Beendigung der nachträglichen Herstellungsarbeiten und in den folgenden 4 Jahren in Anspruch genommen werden (Begünstigungszeitraum).

In jedem Jahr des Begünstigungszeitraums muß allerdings die AfA nach § 7 (1) EStG (bewegliche Wirtschaftsgüter) oder § 7 (4) EStG (unbewegliche Wirtschaftsgüter) vorgenommen werden. Die degressive AfA ist unzulässig (§ 7a (4) EStG).

Bei beweglichen Wirtschaftsgütern kann somit die **lineare AfA**, (**Tz 399**) die Abschreibung **nach Maßgabe der Leistung** (**Tz 401**), und die Absetzung für **außergewöhnliche technische oder wirtschaftliche Abnutzung** (**Tz 473**) in Frage kommen.

Bei Gebäuden sind neben den Sonderabschreibungen nur die linearen Abschreibungen nach § 7 (4) EStG und die **Absetzung für außergewöhnliche technische oder wirtschaftliche Abnutzung** erlaubt.

Die Sonderabschreibungen können wie erwähnt bereits für **Anzahlungen** und **Teilherstellungskosten** in Anspruch genommen werden. Aufgrund der einschlägigen Vorschrift von § 7a (2) EStG sind nach der Anschaffung oder Herstellung des Wirtschaftsguts Sonderabschreibungen nur noch insoweit zulässig, als sie nicht bereits für Anzahlungen oder Teilherstellungskosten beansprucht wurden.

686 Sind für ein Wirtschaftsgut Sonderabschreibungen durchgeführt worden, bemessen sich die laufenden Abschreibungen nach Ablauf des Begünstigungszeitraums nur noch nach dem **Restwert** des Wirtschaftsguts. Dabei sind nur lineare Abschreibungen zulässig (§ 7a (9) EStG). Dies bedeutet, daß die AfA-Sätze des § 7 (4) Satz 1 EStG grundsätzlich auch nach Ablauf des Begünstigungszeitraumes weiterhin anzuwenden sind, allerdings bezogen auf den Restwert nach Ablauf des Begünstigungszeitraumes.

In bezug auf die nachträglichen Herstellungskosten für unbewegliche Wirtschaftsgüter enthält § 4 (3) FördG eine Sonderregelung der Restwertabschreibung. Sie führt zu einer Vollabschreibung der Aufwendungen innerhalb von 10 Jahren. Hier kann die Restwertabschreibung bereits vor Ablauf des Begünstigungszeitraums beginnen. Hat der Steuerpflichtige z.B. die Sonderabschreibungen im Erstjahr bereits voll ausgeschöpft, wird der Restwert gleichmäßig auf die folgenden 9 Jahre verteilt.

1.5 Zusammenfassendes Schema

687 Die Förderung von Unternehmungen durch Sonderabschreibungen in den neuen Bundesländern zeigt das **Schaubild 69** im Überblick.

2. Investitionszulagengesetz 1996

2.1 Begünstigter Personenkreis und Fördergebiet

688 Als begünstigter Personenkreis kommen alle unbeschränkt und beschränkt **Einkommensteuer-** oder **Körperschaftpflichtigen** sowie Personengesellschaften (Mitunternehmerschaften) in Betracht (§ 1 InvZulG 96). Der Kreis der begünstigten Personen entspricht also demjenigen bei den Sonderabschreibungen.

Die Art der Gewinnermittlung - durch Steuerbilanz oder Überschußrechnung nach § 4 (3) EStG - ist gleichgültig.

Die Zulageberechtigung ist nicht an die Ansässigkeit in den neuen Bundesländern geknüpft.

Das **Fördergebiet** umfaßt die Länder Brandenburg, Mecklenburg-Vorpommern, Sachsen, Sachsen-Anhalt, Thüringen und Berlin einschließlich Berlin (West).

2.2 Zulagefähige Investitionen

689 Die Investitionszulage wird gewährt für **abnutzbare bewegliche Wirtschaftsgüter des Anlagevermögens** (§ 2 (1) InvZulG 1996). Damit sind von vornherein von der Förderung ausgeschlossen

- unbewegliche Wirtschaftsgüter, insbesondere Gebäude
- nicht abnutzbare Wirtschaftsgüter, insbesondere Beteiligungen und Wertpapiere
- immaterielle Wirtschaftsgüter, insbesondere Firmenwerte, Patente, Konzessionen u.a.
- Wirtschaftsgüter des Umlaufvermögens, insbesondere Roh-, Hilfs- und Betriebsstoffe u.a.

Kraft ausdrücklicher Regelung wird für **geringwertige Wirtschaftsgüter** keine Investitionszulage gewährt. Dasselbe gilt für **PKWs**.

begünstigter Personenkreis (1)	geförderter Gegenstand (2)	Bemessungsgrundlage der Förderung (3)	zu beachtende Bedingungen (4)	Art der Förderung (5)	Zeitraum der Förderung (6)
unbeschränkt und beschränkt **einkommen-** oder **körperschaftsteuerpflichtige Gewerbetreibende; Personengesellschaften** sind als solche anspruchsberechtigt	Investitionen **abnutzbarer beweglicher Wirtschaftsgüter** des **Anlagevermögens** in den neuen Bundesländern einschließlich Berlin (West)	**Anschaffungs- oder Herstellungskosten** einschließlich **nachträglicher** Herstellungskosten sowie **Anzahlungen** und **Teilherstellungskosten**	**Verbleib** in einer Betriebstätte des Steuerpflichtigen **im Fördergebiet** während mindestens 3 Jahren nach der Anschaffung oder Herstellung	**Sonderabschreibungen**, deren Höhe von den Investitionszeitpunkten abhängig ist (vgl. § 4 (2) FördG), während des Begünstigungszeitraums 1.1.1991 bis 31.12.1998	**Jahr** der **Anschaffung** oder **Herstellung** und **folgende 4 Jahre**
s.o.	Investition **abnutzbarer unbeweglicher Wirtschaftsgüter** in den neuen Bundesländern einschließlich Berlin (West)	**Anschaffungs-** oder **Herstellungskosten** einschließlich **Modernisierungsarbeiten** und anderer **nachträglicher** Herstellungskosten sowie **Anzahlungen** und **Teilherstellungskosten**	Privatnutzung nicht höher als 10% s.o.	s. o.	s. o.

Schaubild 69: Steuerliche Förderung im Unternehmensbereich in den neuen Bundesländern (Sonderabschreibungen)

Die zu fördernden Wirtschaftsgüter müssen **neu** sein. Bei eigener Herstellung durch den Zulageberechtigten bedeutet dies, daß der Teilwert der bei der Herstellung verwendeten gebrauchten Wirtschaftsgüter 10% des Teilwerts des hergestellten Wirtschaftsguts nicht übersteigen darf.

In Anschaffungsfällen gilt ein Wirtschaftsgut als neu, wenn es in ungebrauchtem Zustand erworben wurde und beim Hersteller die Voraussetzungen vorliegen, die für die Annahme eines neuen Wirtschaftsguts bei der Selbstherstellung erforderlich sind.

690 Die Investitionszulage wird nur für Wirtschaftsgüter gewährt, die **mindestens 3 Jahre** nach ihrer Anschaffung oder Herstellung

- zum Anlagevermögen eines Betriebs oder einer Betriebstätte im Fördergebiet gehören und
- in einer Betriebstätte im Fördergebiet verbleiben.

Ein wesentlicher Unterschied gegenüber den Sonderabschreibungen besteht darin, daß die Wirtschaftsgüter zur Erlangung einer Investitionszulage zu einer **beliebigen Betriebstätte** im Fördergebiet gehören können, während die Sonderabschreibungen die Zugehörigkeit zu einer Betriebstätte **des Steuerpflichtigen** im Fördergebiet verlangen.

Das bedeutet, daß die Veräußerung oder unentgeltliche Übertragung des betreffenden Wirtschaftsguts als unschädlich anzusehen ist, wenn das Wirtschaftsgut anschließend zum Anlagevermögen einer Betriebstätte des neuen Eigentümers im Fördergebiet gehört und dort verbleibt. Ebenso wird die Verbleibensvoraussetzung bei langfristigen Nutzungsüberlassungen, insbesondere in Leasingfällen, erfüllt, sofern das Wirtschaftsgut in einer Betriebstätte des Nutzungsberechtigten eingesetzt wird und diese im Fördergebiet liegt.

691 Zusätzlich zu den bislang genannten Bedingungen ist die Gewährung der Investitionszulage davon abhängig, daß das Wirtschaftsgut in jedem Jahr des Dreijahreszeitraums zu **nicht mehr als 10 % privat genutzt** wird. Bei Kapitalgesellschaften tritt an die Stelle der privaten Nutzung die Nutzung für außerbetriebliche Zwecke der Gesellschafter.

Schädlich ist die Privatnutzung durch den Eigentümer; unschädlich hingegen ist es, wenn ein aus einem Betriebsvermögen heraus vermietetes Wirtschaftsgut vom Mieter privat genutzt wird. Als betriebliche Nutzung gilt auch die unentgeltliche Überlassung an Arbeitnehmer, selbst wenn letztere das Wirtschaftsgut für private Zwecke einsetzen.

Die Wirkung der Investitionszulage wird dadurch erheblich erweitert, daß das Unternehmen sie **neben** den Sonderabschreibungen in Anspruch nehmen kann, soweit die Voraussetzungen für beide Vergünstigungen erfüllt sind.

2.3 Investitionszeitraum und Höhe der Investitionszulage

692 Begünstigt sind Investitionen, die **nach dem 30.06.1994** begonnen worden sind und **vor dem 1.1.1999** abgeschlossen werden (§ 3 Satz 1 Nr. 4 InvZulG 1996). Begünstigt sind jedoch nur noch Investitionen in Betrieben des verarbeitenden Gewerbes oder Investitionen i.S.d. § 5 (2), (3) oder (4) InvZulG 96. Investitionen in anderen Betrieben sind nur noch begünstigt, wenn sie vor dem 01.01.1997 oder früher abgeschlossen worden sind (§ 3 Satz 1 Nrn. 1, 2, 3, 5 InvZulG 96).

Die Investitionszulage beträgt grundsätzlich **5%** der Bemessungsgrundlage (§ 5 (1) Nr. 3 InvZulG 96). Sie erhöht sich auf **10%** für Investitionen i.S.d. § 3 Nr. 4 InvZulG 96, sofern es sich um **kleine** und **mittlere Betriebe** handelt, die in die **Handwerksrolle** oder in das **Verzeichnis handwerksähnlicher Betriebe** eingetragen sind oder zum verarbeitenden Gewerbe gehören und zu Beginn des Wirtschaftsjahres nicht mehr als 250 Arbeitnehmer beschäftigen.

Die Bemessungsgrundlage im Wirtschaftsjahr darf allerdings den Betrag von 5 Mio. DM nicht übersteigen (§ 5 (3) InvZulG 96). Für den übersteigenden Betrag wird die Grundzulage gewährt.

693 Für Investitionen im ehemaligen **Berlin (West)** gelten etwas andere Regelungen. Danach wird eine Investitionszulage nur gewährt, wenn es sich um **Erstinvestitionen** in kleinen und mittleren Betrieben handelt, sofern diese in die Handwerksrolle oder in das Verzeichnis handwerksähnlicher Betriebe eingetragen sind oder zum verarbeitenden Gewerbe gehören und zu Beginn des Wirtschaftsjahres nicht mehr als 250 Arbeitnehmer beschäftigen. Begünstigt sind Investitionen, die **nach dem 31.12.1995** begonnen worden sind und **vor dem 01.01.1999** abgeschlossen werden.

Die Investitionszulage beträgt **10%** für Investitionen i.S.d. § 3 Nr. 4 InvZulG 96. Die Bemessungsgrundlage im Wirtschaftsjahr darf allerdings den Betrag von 5 Mio. DM nicht übersteigen (§ 5 (2) Nr. 3 und (3) InvZulG 96). Für den übersteigenden Betrag wird keine Zulage gewährt.

694 Eine weitere Einschränkung gilt es zu beachten, sofern sich die Betriebstätte im Zeitpunkt einer Erstinvestition nicht in einem Gebiet, das im jeweils gültigen Rahmenplan nach dem Gesetz über die Gemeinschaftsaufgabe „Verbesserung der regionalen Wirtschaftsstruktur“ ausgewiesen ist.

Eine Investitionszulage in Höhe von 10% wird nur gewährt, wenn der Betrieb nicht mehr als 50 Arbeitnehmer beschäftigt und in den zwölf Monaten vor Beginn des Wirtschaftsjahres der Anschaffung/Herstellung des Wirtschaftsgutes der Umsatz des Betriebes 13 Mio. DM oder die Bilanzsumme am Ende des dem Jahr der

Anschaffung/Herstellung vorangehenden Wirtschaftsjahres 9 Mio. DM nicht übersteigt (§ 11 (2) Nr. 3 InvZulG 96).

Ab dem **01.01.1997** ist Berlin insgesamt als derartiges Gebiet ausgewiesen. Folglich müssen die genannten Voraussetzungen nur für solche Investitionen geprüft werden, die **vor** dem **01.01.1997** begonnen worden sind.

695 Die Investitionszulage muß beim Finanzamt mittels eines **förmlichen Antrags** beantragt werden. Hierfür gibt es gesetzliche Fristen. Danach ist der Antrag nach amtlichem Vordruck **bis zum 30.09. des Kalenderjahres** zu stellen, das auf das Wirtschaftsjahr folgt, in dem Investition abgeschlossen, die Anzahlungen geleistet oder die Teilherstellungskosten entstanden sind. Diese Frist kann **nicht** verlängert werden.

2.4 Bemessungsgrundlage

696 Die Investitionszulage bemißt sich nach der Summe der **Anschaffungs-** oder **Herstellungskosten** der im Wirtschaftsjahr abgeschlossenen begünstigten Investitionen (§ 4 InvZulG). Anders als bei den Sonderabschreibungen bleiben nachträgliche Herstellungskosten ohne Auswirkung.

Die Investitionszulage kann bereits für **Anzahlungen** auf Anschaffungskosten sowie für **Teilherstellungskosten** beantragt werden. Anzahlungen auf begünstigte Wirtschaftsgüter führen dazu, daß die entsprechende Investitionszulage ein Jahr früher gezahlt wird, was zu einem Zinsgewinn führt.

Da Lieferanten die Tatsache der Anzahlung häufig durch eine Ermäßigung des Kaufpreises honorieren, werden die in der frühen Zahlung liegenden Zinsnachteile in den meisten Fällen kompensiert.

Wird eine Investitionszulage für eine Anzahlung oder für Teilherstellungskosten gewährt, so ermäßigt sich die Zulage entsprechend im Jahr der Anschaffung bzw. Herstellung.

697 Die Investitionszulage gehört **nicht** zu den Einkünften im Sinne des Einkommensteuergesetzes. Sie mindert nicht die Bemessungsgrundlage für die AfA, die erhöhten Absetzungen und Sonderabschreibungen.

2.5 Zusammenfassendes Schema

begünstigter Personenkreis (1)	geförderter Gegenstand (2)	Bemessungsgrundlage der Förderung (3)	zu beachtende Bedingungen (4)	Art und Zeitraum der Förderung (5)
unbeschränkt und beschränkt **einkommensteuer-** oder **körperschaftsteuerpflichtige Gewerbetreibende**; **Personengesellschaften** sind als solche anspruchsberechtigt	Investition **neuer abnutzbarer beweglicher Wirtschaftsgüter des Anlagevermögens**	**Anschaffungs-** oder **Herstellungskosten** einschließlich **Anzahlungen** und **Teilherstellungs-kosten**	**Verbleib** in einer Betriebstätte **im Fördergebiet** während mindestens 3 Jahren nach der Anschaffung oder Herstellung Privatnutzung nicht höher als 10%	– Die Investitionszulage beträgt grundsätzlich **5%** der Bemessungsgrundlage – Die Investitionszulage beträgt **10%** der Bemessungsgrundlage bei kleinen und mittleren Betrieben des Groß- und Einzelhandels, sofern diese bestimmte Voraussetzungen erfüllen. – Die Investitionszulage beträgt **10%** der Bemessungsgrundlage bei kleinen und mittleren Betrieben, die in die Handwerksrolle oder in das Verzeichnis handwerksähnlicher Betriebe eingetragen sind oder zum verarbeitenden Gewerbe gehören, sofern diese bestimmte Voraussetzungen erfüllen – Die Investitionszulage beträgt **10%** der Bemessungsgrundlage bei Erstinvestitionen in West-Berlin, sofern bestimmte Voraussetzungen erfüllt werden.

Schaubild 70: Steuerliche Förderung in den neuen Bundesländern (Investitionszulage)

II. Förderung außerhalb des Unternehmensbereichs

698 Außerhalb des Unternehmensbereichs sieht das Fördergebietsgesetz steuerliche Vergünstigungen insbesondere bei den Einkünften aus Vermietung und Verpachtung vor. Die Förderung erstreckt sich zum einen auf vermietete Neubauten und Modernisierungen, zum anderen auf zu eigenen Wohnzwecken genutzte Gebäude.

1. Förderung von Neubauten und Modernisierungen

1.1 Begünstigter Personenkreis und Fördergebiet

699 Begünstigt sind alle unbeschränkt und beschränkt steuerpflichtigen **natürlichen** Personen. Das gilt unabhängig vom Ort ihres Wohnsitzes oder ihres gewöhnlichen Aufenthalts. Personengesellschaften und Gemeinschaften sind ebenfalls begünstigt; hier dürfen die Gesellschafter bzw. Gemeinschafter die Sonderabschreibungen nur einheitlich vornehmen (§ 7a (7) Satz 2 EStG).

Kapitalgesellschaften können die Sonderabschreibungen nicht in Anspruch nehmen, da sie kein Privatvermögen haben können.

Das Fördergebiet umfaßt die 5 neuen Bundesländer einschließlich Berlin (West). Allerdings muß für Berlin (West) eine zusätzliche zeitliche Beschränkung beachtet werden (**Tz 702**).

1.2 Begünstigte Investitionen

700 In dem hier angesprochenen Zusammenhang werden nur **unbewegliche Wirtschaftsgüter** des Privatvermögens begünstigt. Dazu gehören in erster Linie vermietete Gebäude einschließlich Außenanlagen, Hofbefestigungen und Zufahrtswegen. Bei Vermietung für gewerbliche bzw. freiberufliche Zwecke kommen noch z.B. Laderampen und andere Anlagen im Grund und Boden hinzu, soweit sie nicht zu den Betriebsvorrichtungen gehören.

Die Begünstigung erfaßt insbesondere **neue** unbewegliche Wirtschaftsgüter. Ist der Steuerpflichtige nicht Bauherr, sondern **Erwerber** eines Neubaus, so muß die Anschaffung spätestens im Jahr der Fertigstellung des Gebäudes erfolgen. Darüber hinaus verlangt § 3 Satz 2 FördG, daß der Vorbesitzer weder die degressive AfA noch erhöhte Absetzungen oder Sonderabschreibungen in Anspruch genommen hat.

701 Werden ältere Gebäude erworben, so sind grundsätzlich nur **Modernisierungsmaßnahmen** und andere **nachträgliche Herstellungsarbeiten** begünstigt. Beim Erwerb eines älteren Gebäudes werden also lediglich nachträgliche Herstellungskosten gefördert. Diese Fest-

stellung ist nur dann zu relativieren, wenn die nachträglichen Baumaßnahmen so weitgehend sind, daß insgesamt ein neues Wirtschaftsgut entsteht (R 43 (5) EStR).

Dem Steuerpflichtigen stehen außerdem **außerordentliche Abschreibungen** für die Bausubstanz zu, die im Rahmen von nachträglichen Baumaßnahmen entfernt wird (§ 7 (1) Satz 5 EStG). Lediglich bei einem Erwerb in Umbauabsicht wird nach den Maßstäben, die für den Erwerb in Abbruchabsicht gelten, vorzugehen sein, wonach der Buchwert der entfernten Gebäudeteile zu den Herstellungskosten zu rechnen ist und deren Verteilung nur im Rahmen planmäßiger Abschreibungen vorgenommen werden kann.

1.3 Der Begünstigungszeitraum

702 Die durch Sonderabschreibungen begünstigten unbeweglichen Wirtschaftsgüter sind solche, die **nach dem 31.12.1990** und **vor dem 1.1.1999**, also während der Jahre 1991 bis einschließlich 1998 hergestellt oder - im Ausnahmefall - angeschafft wurden. In den Fällen nachträglicher Herstellungsarbeiten ist der Abschluß der Arbeiten maßgeblich.

Bei Gebäuden in **Berlin (West)** ist zu beachten, daß der Zeitpunkt der Bestellung bzw. des Beginns der Herstellung **nach dem 30.6.1991** liegen muß.

1.4 Die Sonderabschreibungen

703 Bezüglich der Höhe der Sonderabschreibungen wird auf **Tz 682 ff.** verwiesen. Die Sonderabschreibungen können vom Steuerpflichtigen beliebig im Jahr der Anschaffung bzw. Fertigstellung und in den folgenden 4 Jahren in Anspruch genommen werden. Zulässig sind auch Sonderabschreibungen für Anzahlungen auf Anschaffungskosten sowie für Teilherstellungskosten.

Der Begünstigungszeitraum umfaßt 5 Jahre. Das bedeutet, daß der Begünstigungszeitraum z. B. bei einer Fertigstellung im Jahr 1997 bis einschließlich 2001 läuft. Während des Begünstigungszeitraums kann der Steuerpflichtige neben den Sonderabschreibungen nur die linearen Abschreibungen nach § 7 (4) EStG von 2% (evtl. 2,5%) in Anspruch nehmen. Nach Ablauf des Begünstigungszeitraums berechnen sich die Abschreibungen aus dem Restwert. Der Restwert ergibt sich aus den Anschaffungs- bzw. Herstellungskosten nach Abzug der Sonderabschreibungen sowie der laufenden Abschreibungen. Der AfA-Satz bestimmt sich weiterhin nach § 7 (4) EStG.

Beispiel:

Der Steuerpflichtige erwirbt 1996 in Halle eine neuerrichtete Eigentumswohnung für 350.000 DM, die er vermietet. Von dem Kaufpreis entfallen 50.000 DM auf Grund und Boden, 300.000 DM stellen Herstellungskosten des Gebäudes dar.

Dem Steuerpflichtigen stehen Sonderabschreibungen von insgesamt 150.000 DM zu, die er beliebig auf die Jahre 1996 bis einschließlich 2000 verteilen kann. Neben den Sonderabschreibungen stehen dem Steuerpflichtigen für die Dauer des Begünstigungszeitraums noch die linearen Abschreibungen nach § 7 (4) EStG zu Gebote, also 2 % p.a. von 300.000 DM = 6.000 DM. In 1996 müssen die linearen Abschreibungen zeitanteilig errechnet werden. Bei Anschaffung zum 1.9.1996 sind aus diesem Grund 4/12 der Jahres-AfA geltend zu machen, also 2.000 DM.

Zum 1.1.2001 errechnet sich für das Gebäude ein Restwert von 300.000 DM - 150.000 DM (Sonderabschreibung) - 26.000 DM (lineare Abschreibungen) = 124.000 DM. Die weiteren Abschreibungen betragen 2,22% vom Restwert, das sind 2.753 DM p.a. Der Abschreibungssatz fußt auf einer Restnutzungsdauer nach Abzug des Begünstigungszeitraums von 45 Jahren (siehe auch **Tz 576**).

704 Auch bei **nachträglichen Herstellungskosten** sind Sonderabschreibungen zulässig. Der Begünstigungszeitraum umfaßt auch hier 5 Jahre, beginnend mit dem Jahr der Fertigstellung der nachträglichen Baumaßnahmen.

Wie im Falle der Herstellung können die Sonderabschreibungen bereits für **Teilherstellungskosten** in Anspruch genommen werden.

Als **zusätzliche Vergünstigung** hat der Gesetzgeber vorgesehen, daß der Rest der nachträglichen Herstellungskosten nach Ablauf des Begünstigungszeitraums **in 5 Jahresraten** als Werbungskosten geltend gemacht werden kann (§ 4 (3) FördG). Die Abschreibung des Restwerts erstreckt sich also vom 6. bis einschließlich 10. Jahr.

Beispiel:

Der Steuerpflichtige erwirbt 1996 ein älteres Mietwohngrundstück in Dresden. Von dem Kaufpreis entfallen 600.000 DM auf das Gebäude. Noch im Jahr 1996 läßt er für 400.000 DM Anbau- und Umbaumaßnahmen an dem Gebäude durchführen. Die nachträglichen Baumaßnahmen sind am 1.10.1996 abgeschlossen.

Der Steuerpflichtige kann während des 5jährigen Begünstigungszeitraums Sonderabschreibungen von insgesamt 200.000 DM in beliebigen Teilbeträgen in Anspruch nehmen (1996 bis 2000). Daneben kann er lineare Abschreibungen in Höhe von 2 % von 400.000 DM = 8.000 DM p.a. jährlich geltend machen. Für das Jahr 1996 steht ihm allerdings nur ein zeitanteiliger Teilbetrag von 3/12 = 2.000 DM zur Verfügung.

Zum 1.1.2001 errechnet sich ein Restwert von 400.000 DM - 200.000 DM (Sonderabschreibungen) - 34.000 DM (lineare Abschreibungen) = 166.000 DM. Dieser Restwert ist in den folgenden 5 Jahren von 2001 bis 2005 mit jeweils 1/5 = 33.200 DM als Werbungskosten in Abzug zu bringen.

Die Abschreibungen für das übrige Gebäude (600.000 DM) berechnen sich so, als wären keine nachträglichen Herstellungskosten angefallen. Sie betragen im Normalfall 2 % p.a., bei einem Haus, welches vor dem 1.1.1925 fertiggestellt wurde, 2,5 %.

2. Förderung von eigengenutzten Wohnungen

705 Nach § 7 FördG werden Herstellungs- und Erhaltungsarbeiten an einem eigenen Gebäude im Gebiet der neuen Bundesländer ohne Berlin (West) in besonderer Weise gefördert. Es ist besonders zu beachten, daß das Fördergebiet von den bislang dargestellten begünstigten Gebieten abweicht.

Einer Nutzung zu eigenen Wohnzwecken steht nicht entgegen, wenn Teile der eigengenutzten Wohnung unentgeltlich einem Dritten überlassen werden.

Es wird weiterhin vorausgesetzt, daß die Aufwendungen nicht zu den Betriebsausgaben oder Werbungskosten gehören und vom Steuerpflichtigen weder in die Bemessungsgrundlage für die Grundförderung nach § 10e EStG einbezogen noch nach anderen Vorschriften, welche eigengenutzte Wohnungen begünstigen (§§ 10f, 52 (21) S .6, 10e (6), § 10 i EStG), wie Sonderausgaben abgezogen werden.

Der Begünstigungszeitraum umfaßt die Jahre 1991 bis einschließlich 1998, da nur solche Arbeiten gefördert werden, die **nach dem 31.12.1990** und **vor dem 1.1.1999** vorgenommen wurden (§ 8 (3) FördG).

Die begünstigten Aufwendungen dürfen einen Höchstbetrag von 40.000 DM nicht übersteigen. Dieser Höchstbetrag bezieht sich auf den gesamten vierjährigen Begünstigungszeitraum. Die begünstigten Aufwendungen können in 10 Jahresraten von je 10 % wie Sonderausgaben abgezogen werden.

Beispiel:

Der Steuerpflichtige zahlt für Arbeiten, die Ende des Jahres 1993 durchgeführt worden sind, in den Jahren 1994 und 1995 je 20.000 DM.

Die ersten 20.000 DM sind in Raten von 10 x 2.000 DM auf die Jahre 1994 bis 2003, die zweiten 20.000 DM auf die Jahre 1995 - 2004 zu verteilen.

Wird das Gebäude nicht während des gesamten Begünstigungszeitraums eigengenutzt, sondern durch Vermietung zur Erzielung von Einkünften eingesetzt, so ist der noch nicht berücksichtigte Teil der Aufwendungen, die auf Erhaltungsarbeiten entfallen, im Jahr des Übergangs zur Einkünfteerzielung wie Sonderausgaben abzuziehen.

Beispiel:

Der Steuerpflichtige hat 1993 40.000 DM Erhaltungsaufwendungen für eine eigengenutzte Wohnung gezahlt. Im Lauf des Jahres 1997 wechselt er von der Eigennutzung zur Vermietung. Er zieht in den Jahren 1993 bis 1996 je 10 % der Aufwendungen wie Sonderausgaben ab, im Jahr 1997 macht er den Restbetrag von 60 % = 24.000 DM geltend.

B. Grundzüge der verschiedenen steuerlichen Förderungsmaßnahmen nach dem Investitionszulagengesetz 1999

706 Dem vom Deutschen Bundestag am 26.06.1997 verabschiedeten **Gesetz zur Fortsetzung der wirtschaftlichen Förderung in den neuen Ländern** hat der Bundesrat am 04.07.1997 zugestimmt. Durch das Gesetz ist die Fortsetzung der steuerlichen Förderung von Investitionen in den neuen Ländern für die Jahre 1999 bis 2004 sichergestellt (in einigen Bereichen wird die Förderung bereits nach drei Jahren, Ende 2001, beendet). Durch die frühzei-

tige Verabschiedung des Gesetzes vor seinem Inkrafttreten haben die Steuerpflichtigen eine klare Perspektive und Planungsgrundlage erhalten.

Die bisherige steuerliche Förderung der neuen Bundesländer durch Sonderabschreibungen nach dem Fördergebietsgesetz und Investitionszulagen nach dem Investitionszulagengesetz 1996 läuft zum 31.12.1998 aus. **Sie gilt nur noch für begünstigte Investitionen, die bis Ende 1998 abgeschlossen wurden**.

Bei nach dem 31.12.1998 abgeschlossenen Investitionen können Sonderabschreibungen auch für bis Ende 1998 **geleistete Anzahlungen** auf Anschaffungskosten und entstandene **Teilherstellungskosten** in Anspruch genommen werden (§ 4 (1) i.V.m. (2) FördG).

707 Ab dem 01.01.1999 erfolgt die steuerliche **Investitionsförderung** in den neuen Bundesländern ausschließlich nach dem neuen **Investitionszulagengesetz 1999 (InvZulG 1999)**, das hierzu im Rahmen des **Gesetzes zur Fortsetzung der wirtschaftlichen Förderung in den neuen Bundesländern** geschaffen wurde. Mit dem Gesetz werden die zeitweise in der öffentlichen Meinung umstrittenen Sonderabschreibungen abgeschafft und die Förderung auf die Gewährung direkter Investitionszulagen umgestellt.

708 Begünstigt sind Investitionen durch natürliche Personen, durch Personengesellschaften sowie durch bestimmte Kapitalgesellschaften (§ 1 InvZulG).

Nach dem neuen Investitionszulagengesetz 1999 wird sowohl eine private als auch eine betriebliche Investitionszulage gewährt. Es werden alle Investoren, gleichgültig ob im privaten oder unternehmerischen Bereich und unabhängig von der Höhe ihrer persönlichen einkommensteuerlichen bzw. körperschaftsteuerlichen Belastung, in gleicher Höhe gefördert.

Im Einzelnen werden betriebliche Investitionen (§ 2 InvZulG), Baumaßnahmen an alten Mietwohngebäuden (§ 3 InvZulG), Herstellung und Anschaffung von neuen Mietwohngebäuden (§ 3 InvZulG) sowie Baumaßnahmen an selbstgenutzten Wohnungen im eigenen Haus (§ 4 InvZulG) gefördert. Für jeden Bereich besteht ein gesondertes Antrags- und Festsetzungsverfahren.

Die steuerlichen Vergünstigungen sollen vorwiegend Unternehmern, Arbeitnehmern und Vermietern finanzielle Erleichterungen verschaffen. Mittelbar ist die Schaffung und Sicherung von Arbeitsplätzen beabsichtigt.

I. Förderung im Bereich der Unternehmen

1. Begünstigter Personenkreis und Fördergebiet

709 Als begünstigter Personenkreis kommen alle unbeschränkt und beschränkt **Einkommensteuer-** oder **Körperschaftsteuerpflichtigen** sowie Personengesellschaften (Mitunternehmerschaften) in Betracht (§ 1 (1) InvZulG).

Die Art der Gewinnermittlung - durch Steuerbilanz oder Überschußrechnung nach § 4 (3) EStG - ist gleichgültig.

Die Zulageberechtigung ist nicht an die Ansässigkeit in den neuen Bundesländern geknüpft.

710 Das **Fördergebiet** für betriebliche Investitionen umfaßt die Länder Brandenburg, Mecklenburg-Vorpommern, Sachsen, Sachsen-Anhalt, Thüringen und Berlin (einschließlich des Gebietes des früheren West-Berlins (§ 1 (2) InvZulG)).

2. Zulagefähige Investitionen

2.1 Bewegliche Wirtschaftsgüter

711 Die Investitionszulage wird gewährt für die Herstellung und Anschaffung von **neuen abnutzbaren beweglichen Wirtschaftsgütern des Anlagevermögens** (§ 2 (1) InvZulG 1999). Damit sind von vornherein von der Förderung ausgeschlossen:

- nicht abnutzbare Wirtschaftsgüter, insbesondere Beteiligungen und Wertpapiere,
- Wirtschaftsgüter des Umlaufvermögens, insbesondere Roh-, Hilfs- und Betriebsstoffe.

Kraft ausdrücklicher Regelung wird für **geringwertige Wirtschaftsgüter** nach § 6 (2) EStG, **Luftfahrzeuge, immaterielle Wirtschaftsgüter** (insbesondere Firmenwerte, Patente, Konzessionen u. a.) und **PKWs** (§ 2 (1) S. 2 InvZulG) keine Investitionszulage gewährt.

Die zu fördernden Wirtschaftsgüter müssen **neu** sein. Bei eigener Herstellung durch den Zulageberechtigten bedeutet dies, daß der Teilwert der bei der Herstellung verwendeten gebrauchten Wirtschaftsgüter 10% des Teilwerts des hergestellten Wirtschaftsguts nicht übersteigen darf. In Anschaffungsfällen gilt ein Wirtschaftsgut als neu, wenn es in ungebrauchtem Zustand erworben wurde und beim Hersteller die Voraussetzungen vorliegen, die für die Annahme eines neuen Wirtschaftsguts bei der Selbstherstellung erforderlich sind.

712 Die Investitionszulage wird nur für Wirtschaftsgüter gewährt, die **mindestens 3 Jahre** nach ihrer Anschaffung oder Herstellung

- zum Anlagevermögen eines Betriebs oder einer Betriebstätte im Fördergebiet gehören und
- in einer Betriebstätte im Fördergebiet verbleiben.

Die Wirtschaftsgüter können zur Erlangung einer Investitionszulage zu einer **beliebigen Betriebstätte** im Fördergebiet gehören. Das bedeutet, daß die Veräußerung oder unentgeltliche Übertragung des betreffenden Wirtschaftsguts als unschädlich anzusehen ist, wenn das Wirtschaftsgut anschließend zum Anlagevermögen einer Betriebstätte des neuen Eigentümers im Fördergebiet gehört und dort verbleibt. Ebenso wird die Verbleibensvoraussetzung bei langfristigen Nutzungsüberlassungen, insbesondere in Leasingfällen, erfüllt, sofern das Wirtschaftsgut in einer Betriebstätte des Nutzungsberechtigten eingesetzt wird und diese im Fördergebiet liegt.

713 Zusätzlich zu den bislang genannten Bedingungen ist die Gewährung der Investitionszulage davon abhängig, daß das Wirtschaftsgut in jedem Jahr des Dreijahreszeitraums zu **nicht mehr als 10 % privat genutzt** wird. Bei Kapitalgesellschaften tritt an die Stelle der privaten Nutzung die Nutzung für außerbetriebliche Zwecke der Gesellschafter. Schädlich ist die Privatnutzung durch den Eigentümer; unschädlich hingegen ist es, wenn ein aus einem Betriebsvermögen heraus vermietetes Wirtschaftsgut vom Mieter privat genutzt wird. Als betriebliche Nutzung gilt auch die unentgeltliche Überlassung an Arbeitnehmer, selbst wenn letztere das Wirtschaftsgut für private Zwecke einsetzen.

2.2 Unbewegliche Wirtschaftsgüter

714 Mit dem Investitionszulagengesetz 1999 wurde eine Investitionszulage für die Herstellung und Anschaffung von neuen Gebäuden, Eigentumswohnungen, im Teileigentum stehenden Räumen und anderen Gebäudeteilen, die selbständig unbewegliche Wirtschaftsgüter sind, neu eingeführt (§ 2 (3) InvZulG).

Anschaffungen sind nur begünstigt, wenn die Gebäude bis zum Ende des Jahres der Fertigstellung angeschafft worden sind. Weiterhin darf für die Gebäude bisher noch keine Investitionszulage in Anspruch genommen worden sein.

Die Gebäude müssen mindestens 5 Jahre nach der Anschaffung/Fertigstellung in den unter **Tz 715** aufgezählten Betrieben, insbesondere den Betrieben des verarbeitenden Gewerbes, der produktionsnahen Dienstleistungen und des eingetragenen Handwerks, verwendet werden. Die Gebäude müssen nicht zwingend zu eigenbetrieblichen Zwecken genutzt werden, d. h. es ist nicht erforderlich, daß diese Gebäude zum Anlagevermögen des nutzenden Betriebsinhabers gehören. In solchen Fällen kann eine Investitionszulage dann in Anspruch genommen werden, wenn das Gebäude einem Betrieb zur Nutzung überlassen wird, der einem der begünstigten Wirtschaftszweige angehört.

3. Begünstigte Wirtschaftszweige

715 Nach dem InvZulG 1999 sind die Investitionen durch folgende Wirtschaftszweige begünstigt (§ 2 (2) InvZulG):

- verarbeitendes Gewerbe
- produktionsnahe Dienstleistungen
- **kleine und mittlere Betriebe des Handwerks**
- kleine und mittlere Betriebe des Groß- oder Einzelhandels und Betriebstätten des Groß- oder Einzelhandels in den Innenstädten (nicht weiter behandelt).

3.1 Verarbeitendes Gewerbe und produktionsnahe Dienstleistungen

Eine Investitionszulage wird gewährt, wenn das begünstigte Wirtschaftsgut während des Dreijahreszeitraums in einem Betrieb des verarbeitenden Gewerbes oder in Betrieben der produktionsnahen Dienstleistungen verbleibt. Nach § 2 (2) Nr. 1 InvZulG gehören zu dem Kreis der **produktionsnahen Dienstleistungen:**

- Betriebe der Datenverarbeitung und Datenbanken
- Betriebe der Forschung und Entwicklung
- Betriebe der Markt- und Meinungsforschung
- Ingenieurbüros für bautechnische Gesamtplanung
- Ingenieurbüros für technische Fachplanung
- Büros für Industrie-Design
- Betriebe der technischen, physikalischen und chemischen Untersuchung
- Betriebe der Werbung
- Betriebe des fotografischen Gewerbes.

3.2 Kleine und mittlere Betriebe des Handwerks

Kleine und mittlere Betriebe des Handwerks sind Betriebe mit nicht mehr als 250 Arbeitnehmern in einem gegenwärtigen Arbeitsverhältnis. Der Handwerksbetrieb muß zum Zeitpunkt des Investitionsabschlusses und während des Dreijahreszeitraums in die Handwerksrolle oder in ein Verzeichnis handwerksähnlicher Betriebe eingetragen sein.

4. Begünstigungszeitraum

716 Die begünstigten Investitionen müssen zwischen **dem 01.01.1999** und **dem 31.12.2001** bzw. **31.12.2004** getätigt und abgeschlossen werden (§ 2 (4) InvZulG). Bewegliche Wirtschaftsgüter und Gebäude, die vor dem 01.01.2005 angeschafft oder hergestellt werden, sind begünstigt, wenn sie in einem Betrieb des verarbeitenden Gewerbes oder der produktionsnahen Dienstleistungen eingesetzt werden. Investitionen der **kleinen** und **mittleren Handwerksbetriebe** sowie Groß- und Einzelhandelsbetriebe sind nur begünstigt, wenn sie vor dem 01.01.2002 abgeschlossen werden. Teilherstellungskosten und Anzahlungen auf Anschaffungskosten für Wirtschaftsgüter, die erst nach diesen Zeitpunkten hergestellt oder

angeschafft werden, sind nicht begünstigt. Investitionsabschluß ist der Zeitpunkt, in dem die Wirtschaftsgüter angeschafft oder hergestellt worden sind.

5. Bemessungsgrundlage

717 Die Investitionszulage bemißt sich nach der Summe der **Anschaffungs-** und **Herstellungskosten** der im jeweiligen Wirtschaftsjahr abgeschlossenen begünstigten Investitionen (§ 2 (5) InvZulG). Nachträgliche Herstellungskosten bleiben ohne Auswirkung. Die vor dem 01.01.1999 geleisteten **Anzahlungen** bzw. die vor diesem Stichtag entstandenen **Teilherstellungskosten** gehören nicht zur Bemessungsgrundlage, wenn Sonderabschreibungen nach dem FördG in Anspruch genommen wurden. Die Bemessungsgrundlage ist entsprechend zu kürzen. Eine Doppelförderung soll vermieden werden.

718 Die Investitionszulage kann bereits für **Anzahlungen** auf Anschaffungskosten sowie für im Wirtschaftsjahr entstandene **Teilherstellungskosten ab dem 01.01.1999** beantragt werden. Die Bemessungsgrundlage ist im Jahr der Anschaffung/Fertigstellung entsprechend zu kürzen (§ 2 (5) Sätze 2 und 3 InvZulG). Anzahlungen auf begünstigte Wirtschaftsgüter führen dazu, daß die entsprechende Investitionszulage früher gezahlt wird, was zu einem Zinsgewinn führt. Da Lieferanten die Leistung der Anzahlung häufig durch eine Ermäßigung des Kaufpreises honorieren, werden die in der frühen Zahlung liegenden Zinsnachteile in den meisten Fällen kompensiert.

Wird eine Investitionszulage für eine Anzahlung oder für Teilherstellungskosten gewährt, so ermäßigt sich die Zulage entsprechend im Jahr der Anschaffung bzw. Herstellung.

Die Investitionszulage gehört **nicht** zu den Einkünften im Sinne des Einkommensteuergesetzes. Sie mindert nicht die Bemessungsgrundlage für die AfA, die erhöhten Absetzungen und Sonderabschreibungen.

6. Höhe der Investitionszulage

Die Investitionszulage beträgt **grundsätzlich 10 v. H. der Bemessungsgrundlage** (§ 2 (6) Satz 1 InvZulG). Für Betriebe des **verarbeitenden Gewerbes** und der **produktionsnahen Dienstleistungen**, die nicht mehr als 250 Mitarbeiter beschäftigen, **erhöht** sich die Investitionszulage auf **20 v. H.**, soweit **bewegliche Wirtschaftsgüter** des Anlagevermögens angeschafft werden. Für Investitionen im Bereich der **unbeweglichen Wirtschaftsgüter** (Gebäudeanschaffung/-errichtung) wird unabhängig vom Wirtschaftszweig eine Investitionszulage von **10 v. H.** gewährt.

719 Die Investitionszulage muß beim Finanzamt, mittels eines **förmlichen Antrags** beantragt werden. Hierfür gibt es gesetzliche Fristen. Danach ist der Antrag nach amtlichem Vordruck bis zum **30.09.** des Kalenderjahres zu stellen, das auf das Wirtschaftsjahr folgt, in dem die Investition abgeschlossen, die Anzahlungen geleistet oder die Teilherstellungskosten entstanden sind. Diese Frist kann **nicht** verlängert werden.

7. Zusammenfassendes Schema

Schaubild 71 faßt die Förderungen im Unternehmensbereich zusammen.

II. Förderung außerhalb des Unternehmensbereichs

1. Förderung für Mietwohngebäude

Außerhalb des Unternehmensbereichs sieht das Investitionszulagengesetz steuerliche Vergünstigungen insbesondere bei den Einkünften aus Vermietung und Verpachtung vor.

Mit dem Investitionszulagengesetz 1999 ist erstmals eine Investitionszulage für Mietwohngebäude eingeführt worden. Im Einzelnen wird gemäß § 3 InvZulG die Modernisierung von alten Mietwohngebäuden sowie die Herstellung und Anschaffung von Mietwohnneubauten gefördert. Hierdurch wird die Ende des Jahres 1998 auslaufende Sonderabschreibung nach dem FördG ersetzt.

1.1 Begünstigter Personenkreis und Fördergebiet

720 Begünstigt sind alle unbeschränkt und beschränkt steuerpflichtigen **natürlichen** Personen. Das gilt unabhängig vom Ort ihres Wohnsitzes oder ihres gewöhnlichen Aufenthalts.

Das Fördergebiet umfaßt die neuen Bundesländer. Baumaßnahmen in Berlin (West) sind von der Investitionszulage nach § 3 InvZulG ausgeschlossen.

1.2 Begünstigte Investitionen

1.2.1 Modernisierung und Sanierung von Mietwohngebäuden

721 Nach § 3 (1) Nrn. 1-3 InvZulG werden begünstigt:

- nachträgliche Herstellungskosten,
- Anschaffungskosten, soweit sie auf nachträgliche Herstellungsarbeiten entfallen, die nach Abschluß des Kaufvertrages durchgeführt wurden,
- Erhaltungsaufwendungen.

Die Investitionszulage für Modernisierungsmaßnahmen an Mietwohngebäuden wird nur gewährt, wenn das Gebäude vor dem 01. Januar 1991 fertiggestellt wurde und mindestens 5 Jahre nach Beendigung der Baumaßnahme der entgeltlichen Überlassung zu Wohnzwecken dient. Da die Zweckbestimmung des Gebäudes maßgeblich ist, ist ein kurzfristiges Leerstehen unschädlich.

begünstigter Personenkreis (1)	geförderter Gegenstand (2)	Bemessungsgrundlage der Förderung (3)	zu beachtende Bedingungen (4)	Art und Zeitraum der Förderung (5)
unbeschränkt und beschränkt **einkommensteuer-** oder **körperschaftsteuerpflichtige Gewerbetreibende**; **Personengesellschaften** sind als solche anspruchsberechtigt	– Investition **neuer abnutzbarer beweglicher Wirtschaftsgüter des Anlagevermögens** – Investition **unbeweglicher Wirtschaftsgüter** (Anschaffung und Herstellung von Gebäuden)	**Anschaffungs-** oder **Herstellungskosten** einschließlich **Anzahlungen** und **Teilherstellungs-kosten**	**Verbleib** in einer Betriebsstätte **im Fördergebiet** während mindestens 3 Jahren nach der Anschaffung oder Herstellung **Privatnutzung** nicht höher als 10%	**a)** Investitionszulage von **10 %** für Investitionen in bewegliche und unbewegliche Wirtschaftsgüter, die **vor dem 01.01.2005** angeschafft oder hergestellt werden. Die Wirtschaftsgüter müssen in Betrieben des verarbeitenden Gewerbes oder der produktionsnahen Dienstleistungen eingesetzt werden. **b)** wie a), jedoch müssen Investitionen der kleinen und mittleren Handwerksbetriebe sowie Groß- und Einzelhandelsbetriebe **vor dem 01.01.2002** abgeschlossen werden. **c)** Investitionszulage von **20 %** für Investitionen in bewegliche Wirtschaftsgüter, die **vor dem 01.01.2005** durch Betriebe des verarbeitenden Gewerbes oder der produktionsnahen Dienstleistungen, die nicht mehr als 250 Arbeitnehmer beschäftigen, angeschafft oder hergestellt werden.

Schaubild 71: Steuerliche Förderung in den neuen Bundesländern (Investitionszulage)

722 Der Begünstigungszeitraum für derartige Investitionen erstreckt sich über einen Zeitraum von **6 Jahren**. Die Investitionszulage wird nur bei Investitions**abschluß** (Beendigung der nachträglichen Herstellungs- bzw. Erhaltungsarbeiten) **nach dem 31.12.1998** und **vor dem 01.01.2005** gewährt (§ 3 (2) InvZulG).

Es ist jedoch eine wichtige Einschränkung zu beachten. Die Begünstigung der nachträglichen Herstellungsarbeiten (§ 3 (1) Nr. 1 und 2 InvZulG), die der Zulagen-berechtigte als Bauherr selbst durchführt, ist nur gegeben, wenn keine erhöhten Absetzungen (z. B. §§ 7c, 7h, 7i, 7k EStG, **Tz 65 ff.**) für das Gebäude geltend gemacht werden. Nicht ausgeschlossen ist die Inanspruchnahme der degressiven Gebäude-AfA gemäß § 7 (5) EStG. In Anschaffungsfällen wird eine Investitionszulage nur gewährt, sofern für das Gebäude bisher keine Investitionszulage beantragt wurde.

Die Investitionszulage beträgt **15%** der Bemessungsgrundlage (§ 3 (4) Nr. 1 InvZulG).

1.2.2 Anschaffung oder Herstellung von neuen Mietwohngebäuden

723 Nach § 3 (1) Nr. 4 InvZulG wird für die Anschaffung bzw. die Herstellung von neuen Mietwohngebäuden eine Investitionszulage gewährt.

724 **Voraussetzung** ist, daß das Gebäude mindestens 5 Jahre nach der Anschaffung bzw. Herstellung der entgeltlichen Überlassung zu Wohnzwecken dient und in einem förmlich festgelegten Sanierungsgebiet nach dem Baugesetzbuch, einem förmlich festgelegten Erhaltungssatzungsgebiet (§ 172 (1) Satz 1 Nr. 1 des BauGB) oder in einem Gebiet liegt, das durch Bebauungsplan als Kerngebiet festgesetzt ist (§ 7 BauNVO) oder aufgrund der Bebauung der näheren Umgebung einem solchen Gebiet entspricht (§ 3 (1) Nr. 4 InvZulG). Nachzuweisen ist die Voraussetzung durch eine Bescheinigung der Gemeindebehörde, die Grundlagenbescheid für die Festsetzung der Investitionszulage ist, und an die die Finanzbehörde gebunden ist.

In Anschaffungsfällen müssen die neuen Gebäude bis zum Ende des Jahres der Fertigstellung angeschafft sein.

Gemäß § 3 (1) Satz 3 InvZulG wird in Anschaffungsfällen eine Investitionszulage nur dann gewährt, wenn für das Gebäude bisher keine Investitionszulage beantragt wurde.

Der Begünstigungszeitraum für derartige Investitionen erstreckt sich über einen Zeitraum von **4 Jahren**. Die Investitionszulage wird nur bei Investitions**abschluß** (Anschaffung oder Herstellung des Gebäudes) **nach dem 31.12.1998** und **vor dem 01.01.2002** gewährt (§ 3 (2) InvZulG).

Die Investitionszulage beträgt **10%** der Bemessungsgrundlage (§ 3 (4) Nr. 2 InvZulG).

1.3 Bemessungsgrundlage

725 Die Investitionszulage bemißt sich nach der Summe der Anschaffungs- bzw. Herstellungskosten und Erhaltungsaufwendungen der im jeweiligen Wirtschaftsjahr abgeschlossenen begünstigten Investitionen (§ 3 (3) InvZulG). In die Bemessungsgrundlage können auch die im jeweiligen Wirtschaftsjahr geleisteten Anzahlungen auf Anschaffungskosten und Erhaltungsaufwendungen sowie die entstandenen Teilherstellungskosten einbezogen werden. Ausgenommen hiervon sind die **vor dem 01.01.1999** geleisteten **Anzahlungen** auf **Anschaffungskosten, Anzahlungen** auf **Erhaltungsaufwendungen** sowie entstandenen **Teilherstellungskosten**, die von der Bemessungsgrundlage abzuziehen sind.

Von der Bemessungsgrundlage ist jährlich ein Bagatellbetrag von 5.000 DM abzuziehen (§ 3 (3) InvZulG), woraus sich ergibt, daß für kleine Investitionen bis zu 5.000 DM keine Investitionszulage gewährt wird.

Für nachträgliche Herstellungs- und Erhaltungsarbeiten sowie Anschaffungskosten auf Gebäude, soweit sie auf nachträgliche Herstellungsarbeiten entfallen, kann die Investitionszulage nur beansprucht werden, wenn die Kosten und Aufwendungen insgesamt **1.200 DM/qm** nicht übersteigen (§ 3 (3) Satz 2 Nr. 1 InvZulG). Die Förderhöchstgrenze für Mietwohnungsneubauten beträgt **4.000 DM/qm** (§ 3 (3) Satz 2 Nr. 2 InvZulG). Die Grenze gilt für die Summe aller Kosten und Aufwendungen, die im Förderzeitraum aufgewendet werden.

2. Förderung von eigengenutzten Wohnungen

726 Herstellungs- und Erhaltungsarbeiten an einem eigenen Gebäude im Gebiet der neuen Bundesländer (**ohne** Berlin (West); § 1 (2) InvZulG), werden in besonderer Weise gefördert. Es ist zu beachten, daß das Fördergebiet von den bislang dargestellten begünstigten Gebieten **abweicht**. Der bisherige Sonderausgabenabzug für Herstellungs- und Erhaltungsarbeiten am selbstgenutzten Wohneigentum (§ 7 FördG) wurde auf eine Investitionszulage umgestellt (§ 4 InvZulG). Begünstigt sind die Herstellungs- und Erhaltungsarbeiten an einer Wohnung in eigenem Haus oder an einer eigenen Eigentumswohnung. Das Haus oder die Eigentumswohnung muß **vor dem 01.01.1991** fertiggestellt worden sein.

Begünstigt sind alle unbeschränkt und beschränkt steuerpflichtigen natürlichen Personen, auch wenn die Wohnung im Eigentum einer Grundstücksgemeinschaft steht (§ 1 (1) InvZulG).

727 Die Wohnung muß im Zeitpunkt der Beendigung der Herstellungs- oder Erhaltungsarbeiten eigenen Wohnzwecken dienen (§ 4 (1) Nr. 3 InvZulG). Wohnun-

gen, die an einen Angehörigen i.S.d. § 15 AO unentgeltlich zu Wohnzwecken überlassen werden, sind den eigenen Wohnungen gleichgestellt. Einer Nutzung zu eigenen Wohnzwecken steht nicht entgegen, wenn Teile der eigengenutzten Wohnung unentgeltlich einem Dritten überlassen werden.

Es wird weiterhin vorausgesetzt (§ 4 (2) InvZulG), daß die Aufwendungen nicht zu den Betriebsausgaben oder Werbungskosten gehören und vom Steuerpflichtigen weder in die Bemessungsgrundlage für die Grundförderung nach § 10e EStG einbezogen noch nach anderen Vorschriften, welche eigengenutzte Wohnungen begünstigen, wie Sonderausgaben abgezogen werden (z. B. § 10f EStG).

728 Der Begünstigungszeitraum für die Investitionszulage umfaßt die Jahre 1999 bis einschließlich 2004 (§ 4 (1) Nr. 2 InvZulG).

Begünstigt sind die Herstellungskosten und Erhaltungsaufwendungen, die im jeweiligen Jahr geleistet werden. Die begünstigten Aufwendungen dürfen einen Höchstbetrag von 40.000 DM **(Höchstbemessungsgrundlage)** nicht übersteigen. Dieser Höchstbetrag bezieht sich auf den gesamten Begünstigungszeitraum. Bei Miteigentum ist der Betrag entsprechend dem Miteigentumsanteil zu ermitteln. Hat der Steuerpflichtige bereits eine Sonderabschreibung nach § 7 FördG erhalten, sind die nach dem FördG begünstigten Aufwendungen von der **Bemessungsgrundlage** abzuziehen. Von der Bemessungsgrundlage ist ebenfalls ein **Bagatellbetrag** von jährlich DM 5.000 abzuziehen (§ 4 (2) InvZulG).

729 Die Investitionszulage beträgt **15 v. H.** von der Bemessungsgrundlage.

Beispiel:

Der Steuerpflichtige A zahlt für Herstellungs- und Erhaltungsarbeiten an seinem selbstgenutzten Haus, die in den Jahren 1997 und 1998 durchgeführt worden sind, insgesamt 30.000 DM. Er nimmt für die Aufwendungen den Sonderausgabenabzug nach § 7 FördG in Anspruch. Im Jahr 2000 läßt der Steuerpflichtige für 9.000 DM neue Fenster einbauen, im Jahr 2001 wird die Heizungsanlage für 8.000 DM erneuert.

Die Aufwendungen des A werden im Jahr 2000 mit einer Investitionszulage in Höhe von 600 DM gefördert (9.000 DM ./. 5.000 DM Bagatellbetrag = 4.000 DM x 15%).

Im Jahr 2001 erhält der Steuerpflichtige keine Investitionszulage. Er hat bereits eine Förderung von Aufwendungen in Höhe von insgesamt 39.000 DM erhalten (1997, 1998: 30.000 DM; 2000: 9.000 DM). Da die begünstigten Aufwendungen 40.000 DM nicht übersteigen dürfen, sind noch 1.000 DM förderfähig. Hiervon ist jedoch der Bagatellbetrag von 5.000 DM abzuziehen, so daß keine Bemessungsgrundlage mehr verbleibt.

Die Investitionszulage gehört **nicht** zu den Einkünften i.S.d. Einkommensteuergesetzes. Durch die Investitionszulage werden die als Betriebsausgaben bzw. Werbungskosten abzugsfähigen Aufwendungen nicht gemindert.

Kapitel VI: Ausblick auf geplante Gesetzesänderungen

(Grundzüge der geplanten Steuerreform)

A. Das Steuerentlastungsgesetz 1999/2000/2002 im Überblick

I. Stand des Gesetzgebungsverfahrens

730 In diesem Kapitel soll ein Ausblick auf das **Steuerentlastungsgesetz 1999/2000/2002**[1] (SteuerEntlG) und damit im Zusammenhang stehende Gesetzesänderungen zu seiner Finanzierung gegeben werden.

Es ist geplant, das Gesetz noch in der ersten Jahreshälfte 1999 über die parlamentarischen Hürden zu bringen. Angesichts erheblicher Widerstände aus der Wirtschaft scheint es aus derzeitiger Sicht nicht ausgeschlossen, daß sich das Gesetzeswerk nur in sachlich veränderter und zeitlich verzögerter Form durchsetzen läßt.

Ziele des Gesetz-Entwurfes sind die Verbesserung von Wachstum und Beschäftigung durch **Stärkung der Investitionskraft** der Unternehmen und **nachhaltige Belebung** der Binnennachfrage, eine spürbare **Entlastung von Arbeitnehmern** und Familien, die Schaffung von mehr **Steuergerechtigkeit** und **Vereinfachung** des Steuerrechts.

Ursprünglich war vorgesehen, mit dem Steuerentlastungsgesetz 1999/2000/2002 insgesamt eine tarifliche Entlastung von **rd. 55 Mrd. DM** herbeizuführen. Dagegen steht nach dem Gesetz-Entwurf ein Abbau von Steuervergünstigungen in einer Gesamthöhe von rd. 37 Mrd. DM. In dieser Höhe kommt es sicherlich zu **Belastungsumschichtungen**, die im Einzelfall zu einer steuerlichen Mehrbelastung führen können. Dennoch sollen die Steuerzahler insgesamt um rd. 18 Mrd. DM entlastet werden, allerdings erst mit der dritten Stufe im Jahre 2002.

Die Regelungen des Steuerentlastungsgesetzes 1999/2000/2002 sehen dazu eine Vielzahl von Einzelmaßnahmen vor, die in 19 Artikeln geregelt werden. Im Wege der Umsetzung der geplanten Änderungsmaßnahmen wird darüber hinaus für den betrieblichen Bereich

---

[1] Grundlage der nachfolgenden Darstellung bildet der Gesetzentwurf der Fraktionen der SPD und Bündnis 90/Die Grünen (BT-Drucks. 14/23 vom 9.11.1998) unter Berücksichtigung bereits absehbarer Änderungen, die dem Kenntnisstand von Anfang 1999 entsprechen. In welchem Umfang die geplanten Gesetzesänderungen tatsächlich umgesetzt werden, wird sich im Verlauf des anstehenden Gesetzgebungsverfahrens herausstellen. Korrekturen sind im Bereich der Gegenfinanzierungsmaßnahmen, nicht zuletzt vor dem Hintergrund der aktuellen Rechtsprechung des Bundesverfassungsgerichtsim weiteren Verlauf des Gesetzgebungsverfahrens nicht auszuschließen. Ferner ist eine Erhöhung der Energiesteuern vorgesehen, die nicht unmittelbarer Gegenstand des Steuerentlastungsgesetz-Entwurfes ist.

eine **grundlegende Reform der Unternehmensbesteuerung** angestrebt. Zur angekündigten Unternehmenssteuerreform enthält der Gesetzentwurf folgende Aussage:

„Die Bundesregierung wird eine Bund-Länder-Kommission unter Beteiligung der Wissenschaft und der Verbände einberufen, die eine grundlegende Reform der Unternehmensbesteuerung bis zum Jahr 2000 vorbereiten soll. Ziel ist ein Unternehmenssteuerrecht, das alle Unternehmenseinkünfte mit einem einheitlichen Steuersatz von höchstens 35 % besteuert. Zur Vorbereitung dieser Unternehmenssteuerreform wird die steuerliche Gewinnermittlung (bereits jetzt) objektiviert und an internationale Standards angeglichen."

Das Ziel eines **einheitlichen Steuersatzes** soll spätestens im Jahr 2002 erreicht sein, möglicherweise jedoch schon im Jahr 2000. Im Rahmen dieser Reformstufe wird also auch geprüft werden, ob eine **einheitliche Unternehmenssteuer** mit einem Satz von **35 %** für alle Unternehmensformen, also nicht nur für Kapitalgesellschaften, sondern auch für Personengesellschaften und Einzelunternehmen, eingeführt werden soll.

Über die konkrete Ausgestaltung dieser einheitlichen Unternehmensbesteuerung gibt es derzeit nur vage Vorstellungen.

II. Geplante und bereits umgesetzte Stufen des Steuerentlastungsgesetzes 1999/2000/2002

731 Die einzelnen **Stufen der Reform** gliederten sich dabei zunächst wie folgt.

Die **erste Stufe** der geplanten Steueränderungen zum 1.1.1999 umfaßte folgende Maßnahmen:

- Aufstockung des Kindergeldes für das erste und zweite Kind von 220 DM auf 250 DM
- Anhebung des Grundfreibetrages von 12.360 DM auf 13.020 DM
- Senkung des Eingangssteuersatzes von 25,9% auf 23,9%
- Absenkung der Körperschaftsteuer für einbehaltene Gewinne von 45% auf 40%
- Reduzierung des Spitzensteuersatzes für gewerbliche Gewinne von 47% auf 45%

Die **zweite Stufe** soll zum 1. Januar 2000 in Kraft treten. Dabei wurden folgende Maßnahmen vorgesehen:

- Weitere Anhebung des Grundfreibetrages von 13.020 DM auf 13.500 DM
- Senkung des Eingangssteuersatzes von 23,9% auf 22,9 %
- Senkung des Spitzensteuersatzes von 53 % auf 51 %
- Senkung des Spitzensteuersatzes für gewerbliche Einkünfte von 45% auf 43 %

Die **dritte Stufe** sieht zum 1.1.2002 folgende Änderungen vor:

- Anhebung des Grundfreibetrages 13.500 DM auf 14.000 DM
- Erhöhung des Kindergeldes für das erste und zweite Kind von 250 DM auf 280 DM
- Senkung des Eingangssteuersatzes von 22,9 % auf 19,9 %
- Senkung des Spitzensteuersatzes von 51 % auf 48,5 %

732 Am 18.12.1998 hat der Bundesrat den Gesetzesänderungen der sog. **Vorläufer I** („Steuerentlastungsgesetz 1999") und **Vorläufer II** („Steueränderungsgesetz 1998") im abschließenden 2. Durchgang zugestimmt. Hinter diesen Gesetzen verbergen sich einzelne Maßnahmen aus dem „Steuerentlastungsgesetz 1999/2000/2002". Zu dieser Aufteilung in die zwei Vorläufergesetze war es gekommen, weil der Finanzausschuß des Bundestages am 7.12.1998 über die Änderungsvorschläge des Vorläufers II eine Expertenanhörung durchführen wollte.

Nachdem in dem „Steuerentlastungsgesetz 1999"[2] (Vorläufer I) im wesentlichen bereits die **Kindergelderhöhung** und die **Tarifsenkung** mit Erhöhung des Grundfreibetrages beschlossen worden war (BT.-Drucks. 14/125), enthält das „Steueränderungsgesetz 1998" (Vorläufer II) weitere Neuregelungen (BT.- Drucks. 14/158). Dieses Änderungsgesetz sieht in sechs Artikeln im wesentlichen folgende Änderungen vor:

- Anpassung der **Pensionsrückstellungen** an die aktuellen Richttafeln durch die gestiegene Lebenserwartung und
- Verlängerung der **steuerlichen und handelsrechtlichen Aufbewahrungsfristen.**

733 Insoweit sind die in 1998 veröffentlichten neuen biometrischen Rechnungsgrundlagen erstmals für Wirtschaftsjahre anzuwenden, die nach dem 31.12.1998 enden. Dies gilt auch für die Anwendung der **Grundsätze der Versicherungsmathematik** bei der Bewertung anderer Rückstellungen (z. B. Rückstellungen für Zuwendungen anläßlich eines Dienstjubiläums). Im Rahmen der Neuregelung des § 6a (4) EStG n. F. kann der Unterschiedsbetrag, der auf der erstmaligen Anwendung der neuen biometrischen Rechnungsgrundlagen beruht (gestiegene Lebenserwartung und gesunkene Invalidisierungswahrscheinlichkeit), **nur auf drei Wirtschaftsjahre gleichmäßig** verteilt der Pensionsrückstellung zugeführt werden.

734 Im Rahmen der Neufassung des § 147 AO sind die in § 147 (1) Nr. 1 und Nr. 4 AO aufgeführten Unterlagen **10 Jahre**, die sonstigen in § 147 (1) AO angeführten Unterlagen **6 Jahre** aufzubewahren, sofern nicht in anderen Steuergesetzen kürzere

---

[2] Durch die Artikel 1 und 2 des Steuerentlastungsgesetzes 1999 wurden der **Grundfreibetrag** erhöht, das **Kindergeld** angehoben und das Bundeskindergeldgesetz aufgehoben. Artikel 3 hob die Kindergeldauszahlungsverordnung auf. Artikel 4 und 5 änderten das InvZulG 1996 sowie das FördG. Das Gesetz trat mit Ausnahme der Änderungen des InvZulG 1996 sowie des FördG, die am 24.12.1998 in Kraft getreten sind, am 1.1.1999 in Kraft.

Aufbewahrungsfristen zugelassen werden. Von der Verlängerung sind insbesondere die Buchungsbelege betroffen; diese umfassen im wesentlichen Rechnungen, Lieferscheine, Quittungen, Auftragszettel, Warenbestandsaufnahmen, Bankauszüge, Bewertungsunterlagen, Buchungsanweisungen, Gehaltslisten, Kassenberichte, Betriebskostenrechnungen, Portokassenbücher und Prozeßakten. Die Verlängerung der Aufbewahrungsfristen dient in erster Linie der Durchführung von **Außenprüfungen** und der **Steuerfahndung,** da nach § 169 (2) 2 Satz 2 AO in Fällen der Steuerhinterziehung eine zehnjährige Festsetzungsfrist gilt. Eine entsprechende Änderung der Aufbewahrungsfristen ist auch in § 257 (4) HGB vorgesehen.

735 Weitere Änderungen des geplanten Steuerentlastungsgesetzes 1999/2000/2002 sind vor dem Hintergrund der aktuellen Rechtsprechung des **Bundesverfassungsgerichts** zu erwarten. Durch eine am **19. Januar 1999** veröffentlichte Entscheidung des Bundesverfassungsgerichts sollen Ehepaare mit Kindern künftig Alleinerziehenden steuerlich gleich gestellt werden. Die Karlsruher Richter beziehen sich auf eine Reihe von Gesetzesvorschriften des Einkommensteuergesetzes, in denen, nach derzeitiger Fassung, Begünstigungen für Eltern auf Unverheiratete beschränkt sind. Es soll das familiäre Existenzminimum aller Familienmitglieder vom steuerlichen Zugriff verschont bleiben.

Durch die Beschlüsse wird der **Gesetzgeber verpflichtet,** Ehepaare mit einem Kind in zwei Stufen Anfang der Jahre 2000 und 2002 um einen **zusätzlichen steuerlichen Freibetrag** von insgesamt fast 10.000 DM zu entlasten. Sollten **bis zum 1.1.2000** nicht entsprechende Gesetze verabschiedet worden sein, so wird ab diesem Datum automatisch ein zusätzlicher **Freibetrag von 4.000 DM** für das **erste** und **2.000 DM** für das **zweite** Kind (kraft der Rechtsprechung des Bundesverfassungsgerichts) verankert werden. Ab 2002 wäre für Kinderbetreuung noch ein weiterer Freibetrag in Höhe von 5.616 DM vorzusehen.

III. Geplante Änderungen im Unternehmensbereich

736 Als ein Kernpunkt der Steuerreform wurde bereits das Kindergeld für das erste und das zweite Kind von bisher monatlich 220 DM ab 1.1.1999 auf 250 DM angehoben. Dabei wird die Aufgabe der Auszahlung des Kindergeldes ab 1.1.1999 von den privaten Arbeitgebern wieder auf die Familienkassen zurückübertragen, um den damit verbundenen **Verwaltungsaufwand bei den Unternehmen** zu verringern. Dies war notwendig geworden, da mit der Neuregelung des Familienleistungsausgleichs durch das Jahressteuergesetz 1996 die Auszahlung des Kindergeldes auf die Arbeitgeber übertragen worden war, wobei sich kleinere Unternehmen von dieser Verpflichtung befreien lassen konnten (§ 73 EStG a. F.).

737 Die Finanzierung des Steuerentlastungsgesetz-Entwurfes umfaßt insgesamt mehr als 80 Einzelregelungen. Nachfolgend erfolgt eine Auflistung der wichtigsten vorgesehenen **Änderungen** im Ertragsteuerbereich:

- Der **Schuldzinsenabzug** soll durch die Einführung eines neuen Absatzes 4a im § 4 EStG n. F. eingeschränkt werden.
- Der **Verlustrücktrag** nach § 10d EStG soll für Verlustentstehungsjahre ab 2001 abgeschafft werden. Bereits ab den Entstehungsjahren 1999 und 2000 soll der Verlustrücktrag erheblich eingeschränkt werden.
- Der **Verlustausgleich** innerhalb eines VZ, also die Verrechnung positiver mit negativen Einkünften bei der Ermittlung der Summe der Einkünfte, soll ab VZ 1999 durch Einführung einer Mindestbesteuerung eingeschränkt werden.
- **Veräußerungsgewinne** sollen künftig stärker besteuert werden. Hierzu sind insbesondere die Abschaffung des Freibetrags und des halben durchschnittlichen Steuersatzes nach § 34 EStG a. F. zu nennen.
- Um die Bildung stiller Rücklagen einzuschränken, sollen die steuerlichen Bilanzierungsvorschriften wesentlich geändert werden. Hierbei kommt es in einigen Fällen zu einer **Loslösung von dem Grundsatz der Maßgeblichkeit der Handels- für die Steuerbilanz.**
- Der **Importwarenabschlag** nach § 80 EStDV a. F. soll ersatzlos gestrichen werden.
- Die **Übertragung von stillen Rücklagen** aus der Veräußerung von Anlagegütern (§§ 6b, 6c EStG a. F.) soll auf die Übertragung von Grund und Boden auf Grund und Boden und von Gebäuden auf Gebäude beschränkt werden.
- Die **Sonderabschreibungen nach § 7g EStG** zur Förderung kleinerer und mittlerer Betriebe soll für alle VZ, die **nach dem 31.12.2000** enden, auf Existenzgründer beschränkt werden. Die Ansparabschreibung (ebenfalls § 7g EStG) soll bereits ein Jahr früher für alle VZ, die nach dem 31.12.1999 enden, in gleicher Weise eingeschränkt werden.

738 Im umsatzsteuerlichen Bereich soll der **Vorsteuerabzug** in folgenden Punkten beschränkt werden:

- Der Vorsteuerabzug aus der Anschaffung, Miete und den Betriebskosten für **Kraftfahrzeuge,** die auch privat verwendet werden, soll auf 50 % begrenzt werden.
- Der Vorsteuerabzug für **Reisekosten** des Unternehmers und Gesellschafters sowie für an den Arbeitnehmer gezahlte Reisekosten soll sowohl bei Einzelnachweis als auch bei der Pauschalierung nach §§ 35 ff. UStDV a. F. gestrichen werden. Die Pauschalierungsregelungen werden dabei ersatzlos aufgehoben.
- Der Vorsteuerabzug für **Umzugskosten,** die ein Unternehmer seinen Arbeitnehmern für dienstlich veranlaßte Umzüge erstattet, soll entfallen.

IV. Geplante Änderungen im Immobilienbereich

739 Bei der **Immobilienbesteuerung** ergeben sich voraussichtlich folgende Einschränkungen:

- Der **Werbungskostenpauschbetrag** bei den Einkünften aus Vermietung und Verpachtung (§ 9a Satz 1 Nr. 2 EStG a. F.) soll ab VZ 1999 abgeschafft werden.
- Der im § 10i EStG a. F. geregelte **Vorkostenabzug** für nach dem Eigenheimzulagengesetz begünstigte Wohnungen in Höhe von 3.500 DM zzgl. bis zu 22.500 DM für Erhaltungsaufwendungen soll ersatzlos gestrichen werden. Als Stichtag für die

letztmalige Anwendung (Baubeginn oder Anschaffung durch obligatorischen Vertrag) soll der 1.1.1999 gelten.

- Ab dem gleichen Datum soll die **Spekulationsfrist** für Grundstücke und Gebäude von zwei auf zehn Jahre ausgedehnt werden. Innerhalb dieser Spekulationsfrist hergestellte Gebäude werden zukünftig einzubeziehen sein. Ausgenommen werden lediglich Objekte, welche zu eigenen Wohnzwecken dienen. Wirtschaftsgüter, die vor der Veräußerung aus einem Betriebsvermögen des Steuerpflichtigen entnommen wurden, fallen zukünftig auch unter den Spekulationstatbestand.
- Eine **Verteilung größeren Erhaltungsaufwandes** bei Wohngebäuden auf zwei bis fünf Jahre soll ab VZ 1999 nicht mehr möglich sein. Bis dahin vorgenommene Verteilungen können allerdings für den Rest der Laufzeit angesetzt werden

V. Geplante Änderungen für Arbeitnehmer

740 Die **Arbeitnehmer** haben mit folgenden Einschnitten zu rechnen:

- **Abfindungen** nach § 3 Nr. 9 EStG a. F. bei einer vom Arbeitgeber veranlaßten oder gerichtlich ausgesprochenen Auflösung des Dienstverhältnisses sollen ab 1999 halbiert werden.
- Die Steuerbefreiung für **Jubiläumszuwendungen** (§ 3 Nr. 52 EStG a. F., § 3 LStDV a. F.) soll ebenfalls aufgehoben werden.

Daneben sind für **geringfügig Beschäftigte,** für die bislang eine pauschale Lohnsteuer (**Tz 608**) erhoben wird, Änderungen angekündigt. Danach sollen:

- die Arbeitsverhältnisse der geringfügig Beschäftigten steuerfrei bleiben und
- die Arbeitgeber anstelle der pauschalen Steuer künftig 10 % an die Krankenversicherung und 12 % an die Rentenversicherung abführen.

VI. Sonstige geplante Änderungen

741 Im übrigen sind die folgenden wesentlichen Neuregelungen geplant:

- Die **Wesentlichkeitsgrenze** bei (privaten) Beteiligungen an Kapitalgesellschaften von derzeit mehr als 25% wird auf mehr als 10% gesenkt.
- Die **Sparer-Freibeträge** nach § 20 (4) EStG n. F. sollen jeweils halbiert werden.
- Auch die **Spekulationsfristen** für Wirtschaftsgüter, welche keine Grundstücke oder grundstücksgleiche Rechte sind (insbesondere Aktien), sollen verlängert werden. Der Tatbestand der Spekulationsgeschäfte wird dabei auch hier (wie bei Grundstücken) auf die Entnahme aus einem Betriebsvermögen ausgedehnt.
- Ab 1.1.1999 soll der **Sonderausgabenabzug** für Zinsen auf **Steuernachforderungen, Stundungszinsen** und **Aussetzungszinsen** (§10 (1) Nr. 5 EStG a. F.) entfallen.
- **Schulgeldzahlungen** i. S. des § 10 (1) Nr. 9 EStG a. F. sollen ab 1.1.1999 nicht mehr als Sonderausgaben abgezogen werden können.

B. Wichtige Einzelregelungen des Steuerentlastungsgesetzes 1999/2000/2002

I. Vorbemerkung

742 Vorab dazu ein Auszug aus der Gesetzesbegründung:

Während Arbeitnehmer und Bezieher von Einkünften aus Vermietung und Verpachtung, aus Kapitalerträgen oder aus Renten nach den Grundsätzen von Zufluß und Abfluß besteuert werden, ermitteln bilanzierende Unternehmen ihre steuerlichen Einkünfte durch Vermögensvergleich in enger Anlehnung an die handelsrechtliche Gewinnermittlung.

Der Vermögensvergleich bietet vielfache Möglichkeiten, "stille Reserven" zu bilden und damit den Ausweis erwirtschafteter Gewinne zu verlagern. Die bisher im Übermaß mögliche Bildung stiller Reserven soll angesichts sinkender Steuersätze beschränkt werden. Die enge Anknüpfung an das Handelsrecht, das wegen der auf dem Gläubigerschutz basierenden Prinzipien nur einen eingeschränkten Blick auf die tatsächliche Ertragslage erlaubt, soll durch steuerliche Spezialregeln gelockert werden.

Von den zahlreichen geplanten Neuregelungen werden insbesondere die einkommensteuerlichen Änderungen näher besprochen. Letztere haben im Bereich der Unternehmensbesteuerung mannigfaltige Wirkungen auf andere Steuerarten, insbesondere die Körperschaft- und Gewerbeertragsteuer.

II. Geplante Änderungen im Unternehmensbereich

1. Ansatz und Bewertung in der Steuerbilanz

1.1 Bilanzierung dem Grunde nach

743 Es ergeben sich voraussichtlich die folgenden Änderungen:

- **Ansammlungsrückstellungen** sind zeitanteilig, in gleichen Raten zulässig (§ 5 (4b) EStG n. F.). Dies ist keine wirkliche Neuregelung, sondern die gesetzliche Festschreibung eines bisherigen allgemein anerkannten Rechtsgrundsatzes (vgl. auch R 38 EStR).

- Nach § 5 (4c) EStG n. F. dürfen **Rückstellungen** für Aufwendungen, die **Anschaffungs-** oder **Herstellungskosten** für ein Wirtschaftsgut sind, nicht gebildet werden. Diese Regelung ist in erster Linie eine "lex specialis" für die Energiewirtschaft (Bereich Wiederaufbereitung radioaktiver Reststoffe); sie könnte allerdings auch in anderen Bereichen eine Rolle spielen. Insofern kann sie auch für Handwerksbetriebe Bedeutung erlangen (z.B. bei **Recycling-Unternehmen**).

- Die bisher mit § 7 g EStG a. F. bestehende Möglichkeit, **Ansparrücklagen** zu bilden, läuft aus. Für Existenzgründer soll diese Steuervergünstigung allerdings im

Wirtschaftsjahr der Betriebseröffnung und den folgenden fünf Wirtschaftsjahren fortbestehen. Sie wird in dem neuen § 6 e EStG n. F. festgeschrieben.

Die Definitionsmerkmale des Existenzgründers bleiben weitgehend unverändert. Die bisherige Regelung (Sonderabschreibung, Rücklage) gilt unverändert bis 31. Dezember 2000. Rücklagen können letztmals in Wirtschaftsjahren gebildet werden, die vor dem 1.1.2000 enden. Sie sind aber spätestens im ersten nach dem 31.12.1999 endenden Wirtschaftsjahr wieder aufzulösen, wenn sie nicht für eine Anschaffung oder Herstellung verwendet wurden. Die Regelung über den Gewinnzuschlag ist hierbei zu beachten.

Ab 2001 wird der Kreis der Begünstigten eingeschränkt. Die Sonderabschreibungen können nur noch von sog. Existenzgründern in Anspruch genommen werden.

Die bisher in § 7 g (3) -(7) EStG a. F. geregelte Ansparrücklage für Existenzgründer ist ab VZ 2001 - wie bereits ausgeführt - im neuen § 6 e EStG n. F. zu finden.

1.2 Bilanzierung der Höhe nach

744 Im einzelnen ist vorgesehen:

- Im Zusammenhang mit dem Anlage- und Umlaufvermögen soll ein **niedrigerer Teilwert** nicht mehr angesetzt werden können (§ 6 (1) Nr. 1 und Nr. 2 EStG n. F.). Bisher gilt sowohl für die Handelsbilanz als auch für die Steuerbilanz das Niederstwertprinzip. Danach muß bei einem Wirtschaftsgut des Anlagevermögens eine Teilwertabschreibung zwingend vorgenommen werden, wenn der „Zeitwert" dieses Wirtschaftsguts voraussichtlich dauerhaft niedriger ist als die Anschaffungskosten, gekürzt um die bisher vorgenommen Abschreibungen.

  Handelt es sich nur um eine vorübergehende Wertminderung, so besteht ein Wahlrecht: Der Steuerpflichtige kann an dem Buchwert aus Anschaffungs- oder Herstellungskosten, vermindert um die Abschreibungen, festhalten, er kann aber auch den niedrigeren Teilwert ansetzen. Entscheidet er sich in der Handelsbilanz für den niedrigeren Wert, so ist dieser aufgrund der Maßgeblichkeit der Handelsbilanz für die Steuerbilanz auch steuerrechtlich bindend.

  Teilwertabschreibungen sind hingegen zwingend beim Vorratsvermögen vorzunehmen, wenn der Markt- oder Börsenpreis niedriger als die Anschaffungs-/ Herstellungskosten ist. Das ist z.B. bei schwer verkäuflichen oder unverkäuflichen Saisonwaren der Fall. Die Abschreibung ist in der Höhe gerechtfertigt, in der die Selbstkosten zuzüglich des durchschnittlichen Unternehmergewinns über den voraussichtlich erzielbaren Verkaufserlösen liegen.

  Diese Möglichkeit der notwendigen Wertkorrektur soll für Wirtschaftsjahre, die nach dem 31.12.1998 enden, für die Steuerbilanz gestrichen werden; in der Handelsbilanz sind die „Teilwerte" bzw. beizulegenden Werte weiterhin anzusetzen.

Das bedeutet für die **steuerliche** Bewertung:

- **Abnutzbare Wirtschaftsgüter des Anlagevermögens** nach § 6 (1) Nr. 1 EStG a. F., Grund und Boden, Beteiligungen und das Umlaufvermögen nach § 6 (1) Nr. 2 EStG a. F. sind zukünftig von diesem Verbot betroffen. Erst im Zeitpunkt der Realisation kann dann der wirtschaftlich verursachte Verlust berücksichtigt werden.
- Steuerlich unberücksichtigt bleiben damit **Buchverluste** des abnutzbaren Anlagevermögens. Die Abschreibungsmöglichkeit nach § 7 (1) Satz 5 (**außergewöhnliche technische oder wirtschaftliche Abnutzung**) soll allerdings erhalten bleiben. Abnutzbare Wirtschaftsgüter des Anlagevermögens sind mit den Anschaffungs- oder Herstellungskosten, abzüglich AfA nach § 7 EStG, anzusetzen.
- Zugleich wird ein **Wertaufholungsgebot** eingeführt. Beide Maßnahmen wirken kumulativ im ersten nach dem 31.12.1998 endenden Wirtschaftsjahr.
- Für das **nicht abnutzbare Anlage-** und **Umlaufvermögen** (§ 6 (1) Nr. 2 EStG n. F.) gilt ein entsprechender **Ausschluß** der **Teilwertabschreibung** für das nicht abnutzbare Anlagevermögen sowie für das Umlaufvermögen und die Verpflichtung zur Wertaufholung.

Beispiel:

Wenn eine Boutique zum Ende eines Wirtschaftsjahres noch einen Bestand an Saisonware hat, deren Anschaffungskosten 100.000 DM ausgemacht haben, und die nach Ablauf des Wirtschaftsjahres im Rahmen des Winterschlußverkaufs nur für 60.000 DM veräußert werden können, kann die Differenz von 40.000 DM nicht mehr bei der Gewinnermittlung des abgelaufenen Wirtschaftsjahres steuerlich wertmindernd berücksichtigt werden. Sie wirkt sich erst in dem Zeitpunkt aus, in dem es tatsächlich zum Verkauf der Ware kommt.

Ab 2001 wird diese Problematik noch durch den geplanten Wegfall des Verlustrücktrages verstärkt. Möglicher Ausweg könnte bestenfalls eine Absetzung wegen außergewöhnlicher technischer oder wirtschaftlicher Abnutzung sein.

- **Rückstellungen für gleichartige ungewisse Verbindlichkeiten oder Gewährleistungen**, die ohne rechtliche Verpflichtung erbracht werden, sind künftig voraussichtlich nur noch auf Grundlage der Vergangenheitserfahrungen aus der Abwicklung solcher Verbindlichkeiten oder Gewährleistungen zu bilden (§ 6 (1) Nr. 3 EStG n. F.).

  Aus dem Regelungsgehalt des § 6 (1) Nr. 3 EStG n. F. ergibt sich folgendes:

  Buchst. a) stellt klar, daß bei der Bewertung gleichartiger Rückstellungen die Erfahrungen in der Vergangenheit aus der Abwicklung der jeweiligen Geschäftsrisiken zu berücksichtigen sind, nach denen es möglicherweise nicht zur Inanspruchnahme kommt (wie R 31 c Abs. 5 EStR).

Durch Buchst. b) wird ein **Abzinsungsgebot bei Rückstellungen für Geldleistungsverpflichtungen** eingeführt. Der wirtschaftliche Effekt, der in der künftigen Fälligkeit der Verpflichtung liegt und der durch die Abzinsung berücksichtigt wird, kann allerdings auch bei Sachleistungsverpflichtungen auftreten.

Buchst. c) regelt, daß künftig **Einnahmen**, die im Zusammenhang mit der Erfüllung der Rückstellung voraussichtlich erzielt werden, **mindernd** zu berücksichtigen sind (z.B. Einnahmen aus Kippgebühren bei der pflichtgemäßen Verfüllung einer Kiesgrube). Es stellt sich die Frage, ob nur mögliche künftige Einnahmen oder nur tatsächliche künftige Einnahmen zu berücksichtigen sind (z. B. bei Abschluß des Vertrags über das Abkippen).

Nach Buchst. d) sind **Rückstellungen für Sach- und Dienstleistungsverpflichtungen** künftig nur noch mit den variablen Kosten (Einzel- und variable Gemeinkosten) zu bewerten. Die gesetzliche Aussage ist reichlich unklar. Beabsichtigt ist, **nicht sämtliche Gemeinkosten** bei der Bewertung zuzulassen, sondern nur diejenigen, die ausschließlich wegen der Erfüllung der Verpflichtung anfallen.

Hinweis: Herstellungskosten sind weiterhin mit den Vollkosten zu bewerten, Rückstellungen hingegen mit den Teilkosten!

- Die **Einlage von Wirtschaftsgütern** erfolgt grundsätzlich auch dann zum Teilwert, wenn diese bis zur Einlage zur Erzielung von Überschußeinkünften genutzt wurden. Erfolgt die Einlage eines solchen Wirtschaftsgutes in einem nach dem 31. Dezember 1998 endenden Wirtschaftsjahr, so bemessen sich nach § 6 (1) Nr. 5 Satz 2 EStG n. F. die weiteren Absetzungen für Abnutzung nicht nach dem Einlagewert (=Teilwert), sondern nach dem Restwert des Wirtschaftsguts im Einlagezeitpunkt.

  Durch diese Regelung soll vermieden werden, daß durch die Einlage „künstlich" **neues AfA-Volumen** geschaffen wird. Allerdings greift die Beschränkung der AfA-Bemessungsgrundlage auch dann, wenn es infolge einer Nutzungsänderung zur Einlage in das notwendige Betriebsvermögen kommt.

  Zu beachten ist zudem, daß die Einlage auch in diesen Fällen zum Teilwert erfolgt und es deshalb nicht zu einer Nachversteuerung der in der Zeit der Zugehörigkeit des Wirtschaftsgutes zum Privatvermögen gebildeten stillen Reserven kommt. Der Restwert ist lediglich für die weiteren Absetzungen für Abnutzung maßgebend.

Beispiel:

Ein bebautes Grundstück wurde zunächst im Rahmen der Einkünfte aus Vermietung und Verpachtung genutzt. Da das Grundstück später eigenbetrieblich genutzt wird, kommt es zur Einlage in das notwendige Betriebsvermögen. Im Einlagezeitpunkt beläuft sich der Teilwert des Gebäudes auf 500.000 DM. Der Restwert des Gebäudes, das zu Herstellungskosten von 800.000 DM errichtet worden war, beträgt 300.000 DM.

Das Gebäude ist mit seinem Teilwert von 500.000 DM zu aktivieren. Dieser Wert mindert sich jährlich um die nach dem Restwert von 300.000 DM bemessenen AfA von 4 %. Die jährlichen AfA belaufen sich damit auf 12.000 DM. Bei einem späterem Verkauf des Grundstücks ist hinsichtlich des Gebäudes der um diese AfA geminderte Einlagewert als Buchwert dem Veräußerungserlös gegenüberzustellen.

2. Sonstige unternehmenssteuerliche Änderungen

745 Folgende Neuregelungen sind geplant:

- Für **Schuldzinsen,** die nach dem 31.12.1998 wirtschaftlich entstehen, soll das **Zweikontenmodell** nicht mehr anerkannt werden. Zinsen, die danach durch Privatentnahmen anfallen, sollen künftig nicht mehr als Betriebsausgaben abzugsfähig sein. Wer bei seiner Bank mehrere Konten unterhält, deren Bestand nach Saldierung negativ ist und diesen Negativbetrag durch Entnahmen erhöht, kann zukünftig die auf die Entnahme entfallenden Schuldzinsen nicht mehr als Betriebsausgaben abziehen.

  Hintergrund dieser Änderung ist die aktuelle **Rechtsprechung des BFH**. Der Große Senat des Bundesfinanzhofes hat es gebilligt, daß Schuldzinsen für ein Darlehen, das der Deckung eines betrieblichen Ausgabenkontos dient, als Betriebsausgaben abzugsfähig sind, auch wenn die auf einem anderen Konto gutgeschriebenen Betriebseinnahmen für die Zahlung (z. B.) einer entsprechenden Kaufpreisrate für ein privates Einfamilienhaus eingesetzt wurden. Im Ergebnis führt dies bislang dazu, daß über ein Zweikontenmodell private Schuldzinsen zu betrieblichen Kreditkosten werden.

  Die Neuregelung soll auch für Fälle gelten, in denen zwar der Saldo der Konten positiv ist, jedoch ein Steuerpflichtiger die Entnahme von einem Konto mit negativem Bestand tätigt und dadurch Schuldzinsen „verursacht" - auch hier soll der Betriebsausgabenabzug ausgeschlossen sein.

  Im folgenden veranschaulicht ein Beispiel zum **gemischten Konto** die Auswirkungen dieser Gesetzesänderung:

Beispiel zum gemischten Konto:

Bei einem gemischt geführten Konto, bei dem der Steuerpflichtige sowohl betriebliche als auch private Zahlungsvorgänge über ein und dasselbe Konto abwickelt, ist nur noch der durch betrieblich veranlaßte Zahlungsvorgänge entstehende Saldo maßgebend. Betriebseinnahmen gelten zunächst als zur Tilgung des durch Betriebsausgaben entstandenen Saldos verwendet.

Kontostand 01.01.1998	0 DM
Betriebsausgabe 3.01.1998	- 30.000 DM
Entnahme 4.1.1998	- 20.000 DM
ergibt	- 50.000 DM
Betriebseinnahme	+ 20.000 DM
ergibt	- 30.000 DM

Von dem verbleibendem Saldo wären Zinsen nur soweit abzugsfähig, wie sie rechnerisch auf den Saldo von 10.000 DM (Betriebsausgabe - 30.000 DM; Einnahme + 20.000 DM) entfallen, weil die Betriebseinnahme zunächst zur Tilgung des betrieblich aufgenommenen Kredites verwendet wird.

Künftig führt jede **Entnahme** dazu, daß die rechnerisch hierauf entfallenden Zinsen nicht abzugsfähig sind. Sämtliche Betriebseinnahmen gelten zunächst als zur Tilgung des betrieblichen Schuldsaldos verwendet, Betriebsausgaben erhöhen diesen wiederum.

Da davon auszugehen ist, daß der durch Entnahme veranlaßte Schuldsaldo fortzuschreiben ist, wird dies dazu führen, daß kurz- bis mittelfristig **sämtliche Schuldzinsen** dem privat veranlaßten Saldo zuzurechnen sind. Erst wenn der zusammengefaßte Bestand positiv wird und Entnahmen von einem Guthabenkonto erfolgen, erhöht sich der privat veranlaßte Schuldsaldo nicht mehr.

Werden über ein Konto sowohl betriebliche als auch private Zahlungen abgewickelt, so sollte also gedanklich eine Trennung zwischen den betrieblichen und privaten Zahlungsvorgängen erfolgen. Betriebseinnahmen, die auf diesem Konto verbucht werden, sollen danach vorrangig mit dem betrieblich veranlaßten Saldo verrechnet werden.

- Die Vorschriften zur **Bilanzänderung** werden eingeengt (§ 4 (2) EStG n. F.). Eine Bilanzänderung ist nach der Rechtsprechung auch Jahrzehnte nach Ablauf des maßgeblichen VZ möglich, sofern die Bestandskraft der Steuerveranlagung noch nicht eingetreten ist. In der Praxis wird die Bilanzänderung vielfach genutzt, um die im Rahmen einer Außenprüfung festgestellten Mehrergebnisse über eine entsprechende Anpassung der Bilanz bzw. über eine entsprechende Ausübung von bilanziellen Wahlrechten zu neutralisieren. Diese Vorgehensweise ist künftig **nicht** mehr möglich. Eine Bilanzänderung ist danach nur noch möglich, wenn die Bilanz **nicht ordnungsmäßig** ist (§ 4 (2) Satz 1 EStG a. F.)
- Bei **Veräußerung von Unternehmen** und **Unternehmensteilen** sowie bei Aufgabegewinnen steht dem Steuerpflichtigen bisher ein **Freibetrag** von 60.000 DM zu, wenn er das 55. Lebensjahr vollendet hat oder im sozialversicherungsrechtlichen Sinne dauernd berufsunfähig ist. Übersteigt der Veräußerungsgewinn den Betrag von 300.000 DM, so ist er um den übersteigenden Betrag zu kürzen, so daß im ungünstigsten Fall ein Freibetrag entfällt.

  Der Veräußerungsfreibetrag soll für Veräußerungen ab 1999 wegfallen. Damit wird die Betriebsveräußerung und Betriebsaufgabe „**von der ersten Mark an**" steuerpflichtig.

  Die Möglichkeit der Besteuerung mit dem **halben Steuersatz** soll ab 1999 wegfallen (§ 34 EStG a. F.). Statt dessen soll der Veräußerungsgewinn gefünftelt und nur mit diesem Fünftel dem übrigen zu versteuernden Einkommen hinzugerechnet werden. Die zusätzliche Einkommensteuer, die sich für diesen Betrag ergibt, soll anschließend mit fünf multipliziert werden. Das Ergebnis stellt die Einkommensteuer dar, die auf den Veräußerungsgewinn entfällt. Sie ist der Einkommensteuer für die laufenden Einkünfte hinzuzurechnen.

- Für den unternehmerischen Bereich wird sich - neben der Einführung einer Mindestbesteuerung - insbesondere die Einschränkung und völlige Abschaffung des **Verlustrücktrags** negativ auswirken. Zu den Verlustverrechnungsbeschränkungen wird auf die folgenden Ausführungen verwiesen.

III. Geplante Änderungen außerhalb des Unternehmensbereichs

1. Einschränkung der Verlustverrechnung

746 Voraussichtlich wird ab VZ 1999 im Wege einer Einschränkung der Verlustverrechnung (Verlustausgleich, Verlustabzug) eine **Mindestbesteuerung** eingeführt. Zu diesem Zweck werden die Einkünfte in zwei Gruppen eingeteilt, und zwar in solche aus **aktiver** und in solche aus **passiver** Tätigkeit (§ 2 (1a) EStG n. F.):

Aktive Einkünfte	Passive Einkünfte
Land- und Forstwirtschaft Gewerbebetrieb (wie § 2a) Selbständige Arbeit Nichtselbständige Arbeit (ohne Versorgungsbezüge)	Gewerbebetrieb, soweit nicht aktiv Kapitalvermögen Vermietung und Verpachtung Sonstige Einkünfte Versorgungsbezüge

Die Einkünfte aus Land- und Forstwirtschaft, die freiberuflichen Einkünfte und die Einkünfte aus nichtselbständiger Tätigkeit – ausgenommen Versorgungsbezüge – sowie die laufenden Einkünfte aus einem Abgeordnetenmandat werden uneingeschränkt zu den **aktiven Einkünften** gerechnet.

Schwieriger wird es bei den **gewerblichen** Einkünften. Zu den **aktiven** Einkünften rechnen Einkünfte aus

- der Herstellung oder Lieferung von Waren
- der Gewinnung von Bodenschätzen sowie
- der Bewirkung gewerblicher Leistungen (z. B. Handwerksleistungen),

wobei der Gewerbebetrieb ausschließlich oder fast ausschließlich (= mindestens **90 %**, gemessen an der Gesamttätigkeit) solche Leistungen erbringen muß.

Ausgenommen davon sollen stets folgende gewerbliche Einkünfte sein:

- die Vermietung und Verpachtung von Wirtschaftsgütern sowie
- die Überlassung von Rechten, Plänen, Mustern, Verfahren, Erfahrungen und Kenntnissen

Sie zählen zu den **passiven** Einkünften.

Verluste aus einer **passiven** Tätigkeit können nur bis zu einem Betrag von 100.000 DM bei Ledigen bzw. 200.000 DM bei zusammenveranlagten Ehegatten mit aktiven Einkünften verrechnet werden. Darüber hinaus soll eine Verrechnung mit aktiven Einkünften **nur noch zur Hälfte** möglich sein.

Die eingeschränkte Verrechnungsmöglichkeit zwischen aktiven und passiven Einkünften soll bereits ab VZ 1999 gelten. Die Vorgehensweise wird im folgenden kurz skizziert:

Zunächst ist die **Summe der Einkünfte** der jeweiligen Tätigkeitsgruppe zu ermitteln.

Sofern nur die Summe der Aktiveinkünfte negativ ist, werden diese mit **positiven** Passiveinkünften ausgeglichen. Ein etwaiger **übersteigender Betrag** geht wie bisher in den Verlustausgleich nach § 10d EStG ein.

Verrechnungsprobleme ergeben sich jedoch dann, wenn die Summe der Passiveinkünfte **negativ** ist. In einem solchen Fall werden zunächst diese Verluste, sofern sie einen Betrag von **100.000 DM / 200.000 DM** (getrennte Veranlagung / Zusammenveranlagung) nicht übersteigen, wie Verluste aus Aktivtätigkeiten behandelt.

Soweit die Summe der Passiveinkünfte über diese Sockelbeträge hinaus geht, kann ein Verlustausgleich **nur bis zur Höhe der Hälfte** der nach Abzug der Sockelbeträge verbleibenen Aktiveinkünfte ausgeglichen werden. Der verbleibende Restbetrag mündet in einen **besonderen** Verlustabzug ein.

Im Rahmen des Verlustabzugs ist somit nach der **Herkunft** der Verlustabzugsbeträge zu unterscheiden. Soweit der Verlustabzug aus Passiveinkünften stammt, ist im Verlustentstehungsjahr die gleiche Beschränkung wie im Verlustausgleichsjahr zu beachten. Solche Verlustabzugsbeträge sind also ebenfalls nur bis zu den Sockelbeträgen von 100.000 DM bzw. 200.000 DM unbeschränkt abziehbar, darüber hinaus nur bis zur Hälfte der nach Abzug der Sockelbeträge verbliebenen Summen.

Beispiel:

Ein lediger Arbeitnehmer hat aktive Einkünfte in Höhe von 300.000 DM und passive Einkünfte in Höhe von - 280.000 DM.

aktive Einkünfte:	300.000 DM
Sockelbetrag von 100.000 DM bei Ledigen uneingeschränkt verrechenbar mit passiven Einkünften	- 100.000 DM
verbleiben	200.000 DM
weitere Verrechnung mit den restlichen passiven Einkünften bis zur Höhe von 50% der übrig gebliebenen aktiven Einkünfte (50% von 200.000 DM)	- 100.000 DM
noch anzusetzen an aktiven Einkünften	100.000 DM

Es verbleiben noch -80.000 DM an passiven Einkünften für den Verlustrück- und -vortrag.

Neben der Einschränkung bei der Verlustverrechnung, die den Veranlagungszeitraum 1998 betrifft, sind noch **Änderungen beim Verlustrücktrag** geplant. Ursprünglich sollte der Verlustrücktrag insgesamt entfallen. Dieses Vorhaben verfolgt der Gesetzgeber nunmehr erst ab dem Jahre 2001. Verluste in den Jahren 1999 und 2000 sollen begrenzt auf 2.000.000 DM auf ein Jahr zurückgetragen werden können. Damit ändert sich die bisherige Rücktragsmöglichkeit in zwei Punkten:

Zum einen wird durch die Neuregelung der Rücktrag nur auf ein Jahr beschränkt, und zum anderen wird der rücktragsfähige Verlust von bisher 10.000.000 DM auf einen Höchstbetrag von 2.000.000 DM begrenzt.

Beispiel:

Ein Steuerpflichtiger hat in 1999 einen Verlust aus aktiver gewerblicher Tätigkeit in Höhe von 5.000.000 DM, den er in diesem Veranlagungszeitraum nur in Höhe von 1.000.000 DM mit anderen Einkünften verrechnen kann. Für 1998 beträgt der Gesamtbetrag der Einkünfte des Steuerpflichtigen 4.000.000 DM.

Nach der Übergangsregelung für das Jahr 1999 kann der Steuerpflichtige den in 1999 nicht verrechneten Verlust von 4.000.000 DM in Höhe von 2.000.000 DM auf das Jahr 1998 zurückübertragen; für diesen Veranlagungszeitraum verbleiben dann vom Gesamtbetrag der Einkünfte noch 2.000.000 DM. Das, was der Steuerpflichtige nicht zurückübertragen konnte, also 2.000.000 DM, steht ihm ab 2000 als Verlustvortrag zur Verfügung.

Beim Verlustvortrag soll alles beim alten bleiben. Hier können sich allerdings Auswirkungen aus der beschränkten Verrechnungsmöglichkeit von Verlusten aus passiven Einkünften ergeben.

2. Änderungen beim Ehegattensplitting

747 Ab 2002 soll der Vorteil des **Ehegattensplitting** auf maximal 8.000 DM begrenzt werden (§ 32 a (5) EStG n. F.). Damit die bei 8.000 DM willkürlich gezogene Grenze nicht offenkundig verfassungsrechtlich problematisch wird, wird durch fiktive Berücksichtigung der in einer Ehe bestehenden Unterhaltsverpflichtung (in Höhe von 27.000 DM) die steuerliche Mehrbelastung aber auf maximal 1.264 DM begrenzt.

Wirksam wird die Kappung bei Ehegatten mit einem zu versteuernden Einkommen von mehr als 173.000 DM, wenn der jeweilige Gesamtbetrag der Ehegatteneinkünfte um mehr als 27.000 DM auseinander liegt.

Es sind künftig nach den Regelungen des neuen § 32 a (5a) EStG n. F. zwei Rechenschritte durchzuführen. In einem ersten Rechenschritt wird die Steuer für das gemeinsame zu versteuernde Einkommen – wie bereits nach geltendem Recht – nach der Splittingtabelle berechnet. Bei der sich danach ergebenden Steuer bleibt es, sofern das zu versteuernde Einkommen beider Ehegatten zusammen nicht mehr als 173.000 DM beträgt.

Übersteigt das gemeinsame zu versteuernde Einkommen den Betrag von 173.000 DM, so ist in einem zweiten Rechenschritt das zu versteuernde Einkommen jedes einzelnen Ehegatten getrennt zu ermitteln.

3. Neuregelung der Spekulationsfristen

748 Die **Spekulationsfrist** für Grundstücke wird von zwei auf zehn Jahre, für andere Wirtschaftsgüter von sechs auf zwölf Monate verlängert. Die Neuregelung gilt für alle Veräußerungen, die nach dem 31.12.1998 erfolgen, wobei das schuldrechtliche Geschäft, bei Grundstücken also der Abschluß des notariellen Kaufvertrages, maßgebend ist.

Darüber hinaus wird der Spekulationsgewinnbegriff auf neue Tatbestände ausgedehnt. § 23 (1) Nr. 1 EStG n. F. erfaßt auch die Veräußerung eines innerhalb der letzten zehn Jahre hergestellten Gebäudes. Gemäß § 23 (1) Nr. 5 EStG n. F. unterliegen künftig auch Differenzgeschäfte (z.B. der Handel mit Optionen) der Spekulationsgewinnbesteuerung.

Neu hinzugekommen ist, daß auch Veräußerungen innerhalb von zehn Jahren (bei Grundstücken) bzw. innerhalb von fünf Jahren bei anderen Wirtschaftsgütern nach vorangegangener Entnahme erfaßt werden.

Von der Spekulationsgewinnbesteuerung ausgenommen sind Gewinne aus der Veräußerung von selbstgenutztem Wohneigentum, sofern das Wohneigentum zwischen Anschaffung und Veräußerung ausschließlich zu eigenen Wohnzwecken oder im Jahr der Veräußerung und den beiden vorangegangenen Jahren zu eigenen Wohnzwecken genutzt wurde. Damit soll vermieden werden, daß Veräußerungsgewinne z.B. bei einem arbeitsplatzbedingten Wohnsitzwechsel besteuert werden.

4. Änderungen bei wesentlichen Beteiligungen im Privatvermögen

749 Eine Beteiligung an einer Kapitalgesellschaft von mehr als 25%, die sich im Privatvermögen befindet, wird derzeit bei ihrer Veräußerung freibetrags- und tarifbegünstigt besteuert.

Eine wesentliche Beteiligung ist künftig gegeben, wenn der Veräußerer mindestens 10 % der Anteile an der Kapitalgesellschaft im Privatvermögen hält. Die neue Beteiligungsgrenze gilt für alle Veräußerungen ab 1999. Nach Auffassung der Bundesregierung bestehen keine verfassungsrechtlichen Bedenken, daß im Veräußerungsfalle auch solche Wertzuwächse der Besteuerung unterliegen, die bis zur Änderung des Gesetzes nicht steuerverhaftet gewesen sind.

Diese Regelung schließt wie bisher die steuerliche Geltendmachung von Veräußerungsverlusten in bestimmten Fällen aus. So kann ein Verlustabzug nicht dadurch erreicht werden, daß ein nicht wesentlich Beteiligter seine Verlustbeteiligung einem wesentlich Beteiligten schenkt.

Andererseits soll die eigentliche Aufstockung zur Erreichung einer wesentlichen Beteiligung nicht behindert werden. Hat z.B. ein Gesellschafter bereits 8 % und kauft er 12 % hinzu, so kann er einen innerhalb der kommenden 5 Jahre erlittenen Veräußerungsverlust zu 12/20 steuerlich abziehen.

Der Freibetrag von 20.000 DM, der bisher gewährt wurde (§ 17 (3) EStG a. F.) soll in Zukunft entfallen. Das gleiche gilt für die Tarifbegünstigung, die im halben durchschnittlichen Steuersatz besteht.

IV. Geplante Änderungen durch den Einstieg in die ökologische Steuer- und Abgabenreform

750 Die sich durch eine Senkung der Beiträge zur Sozialversicherung ergebenden Mindereinnahmen von rd. 12 Mrd. DM sollen durch die sog. Ökosteuern kompensiert werden.

Im einzelnen sollen bestimmte Energieabgaben erhoben werden, die in folgender Übersicht zusammengefaßt dargestellt werden:

Neue Stromsteuer[3]	
Regelsatz	2 Pf./kWh
Ermäßigter Satz => Produzierendes Gewerbe (soweit nicht energieintensiv) für Verbrauchsmengen über 50.000 kWh hinaus => Nachtspeicherheizungen (soweit vor 31.12.1998 installiert)	 0,5 Pf/kWh 1 Pf./kWh
Steuerbefreiungen => Produzierendes Gewerbe, soweit energieintensiv => Strom aus erneuerbaren Energieträgern, von Eigenerzeugern oder aus einem ausschließlich von solchen Energieträgern gespeisten Netz. Darunter fällt Strom aus: -- Sonnenenergie, Windkraft -- Wasserkraft, Deponiegas, Klärgas, Biomasse aus Anlagen mit einer Generatorleistung bis 5 Megawatt -- Entnahme zur Stromerzeugung	 --------- --------- ---------

Erhöhung der Mineralölsteuer	
Kraftstoffe (Benzin, Diesel) sowie entsprechende Erhöhung des Steuersatzes für Erdgas als Kraftstoff und für Flüssiggas	+ 6 Pf/l
Heizöl => Regelsatz => Produzierendes Gewerbe, soweit nicht als energieintensiv steuerbefreit => Produzierendes Gewerbe, soweit energieintensiv	 + 4 Pf/l + 1 Pf/l ---------
Gas => Regelsatz => Produzierendes Gewerbe, soweit nicht als energieintensiv steuerbefreit => Produzierendes Gewerbe, soweit energieintensiv	 + 3,20 DM/MWh + 0,80 DM/MWh ----------

[3] Die Ausnahmeregelung bei der Stromsteuer sollen nur für die erste Stufe der „ökologischen Steuerreform 1999" gelten. Teile der Bundesregierung (Die Grünen/Bündnis 90) wollen die Ausnahmeregelung ab 2000 überprüfen und ggf. aufheben

Anlage

Liste der wesentlichen steuerlichen Änderungen für das Handwerksunternehmen/den Handwerksunternehmer

Gewinnermittlungsvorschriften

Einschränkung der Bilanzänderung	(§ 4 (2) EStG n. F.)
Einschränkung des Abzugs von Schuldzinsen als Betriebsausgaben	(§ 4 (4a) EStG n. F.)
Verbot der Bildung von Rückstellungen für Anschaffungs- oder Herstellungskosten (z. B. Recycling-Unternehmen)	(§ 5 (4c) EStG n. F.)
Einführung eines Wertaufholungsgebots	(§ 6 (1) Nr. 1 EStG n. F.)
Streichung der Abschreibung auf den niedrigeren Teilwert	(§ 6 (1) Nr. 1 EStG a. F.)
Beschränkung der steuerneutralen Übertragung von stillen Reserven auf Grundstücke	(§ 6b EStG n. F.)
Einführung eines generellen Abzinsungsgebots für Rückstellungen	(§ 6 (1) Nr. 3 EStG n. F.)
Streichung der Sonder- und Ansparabschreibung für Klein- und Mittelbetriebe ab 2000 mit Ausnahme der Existenzgründer	(§ 7 g EStG n. F.)
Aufhebung des Importwarenabschlags	(§ 80 EStDV a. F.)

Freibeträge bei gewerblichen Einkünften

Streichung des Freibetrags für Betriebsveräußerung oder –aufgabe	(§ 16 (4) EStG a. F.)
Aufhebung des Freibetrags für die Veräußerung wesentlicher Anteile	(§ 17 (3) EStG n. F.)

Kapitalerträge

Halbierung des Sparer-Freibetrags von 6.000 DM/12.000 DM auf 3.000 DM/ 6.000 DM ab dem Jahr 2000	(§ 20 (4) EStG n. F.)

Vermietung und Verpachtung / eigengenutzte Wohnung

Halbierung der erhöhten Absetzungen und des Sonderausgabenabzugs für Sanierungsobjekte und Baudenkmale	(§§ 7h, 7i, 10f EStG n. F.)
Streichung des Vorkostenabzugs	(§ 10i EStG a. F.)

Verstärkte Besteuerung privater Veräußerungsgewinne

Senkung der Grenze für wesentliche Beteiligungen an Kapitalgesellschaften von 25 % auf 10 %	(§ 17 EStG n. F.)
Verlängerung der Spekulationsfristen für Immobilien (mit Ausnahme eigengenutzter Wohnungen) von 2 auf 10 Jahre	(§ 23 (1) Nr. 1a EStG n. F.)
Verlängerung der Spekulationsfrist für Aktien von sechs Monaten auf ein Jahr	(§ 23 (1) Nr. 1b EStG n. F.)

Steuerbefreiungen

Halbierung der Freibeträge für Entlassungsabfindungen mit Abschmelzungsregelung	(§ 3 Nr. 9 EStG n. F.)
Streichung der Freibeträge für Jubiläumszuwendungen	(§ 3 Nr. 52 EStG a. F.)

Sonderausgaben / Verlustberücksichtigung

Streichung des Abzugs von Nachforderungszinsen	(§ 10 (1) Nr. 5 EStG a. F.)
Streichung des Schulgeldabzugs	(§ 10 (1) Nr. 9 EStG a. F.)
Einschränkung des Verlustausgleichs (sog. Mindesbesteuerung)	(§ 2 (1a), (3) EStG n. F.)
Verschlechterung des Verlustrücktrags ab 1999 und völlige Streichung ab 2001	(§ 10d EStG n. F.)

Tarifliche Regelungen

Einschränkung des Steuervorteils aus dem Ehegattensplitting um bis zu 1.200 DM ab dem Jahr 2002	(§ 32a (5a) EStG n. F.)
Versagung des halben Steuersatzes für a. o. Einkünfte, insbesondere für Gewinne aus der Veräußerung oder Aufgabe von Betrieben; statt dessen fünffache Steuer auf ein Fünftel dieser Einkünfte	(§ 34 EStG n. F.)
Streichung der Steuerermäßigung für erbschaftsteuerbelastete Einkünfte	(§ 35 EStG a. F.)

Umsatzsteuer

Reduzierung des Vorsteuerabzugs aus Aufwendungen für Personenkraftwagen auf 50%	(§ 15 UStG n. F.)
Aufhebung des Vorsteuerabzugs für Reisekosten und Umzugkosten	(§ 35 ff. UStDV a. F.)

Literaturverzeichnis

A. Vorbemerkung

Das folgende Literaturverzeichnis will Angebote zur Vertiefung des Studiums machen. Aus der kaum überschaubaren Fülle steuerrechtlich und steuerökonomisch orientierter Literatur mußte zwangsläufig eine Auswahl getroffen werden. In den genannten Werken finden sich weitere Quellen.

Das Verzeichnis enthält am Ende Hinweise auf einschlägige steuerrechtliche Textsammlungen und Veranlagungshandbücher. Das Studium steuerlicher Fachliteratur ist nur sinnvoll und ergiebig, wenn die originalen Gesetzestexte und Verwaltungsanweisungen eingesehen werden können.

B. Bücher

I. Bücher zum gesamten Steuerrecht

Daumke, M.: Grundriß des deutschen Steuerrechts, 3. Aufl., Bielefeld 1998

Grefe, C.: Unternehmenssteuern, 3. Aufl., Ludwigshafen 1998

Hennerkes, B. H./ Schiffer, J.: Unternehmenssteuerrecht, 2. Aufl., München/ Wien 1993

Rose, G.: Betrieb und Steuer. Bd. 1: Die Ertragsteuern, 15. Aufl. Wiesbaden 1997. Bd. 2: Die Verkehrsteuern, 13. Aufl., Wiesbaden 1997. Bd. 3: Die Substanzsteuern, 10. Aufl., Wiesbaden 1997, Bd. 4: Grundzüge des Besteuerungsverfahrens, 3. Aufl., Wiesbaden 1995

Schneeloch, D.: Besteuerung und betriebliche Steuerpolitik, Bd. 1, 3. Aufl., München 1998; Bd. 2, München 1994

Tipke, K.: Steuerrecht. Ein systematischer Grundriß, 16. Aufl., Köln 1998

Wöhe, G.: Die Steuern des Unternehmens, 6. Aufl. München 1991

II. Bücher zum Bilanzsteuerrecht

Falterbaum, H. / Beckmann, H./Bolk, W.: Buchführung und Bilanz, 17. Aufl., Achim 1998

Federmann, R.: Bilanzierung nach Handelsrecht und Steuerrecht, 10. Aufl., Bielefeld 1994

Knobbe-Kneuk, B.: Bilanz- und Unternehmenssteuerrecht, 9. Aufl., Köln 1993

Tiedtke, K.: Einkommensteuer- und Bilanzsteuerrecht, 2. Aufl., Herne 1995

Wöhe, G.: Betriebswirtschaftliche Steuerlehre, Bd. I/2, 7. Aufl., München 1992

III. Bücher zu einzelnen Steuerarten

1. Einkommensteuer

Plückebaum, R./ Wendt, W./ Ehmcke, T.: Einkommensteuer, 18. Aufl., Achim 1996

Rose, G.: Betrieb und Steuer. Bd. 1: Die Ertragsteuern (Teil Einkommensteuer) 15. Aufl., Wiesbaden 1997

Schulze zur Wiesche, D./ Zenthöfen, W.: Einkommensteuer, 4. Aufl., Stuttgart 1997

2. Körperschaftsteuer

Kießling, H.: Körperschaftsteuer, 14. Aufl., Achim 1995

Rose, G: Betrieb und Steuer. Bd. 1: Die Ertragsteuern (Teil Körperschaftsteuer) 15. Aufl., Wiesbaden 1997

Schöne, W. D.: Die Besteuerung der Kapitalgesellschaften, Ergebnissteuern - Substanzsteuern (Teil Körperschaftsteuer), 3. Aufl., Bielefeld 1994

3. Gewerbesteuer

Rose, G.: Betrieb und Steuer. Bd. 1: Die Ertragsteuern (Teil Gewerbeertragsteuer), 15. Aufl., Wiesbaden 1997

Spangemacher, G: Gewerbesteuer, 12. Aufl., Achim 1995

Schöne, W. D.: Gewerbesteuer, 2. Aufl., Herne 1998

4. Erbschaft-/ Schenkungsteuer

Haar, H / Wittenmayer, A.: Bewertungsrecht, 6. Aufl., Herne 1998

Rose, G.: Betrieb und Steuer. Bd. 3: Die Substanzsteuern (Teil Erbschaft- und Schenkungsteuer), 10. Aufl., Wiesbaden 1997

Schulz, B.: Erbschaftsteuer/ Schenkungsteuer, 6. Aufl., Achim 1997

5. Umsatzsteuer

Dziadkowski, D. / Walden, P.: Umsatzsteuer, 4. Aufl., München/Wien 1996

Hahn, V. /Kortschak, H. P.: Umsatzsteuer, 7. Aufl., Herne 1996 (mit Einleger Dezember 1997)

Lippross, O.-G.: Umsatzsteuer, 19. Aufl., Achim 1996

Rose, G.: Betrieb und Steuer. Bd. 2: Die Verkehrsteuern (Teil Umsatzsteuer), 13. Aufl., Wiesbaden 1997

6. Verfahrensrecht

Ax, R. / Große, Th. / Cämmerer, J.: Abgabenordnung und Finanzgerichtsordnung, 15. Aufl., Stuttgart 1997

Erhard, F.: Steuerliche Betriebsprüfung, 7. Aufl., Achim 1995

Lammerding, J. / Sudau, A. / Brauel, H.: Abgabenordnung und Finanzgerichtsordnung, 13. Aufl., Achim 1997

Rose, G.: Betrieb und Steuer, Bd. 4: Grundzüge des Besteuerungsverfahrens, 3. Aufl., Wiesbaden 1995

C. Kommentare und Nachschlagewerke

I. Kommentare

1. Einkommen- und Körperschaftsteuer

Blümich/ Falk/ Uelner: Einkommensteuergesetz. Loseblattausgabe, München
Streck: Körperschaftsteuergesetz. Kommentar, München
Hermann/ Heuer/ Raupach: Kommentar zur Einkommensteuer und Körperschaftsteuer. Loseblattausgabe, Köln
Lademann: KStG. Kommentar. Loseblattausgabe, Stuttgart
Lademann/ Söffing/ Brockhoff: Kommentar zum Einkommensteuergesetz. Loseblattausgabe, Stuttgart
Schmidt (Hrsg.): Einkommensteuergesetz. Kommentar, München

2. Gewerbesteuer

Lenski/ Steinberg: Kommentar zum Gewerbesteuergesetz. Loseblattausgabe, Köln
Meyer-Scharenberg/ Popp/ Woring: Gewerbesteuer-Kommentar, Herne

3. Bewertungsrecht/ Vermögensteuer

Gürsching/ Stenger/ Rid: Kommentar zum Bewertungsgesetz und Vermögensteuergesetz. Loseblattausgabe, Köln
Rössler/ Troll/ Halaczinsky: Bewertungsgesetz und Vermögensteuergesetz. Kommentar, München
Viskorf / Glier / Knobel: Bewertungsgesetz- Kommentar, Herne

4. Erbschaft-/ Schenkungsteuer

Meincke, J.-P.: Erbschaftsteuer- und Schenkungsteuergesetz. Kommentar, München
Petzoldt / Hübner / Schuck: Erbschaftsteuer/ Schenkungsteuer. Kommentar, Herne
Troll: Erbschaftsteuer- und Schenkungsteuergesetz. Loseblattkommentar, München

5. Umsatzsteuer

Peter / Bierhoff / Stöcker: Umsatzsteuer-Kommentar. Herne
Plückebaum/ Malitzky/ Erhardt/ Sperling: Umsatzsteuergesetz (Mehrwertsteuer). Kom mentar. Loseblattausgabe, Köln/ Berlin/ Bonn/ München
Rau/ Dürrwächter/ Flick/ Geist: Umsatzsteuergesetz (Mehrwertsteuer). Kommentar, Loseblattausgabe, Köln

6. *Verfahrensrecht*

Hübschmann/ Hepp /Spitaler: Kommentar zur Abgabenordnung und Finanzgerichtsordnung. Loseblattausgabe, Köln

Kohlmann: Steuerstrafrecht mit Ordnungswidrigkeitenrecht und Verfahrensrecht. Loseblattausgabe, Köln

Schröder/ Muuß: Handbuch der steuerlichen Betriebsprüfung. Loseblattausgabe, Berlin

Tipke/ Kruse: Abgabenordnung. Finanzgerichtsordnung. Kommentar zur AO 1977 und FGO (ohne Steuerstrafrecht). Loseblattausgabe, Köln

II. Nachschlagewerke

Lexikon der deutschen und internationalen Besteuerung, hrsg. von W. H. Wacker, 3. Aufl., München 1994

Neues Steuerrecht von A bis Z (NSt). Kommentarzeitschrift für das gesamte Steuerrecht, hrsg. vom E. Schmidt Verlag. Loseblattausgabe, Berlin/ Bielefeld/ München

D. Steuerrechtliche Textsammlungen und Veranlagungshandbücher

I. Textsammlungen

Textsammlungen der steuerlichen Gesetze, Verordnungen und Richtlinien werden von den folgenden Verlagen herausgegeben:

- C. H. Beck Verlag, München
  (Steuergesetze I und II einschließlich Verordnungen, Steuerrichtlinien, Steuertabellen, besondere Textsammlung zur Umsatzsteuer)
- E. Schmidt Verlag, Berlin/ Bielefeld/ München
  (Steuergesetze, Verordnungen, Richtlinien, Grundsatzerlasse)
- NWB-Verlag, Herne
  (Wichtige Steuergesetze / Wichtige Steuerrichtlinien, Herne)

II. Veranlagungshandbücher

Die folgenden Verlage geben für jedes Veranlagungsjahr Handbücher zu den wesentlichen Steuerarten heraus:

- IdW-Verlag, Düsseldorf
- NWB-Verlag, Herne
- Stollfuß-Verlag, Bonn
- Verlag des Deutschen wissenschaftlichen Steuerinstituts der Steuerberater und Steuerbevollmächtigten e. V., Bonn, in Zusammenarbeit mit dem C. H. Beck Verlag, München

Sachregister

(Die Zahlen verweisen auf die Randziffern im Text.)

www.ingramcontent.com/pod-product-compliance
Lightning Source LLC
LaVergne TN
LVHW092157300926
849161LV00002B/292
* 9 7 8 3 4 8 6 2 4 6 6 8 1 *